Verfassungsentwicklung I

Verfassungsentwicklung I

Auslegung, Wandlung und Änderung der Verfassung

Deutsch-Japanisches Verfassungsgespräch 2015

herausgegeben von

Matthias Jestaedt und Hidemi Suzuki

Mohr Siebeck

Matthias Jestaedt, 2002–2011 Professor an der Friedrich-Alexander-Universität Erlangen-Nürnberg, seit 2011 Professor an der Albert-Ludwigs-Universität Freiburg i. Br.

Hidemi Suzuki, 1992–1998 Professorin an der Hokuriku-Universität, Kanazawa, 1998–2002 Professorin an der Universität Hiroshima, 2002–2004 Professorin an der Nihon-Universität, Tokio, 2004–2015 Professorin an der Universität Osaka, seit 2015 Professor an der Keio-Universität, Tokio.

ISBN 978-3-16-155519-0

Die Deutsche Nationalbibliothek verzeichnet diese Publikation in der Deutschen Nationalbibliographie; detaillierte bibliographische Daten sind im Internet über *http://dnb.dnb.de* abrufbar.

Das Buch wurde von Martin Fischer in Tübingen aus der Minion Pro gesetzt und von Gulde Druck in Tübingen auf alterungsbeständiges Werkdruckpapier gedruckt und gebunden.

Inhalt

Teil V: Notwendigkeit und Bedeutung einer Verfassungsänderung am Beispiel von Art. 10, 13 und 16 GG

Teil VI: Verfassungsinterpretation und Verfassungswandel

Teil VII: Lebenspartnerschaft: Schutz durch die Verfassung

Vorwort

Die japanische und die deutsche Rechtswissenschaft unterhalten traditionell sehr enge Kontakte. Deutsches Recht und deutsches Rechtsdenken genießen in Japan seit der Meiji-Restauration in der zweiten Hälfte des 19. Jahrhunderts hohes Ansehen und beachtliche Prägekraft.

Im Bereich des Verfassungsrechts stellt sich die Situation indes insoweit besonders dar, als mit der nach Ende des Zweiten Weltkriegs unter alliierter Besatzung 1946/47 zustande gekommenen Verfassung Verfassungsrecht und Verfassungsrechtsdenken sich stark am US-amerikanischen Vorbild (neu) ausrichteten. Sprechendster Beleg dafür ist die Entscheidung für eine in die ordentliche Gerichtsbarkeit integrierte Verfassungsgerichtsbarkeit, die – nach US-amerikanischem Vorbild – letztinstanzlich der Oberste Gerichtshof (最高裁判所, Saikō-Saibansho) ausübt. Folgerichtig bildet das US-amerikanische Verfassungsdenken nach wie vor die wichtigste Referenz auch für die japanische Verfassungsrechtswissenschaft. Es dürfte nicht zuletzt die Spruchtätigkeit des Bundesverfassungsgerichts gewesen sein, die die nie ganz abgerissenen Kontaktfäden von japanischer und deutscher Staatsrechtslehre wieder haben tragfähiger und wirkmächtiger werden lassen, demonstrierte erstere doch die außerordentliche Leistungskraft und Erklärungsmacht der deutschen Verfassungsdogmatik und -theorie unter dem Grundgesetz. Man geht wohl nicht fehl mit der Aussage, dass seither deutsches Verfassungsdenken in Japan neben dem – schon vom positiven Verfassungsrecht nahegelegten – US-amerikanischen Verfassungsdenken deutlich an Bedeutung gewonnen hat. Sichtbarster Ausdruck dieses Bedeutungszuwachses sind Tätigkeit und Wichtigkeit, Sichtbarkeit und Wirksamkeit der im Jahre 1992 gegründeten „Forschungsgesellschaft für deutsches Verfassungsrecht" (FdV) (ドイツ憲法判例研究会, Doitsu Kempō Hanrei Kenkyūkai), der aktuell mehr als 100 japanische Staatsrechtslehrerinnen und -lehrer angehören, die das Verfassungsrecht und das Verfassungsdenken unter dem Grundgesetz als zentrale Referenz der japanischen Verfassungsrechtswissenschaft betrachten und in zehn jährlichen Treffen pflegen.

Im beschleunigten, intensivierten und globalisierten Wettbewerb der (Verfassungs-)Rechtsordnungen und -konzeptionen nimmt Japan für die deutsche Staatsrechtslehre schon aufgrund des traditionsreichen Austausches eine Schlüsselrolle ein. Der Austausch ist zum einen förderlich, um die Bedingungen der Rezeption des eigenen (Verfassungs-)Rechts besser zu verstehen und Anregungen aus der Rezeption zu erhalten, in der dogmatische Fragen durch deren Dekontextualisierung noch einmal neu und zum Teil auch unbefangener betrachtet und diskutiert werden können, und zum anderen möglich, weil viele japanische Staatsrechtslehrerinnen und -lehrer deutsche Frage- und Denkweisen durch ihre Studien in Deutschland kennen und verstehen. Die Vertiefung des wissenschaftlichen Austausches mit Japan hat darüber hinaus Ausstrahlungswirkung in den gesamten asiatischen Raum. In China, Süd-Korea und Taiwan lässt sich eine beeindruckende Sekundärrezeption besonders auch des deutschen Öffentlichen Rechts beobachten, da diese Länder beim Aufbau rechtsstaatlicher Strukturen und Ansätze zum Teil auf das vom deutschen Recht stark beeinflusste japanische Recht zurückgreifen.

Der Vergleich deutschen und japanischen Verfassungsrechts und Verfassungsrechtsdenkens verspricht umso mehr Gewinn, als beide unter deutlich kontrastierenden Gesetzen antreten: Während das Grundgesetz aus dem Jahre 1949 bereits 60-mal Gegenstand von Verfassungsänderungsgesetzen war, in denen mehr als 200 Einzelbestimmungen thematisiert wurden, gilt die zwei Jahre ältere Verfassung Japans bis heute unverändert fort. Und während das Bundesverfassungsgericht als aktiv(istisch)es Verfassungsgericht zu charakterisieren ist, welches als selbstbewusstes Verfassungsorgan im – bisweilen konfrontativen – Dialog mit den anderen Verfassungsorganen steht, das Grundgesetz kreativ und kraftvoll zur Sprache bringt und den Gesetzgeber bereits mehr als 700-mal korrigiert hat (dabei sind die verfassungskonformen Gesetzesauslegungen noch nicht einmal mitgezählt), versteht sich der Oberste Gerichtshof stärker als Spitze der ordentlichen Gerichtsbarkeit; die Zahl der Gesetzesbeanstandungen bewegt sich derzeit noch im einstelligen Bereich. Vordergründig betrachtet ist das deutsche Verfassungsrecht auf beiden Ebenen – jener der Verfassungsänderung im engeren Sinne und jener der Konstitutionalisierung der Rechtsordnung durch Verfassungsrechtsprechung – weitaus dynamischer als das japanische. Doch auch in Japan zeigen sich – nach Art und Bedeutung unterschiedliche – Elemente und Kräfte einer Verfassungsentwicklung.

Vor diesem Hintergrund hat sich, älteren Vorbildern folgend,[1] eine Gruppe von annähernd 30 japanischen und deutschen Verfassungsrechtswissenschaftlerinnen und -wissenschaftlern gebildet, die in einem Zweijahres-Rhythmus ein Deutsch-Japanisches Verfassungsgespräch abhalten möchte. Das erste seiner Art fand an der Keio-Universität in Tokio vom 13. bis zum 17. September 2015 statt. An ihm nahmen 13 deutsche Staatsrechtslehrerinnen und -lehrer von 10 unterschiedlichen Rechtsfakultäten sowie 16 japanische Staatsrechtslehrerinnen und -lehrer von 11 über ganz Japan verstreuten Rechtsfakultäten teil. Die dort gehaltenen Referate zum Thema „Verfassungsentwicklung: Auslegung, Wandlung und Änderung der Verfassung" sind nachfolgend dokumentiert. Das nächste Deutsch-Japanische Verfassungsgespräch wird im September 2017 in Deutschland stattfinden und sich der Frage des Verfassungswandels von einem stärker institutionellen Aspekt her

[1] Vgl. namentlich *Rainer Wahl* (Hrsg.), Verfassungsänderung, Verfassungswandel, Verfassungsinterpretation. Vorträge bei deutsch-japanischen Symposien in Tokyo 2004 und Freiburg 2005, Berlin 2008.

nähern, wenn es die „Verfassungsentwicklung durch Verfassungsgerichte" in den Fokus rückt.

Dank gebührt der Deutschen Forschungsgemeinschaft (DFG) und der Japan Society for the Promotion of Science (JSPS, 日本学術振興会), die das Treffen in Tokio ermöglicht haben. Herzlicher Dank sei aber auch gesagt den Mitarbeiterinnen und Mitarbeitern des Freiburger Lehrstuhls für Öffentliches Recht und Rechtstheorie, die das Gros der redaktionellen Arbeit geleistet haben, und dem Verlag Mohr Siebeck in Gestalt von Herrn Dr. *Franz-Peter Gillig* und Frau *Ilse König*, denen die verlegerische Betreuung oblag.

Tokio und Freiburg i. Br., im Juli 2017 *Hidemi Suzuki* und *Matthias Jestaedt*

Teil I

Die Rolle von Verfassungsrecht

Die Rolle von Verfassungsrecht – bei Rawls, Habermas und in Japan

Toru Mori

I. Verfassungsverständnis und die Offenheit der Verfassung gegenüber der Wirklichkeit

1. Einführung

Das Thema „Die Rolle von Verfassungsrecht" ist sehr abstrakt und hat mich in Verlegenheit gebracht. Die Tatsache, dass mein Referat dem wissenschaftlichen Gespräch zum Thema „Verfassungsentwicklung" zugerechnet wird, hilft mir dabei. Dabei handelt es sich um ein exemplarisches Problem des allgemeinen Spannungsverhältnisses von Sein und Sollen. Das Recht regelt als Norm die Wirklichkeit. Dazu müssen die Rechtsnormen von den zu regelnden Tatsachen unabhängig sein. In der Realität aber kann sich die normative Kraft des Rechts dem Einfluss der Dynamik ihrer Umwelt nicht entziehen. Um normative Kraft entfalten zu können, muss das Recht auf die Veränderungen seiner Umwelt reagieren. Auf der einen Seite ist der Gesetzgeber herausgefordert, die Gesetze stets der gesellschaftlichen Entwicklung anzupassen. Wie sich auf der anderen Seite die Auslegung und Anwendung des gesetzten Rechts zum Wandel der Realitäten verhalten soll, stellt eines der wichtigsten Probleme der juristischen Methodenlehre dar.

Besonderer Untersuchung bedarf dabei die Frage, ob und inwiefern sich die Ergebnisse der allgemeinen (auf die Auslegung und Anwendung der einfachen formellen Gesetze konzentrierten) juristischen Methodenlehre auf das Verfassungsrecht übertragen lassen. Das Verfassungsrecht steht an der Spitze des Systems des positiven Rechts. Als Grundlage der Geltung aller übrigen Rechtsnormen sollten seine Inhalte wohl über größere Stabilität verfügen. Anzunehmen ist, dass gerade die Verfassung gegen Veränderungen der Wirklichkeit immun sein sollte, um die Normativität des Rechts zu wahren. Auf der anderen Seite wird auch immer wieder betont, dass gerade die Verfassung bzw. deren Auslegung und Anwendung für die Umwelt offen sein sollte. Eine Positionierung in dieser Frage hängt davon ab, wie die Rolle des Verfassungsrechts im Rechtssystem bestimmt wird.

2. Typisierung der Verfassungstheorien nach Uwe Volkmann

Mein Kommentator *Uwe Volkmann* hat in einem jüngeren Beitrag meisterhaft dargestellt, dass Verfassungstheorien oder Verfassungsverständnisse, die er als „Summe von Vorannahmen darüber, was die Verfassung ist, wozu sie da sein soll oder wie man sie anwendet“[1], definiert, den Inhalt einer Verfassung bestimmen. Er hat dazu herausgearbeitet, wie im deutschsprachigen Rechtsraum vorherrschende Verfassungstheorien konkrete Verfassungsinterpretationen geleitet haben.[2] *Volkmann* hat der Untersuchung die folgenden vier Verfassungstheorien zugrunde gelegt: 1) Die *Schmittsche* Auffassung der „Verfassung als Entscheidung“[3], 2) den Rechtspositivismus,[4] 3) die *Smendsche* Lehre von der „Verfassung als Integration“[5] und 4) das Denken der „Verfassung als Gerechtigkeitsordnung“[6], d. h. eine materielle Ergänzung der Integrationslehre, die nach *Volkmann* „die Praxis der Verfassungsanwendung in der Bundesrepublik die letzten Jahre und Jahrzehnte mehrheitlich

---

[1] *Uwe Volkmann*, Rechts-Produktion oder: Wie die Theorie der Verfassung ihren Inhalt bestimmt, Der Staat 54 (2015), S. 35–62 (35).

[2] Vgl. *Volkmann*, Rechts-Produktion (Fn. 1), S. 58.

[3] Vgl. *Volkmann*, Rechts-Produktion (Fn. 1), S. 41 ff.

[4] *Volkmann* spricht von der „Theorie der Verfassung als Rechtsnorm“, vgl. *Volkmann*, Rechts-Produktion (Fn. 1), S. 45 ff.

[5] Vgl. *Volkmann*, Rechts-Produktion (Fn. 1), S. 50 ff.

[6] Vgl. *Volkmann*, Rechts-Produktion (Fn. 1), S. 54 ff.

bestimmt und geprägt hat“[7]. Dabei wird das Bundesverfassungsgericht als der Protagonist dieser Prägung identifiziert.[8]

Volkmann weist darauf hin, dass die jeweilige Theorie auch bestimmt, ob die normativen Inhalte der Verfassung für die Wirklichkeit offen sein sollen. Nach den Theorien 1) und 2) wird der Inhalt der Verfassung mit der Entscheidung des Souveräns oder der Setzung als Norm festgelegt, der Wirklichkeitswandel darf danach auf die Interpretation des Verfassungsgesetzes keinen Einfluss haben. Im Gegensatz dazu fordern die Theorien 3) und 4) geradezu eine Öffnung der Interpretation für die Wirklichkeit. Die letzte Theorie führt insbesondere zu „eine[r] Öffnung zu den vorhandenen gesellschaftlichen Ordnungsvorstellungen und Wertüberzeugungen“[9]. Nach dieser Auffassung sind bei der Interpretation dann auch moralische Prinzipien zu berücksichtigen und ist eine „Ablösung vom Wortlaut“[10] gerechtfertigt.

Ich denke, dass damit zumindest aus wissenschaftlicher Perspektive auf die deutsche Verfassungslage über die Rolle des Verfassungsrechts im Spannungsverhältnis zwischen Normativität des Rechts und sich wandelnder Wirklichkeit alles gesagt ist.[11] Mir scheint aber auch, dass die von *Volkmann* getroffene Wahl der Verfassungsverständnisse auf die großen Theoretiker der Weimarer Zeit und die eigentümlichen Tendenzen des Bundesverfassungsgerichts konzentriert ist. Sie spiegelt nicht unbedingt umfassend die im Umgang mit unterschiedlichen modernen Verfassungen wirksamen Verfassungsverständnisse wider.[12]

---

[7] *Volkmann*, Rechts-Produktion (Fn. 1), S. 58.

[8] Vgl. *Volkmann*, Rechts-Produktion (Fn. 1), S. 58.

[9] *Volkmann*, Rechts-Produktion (Fn. 1), S. 55.

[10] *Volkmann*, Rechts-Produktion (Fn. 1), S. 57.

[11] Offen bleibt lediglich, wie diese Entwicklung der Praxis der Verfassungsinterpretation zu bewerten ist. *Volkmann* enthält sich in seinem Beitrag einer externen Bewertung, weist in einem anderen Beitrag aber darauf hin, dass die Praxis „nicht mehr rückgängig zu machen“ sei: „Ein Zurück in den Zustand einer verlorenen Reinheit ist schon deshalb unrealistisch, und es erscheint als Alternative auch nicht einmal sonderlich attraktiv“ – *Uwe Volkmann*, Der Aufstieg der Verfassung. Beobachtungen zum grundlegenden Wandel des Verfassungsbegriffs, in: Thomas Vesting/Stefan Korioth (Hrsg.), Der Eigenwert des Verfassungsrechts. Was bleibt von der Verfassung nach der Globalisierung?, Tübingen 2011, S. 23–40 (39). Diese Einschätzung scheint resignativ, entspricht jedoch der Sicht *Volkmanns* auf die Rolle der Rechtswissenschaft, vgl. *Uwe Volkmann*, Grundzüge einer Verfassungslehre der Bundesrepublik Deutschland, Tübingen 2013, S. 37 f.

[12] Das ist keine Kritik am Beitrag *Volkmanns*. Ausdrücklich beschränkt er seine Darstellung auf „solche Theorien, die in unserem Verfassungsdiskurs […] präsent sind“ – *Volkmann*, Rechts-Produktion (Fn. 1), S. 40. In einem weiteren Beitrag zum Problemfeld untersucht er die Aufgaben der Verfassungsgerichtsbarkeit vor einem weiteren Horizont, wenngleich auch darin die bisherige Praxis des Bundesverfassungsgerichts die entscheidende Rolle spielt, vgl. *Uwe Volkmann*, Bausteine zu einer demokratischen Theorie der Verfassungsgerichtsbarkeit, in: Michael Bäuerle/Philipp Dann/Astrid Wallrabenstein (Hrsg.), Demokratie-Perspektiven. Festschrift für Brun-Otto Bryde zum 70. Geburtstag, Tübingen 2013, S. 119–140.

3. Herrschaftsbegründung und Herrschaftsbegrenzung

Die Eigenart der Verfassung im Sinne des modernen Verfassungsstaats ist exemplarisch ausgedrückt in Art. 16 der französischen Erklärung der Menschen- und Bürgerrechte von 1789: „Eine Gesellschaft, in der die Verbürgung des Rechts nicht gesichert und die Gewaltenteilung nicht festgelegt ist, hat keine Verfassung." Nach *Horst Dreier* „[gewinnt hier d]er konstruktiv-analytische Individualismus des rationalen Naturrechts [...] staatskonstitutive Funktion"[13]. Wir brauchen die Verfassung, um die staatliche Herrschaft um der Freiheit des Einzelnen willen zu disziplinieren.

Gleichzeitig begründet und legitimiert aber die Verfassung auch die staatliche Herrschaft selbst erst als „von gleichberechtigten Einzelnen ausgehendes [...] Herrschaftssystem". Danach hat das Volk keine verschiedenen Stände, sondern besteht aus freien und gleichen Individuen. Es ist als solches der Souverän im Staat. Nach *Hasso Hofmann* suggeriert der Begriff der Verfassung „die ursprüngliche Koinzidenz von individueller und kollektiver Selbstbestimmung"[14]. Die modernen Verfassungen könnten sodann danach klassifiziert werden, auf welche Form der Selbstbestimmung sie das größere Gewicht legen: Auf die Form der Grundrechte, d. h. den Schutz substanzieller Rechtsgüter, oder auf die Form politischer Teilhaberechte, d. h. den demokratischen Prozess.

Mit Blick auf die Diskussion über die Europäische Verfassung hat *Christoph Möllers* im historischen Ländervergleich zwei Verfassungstypen unterschieden. In der französisch-amerikanischen Tradition zeige sich der herrschaftsbegründende Typ der Verfassung, mit der revolutionär eine neue Ordnung mit der neuen Idee der individuellen Freiheit begründet wird. In Verfassungen dieses Typs spiele die demokratische Teilhabe der Individuen eine besondere Rolle. In den Traditionen Englands und Deutschlands weist *Möllers* hingegen die Vorrangigkeit der herrschaftsbegrenzenden Funktion der Verfassung nach. Hier gebe es „keine verfassungseigene Demokratietheorie"[15], stattdessen spiele der gerichtliche Rechtsschutz eine wichtigere Rolle.[16]

Diese Typisierung weist zwar Bezüge zu meinem hiesigen Erkenntnisinteresse auf. Sie begegnet aber nicht genau der Aufgabe, die Inhalte tatsächlich geltender

---

[13] Zwei Zitate: *Horst Dreier*, Verfassung, in: ders., Idee und Gestalt des freiheitlichen Verfassungsstaates, Tübingen 2014, S. 3–22 (5, 6).

[14] Zwei Zitate: *Hasso Hofmann*, Zu Entstehung, Entwicklung und Krise des Verfassungsbegriffs, in: Alexander Blankenagel/Ingolf Pernice/Helmuth Schulze-Fielitz (Hrsg.), Verfassung im Diskurs der Welt. Liber Amicorum für Peter Häberle zum siebzigsten Geburtstag, Tübingen 2004, S. 157–172 (159 f.).

[15] *Christoph Möllers*, Verfassunggebende Gewalt – Verfassung – Konstitutionalisierung, in: Armin von Bogdandy/Jürgen Bast (Hrsg.), Europäisches Verfassungsrecht. Theoretische und dogmatische Grundzüge, 2. Aufl., Berlin/Heidelberg 2009, S. 227–277 (235).

[16] Zur Typeneinteilung vgl. *Möllers*, Verfassunggebende Gewalt (Fn. 15), S. 229 ff.

moderner Verfassungen heute überzeugend differenzierend zu beschreiben.[17] Zunächst gibt es in den Verfassungstraditionen von Frankreich und den USA große Unterschiede, wie etwa die Geschichte der Verfassungsgerichtsbarkeiten zeigt. Vor allem aber können wir in der Gegenwart keine Legitimation politischer Herrschaft außerhalb der Verfassung anerkennen.[18] Auch die moderne Idee der Menschenrechte zählt nunmehr als Grundrecht in der Verfassung. Es ist daher nicht ratsam, das überkommene deutsch-englische Verfassungsverständnis als einen selbständigen Typus zu behandeln. Denn beispielsweise Deutschland ist schon mit der Weimarer Verfassung vom „deutschen" Typ abgewichen, wenngleich dessen Tradition im „typisch deutschen" Respekt vor der Gerichtsbarkeit noch spürbar sein dürfte.

4. Gliederung des Referats

Wir müssen also voraussetzen, dass Verfassung Herrschaft zugleich begründet und begrenzt. Vor diesem Hintergrund versuche ich aber gleichwohl zwei Typen von Verfassungsverständnissen zu unterscheiden: 1) ein liberales Verständnis, das den Schutz der Freiheit des Einzelnen betont und das ich im politischen Liberalismus *John Rawls*' durchdacht sehe, und 2) ein Verständnis, das den demokratischen Meinungs- und Willensbildungsprozess ins Zentrum stellt und das ich am Beispiel der Theorie des demokratischen Rechtsstaats bei *Jürgen Habermas* erläutern werde. *Rawls* und *Habermas* schreiben in ihren Rechtsphilosophien bzw. politischen Theorien der Verfassung eine bestimmte Aufgabe zu. Es ist zu fragen, welche Implikationen diese Zuschreibungen für die hier zu behandelnde Frage, also die Bestimmung der Rolle der Verfassung im Spannungsverhältnis mit der Wirklichkeit, haben. In den nachfolgenden zwei Teilen meines Vortrags werde ich daher die Verfassungstheorien bei *John Rawls* und *Jürgen Habermas* daraufhin untersuchen und miteinander vergleichen. Wie *Habermas* in der Auseinandersetzung mit *Rawls* bemerkte, bleiben die Unterschiede zwischen beiden „in den engen Grenzen eines Familienstreits"[19]. Anzumerken ist auch, dass sich der Rahmen der möglichen Inhalte von Verfassungen, die für eine differenzierende Analyse in Frage kommen, ohnehin verengt hat, was wir als glückliches Ergebnis der Evolution des Rechts hinnehmen sollten. Gleichwohl erhoffe ich mir einige weiterführende Ergebnisse aus dem Vergleich der Theorien dieser beiden wichtigen Denker.

---

[17] *Möllers* vergisst dann auch nicht, zu bemerken, dass die von ihm beschriebenen Typen „in keinem systematischen Widerspruch zueinander" stehen und dass die realen Verfassungen der Mitgliedstaaten der Europäischen Union immer Elemente beider Typen enthalten. Zudem könnten „Rechtsform und demokratische Rechtserzeugung sich wechselseitig verstärken" – zwei Zitate: *Möllers*, Verfassunggebende Gewalt (Fn. 15), S. 238 und 239.

[18] Vgl. *Volkmann*, Grundzüge (Fn. 11), S. 18.

[19] *Jürgen Habermas*, Versöhnung durch öffentlichen Vernunftgebrauch, in: ders., Die Einbeziehung des Anderen, Frankfurt am Main 1996, S. 65–94 (65).

Anschließend und auf Grundlage des zuvor vorgenommenen Theorievergleichs analysiere ich das in Japan vorherrschende Verfassungsverständnis. Auch hier können wir sowohl in der Verfassungsrechtswissenschaft als auch in der Rechtsprechung des Obersten Gerichtshofes (OGH) Elemente beider Typen nachweisen. Ich werde aktuellen Tendenzen nachspüren und Vermutungen über ihre Konsequenzen für die Offenheit der Verfassungsinterpretation gegenüber dem Wandel der Wirklichkeit anstellen.

II. Das statische Verfassungsverständnis bei John Rawls

1. Die Grundfreiheiten

John Rawls leitet aus dem Gedankenexperiment eines Urzustands (*original position*) zwei Prinzipien der Gerechtigkeit ab. Die in seinem Buch *Political Liberalism* formulierte Fassung dieser Prinzipien lautet:

„a. Each person has an equal right to a fully adequate scheme of equal basic liberties which is compatible with a similar scheme of liberties for all.

b. Social and economic inequalities are to satisfy two conditions. First, they must be attached to offices and positions open to all under conditions of fair equality of opportunity; and second, they must be to the greatest benefit of the least advantaged members of society."[20]

Die beiden Prinzipien werden einander nach der lexical order zugeordnet, d.h. das Erfordernis der Erfüllung des ersten Prinzips hat absoluten Vorrang vor dem zweiten.[21]

Ich untersuche an dieser Stelle nicht die Angemessenheit dieser Prinzipien als Kriterien der Gerechtigkeit. Vielmehr interessiere ich mich für die Elemente der Grundfreiheiten (*basic liberties*), die nach dem ersten Prinzip für alle garantiert werden sollen und dafür, wie die Prinzipien der Gerechtigkeit rechtlich institutionalisiert werden können.

Merkwürdigerweise begründet *Rawls* in *A Theory of Justice* seine Auswahl der Grundfreiheiten nicht systematisch,[22] obwohl er die Bedeutung einiger wichtiger Freiheitsrechte ausführlich darstellt.[23] Um auf derartige Kritik zu reagieren, führt *Rawls* in *Political Liberalism* die Annahme zweier moralischer Kräfte (two moral powers) einer Person ein, nämlich einerseits die Fähigkeit, einen Gerechtigkeitssinn auszubilden, und andererseits die Fähigkeit, sich eine Konzeption des Guten zu entwerfen. *Rawls* setzt somit einen Begriff der Person voraus, der die Annahme

---

[20] *John Rawls*, Political Liberalism, erweiterte Aufl., New York 2005, S. 291.

[21] Vgl. *John Rawls*, A Theory of Justice, durchgesehene Aufl., Cambridge (Massachusetts) 1999, S. 37–39, 220.

[22] Vgl. dazu *Rawls*, Theory (Fn. 21), S. 54.

[23] Vgl. *Rawls*, Theory (Fn. 21), S. 180ff.

personaler Fähigkeiten beinhaltet, sich Gedanken zum gerechten Zusammenleben zu machen und eine eigene Konzeption des guten Lebens zu entwickeln.[24] Aus der ersten Fähigkeit folgt dabei „some form of representative democratic regime and the requisite protections for the freedom of political speech and press, freedom of assembly, and the like"[25]. Die zweite Kraft erfordert den Schutz der Gewissens- und Vereinigungsfreiheit. Als diese Freiheiten unterstützende Rechte führt *Rawls* auch die Integrität der Person und die „rule of law" (hauptsächlich den Schutz durch ein faires Gerichtsverfahren) ein.[26] Außerdem erkennt er das Recht auf persönliches Eigentum als materielle Basis für die Verwirklichung der beiden moralischen Kräfte an, obwohl er zugleich ein Eigentumsrecht an Produktionsmitteln von den Grundfreiheiten ausschließt.[27] Das erste Prinzip der Gerechtigkeit enthält also einen großen Teil der klassischen Freiheitsrechte, aber eben auch nur solche.

2. Constitutional Essentials

Der Vorrang des ersten Prinzips spiegelt sich bei der rechtlichen Institutionalisierung der beiden Prinzipien der Gerechtigkeit darin wider, dass es, um die gerechte politische Ordnung zu stabilisieren, in der Verfassung konkretisiert werden muss. Dagegen soll das zweite Prinzip, das hauptsächlich die Wirtschafts- und Sozialpolitik betrifft, auf der Ebene der Gesetzgebung umgesetzt werden.[28]

Diese klare Rollenverteilung zwischen Verfassung und einfachem Gesetz wird allerdings in *Political Liberalism* mit dem dort erstmals eingeführten Begriff der *constitutional essentials* etwas aufgeweicht. Denn nach *Rawls* erschöpfen sich die *constitutional essentials*, d.h. die wesentlichen und notwendigen Elemente einer Verfassung, nicht in der rechtlichen Institutionalisierung des ersten Prinzips. Außer den Grundfreiheiten gehören auch die Freizügigkeit und die freie Berufswahl sowie „a social minimum providing for the basic needs of all citizens"[29] zu den *constitutional essentials*. Sie müssen also in der Verfassung garantiert werden.[30] Die Verfassung soll danach ein soziales Grundrecht auf Sicherung des Existenzminimums enthalten.

Ich vermute, dass diese Erweiterung der Rolle der Verfassung bei *Rawls* mit einem Perspektivwechsel weg von der Frage nach der Gerechtigkeit als solcher hin zu der Frage nach der Legitimität politischer Herrschaft zusammenhängt. In seinem

---

[24] Vgl. *Rawls*, Liberalism (Fn. 20), S. 310ff.

[25] *Rawls*, Liberalism (Fn. 20), S. 335.

[26] Vgl. *Rawls*, Liberalism (Fn. 20), S. 334f.

[27] Vgl. *Rawls*, Liberalism (Fn. 20), S. 298, 338f.

[28] Vgl. *Rawls*, Theory (Fn. 21), S. 174f.

[29] *Rawls*, Liberalism (Fn. 20), S. 228.

[30] Vgl. zum Ganzen *Rawls*, Liberalism (Fn. 20), S. 228f. Auch *Robert Alexy* hat an der Diskrepanz zwischen der Auswahl der Grundfreiheiten und der Reichweite der *constitutional essentials* Zweifel angemeldet und eine inhaltliche Ergänzung des ersten Prinzips gefordert, vgl. *Robert Alexy*, John Rawls' Theorie der Grundfreiheiten, in: Wilfried Hinsch (Hrsg.), Zur Idee des politischen Liberalismus. John Rawls in der Diskussion, Frankfurt am Main 1997, S. 263–303 (302f., Anm. 158).

älteren Werk ging es *Rawls* um die Frage, wie die Gerechtigkeitsprinzipien rechtlich institutionalisiert werden können. In *Political Liberalism* behandelt er davon unabhängig das Problem, unter welchen Bedingungen die Ausübung staatlichen Zwangs gerechtfertigt ist. Dort führt er aus:

„[O]ur exercise of political power is fully proper only when it is exercised in accordance with a constitution the essentials of which all citizens as free and equal may reasonably be expected to endorse in the light of principles and ideals acceptable to their common human reason. This is the liberal principle of legitimacy."[31]

Die Gesetze, die das zweite Prinzip der Gerechtigkeit nicht erfüllen und deswegen nicht gerecht sein können, sind trotzdem rechtlich anwendbar und legitim, wenn und soweit sie verfassungsgemäß sind und die Verfassung die notwendigen *essentials* enthält.[32] *Rawls* denkt jedoch, dass dazu die Erfüllung des ersten Prinzips der Gerechtigkeit nicht ausreiche und dass die notwendigen Inhalte in der Verfassung zu ergänzen seien. Er erwartet auch, dass eine entsprechende inhaltliche Anreicherung der Verfassung aus Legitimitätsgründen von allen akzeptiert würde. Andererseits verzichtet er auf weitere Ergänzungen seiner Forderung, weil sich insbesondere im Bereich der Wirtschafts- und Sozialpolitik auch vernünftige Personen fast nie auf ihre Implikationen für Gerechtigkeit einigen könnten. Die Begünstigung kontroverser Streitigkeiten über die Verfassungsmäßigkeit von Gesetzen würde vielmehr zu Legitimitätseinbußen seitens der Verfassung führen.[33] Die inhaltliche Beschränkung der *constitutional essentials* schließt letztlich andere normative Ansprüche von der Verfassungsebene aus.

3. Verfassung als solide Basis legitimer Herrschaft

Gegen die *Rawlssche* Gerechtigkeitstheorie wird häufig ein „Demokratiedefizit" geltend gemacht. Zwar verteidigt *Rawls* den demokratischen Prozess als ein Element des ersten Prinzips der Gerechtigkeit. Dieser Prozess ist bei ihm aber eben ein Instrument der Verwirklichung der Gerechtigkeit und damit final determiniert. *Rawls* lässt keinen Zweifel daran, dass die Gesetzgebung eigentlich *seinen* Gerechtigkeitsprinzipien folgen müsse. Die konstitutionelle Demokratie sei „one of imperfect procedural justice"[34], d. h. sie sei gerechtfertigt, weil sie nicht immer,

---

[31] *Rawls*, Liberalism (Fn. 20), S. 137. Auch in *Political Liberalism* bleiben aber Gedanken aus *A Theory of Justice* erhalten, z. B. wenn *Rawls* dort die Rolle der Verfassung bei der Institutionalisierung der Gerechtigkeit beschreibt, vgl. *Rawls*, Liberalism (Fn. 20), S. 336–339.

[32] Allerdings müssen die Gesetze, die grundlegende Gerechtigkeitsfragen betreffen, auch im Wege des öffentlichen Vernunftgebrauchs gerechtfertigt werden, vgl. *Rawls*, Liberalism (Fn. 20), S. 137 f.

[33] Vgl. *Rawls*, Liberalism (Fn. 20), S. 229 f.; dazu auch *Frank I. Michelman*, Rawls on Constitutionalism and Constitutional Law, in: Samuel Freeman (Hrsg.), The Cambridge Companion to Rawls, Cambridge 2003, S. 394–425 (403 ff.); *Lawrence G. Sager*, The Why of Constitutional Essentials, Fordham Law Review 72 (2004), S. 1421–1433 (1430 ff.).

[34] *Rawls*, Theory (Fn. 21), S. 173.

aber meistens die von ihr unabhängig definierten Kriterien erfülle.[35] Der Wert der Demokratie als solcher erscheint hier vernachlässigt. *Habermas* schreibt dazu, „[d]ie Art von politischer Autonomie, der im Urzustand, also auf der ersten Stufe der Theoriebildung ein virtuelles Leben beschieden ist, kann sich im Herzen der rechtlich konstituierten Gesellschaft nicht verstetigen. [...] So nimmt die Theorie den Bürgern zu viele von jenen Einsichten ab, die sie sich doch in jeder Generation von neuem zu eigen machen müßten."[36]

Gerade in diesem Sinne können wir *Rawls* einen Liberalisten nennen. Er legt Wert auf die Begrenzung der Staatsgewalt. Nach ihm liegt die Aufgabe der Verfassung hauptsächlich darin, mit der inhaltlichen Beschränkung der Staatsgewalt deren Legitimität zu sichern.[37] Dazu strebt er einen möglichst weiten Konsens sowohl über die normativen Anforderungen an die Verfassung als auch über die Beurteilung der Verfassungsmäßigkeit sonstigen staatlichen Handelns an. Die Verfassung soll als solide Basis einer legitimen Herrschaft funktionieren. In der Wirtschafts- und Sozialpolitik müssen stetig eine Vielzahl neuer Informationen verarbeitet werden, was einen Konsens über die Folgen dieser Dynamik für die Fragen der Gerechtigkeit erschwert oder sogar ausschließt. Nach *Rawls* ist das der Grund für die Disqualifikation wirtschafts- und sozialrechtlicher Regelungen als Verfassungsinhalte.

Rawls zählt zwar auch das Recht auf Gewährleistung des Existenzminimums zu den *constitutional essentials*. Er setzt jedoch voraus, dass Beschränkungen dieses Rechts einfach und allgemein identifizierbar sind.[38] Wenn er außerdem gleiche Grundfreiheiten für alle fordert, meint er eine nicht nur formell, sondern auch materiell gleiche Verteilung der Rechte. Die Möglichkeiten der Wahrnehmung der Rechte soll also für alle fair und gleichwertig gewährleistet werden. Dazu soll auch ein unverhältnismäßig großer politischer Einfluss wirtschaftlich starker Finanzkräfte durch eine Reihe von Maßnahmen verhindert werden.[39] Man darf bezweifeln, ob bei solchen Regelungen die Fragen der Verfassungsmäßigkeit entsprechender Staatsakte klar und einfach zu entscheiden sind. *Rawls* selbst scheint die Schwierigkeiten gering einzuschätzen unter der Voraussetzung, dass den Fakten mit dem (möglichen) Gerechtigkeitssinn begegnet wird.[40]

---

[35] Vgl. *Rawls*, Theory (Fn. 21), S. 173f.

[36] *Habermas*, Versöhnung (Fn. 19), S. 89; vgl. auch *Jeremy Waldron*, The Dignity of Legislation, Cambridge 1999, S. 70–73; *Hauke Brunkhorst*, Rawls and Habermas, in: René von Schomberg/Kenneth Baynes (Hrsg.), Discourse and Democracy. Essays on Habermas's *Between Facts and Norms*, New York 2002, S. 153–163 (155ff.); *Ingeborg Maus*, Über Volkssouveränität. Elemente einer Demokratietheorie, Frankfurt am Main 2011, S. 178ff.

[37] Vgl. *Rainer Forst*, Kontexte der Gerechtigkeit. Politische Philosophie jenseits von Liberalismus und Kommunitarismus, Frankfurt am Main 1994, S. 156f.

[38] Vgl. *John Rawls*, Justice as Fairness. A Restatement, Cambridge (Massachusetts) 2001, S. 162.

[39] Vgl. *Rawls*, Theory (Fn. 21), S. 197–199; *ders.*, Liberalism (Fn. 20), S. 324–331.

[40] *Frank I. Michelman* stützt diese Interpretation, vgl. *Michelman*, Rawls (Fn. 33), S. 406f. An anderer Stelle vermutet er indes, dass die Ansicht *Rawls*' eigentlich keine Faktenaussage darstelle,

4. Kann eine Verfassung so sein?

In der Vorstellung *Rawls*' präsentiert sich die Verfassung jedenfalls als resistent gegen die Dynamik der Wirklichkeit. Man könnte sagen, die *Rawlssche* Verfassung entzieht sich einer Debatte über sich selbst.[41] Wenn die Verfassung die Funktion der inhaltlichen Begrenzung der Staatsgewalt erfüllen soll, muss ihr Gehalt stabil bleiben.

Ich befürchte aber, wie bereits angedeutet, dass diese Hoffnung auf Klarheit und Stabilität sich angesichts der Praxis einer Verfassungsgerichtsbarkeit als Utopie erweisen muss. Wir wissen, dass selbst bei der Auslegung und Anwendung klassischer Freiheitsrechte die Ansichten über Inhalt und Folgen dieser Rechte auch unter den Juristen einer Rechtsgemeinschaft sehr stark differieren. Andererseits zeigt gerade diese Praxis, dass die Legitimität einer Verfassung und auch der einfachen Gesetze auch dann gesichert sein kann, wenn es einen Konsens über deren Bedeutung im Einzelfall nicht gibt. Ausreichend erscheint eine lediglich grundsätzliche Übereinstimmung. Vor diesem Hintergrund erscheint die starke Forderung *Rawls*' nach der Konsensfähigkeit einer Verfassung als zu weitgehend.

Wenn die Verfassung als Gewährleistung substanzieller Prinzipien verstanden wird, muss ihre Verwirklichung m. E. notwendig mit den Bedingungen, die die Wirklichkeit bereithält, in Konflikt treten. Außerdem deutet die nur unzureichend begründete Auswahl der zu den *constitutional essentials* zählenden Positionen an, dass es keinen klaren und stabilen Maßstab dafür gibt, welche normativen Mindestinhalte die Legitimität politischer Herrschaft gewährleisten können. Daraus müsste grundsätzlich die Forderung nach einer weitergehenden Öffnung einer Verfassung für den politischen Wandel und die freien Überzeugungen der Bürger folgen. *Rawls* aber versucht gerade diese Konsequenz zu vermeiden. Fragwürdig bleibt, ob ihm das gelungen und ob es überhaupt wünschenswert ist. Die verfassungsrechtliche Praxis vieler Staaten jedenfalls zeigt, dass die Verfassungen es vertragen, zum Gegenstand einer offenen politischen Diskussion zu werden.

---

sondern selbst auf einer Abwägung der Unbestimmtheit dieser Regelungen mit deren Notwendigkeit aus der Legitimitätsperspektive beruhe, vgl. *Frank I. Michelman*, Justice as Fairness, Legitimacy, and the Question of Judicial Review, Fordham Law Review 72 (2004), S. 1407–1420 (1418).

[41] Natürlich kennt auch *Rawls* das Phänomen politisch motivierter Verfassungsänderungen gerade auf Initiative der Bürger. Er betont aber auch in Bezug auf derartiges politisches Engagement die freiheitssichernde Funktion der Verfassung, vgl. *Rawls*, Liberalism (Fn. 20), S. 401f.

III. Verfassung als Prozess und Projekt bei Jürgen Habermas

1. Gleichursprünglichkeit von politischer und privater Autonomie

Jürgen Habermas versucht, die Grundstruktur des demokratischen Rechtsstaats mit der „Verschränkung von Diskursprinzip und Rechtsform"[42] zu erläutern. Eine der Hauptthesen seiner Theorie ist die der „Gleichursprünglichkeit von politischer und privater Autonomie"[43]. Die Freiheit der Selbstbestimmung der Einzelnen und die demokratische Herrschaft seien im Rechtssystem aufeinander angewiesen. Während *Rawls* aus den beiden moralischen Kräften der Person jeweils getrennt entsprechende Grundfreiheiten ableitet, verbindet *Habermas* also die beiden Dimensionen moderner Rechtssubjektivität miteinander und kann so, wie ich im Folgenden darstellen werde, vermeiden, eine Liste material definierter Grundfreiheiten aufzustellen.

Wenn die Bürger ihr Zusammenleben mit den Mitteln des positiven Rechts legitim regeln wollen, dann müssen sie sich im Rechtssystem gegenseitig subjektive Rechte einräumen. Was Inhalt dieser Rechte im Einzelnen ist, das allerdings muss selbst erst in einem schon rechtlich institutionalisierten demokratischen Prozess der politischen Willensbildung entschieden werden. Dieser Prozess setzt auf der einen Seite die subjektive Freiheit seiner Teilnehmer voraus, ohne die die Demokratie ihre Legitimität verlieren würde. Andererseits kann der Gehalt dieser Freiheit nicht von außerhalb des Prozesses durch die Theoretiker bestimmt werden. Die Bürger können sich nur dann als Rechtssubjekte verstehen, wenn sie sich als Autoren ihrer Rechte verstehen können und somit „die politischen Grundrechte auf Teilnahme an den Meinungs- und Willensbildungsprozessen des Gesetzgebers"[44] genießen.[45]

In diesem „Kreisprozeß"[46], mit dem nach *Habermas* „das Paradox der Entstehung von Legitimität aus Legalität auf[zu]lösen"[47] ist, hat aber als positives Recht die Praxis der politischen Autonomie den Vorrang. Die Freiheitsrechte, die die Einrichtung des Rechtscodes notwendig impliziert, sind „bloße Rechtsprinzipien"[48]. *Habermas* selbst schreibt, „diese Rechte sind notwendige Bedingungen, die die Ausübung politischer Autonomie erst *ermöglichen*; als ermöglichende Bedingungen können sie die Souveränität des Gesetzgebers, obwohl sie diesem nicht zur Disposition stehen, nicht *einschränken*"[49]. Außerdem versteht *Habermas* die private Auto-

[42] *Jürgen Habermas*, Faktizität und Geltung. Beiträge zur Diskurstheorie des Rechts und des demokratischen Rechtsstaats (im Folgenden: FuG), 5. Aufl., Frankfurt am Main 2014, S. 154.

[43] *Habermas*, FuG (Fn. 42), S. 161.

[44] *Habermas*, FuG (Fn. 42), S. 160.

[45] Vgl. zum Ganzen *Habermas*, FuG (Fn. 42), S. 151–160.

[46] *Habermas*, FuG (Fn. 42), S. 155.

[47] *Habermas*, FuG (Fn. 42), S. 157.

[48] *Maus*, Volkssouveränität (Fn. 36), S. 228; vgl. auch *Joshua Cohen*, Reflections on Habermas on Democracy, Ratio Juris 12 (1999), S. 385–416 (393 ff.).

[49] *Habermas*, FuG (Fn. 42), S. 162.

nomie wesentlich als „*Ausstieg* aus dem kommunikativen Handeln und [...] Verweigerung illokutionärer Verpflichtungen“[50]. Natürlich braucht jeder diese Freiheit, jedoch ist sie von Anfang an in einer defensiven Position gegenüber der politischen Autonomie. Die kommunikative Freiheit als solche muss als ihre negative Seite die Möglichkeit des freien Austritts aus der Öffentlichkeit enthalten, um die Legitimität der demokratischen Herrschaft zu garantieren. Könnte die private Autonomie dann nicht unter die politische subsumiert werden?[51]

2. Die Verfassung als Garant der Demokratie

Welche Rolle wird in diesem theoretischen Rahmen der Verfassung zugeordnet? Sie muss „dem Diskursprinzip die rechtliche Gestalt eines Demokratieprinzips geben“ und dazu insbesondere „die kommunikative Freiheit eines jeden“[52] gewährleisten. Das gilt, obwohl die Grundrechte auf politische Teilhabe in den konkreten Verfassungen je nach den unterschiedlichen Umständen in verschiedenen Gestaltungen auftreten können.[53] Der Vorrang der politischen Autonomie auf der Ebene des positiven Rechts spiegelt sich darin wider, dass seine rechtliche Konkretisierung in der Verfassung gewährleistet wird.

Habermas fordert allerdings auch die Konkretisierung der Rechtsprinzipien der subjektiven Freiheit in der Verfassung in Gestalt der „klassischen liberalen Grundrechte“[54]. Wir können aber keine theoretische Erklärung dafür finden, wie aus dem Gedanken privater Autonomie diese Grundrechte abgeleitet werden sollen. Die liberalen Grundrechte sind als solche Ergebnis einer geschichtlichen Praxis der Verfassunggebung, während die Garantien des demokratischen Prozesses und der diesen bedingenden kommunikativen Freiheiten notwendige Elemente einer Verfassung bilden. *Habermas* betont sogar, dass „die Staatsbürger in Wahrnehmung ihrer öffentlichen Autonomie die Grenzen der privaten Autonomie so ziehen [müssen], daß diese die Privatleute für ihre Rolle als Staatsbürger hinreichend

[50] *Habermas*, FuG (Fn. 42), 153; vgl. dazu auch *Klaus Günther*, Diskurstheorie des Rechts oder liberales Naturrecht in diskurstheoretischem Gewand?, KJ 27 (1994), S. 470–487 (474ff.).

[51] Diese Frage schließt an *Klaus Günther* an, der ihr entgegen einen „intrinsischen Wert“ der privaten Autonomie betont – *Günther*, Diskurstheorie (Fn. 50), S. 472. Sicher fängt der „Kreisprozess“ erst an, wenn die Menschen sich gegenseitig als Rechtsgenossen, also als Subjekte des Rechts, anerkennen. Es ist aber gleichwohl fraglich, welches normative Gewicht die private Autonomie im Sinne *Habermas*' im positiven Recht haben kann. *Robert Alexy* hat darauf hingewiesen, dass jedenfalls in der Theorie von *Habermas* der Wert der privaten Autonomie als „an end in itself“ keine hinreichende Berücksichtigung erfährt, vgl. *Robert Alexy*, Basic Rights and Democracy in Jürgen Habermas's Procedural Paradigm of the Law, Ratio Juris 7 (1994), S. 227–238 (236f.); so auch *Michael Becker*, Verständigungsorientierte Kommunikation und rechtliche Ordnung, Baden-Baden 2003, S. 144–147.

[52] Zwei Zitate: *Habermas*, FuG (Fn. 42), S. 161.

[53] *Habermas* führt z. B. Glaubens-, Gewissens- und Bekenntnisfreiheiten als politische Grundrechte an, vgl. *Habermas*, FuG (Fn. 42), S. 161f.

[54] *Habermas*, FuG (Fn. 42), S. 159.

qualifiziert“[55]. „[G]egen die freiheitseinschränkenden Nebenfolgen faktischer Ungleichheiten“[56] sollen danach sozialstaatliche Maßnahmen getroffen werden, die aber nicht paternalistisch, sondern in Ausübung politischer Selbstbestimmung vereinbart werden sollten.[57]

Erst in der die Herrschaft legitimierenden Demokratie werden also die konkreten Rechte Einzelner bestimmt. Im Zusammenhang mit der Kompetenz des Bundesverfassungsgerichts stellt *Habermas* fest, dass die Verfassung nicht als „Rahmenordnung“ verstanden werden solle, die mit den liberalen Abwehrrechten „primär das Verhältnis des Staates zu den Bürgern reguliert“[58]. Er schlägt ein *„prozeduralistisches Verfassungsverständnis“* vor, nach dem das Verfassungsgericht „die Inhalte strittiger Normen vor allem im Zusammenhang mit den Kommunikationsvoraussetzungen und Verfahrensbedingungen des demokratischen Gesetzgebungsprozesses überprüfen“[59] müsse.[60] Die *constitutional essentials* à la *Habermas* werden also auf den Schutz des offenen demokratischen Prozesses beschränkt.

Kenneth Baynes bedauert, dass *Habermas*’ Theorie der Gleichursprünglichkeit privater und politischer Autonomie zu abstrakt sei, um daraus Beiträge zu realen Verfassungsdiskussionen, z. B. *„the more specific scope and content of the right to privacy“*[61] zu folgern. *Habermas* verzichtet jedoch bewusst darauf, eine Theorie mit substanziellem Gehalt zu bilden, weil er das nicht als Aufgabe der Theorie betrachtet.[62] *Rawls* teilt diese Meinung natürlich nicht. Er moniert, dass die Bürger in politischen Debatten „substantive guidelines“[63] bräuchten, um sich gerechten Ergebnissen anzunähern. *Habermas* nennt diese Position „philosophischen Paternalismus“ und wählt dagegen den Standpunkt „[e]ine[r] praktische[n] Vernunft, die sich in Prozessen, nicht in Inhalten verkörpert“. „[F]ormale Eigenschaften von Prozessen [...] [würden] die Beteiligten dazu nötigen, den Gesichtspunkt unparteilicher Urteilsbildung einzunehmen“, und damit „autorisierende Kraft“[64] gewinnen.[65]

---

[55] *Habermas*, FuG (Fn. 42), S. 503.

[56] *Habermas*, FuG (Fn. 42), S. 503.

[57] *Habermas* fordert soziale Grundrechte nur als situationsbedingt erzeugte bzw. zu erzeugende Rechte, vgl. *Jürgen Habermas*, Anhang zu „Faktizität und Geltung“, in: ders., Einbeziehung (Fn. 19), S. 307–399 (382 ff.).

[58] Zwei Zitate: *Habermas*, FuG (Fn. 42), S. 320.

[59] Zwei Zitate: *Habermas*, FuG (Fn. 42), S. 321 und 320.

[60] Vgl. dazu auch *Christopher F. Zurn*, Deliberative Democracy and the Institutions of Judicial Review, Cambridge 2007, S. 236–243.

[61] *Kenneth Baynes*, Deliberative Democracy and the Limits of Liberalism, in: Schomberg/Baynes, Discourse (Fn. 36), S. 15–30 (23).

[62] Vgl. *Alexy*, Basic Rights (Fn. 51), S. 237 f.

[63] *Rawls*, Liberalism (Fn. 20), S. 431.

[64] Vier Zitate: *Jürgen Habermas*, „Vernünftig“ versus „wahr“ – oder die Moral der Weltbilder, in: ders., Einbeziehung (Fn. 19), S. 95–127 (119, 119, 120, 120).

[65] Vgl. dazu auch *Habermas*, FuG (Fn. 42), S. 492; *James Gledhill*, Procedure in Substance and Substance in Procedure: Reframing the Rawls–Habermas Debate, in: James Gordon Finlayson/

Die Geister scheiden sich je nachdem, ob man nicht nur in der idealen Sprachsituation, sondern auch in der wirklichen Welt glauben kann, dass durch diskursive Meinungs- und Willensbildung „Vernunft und Willen zusammenzuführen" sind und dass „alle form- und verfahrensgerecht erzielten Ergebnisse die Vermutung der Legitimität für sich haben"[66]. *Habermas* entwickelt ein Modell der deliberativen Demokratie, das diese Vermutung zu begründen vermag. An der Überzeugungskraft seiner Argumente kann man allerdings nach wie vor zweifeln.[67] Jedenfalls ordnet *Habermas* in der festen Überzeugung von seinen Prämissen der Verfassung den Schutz der demokratischen Meinungs- und Willensbildung zu.

3. Verfassung (auch) als Projekt

Wie offen ist dieses „prozeduralistische Verfassungsverständnis" für Wandlungen der Wirklichkeit? Man könnte schließen, dass für derart substanzarme Normen nur wenig Bedürfnis nach Anpassung an reale Gegebenheiten bestünde und dass sie daher auch stabil bleiben sollten, um die Legitimität der in ihrem Rahmen produzierten Regeln nicht zu erschüttern. Aber *Habermas* denkt anders. Er betrachtet die Verfassung selbst als „ein Projekt, das nur im Modus einer fortgesetzten, auf allen Ebenen der Rechtsetzung kontinuierlich vorangetriebenen Verfassungsinterpretation *Bestand* haben kann"[68]. Damit relativiert er die Bedeutung des Verfassungsgesetzes. Nach ihm legt nicht die Verfassunggebung den Inhalt der Verfassung fest, sondern dieser ist von der Praxis der Interpretation abhängig.

Ich vermute zwei Gründe hinter dieser eigentümlichen Charakterisierung der Verfassung, einen praktischen und einen theoretischen. *Habermas* betont die Projekthaftigkeit der Verfassung im Zusammenhang einer Diskussion des zivilen Ungehorsams. Wer zivilen Ungehorsam leistet, erkennt die Legitimität jeweils gegenständlicher rechtlicher Regelungen auch dann nicht an, wenn sie in einem legalen Verfahren zustande gekommen sind. *Habermas* will dem politischen zivilen Ungehorsam weder die Legitimität noch die Legalität absprechen. Er ist der Ansicht, dass zwar die Staatsgewalt die Legitimität der Ergebnisse des demokratischen Prozesses akzeptieren müsse, die Bürger dürften sie aber auch mit „ungewöhnlichen Mitteln"[69] in Frage stellen und so die politische Öffentlichkeit adressieren. *Haber-*

Fabian Freyenhagen (Hrsg.), Habermas and Rawls. Disputing the Political, Abingdon 2011, S. 181–199; *Toru Mori*, Freedom in the Public Sphere and Democracy, Kyoto Journal of Law and Politics 2 (2005), S. 55–69 (63ff.).

[66] Zwei Zitate: *Habermas*, FuG (Fn. 42), S. 134, 161

[67] Ich selbst halte seine Demokratietheorie für ziemlich überzeugend, obwohl sie noch der Verbesserung bedarf, vgl. *Toru Mori*, Die staatliche Willensbildung in der differenzierten Gesellschaft. Repräsentative Demokratie bei Hermann Heller und Jürgen Habermas, ARSP 86 (2000), S. 185–206 (195ff.); auch *Tiina Rättilä*, Deliberation as public use of reason – or, what public? whose reason?, in: Michael Saward (Hrsg.), Democratic Innovation. Deliberation, Representation and Association, London/New York 2000, S. 40–52 (48ff.).

[68] *Habermas*, FuG (Fn. 42), S. 163.

[69] *Habermas*, FuG (Fn. 42), S. 463.

mas erstrebt die möglichst weitgehende Zulässigkeit schwer vorhersehbarer Arten von Widerstand. Diese Vorstellung aber ist mit einem statischen Verfassungsverständnis unvereinbar. Daher stellt er die Verfassung dar als ein Unternehmen, „das darauf angelegt ist, das System der Rechte unter wechselnden Umständen *von neuem* zu realisieren"[70]. Der Umfang des Schutzes der politischen Grundrechte solle performativ gestaltet werden.[71]

Auch *Rawls* geht auf das Thema des zivilen Ungehorsams ein und entfaltet ausführlich die Bedingungen einer Rechtfertigung. Er erhebt dabei einen Anspruch auf Universalität dieser Bedingungen.[72] Hier wird noch einmal der Kontrast zwischen den beiden Theoretikern deutlich. *Habermas* versucht, seinen Verfassungsbegriff durch eine weite Bestimmung für die rechtlichen Möglichkeiten politischer Aktivisten zu öffnen. Der Gehalt seiner Theorie stellt einen Rahmen der performativen Erzeugung der konkreten Rechtslagen dar.

Die Frage der Zulässigkeit des zivilen Ungehorsams ist aus theoretischer Perspektive auch deshalb wichtig, weil darin das spontane politische Engagement von Bürgern zum Ausdruck kommt. Politisches Engagement der Bürger ist eine notwendige Voraussetzung der Legitimitätserzeugung durch demokratische Prozesse, andererseits darf ein solches Engagement um des Schutzes privater Autonomie willen nicht erzwungen werden. Um dieses Paradox, letztlich das Paradox der Entstehung von Legitimität aus Legalität, aufzulösen, bedarf es einer politischen Kultur, die die aktive Teilnahme an der Politik begünstigt. Für *Habermas* setzt das die Möglichkeit aller Generationen zur Teilnahme am Diskurs der Verfassungsinterpretation voraus. Mit der Idee der Verfassung als Projekt möchte er seine Theorie für die Notwendigkeit einer solchen politischen Kultur offenhalten und die Erhaltung einer solchen Kultur zugleich anregen.[73] Anstelle der Betonung der inhaltlichen Begrenzungen durch die Verfassung stellt *Habermas* heraus, dass es rechtlich nicht durchsetzbare Bedingungen der Legitimität der im demokratischen Prozess erzeugten Herrschaft gibt. Das führt ihn zu einem weichen Begriff der Verfassung, der die Beteiligung aller Bürger an der Verfassung einschließt.

4. Darf eine Verfassung so sein?

Die Dynamisierung des Verfassungsbegriffs fordert jedoch ein großes Opfer. *Tobias Lieber* kritisiert, dass sich in *Habermas*' Verfassungsbegriff der institutionelle Rahmen der Demokratie verflüssige und „der infinite Regress einer Rechtfertigung von

[70] *Habermas*, FuG (Fn. 42), S. 464.

[71] Vgl. zum Vorhergehenden *Habermas*, FuG (Fn. 42), S. 462–465.

[72] Vgl. *Rawls*, Theory (Fn. 21), S. 319 f., 326 ff.

[73] Vgl. dazu *Habermas*, FuG (Fn. 42), S. 163–165. *Habermas*' Analyse des Verfassungspatriotismus gehört auch in diesen Zusammenhang, vgl. *Habermas*, FuG (Fn. 42), S. 642. Die Ansicht *Michael Beckers*, dass die Vernachlässigung des Verfassungsgesetzes der Annahme eines Verfassungspatriotismus' widerspreche (vgl. *Becker*, Kommunikation [Fn. 51], S. 146 f.), teile ich nicht.

rechtsförmigen Verfahrensregeln“[74] entstehe. Dabei werde die Unterscheidung von Rechtsnormen und anderen Argumentformen aufgehoben. *Habermas* vernachlässige zugleich die Unterscheidung von Verfassungsrecht und einfachem Gesetzesrecht. Er übersehe schließlich die spezifische Bedeutung des Verfassungsrechts als stabiler Verfahrensregel und könne zur Frage der Legitimität des Rechts nichts beitragen.[75]

Als Jurist neige ich den Argumenten *Liebers* zu. Demokratie mag zwar eine politische Kultur voraussetzen, aber es ist fraglich, ob dazu die Dynamisierung des Verfassungsbegriffs nötig ist und beiträgt. Politische Aktivisten bemühen sich meist um die Erzielung realer Erfolge, ohne dabei immer zugleich eine rechtliche Gestaltung der Verfassung zu beabsichtigen. Wir dürfen vom grundsätzlich offenen politischen Prozess einen stetigen kulturellen Wandel erwarten, den auch die Verfassung zu ertragen hat. Daraus aber auf einen projekthaften Charakter der Verfassung selbst, und nicht der politischen Kultur, zu schließen, scheint bezüglich der Frage nach Legitimität kontraproduktiv, denn Legitimation ist im Prozess nicht zu erzeugen, wenn die Regeln des Prozesses selbst immer wieder in Frage gestellt werden. Die Legitimität politischer Handlungen, die ihrerseits die Legitimität staatlicher Akte bestreiten, muss begrenzbar sein. Ohne differenzierende normative Kraft kann eine Verfassung nichts legitimieren. Die Verfassung hat die Aufgabe, auch die Grenzen der Freiheit rechtlich zu bestimmen, auch wenn dabei die Bedeutung der kommunikativen Freiheiten stets berücksichtigt werden muss.

Ich meine daher, dass die Vorstellung der Verfassung als Schutz des demokratischen Prozesses mit einem projekthaften Verfassungskonzept, das die Normativität der Verfassung vernachlässigt, nicht gut vereinbar ist. Sollten wir darum die Verfassung nicht als Projekt für die Zukunft, sondern als Ergebnis eines abgeschlossenen Projekts betrachten? Zwar müssen gleichsam die Regeln eines Spiels stabil bleiben, damit das Spiel weiter gespielt werden kann. Demokratie indes ist keine Sportart. Zwar brauchen die Staatsorgane wie das Parlament klare Regeln, zur Demokratie gehört aber auch der freie zivilgesellschaftliche Raum für „von Beschlüssen entkoppelte Meinungsbildung“.[76] Hier muss und darf es vielleicht keine starren Regeln geben, die klare Grenzen ziehen. Spontaneität der politischen Meinungsäußerungen und Stabilität der Rechtsnormen können so nebeneinander gedacht werden. Wir sollten daher die Entwicklungsmöglichkeiten der Verfassung nicht ablehnen, auch wenn *Habermas* mit seiner projekthaften Vorstellung von der Verfassung sicher über das Ziel hinausschießt – und zwar in die ganz andere Richtung

---

[74] *Tobias Lieber*, Diskursive Vernunft und formelle Gleichheit. Zu Demokratie, Gewaltenteilung und Rechtsanwendung in der Rechtstheorie von Jürgen Habermas, Tübingen 2007, S. 114.

[75] Vgl. zum Ganzen *Lieber*, Vernunft (Fn. 74), S. 110–119.

[76] Vgl. *Habermas*, FuG (Fn. 42), S. 373. Die Gegenüberstellung und kommunikative Kombination von Parlament und „nicht-vermachteter“ Öffentlichkeit bildet eine Hauptthese der *Habermasschen* Theorie der deliberativen Demokratie, vgl. *Mori*, Willensbildung (Fn. 67), S. 195 ff.

als *Rawls*. Denn anders als dieser versucht *Habermas* nicht, die Praxis der inhaltlichen Anreicherung der Verfassung an einem bestimmten Punkt zu stoppen.[77] Die Wahrheit liegt irgendwo in der Mitte. Solange der öffentliche Friede nicht erheblich gestört wird, sollte eine Verfassungsordnung Raum für politischen Aktivismus bieten und zulassen, dass dessen Inhalte im demokratischen Prozess rezipiert werden können. Das Gleiche gilt für Veränderungen der sozialen Bedingungen z. B. durch technischen Fortschritt.

Das *Habermassche* Konzept der Verfassung als Projekt hat Ähnlichkeiten mit der vierten der von *Uwe Volkmann* identifizierten Verfassungstheorie.[78] Beide lassen den Einfluss der jeweiligen moralischen Überzeugungen der Bürger auf die Verfassungsinterpretation zu. Beiden gemeinsam ist daher auch die Problematik der Schwächung der Normativität. Die Theorie der „Verfassung als Gerechtigkeitsordnung" ist allerdings material reichhaltiger als der Entwurf von *Habermas*, der die eigentliche Aufgabe der Verfassung in der Garantie des demokratischen Prozesses sieht. Weil *Habermas* aber zugleich mit der Dynamisierung des Verfassungsbegriffs den Unterschied zwischen Verfassungsrecht und einfachem Recht relativiert, ähnelt seine Theorie auch in ihren praktischen Konsequenzen der Theorie der „Verfassung als Gerechtigkeitsordnung".

IV. Substanzielles und prozedurales Verfassungsverständnis in Japan

1. Verfassung als Ausdruck des Individualismus

Welchem der beschriebenen Verfassungsverständnisse folgen die verfassungsrechtliche Praxis und die Staatsrechtslehre in Japan? Interessanterweise sind hier beide theoretischen Alternativen aufgegriffen und vertreten worden, also sowohl das Verständnis der Verfassung als Limitation der Staatsgewalt durch Grundrechte

[77] *Armin Engländer* behauptet, *Habermas* müsse in Konsequenz seiner Theorie den Gehalt der subjektiven Freiheitsrechte „auf ein notwendiges Minimum" beschränken. Die Vorstellung subjektiver Freiheitsrechte überhaupt sei lediglich ein Zugeständnis der Diskurstheorie an die Wirklichkeit, vgl. *Armin Engländer*, Diskurs als Rechtsquelle. Zur Kritik der Diskurstheorie des Rechts, Tübingen 2002, S. 102–108. Damit geht *Engländer* aber in seiner Interpretation über die Theorie *Habermas'* noch hinaus. In *Habermas' Rechts*theorie ist die wechselseitige Anerkennung der Einzelnen als autonome Rechtssubjekte der Ausgangspunkt der Bildung einer Rechtsgemeinschaft. Obwohl er die Freiheitsrechte als Teil des positiven Rechts sicher in den demokratischen Prozess hineinnimmt, betrachtet *Habermas* zugleich die Entwicklung moderner Verfassungen, die alle bestimmte Freiheitsrechte enthalten, als Verfestigung der Rechtsprinzipien. Die Geschichte, so könnte man sagen, gibt ihm daher Recht, wenn er es den jeweiligen Verfassunggebern überlässt, über die Garantie subjektiver Freiheitsrechte zu entscheiden.

[78] Zu diesen Ähnlichkeiten gehört auch, dass *Habermas* die Vorstellung *Peter Häberles* von einer „offenen Gesellschaft der Verfassungsinterpreten" befürwortend aufgreift, vgl. *Habermas*, FuG (Fn. 42), S. 274.

und Gewaltenteilung als auch die Lesart der Verfassung als Gewährleistung eines offenen politischen Prozesses mit den Regeln der demokratischen Meinungs- und Willensbildung.

Die japanische Verfassung enthält neben kommunikativen und geistigen Freiheitsrechten wie der Rede- (Art. 21 der Japanischen Verfassung) und der Religionsfreiheit (Art. 20 JV) wirtschaftliche Freiheitsrechte wie das Recht der freien Berufswahl (Art. 22 Abs. 1 JV) und die Eigentumsgarantie (Art. 29 JV) sowie viele Justizgrundrechte wie das absolute Folterverbot (Art. 36 JV) und den Richtervorbehalt bei Festnahme und Durchsuchung (Art. 33, 35 JV). Sie enthält also die meisten klassischen liberalen Grundrechte. Sie enthält aber auch einige soziale Grundrechte wie das Recht auf Sicherung des Existenzminimums (Art. 25 Abs. 1 JV) und auf Erziehung (Art. 26 JV). Außerdem wird gemäß Art. 13 Abs. 1 JV „[j]eder Bürger […] als Einzelperson geachtet"[79] – dies ist nach allgemeiner Ansicht der wichtigste Grundsatz der Verfassung. Die Japanische Verfassung erscheint daher individualistisch geprägt und, ganz im Sinne des Verfassungsverständnisses bei *John Rawls*, auf die freie Entfaltung des Individuums hin angelegt.

Nobuyoshi Ashibe (1923–1999), der als Professor an der Universität Tokio die Verfassungslehre in Japan lange Zeit entscheidend geprägt hat, erklärte den Schutz der Freiheit zur wichtigsten Funktion der modernen Verfassung. Die Staatsorganisation sei der Verfolgung dieses Zwecks untergeordnet. Seiner Ansicht nach leiten sich die verfassungsrechtlich festgelegten Grundrechte aus naturrechtlichen Gedanken ab und ihr wesentlicher Wert liegt in der Würde des Individuums. Die Hauptaufgabe der Verfassung sei es, um der Freiheit des Einzelnen willen die Staatsgewalt zu begrenzen. Er nennt diesen Gedanken, in Abgrenzung zur rein formalen Betrachtung der Verfassung als ranghöchstes Gesetz, die Theorie der „substanziellen Verfassung" und beansprucht ihn als Grundlage der Japanischen Verfassung. Um seine Position zu stützen, beruft sich *Ashibe* auf eine Naturrechtsrenaissance im Nachkriegsdeutschland. Hier wird deutlich, was *Ashibe* mit „Substanzialität" meint.[80] Seine Lehre jedenfalls scheint geeignet, die Gesamtstruktur der Verfassung zu erfassen.

2. Verfassung als Garant des offenen demokratischen Prozesses

Gerade *Ashibe* hat aber dem Beispiel der USA die Doktrin der sog. *double standards* [Niju no Kijun] bzw. der *preferred position of freedom of expression* als Maßstab ge-

---

[79] Ich benutze hier die Übersetzung der Japanischen Verfassung bei *Ulrich Eisenhardt/Hans Georg Leser/Masasuke Ishibe/Tamotsu Isomura/Zentarô Kitagawa/Junichi Murakami/Hans-Peter Marutschke* (Hrsg.), Japanische Entscheidungen zum Verfassungsrecht in deutscher Sprache, Köln/Berlin/Bonn/München 1998, S. 533–554.

[80] Vgl. zum Ganzen *Nobuyoshi Ashibe/Kazuyuki Takahashi*, Kenpo [Verfassungsrecht], 6. Aufl., Tokio 2015, S. 10f.; *Nobuyoshi Ashibe*, Kenpougaku I [Verfassungslehre I], Tokio 1992, S. 22–24, 46–50.

richtlicher Überprüfung der Verfassungsmäßigkeit von Gesetzen entnommen.[81] Nach dem amerikanischen Modell enthält die Japanische Verfassung die Kompetenz der Gerichte, alle Staatsakte inzident auf ihre Verfassungsmäßigkeit zu überprüfen (Art. 81 JV). In seinen frühen Entscheidungen beschränkte sich der Oberste Gerichtshof indes in der Regel darauf, die Verfassungsmäßigkeit der angegriffenen Staatsakte ohne ausführliche Argumentation zu bestätigen. Er räumte so dem Gesetzgeber einen weiten Spielraum ein. Die Rechtswissenschaft versuchte in der Folge, eine theoretische Strategie zu entwickeln, dieser Zurückhaltung bzw. Großzügigkeit des Obersten Gerichtshofes entgegenzutreten und letztlich den Grundrechtsschutz zu befördern.

Ashibe, der zu Beginn der 1960er Jahre an der Harvard Law School arbeitete und den sog. *Warren Court* erlebte, entwickelte dazu die bereits dargestellte Doktrin. Er war danach der Ansicht, Gesetze, die die geistigen und kommunikativen Freiheitsrechte betreffen, sollten strenger geprüft werden als solche, die einen Eingriff in wirtschaftliche Freiheitsrechte darstellen. Bei der Überprüfung jener Gesetze müsse festgestellt werden, ob der Eingriff ein erforderliches Mittel zu einem Zweck darstellt, der so gewichtig ist, dass er den betreffenden Eingriff rechtfertigen kann.[82] Diese *double standards*-Doktrin verbreitete sich innerhalb der japanischen Verfassungsrechtslehre schnell und *Ashibe* erlangte den Status eines Symbols für die Amerikanisierung der japanischen Verfassungslehre.

Warum aber überzeugt die *double standards*-Doktrin als Maßstab der Verfassungsinterpretation? *Ashibe* führt dafür hauptsächlich zwei Gründe an. Auf der einen Seite seien die geistigen Freiheiten für die Erhaltung des demokratischen Prozesses notwendig. Wenn sie verletzt werden, stelle das einen Eingriff in den Prozess der demokratischen Willensbildung dar. Von der Politik sei ein Schutz der Freiheiten in diesen Fällen nicht zu erwarten, daher müssten die Gerichte aktiv eingreifen und die ordnungsgemäße Funktion der Demokratie wiederherstellen. Auf der anderen Seite seien aber in sozialen und wirtschaftlichen Problemlagen die Gerichte zur Herstellung eines Interessenausgleichs nicht hinreichend befähigt. Sie hätten daher die Einschätzungen der politischen Organe zu respektieren, während es bei den geistigen Freiheiten einer solchen Zurückhaltung nicht bedürfe.[83]

Man ahnt schon, dass mit dieser Begründung dem Verfassungsgericht in erster Linie die Aufgabe zugewiesen wird, den demokratischen Prozess als solchen zu schützen. *Ashibe* lehnt eine substanzielle Werthierarchie innerhalb der Grund-

---

[81] Die Bezeichnung der noch darzustellenden Doktrin als *double standards* ist in den USA nicht verbreitet und hat sicher auch in der englischen Umgangssprache keine guten Implikationen. In der Sache gilt aber gerade im Verfassungsrecht der USA, dass die Redefreiheit innerhalb der grundrechtlichen Freiheiten eine besonders hervorgehobene Stellung hat. Die Terminologie wird gleichwohl verwendet, weil die Bezeichnung in Japan als *technical term* eingeführt wurde.

[82] Vgl. *Nobuyoshi Ashibe*, Kenpougaku II [Verfassungslehre II], Tokio 1994, S. 213ff.; dazu auch *Shigenori Matsui*, The Constitution of Japan. A Contextual Analysis, Oxford 2011, S. 169f.

[83] *Ashibe*, Verfassungslehre II (Fn. 82), S. 218f.

rechte ab[84] und erklärt die unterschiedlichen Prüfungsstandards mit der jeweiligen Funktion der Freiheitsrechte in der Demokratie. Auch wenn die allgemeinen verfassungstheoretischen Aussagen eines Autors und seine konkreten Vorschläge für die Ausgestaltung einer Verfassungsgerichtsbarkeit nicht zwingend übereinstimmen müssen, darf an dieser Stelle doch die Frage aufgeworfen werden, ob die funktionelle Betrachtung der Verfassungsgerichtsbarkeit mit der Lehre von der „substantiellen Verfassung" vereinbar ist.[85] Die Japanische Verfassung jedenfalls kennt beides, sowohl die naturrechtliche Vorstellung von Menschenrechten als auch den Gedanken eines freien demokratischen Prozesses.

Wie sich das Verfassungsverständnis zu Veränderungen der Wirklichkeit verhält, ist in Japan allerdings nicht thematisiert worden. Ein Grund dafür liegt vielleicht in der passiven Haltung der Gerichte bei der Überprüfung gesetzgeberischer Akte auf ihre Verfassungsmäßigkeit. Solange es in der Rechtsprechung hier keine Bewegung gibt, scheint auch die Rechtswissenschaft keinen Anlass zu haben, über die entsprechenden Probleme zu diskutieren.

3. Tendenzen der jüngeren OGH-Rechtsprechung (1): Betonung politischer Rechte

Inzwischen hat jedoch der OGH die *double standards*-Doktrin als abstrakten Maßstab der verfassungsrechtlichen Prüfung angenommen. Er betont, dass die geistigen Freiheiten, vor allem die Redefreiheit, ein notwendiges Element der Demokratie sind, weil in der Demokratie die politische Willensbildung durch das Äußern von Meinungen und die Informationsbeschaffung erst ermöglicht werde. Vor allem in öffentlichen Angelegenheiten müsse die Freiheit der Rede daher als besonders wichtiges Grundrecht respektiert werden.[86] Seit langem wird diese Rechtsprechung des OGH allerdings als Lippenbekenntnis kritisiert. Beispielsweise erklärte der OGH im bekannten *Sarufutsu*-Fall, in dem über die Verfassungsmäßigkeit eines umfassenden Verbots politischer Tätigkeiten für Beamte gestritten wurde, zwar zunächst die Redefreiheit als Basis der Demokratie für besonders wichtig, ließ daraus

---

[84] *Ashibe*, Verfassungslehre II (Fn. 82), S. 220; vgl. auch *Nobuyoshi Ashibe*, Kenpo-sosho no Gendaiteki-tenkai [Gegenwärtige Entwicklungen der Verfassungsgerichtsbarkeit], Tokio 1981, S. 80.

[85] Diese Frage stellt bspw. auch *Shigenori Matsui*, Niju no Kijun Ron [Theorie der double standards-Doktrin], Tokio 1994, S. 275. *Ders.* wagt den Schritt, die Verfassung ausschließlich als Garant des demokratischen Prozesses zu betrachten. Dem wird als Theorie jedenfalls hinsichtlich der Japanischen Verfassung entgegengehalten, dass ein solches Verständnis der Gesamtstruktur der Japanischen Verfassung nicht entspreche, vgl. *Yasuo Hasebe*, Seiji-torihiki no Bazaar to Shiho-shinsa [Der politische Basar und die Verfassungsgerichtsbarkeit], Horitsu Jiho 67 (1995), S. 62. *Ashibe* selbst schreibt, dass die Demokratie die Selbstbestimmung der Individuen voraussetze und daher seine Theorie der *double standards*, die den Vorrang der Redefreiheit nicht auf die politische Rede beschränkt, der individuellen Freiheit als substanziellem Wert diene, vgl. *Ashibe*, Verfassungslehre II (Fn. 82), S. 221–224.

[86] Vgl. OGH, Urteil vom 11. Juni 1986, Minshu, Bd. 40, S. 872 – *Hoppo Journal*.

aber nicht die Anwendung eines strengeren Prüfungsstandards folgen. Der Schwerpunkt der Argumentation lag vielmehr auf einer Abschätzung der vermeintlich schweren Folgen politischer Betätigung durch Beamte für die politische Neutralität der Verwaltung. Im Ergebnis hielt der OGH die sehr strengen Regelungen für verfassungsgemäß.[87]

In jüngerer Zeit können wir aber eine Trendwende beobachten. Im sogenannten *Horikoshi*-Fall, in dem die Verfassungsmäßigkeit des politischen Betätigungsverbots für Beamte erneut überprüft wurde, betonte der OGH wiederum, dass die Freiheit politischer Betätigung eine Grundmauer der demokratischen Gesellschaft sei. Dieses Bekenntnis blieb aber keine schöne Floskel, sondern der OGH ließ ihm die Ausgestaltung eines strengeren Maßstabs folgen. So sei ein Verbot politischer Betätigung für Beamte nur zulässig, wenn es auf Fälle beschränkt bleibe, in denen eine konkrete Betätigung eine tatsächliche und substanzielle Bedrohung der staatlichen Neutralität darstelle. Der OGH bestätigte so das zu überprüfende Urteil der Vorinstanz, die den behaupteten Rechtsverstoß eines Beamten nicht angenommen hatte.[88]

Schon etwas früher zeigte der OGH eine sehr harte Haltung gegenüber Beschränkungen des Wahlrechts. Bei der Überprüfung des Ausschlusses von im Ausland lebenden Staatsbürgern von den Wahlen zum Nationalparlament argumentierte der OGH, das Wahlrecht bilde die Basis der parlamentarischen Demokratie und dürfe nur beschränkt werden, wenn anderenfalls die Durchführung fairer Wahlen notwendig verhindert werde. Das aber sei im Fall der Wahlberechtigung im Ausland lebender Staatsbürger nicht der Fall. Der OGH erklärte die Regelung daher für verfassungswidrig.[89] Einen strengen Prüfungsmaßstab entwickelte der OGH auch für den Grundsatz der Wahlrechtsgleichheit in Anwendung auf das Verhältnis der Wahlkreise zueinander.[90] Aus diesen Entscheidungen können wir die Tendenz des OGH ablesen, den Schutz des demokratischen Willensbildungsprozesses als seine Hauptaufgabe zu sehen.

Die Entscheidungen können aber gleichwohl nicht als Wendung des OGH hin zu einem projekthaften Verfassungsverständnis gelesen werden, da sie nicht selbst zurechenbare Folge eines Wandels der politischen Realität sind. Zwar hat das Beharren der Verfassungsrechtslehre auf der *double standards*-Doktrin sicher etwas zur Entwicklung der Rechtsprechung beigetragen. Die Doktrin aber war in der Lehre schon seit langem anerkannt und erst jetzt hat die Rechtsprechung begonnen, sie gleichlaufend darzustellen und anzuwenden.

---

87 Vgl. OGH, Urteil vom 6. November 1974, Keishu, Bd. 28, S. 393 – *Sarufutsu*.

88 Vgl. OGH, Urteil vom 7. Dezember 2012, Keishu, Bd. 66, S. 1337 – *Horikoshi*.

89 Vgl. OGH, Urteil vom 14. September 2005, Minshu, Bd. 59, S. 2087.

90 Vgl. OGH, Urteil vom 23. März 2011, Minshu, Bd. 65, S. 755 (Unterhaus); OGH, Urteil vom 17. Oktober 2012, Minshu, Bd. 66, S. 3357 (Oberhaus).

4. Tendenzen der jüngeren OGH-Rechtsprechung (2): die Achtung der Würde des Individuums und das Volk

Wir finden in der neueren Rechtsprechung des OGH jedoch auch andere Tendenzen. Diese zeigen sich in der Rechtsprechung zur Gleichbehandlung nichtehelicher Kinder im Erbrecht. Art. 900 Nr. 4 a.F. des Japanischen BGB bestimmte, dass nichteheliche Kinder nur die Hälfte des Erbteils ehelicher Kinder erhalten sollten. Diese Regelung wurde im Jahr 1995 vom OGH bestätigt, der den Gestaltungsspielraum des Gesetzgebers bei der Ausgestaltung der gesetzlichen Erbfolge betonte und die Ungleichbehandlung nichtehelicher Kinder als Konsequenz des garantierten Instituts der Ehe betrachtete. In einer abweichenden Meinung wurde dagegen argumentiert, die Ungleichbehandlung nichtehelicher Kinder sei keine Folge der Ehe, sondern der Zeugung. Dafür könnten die Kinder keine Verantwortung tragen. Die Ungleichbehandlung verstoße daher gegen das Gebot, die Würde des Individuums zu respektieren. Die Mehrheitsmeinung ignorierte diese Argumentation.[91]

Im Jahre 2008 erklärte der OGH dann jedoch die Ungleichbehandlung nichtehelicher Kinder im Staatsangehörigkeitsrecht für verfassungswidrig. In seiner Entscheidung machte er darauf aufmerksam, dass die Staatsbürgerschaft für die Bewohner Japans von erheblicher Bedeutung sei und die Ungleichbehandlung mit einer Tatsache begründet werde, auf die die Betroffenen keinen Einfluss hätten. Daher müsse die Verfassungsmäßigkeit dieser Ungleichbehandlung an einem strengen Maßstab überprüft werden.[92] Die Abhängigkeit der Prüfungsintensität von der Art des Diskriminierungsgrundes war in der Rechtsprechung des OGH ein Novum und erregte die wissenschaftliche Aufmerksamkeit.

Schließlich erklärte der OGH im Jahre 2013 dann die Ungleichbehandlung nichtehelicher Kinder im Erbrecht doch für verfassungswidrig. Dabei interpretierte er dies nicht als Abweichung von der Vorentscheidung aus dem Jahre 1995, sondern berief sich auf eine Veränderung des Bewusstseins im Staatsvolk. Der Gedanke, dass jedes Individuum unabhängig von seiner Herkunft respektiert werden müsse und nicht aus Gründen diskriminiert werden dürfe, auf deren Vorliegen es keinen Einfluss hat, habe sich in der Gesellschaft durchgesetzt. Damit könnten die Unterschiede nichtehelicher im Verhältnis zu ehelichen Kindern nicht zur Rechtfertigung für eine Ungleichbehandlung herangezogen werden.[93]

Diese zuletzt genannte Entscheidung ist deshalb bemerkenswert, weil der OGH in seiner Begründung am Maßstab des Verbots von Ungleichbehandlungen nichts geändert hat. Aus seiner Perspektive liegt die Veränderung vielmehr auf der tatsächlichen Ebene der normativen Vorstellungen im Staatsvolk. Diese Art der Argumentation hat für Verwunderung in der japanischen Staatsrechtslehre

---

[91] Vgl. OGH, Beschluss vom 5. Juli 1995, Minshu, Bd. 49, S. 1789.

[92] Vgl. OGH, Urteil vom 4. Juni 2008, Minshu, Bd. 62, S. 1367.

[93] Vgl. OGH, Beschluss vom 4. September 2013, Minshu, Bd. 67, S. 1320.

gesorgt.[94] Die Begründungsstrategie des OGH ist mutmaßlich nur Ausdruck des Bemühens, einen Widerspruch mit der früheren Rechtsprechung zu vermeiden. Sie zeigt aber trotzdem, dass der OGH den Inhalt der verfassungsrechtlichen Vorschriften nicht für starr hält, sondern sich bei der Auslegung für den Wandel der Wirklichkeit offen zeigt.

V. Zusammenfassung

Diese Tendenz in der Rechtsprechung des OGH birgt auch Gefahren. Sie verflüssigt und schwächt einerseits die normativen Gehalte der Verfassung, indem sie diese an der gesellschaftlichen Meinung orientiert. Das dürfte vor allem auch zu Rechtsunsicherheiten führen. Andererseits ist es eben das Gericht selbst, das die vorgebliche Dynamik der gesellschaftlichen Meinung festzustellen und damit zu definieren hat. Die Dynamisierung des Verfassungsinhalts auch mit Bezug auf die Überzeugungen des Staatsvolks bedeutet daher vor allem eine Stärkung der Macht des Gerichts selbst. Nicht die gesellschaftlichen Vorstellungen sind es dann, die die Rechtsprechung prägen, sondern die eigenen Vorstellungen des Gerichts.

Es ist zu früh, daraus zu schließen, der japanische OGH tendiere in die Richtung des von *Volkmann* dem Bundesverfassungsgericht zugeschriebenen Verfassungsverständnisses. Ich möchte nur festhalten, dass der OGH bei der Interpretation der Verfassungsbestimmungen die Bedeutung des demokratischen Prozesses betont und daneben die Achtung der Würde des Individuums als eine selbständige Forderung auffasst. Dabei ist die prozessuale demokratische Funktion der Verfassung eher starr, während der materiale Gehalt der Verfassung auf den Wandel der Wirklichkeiten verweist und sich ihm öffnet. Sollte diese Dimension der Verfassung in der Zukunft noch stärker betont werden, wird erneut mit *Volkmann* darüber nachzudenken sein, welches Verfassungsverständnis der OGH seinen Interpretationen zugrunde legt.

Ich fasse zusammen: Eine genaue Bestimmung des Verhältnisses von der Verfassung als Rechtsnorm und der dynamischen Wirklichkeit folgt aus den Legitimationstheorien *Rawls*' und *Habermas*' nicht. Eine *Rawls'sche* Verfassung, die vor allem materiale Beschränkungen des Staatshandelns normiert, könnte eigentlich sowohl offen für einen Bedeutungswandel als auch sehr flexibel gedacht werden. Andererseits folgt aus einem Verfassungsverständnis, das die Garantie eines demokratischen Prozesses in den Vordergrund stellt, nicht zwingend ein Verständnis der Verfassung als Projekt, auch wenn *Habermas* beide Ansichten verbindet. Diese Verbindung ruht bei *Habermas* auf der Erwartung, die politische Kultur werde durch ein weniger starres Verfassungsverständnis befördert. Sie läuft aber Gefahr,

---

[94] Vgl. z. B. die Urteilsanmerkungen von *Yasue Nukatsuka*, Hogaku Kyoshutsu 400 (2014), S. 81 und *Yasuyuki Watanabe*, Shin Hanrei Kaisetsu Watch 14 (2014), S. 23.

die Bedeutung der Verfassung als rechtliche Rahmenordnung der Demokratie zu vernachlässigen.

In der japanischen Verfassungslehre und in der Rechtsprechung des OGH sind sowohl substanzielle als auch prozedurale Elemente verschiedener Verfassungstheorien zu identifizieren. Gerade in Bezug auf die Verfassungsgerichtsbarkeit spielt seit langem ein prozedurales Verständnis die Hauptrolle. Auch die neueren Entscheidungen zu den politischen Grundrechten können weniger als Normwandel denn als Auswirkung dieses interpretationsleitenden prozeduralistischen Verfassungsverständnisses gelesen werden.[95] Andererseits betont der OGH in neueren Entscheidungen verstärkt die Rolle der Garantie der Würde des Individuums. Hier sind in der Tat Ansätze einer dynamisierenden Verfassungsinterpretation zu finden. Ob der OGH in dieser Richtung weitergehen wird, ist unsicher.

[95] Gegen die allgemeine Tendenz des Bundesverfassungsgerichts plädiert *Oliver Lepsius* für die „Stärkung der Verfahrenskontrolle" und die Beachtung vor allem parlamentarischer Gestaltungsspielräume, vgl. *Oliver Lepsius*, Rechtswissenschaft in der Demokratie, Der Staat 52 (2013), S. 157–186 (178 ff.). Das japanische prozedurale und funktionelle Verständnis der Verfassung dürfte dieser Forderung entsprechen. Das Gegenteil gilt freilich für die tatsächliche Zurückhaltung des OGH bei der Durchsetzung der kommunikativen Freiheiten, vgl. *Shigenori Matsui*, Why is the Japanese Supreme Court so Conservative?, Wash. U. L. Rev. 88 (2011), S. 1375–1423.

Die Rolle von Verfassungsrecht

Kommentar zum Referat von Toru Mori

Uwe Volkmann

Mein Vorredner *Toru Mori* hat sich unserem Thema in seinem Referat in ebenso origineller wie instruktiver Weise genähert: Er beschreibt – nach einem einleitenden Hinweis auf alternative Typisierungskonzepte – zunächst Herrschaftsbegründung und Herrschaftsbegrenzung als die beiden wesentlichen Errungenschaften und zugleich wesensbestimmenden Merkmale der Verfassung, stellt dazu beispielhaft die beiden wirkmächtigen Verfassungskonzepte von *John Rawls* und *Jürgen Habermas* als mögliche Repräsentanten dieser unterschiedlichen Typen vor und ordnet in diese Gegenüberstellung schließlich das derzeitige japanische Verfassungsverständnis ein, das er auch für den deutschen Leser so eindrucksvoll wie nachvollziehbar aufbereitet. In einem vierten und letzten Schritt wendet er sich dann der Rolle der Verfassungsgerichtsbarkeit in diesem Zusammenhang zu, bevor dann hieraus grundlegende Erkenntnisse für das Gesamtthema unserer Tagung, nämlich über die Möglichkeiten und Grenzen von Verfassungsentwicklung, abgeleitet werden. Das ist gerade in der Kombination von philosophischem und rechtspraktischem Blick auf die Verfassung außerordentlich anregend und lehrreich, so dass wir uns davon in hohem Maße bereichert fühlen können. Ich möchte mich deshalb in meinem Kommentar auf einige ergänzende Bemerkungen beschränken, die das Thema noch einmal in einen etwas anderen theoretischen und konzeptionellen Zusammenhang einordnen und ihm vielleicht noch den einen oder anderen zusätzlichen Aspekt abgewinnen; daraus ergeben sich dann vielleicht auch Rückschlüsse darauf, ob Verfassungen eher in einem statisch-beharrenden oder in einem dynamisch-entwicklungsoffenen Sinne zu verstehen sind. Im Einzelnen:

1. Wenn wir über die Rolle (die Bedeutung, den Stellenwert, die Funktion etc.) von Verfassungsrecht – oder besser vielleicht über die Rolle von Verfassungen, denn die Rede von Verfassungsrecht könnte bereits eine mögliche Engführung sein – sprechen, müssen wir uns zunächst über die Perspektive klarwerden, aus der wir dies tun wollen. Grundsätzlich und letztlich wie immer sind hier zwei Perspektiven möglich, wie sie in etwa auch der doppelten Bedeutung des Funktionsbegriffs entsprechen. Wir können diesen zunächst in einem normativen Sinn verwenden und würden dann mit Bezug auf die Verfassung eine Vorstellung davon zum Ausdruck bringen, was eine Verfassung in der politisch-gesellschaftlichen Realität richtiger-

und sinnvollerweise leisten soll und welche Erwartungen sich auf sie richten. Den Verfassungsbegriff, der sich daraus ergibt, mag man einen normativen oder auch idealistischen nennen, insofern er eben auch eine bestimmte Vorstellung davon zum Ausdruck bringt, wie eine Verfassung idealerweise beschaffen sein sollte. Die vorgestellten Konzepte von *Rawls* und *Habermas* wären in diesem Sinne Beispiele für rein idealistische Verfassungsbegriffe, auch wenn beide Autoren durchaus um eine Einordnung in eine vorhandene Verfassungstradition bemüht sind und daran anknüpfen. Daneben können wir den Begriff der Funktion in einem empirischen Sinne verwenden und beschreiben dann mit Blick auf die Verfassung die beobachtbaren Leistungen, die diese für das Rechtssystem, für das politische System oder für die Gesellschaft insgesamt erbringt. Den Verfassungsbegriff, der sich daraus ergibt, kann man einen empirischen oder realistischen nennen, insofern er auf eine bestimmte Realität von Verfassung und eine bestimmte reale Praxis des Umgangs mit ihr verweist. Das von Herrn *Mori* vorgestellte Verfassungsverständnis in Japan wäre in diesem Sinne ein Beispiel für eine solche realistische Behandlung der Verfassung, die aus einer Analyse dieses tatsächlichen Umgangs – in der Rechtsprechung eines Verfassungsgerichts, in der Reflexion dieser Rechtsprechung durch die Rechtswissenschaft, in der Wahrnehmung der Verfassung durch die Bürger – gewonnen ist. In dem Maße, in dem sich ein solcher Umgang einspielt und in die Zeit hinein verfestigt, wirkt er aber auch selbst wieder normativ, insofern er auch den künftigen Umgang mit dieser Verfassung prägt und die Erwartungen mitbestimmt, die eine Gesellschaft an sie richtet.

2. Stellt man in diesem Sinne für die Bestimmung der Rolle oder Funktion von Verfassungen maßgeblich auf den je vorherrschenden Umgang mit einer Verfassung ab, also auf Verfassung als Resultat einer bestimmten sozialen und sprachlichen Praxis innerhalb einer konkreten Verfassungsgemeinschaft, kann es die *eine* und überall gleiche Rolle oder Funktion von Verfassungsrecht nicht geben, so wenig wie es den *einen* Verfassungsbegriff gibt.[1] Was diesen anbelangt, so wissen wir ja, um nur ein paar Beispiele zu nennen, bis heute nicht recht, ob zur Verfassung notwendig die Verschriftlichung und die Verkörperung in einer bestimmten Urkunde gehört (mit der Folge, dass etwa England keine Verfassung hätte, obwohl man darüber sogar klassische Bücher geschrieben hat[2]), ob das Wesen der Verfassung stattdessen oder gegebenenfalls auch ergänzend in bestimmten Elementen des Inhalts gesucht werden muss (wie es etwa in dem von meinem Vorredner angesprochenen Artikel 4 der französischen Menschenrechtserklärung geschehen ist und heute in verschiedenen anspruchsvolleren Verfassungsbegriffen fortgeschrieben wird[3]), ob die Verfassung denknotwendig den Staat voraussetzt (oder auch auf überstaatliche

[1] Die Klärung des Verfassungsbegriffs wird deshalb traditionell zu den „härtesten Nüssen der Rechtswissenschaft" gezählt, vgl. *Klaus Stern*, Das Staatsrecht der Bundesrepublik Deutschland, Band I, 2. Aufl., München 1984, S. 69 f. m. w. N.

[2] *Walter Bagehot*, The English Constitution, London 1867.

[3] Vgl. *Dieter Grimm*, Ursprung und Wandel der Verfassung, in: Josef Isensee/Paul Kirchhof

Einheiten oder andere Phänomene kollektiver Ordnung übertragen werden kann[4]) etc.; möglicherweise bilden sich ja derzeit auch anderswo neue Fragmente von Verfassung oder setzt sich Verfassung heute überhaupt nur noch aus solchen Fragmenten zusammen.[5] Man kann deshalb durchaus darüber diskutieren, ob nicht jede politische Ordnung letztlich ihren je eigenen Verfassungsbegriff ausbildet, und über einen „Verfassungsbegriff des Grundgesetzes" hat man deshalb schon nachgedacht.[6] Natürlich schließt das andererseits nicht aus, dass wir uns bei unserem Sprechen über Verfassung über einen ganz allgemeinen und evolutiv vorgegebenen Rahmen verständigen, zu dem dann, wie Herr *Mori* zutreffend dargelegt hat, zwingend die beiden Elemente der Herrschaftsbegründung und Herrschaftsbegrenzung gehören. Aber es bleibt dann immer noch die Frage, um welche Art von Herrschaft es geht, wie ihre Begründung und Begrenzung konkret vonstattengehen, zu welchen Zwecken dies geschieht und vor allem: ob der Verfassung nicht weitere Eigenschaften und Funktionen zuwachsen können, die dann eben auch ihre allgemeine Rolle in einer Gesellschaft oder ihren Begriff mitbestimmen. Verfassung ist insoweit ein hochgradig offenes und dynamisches Konzept, was am Ende möglicherweise auch Rückwirkungen auf die Frage hat, ob sie eher in einem statischen oder eher dynamischen Sinne zu interpretieren ist.

3. Von hieraus wäre die nächste Frage, welche weiteren Merkmale, Aufgaben oder Funktionen es sind, mit denen Verfassungen im Laufe ihrer Entwicklung angereichert sind und wie es von hier aus um das Gesamtbild, das man sich von der Verfassung macht, bestellt ist. Blickt man dazu allein noch einmal auf die klassische Aufgabe der Herrschaftsbegrenzung, so lässt ja schon diese ganz unterschiedliche Möglichkeiten ihrer Erfüllung zu: Die Begrenzung kann in einem rein formalen oder organisatorischen Sinne erfolgen, indem die Verfassung etwa die Staatsorgane einrichtet, ihnen bestimmte gegeneinander abgemessene Kompetenzen zuweist und so eine Grundstruktur der Gewaltenteilung etabliert; sie kann aber auch in dem materialen und inhaltlichen Sinne erfolgen, dass die Verfassung den Staat auf die Erfüllung bestimmter Aufgaben beschränkt, den staatlichen Zugriff auf den Bürger – etwa durch Aufstellung von Grundrechten – besonderen Rechtfertigungsanforderungen unterwirft oder bestimmte Bereiche menschlichen Daseins – etwa durch Gewährleistung eines unantastbaren Kernbestandes von Privatheit – von vornherein vom staatlichen Zugriff ausnimmt; und bereits dies ergibt dann jeweils

(Hrsg.), Handbuch des Staatsrechts der Bundesrepublik Deutschland, Bd. I, 3. Aufl., Heidelberg 2003, § 1 Rn. 58.

[4] Statt vieler *Anne Peters*, Elemente einer Theorie der Verfassung Europas, Berlin 2001.

[5] *Gunther Teubner*, Verfassungsfragmente, Frankfurt am Main 2012. Der Frage, ob die Verfassung nun auch von innen in lauter „Teilverfassungen" zerfällt, widmete sich 2010 die Münchner Tagung zum Eigenwert des Verfassungsrechts, s. die Beiträge in dem Band von Thomas Vesting/Stefan Korioth (Hrsg.), Der Eigenwert des Verfassungsrechts. Was bleibt von der Verfassung nach der Globalisierung?, Tübingen 2011, dort etwa Einführung der Herausgeber einerseits, S. 1–6 (3 f.), und das abwiegelnde Resümee von *Dieter Grimm*, S. 379–394 (390 ff.), andererseits.

[6] Vgl. *Peter Unruh*, Der Verfassungsbegriff des Grundgesetzes, Tübingen 2002, S. 321 ff.

ein ganz unterschiedliches Bild ober eben eine ganz unterschiedliche Rolle von Verfassung. Die meisten Verfassungen mit der charakteristischen Ausnahme der amerikanischen begnügen sich aber heute nicht mehr damit, der Staatsgewalt lediglich Grenzen zu setzen, sondern haben sich in weitem Umfang für programmatisch-dirigierende Gehalte geöffnet, die der staatlichen Gewalt oder auch der ganzen Gesellschaft Richtpunkte künftiger Entwicklung weisen.[7] Diese Gehalte müssen auch nicht notwendig im ursprünglichen Text oder der Anlage einer Verfassung enthalten sein, sondern können ihr auch nachträglich im Wege der Interpretation hinzugefügt werden, wie es für die Bundesrepublik die nach einer erhitzten Kontroverse erfolgte Ausweitung der Formel vom „sozialen" Bundesstaat in Art. 20 Abs. 1 GG zu einer umfassenden Verpflichtung des Staates auf soziale Gerechtigkeit oder die Umfunktionierung der Grundrechte von bloßen Abwehrrechten zu positiven Handlungsaufträgen und Schutzpflichten bezeugen.[8] In dem Maße, in dem sich eine Verfassung mit solchen Gehalten auflädt, ändert sich dann häufig auch die Bedeutung der Verfassung für das einfache Recht, die wir meist nur in der generalisierenden und letztlich doch viel zu grob gestrickten Formel vom Vorrang der Verfassung erfassen. Dieser kann seinerseits in ganz unterschiedlichen Varianten und Formen realisiert werden, die sich in einer wiederum stark idealtypischen Betrachtung zu einem Kollisionsmodell einerseits und einem Ausstrahlungsmodell andererseits zusammenziehen lassen. Das Kollisionsmodell findet sich überwiegend bei den die Staatsgewalt lediglich – ob formal-organisatorisch oder materiell-inhaltlich, ist dafür gleichgültig – begrenzenden Verfassungen; in ihm tritt für den Fall eines Konflikts von Verfassung und einfachem Recht das einfache Recht zurück, darf nicht mehr angewendet werden, kann für ungültig erklärt werden etc. In einem Ausstrahlungsmodell, wie es für stärker programmatisch-dirigierende Verfassungen typisch ist, durchdringt die Verfassung dagegen das einfache Recht, das ihm auf allen Ebenen seiner Konkretisierung entsprechen muss.[9] In der Folge lässt sich das Verhältnis von Verfassung und einfachem Recht auch nicht mehr ohne weiteres im klassischen Bild des Stufenbaus erfassen, das nur noch in einem rein formellen Sinne seine Berechtigung behält; inhaltlich verschränken sich da-

[7] Meist als Leit- oder Orientierungsfunktion der Verfassung bezeichnet, vgl. *Andreas Voßkuhle*, Verfassungsstil und Verfassungsfunktion, AöR 119 (1994), S. 35–60 (53 f.); vgl. etwa auch *Stern*, Staatsrecht (Fn. 1), S. 96 f.

[8] Umfassend zu diesen programmatischen Gehalten der Grundrechte *Brun-Otto Bryde*, Programmatik und Normativität der Grundrechte, in: Detlef Merten/Hans-Jürgen Papier (Hrsg.), Handbuch der Grundrechte in Deutschland und Europa, Bd. I, Heidelberg 2004, § 17; die Debatte um den Sozialstaat ist nachgezeichnet bei Ernst Forsthoff (Hrsg.), Rechtsstaatlichkeit und Sozialstaatlichkeit, Darmstadt 1968.

[9] Vgl. *Hasso Hofmann*, Das Wesen der Verfassung, JöR N. F. 51 (2003), S. 1–20 (12); die Bezeichnung als „Ausstrahlungsmodell" ist natürlich angelehnt an BVerfGE 7, 198 (207) – Lüth, der Begriff selbst erscheint bei *Gunnar Folke Schuppert/Christian Bumke*, Die Konstitutionalisierung der Rechtsordnung, Baden-Baden 2000, S. 34 und wird dort als zentraler Mechanismus der aktuellen Verwirklichung der Verfassung bezeichnet.

gegen die verschiedenen Rechtsschichten und ist immer mehr Recht zugleich Verfassungsrecht und einfaches Recht.[10]

4. Ist man bis hierher angelangt, stellt sich die weitere Frage, ob die Verfassung heute in ihrer Beschränkung auf ein juristisches Entscheidungsprogramm – in gängiger Redeweise also auf ihre Eigenschaft als Recht oder Rechtsnorm – beschränkt werden kann oder ob ihr nicht weitere – soziale, kulturelle, ethische, symbolische – Wirkungen zugewachsen sind, die dann ihrerseits wieder auf das klassische Verständnis der Verfassung als Rechtsnorm und ihre praktische Anwendung zurückwirken. Auch diese sind heute weitgehend anerkannt oder werden jedenfalls vielfach gesehen, auch wenn sich ein einheitlicher Begriff dafür noch nicht hat finden lassen. Von der Verfassung kann dann etwa gesagt werden, sie begründe den „ethischen Grundkonsens" einer Nation, konstituiere eine „kollektive Einheit politischer Willensbildung und Entscheidung" oder formuliere das zentrale „Selbstzeugnis kollektiver Existenz und Identität"[11]; verkürzend wird oft auch von der identitätsstiftenden oder integrierenden Funktion bzw. der symbolischen Dimension der Verfassung gesprochen.[12] Aus der Außenbeobachtung durch die Politikwissenschaften ist die Verfassung deshalb zutreffend als ein Medium beschrieben worden, in dem sich eine Gesellschaft selbst beschreibt und ihre grundlegenden politischen Ordnungsideen und Geltungsansprüche verhandelt.[13] Natürlich lässt auch dies unterschiedliche Verwirklichungs- und Intensitätsstufen zu, und es kann durchaus auch politische Gemeinschaften geben, in denen diese Funktion einer Verfassung nur ganz schwach ausgeprägt ist oder praktisch gar nicht existiert. Für die Verhältnisse in Japan maße ich mir hier kein Urteil an. Vielleicht könnte man aber auch die jüngste Debatte um die Aufweichung oder Verabschiedung des Friedensgebots der japanischen Verfassung, die die gesamte Gesellschaft erfasst hat und auch bei uns mit großer Aufmerksamkeit beobachtet wird, als ein Anzeichen dafür lesen, dass die grundsätzliche Verschränkung der Prinzipien einer Verfassung mit dem Werte- und Symbolhaushalt einer Gesellschaft auch hier stattfindet: Man streitet um Grundfragen kollektiver oder nationaler Identität, es geht um die Selbstverständigung oder Selbstvergewisserung einer politischen Gemeinschaft darüber,

[10] Vgl. *Bryde*, Programmatik (Fn. 8), Rn. 53; zur Ablösung des Stufenbaumodells *Gerhard Robbers*, Für ein neues Verhältnis zwischen Bundesverfassungsgericht und Fachgerichtsbarkeit, NJW 1998, S. 935–941 (937).

[11] *Josef Isensee*, Verfassungsgarantie ethischer Grundwerte und gesellschaftlicher Konsens, NJW 1977, S. 545–551 (545); *Hofmann*, Wesen (Fn. 9), S. 14; *Erhard Denninger*, Menschenrechte und Grundgesetz, Weinheim 1994, S. 10; gelungene Formulierung auch bei *Helmuth Schulze-Fielitz*, Wirkung und Befolgung verfassungsgerichtlicher Entscheidungen, in: Peter Badura/Horst Dreier (Hrsg.), Festschrift 50 Jahre Bundesverfassungsgericht, Tübingen 2001, Bd. 1, S. 385–420 (410): „Basiskonsens, der das Volk in einem Prozess der Selbstvergegenwärtigung auf eine gemeinsame Zukunftsperspektive verpflichtet".

[12] Vgl. etwa *Voßkuhle*, Verfassungsstil (Fn. 7), S. 46 ff.; *André Brodocz*, Die symbolische Dimension der Verfassung, Wiesbaden 2003.

[13] Vgl. *Hans Vorländer*, Integration durch Verfassung?, in: ders. (Hrsg.), Integration durch Verfassung, Wiesbaden 2002, S. 9–42 (22 f.).

wer sie ist und wohin sie künftig will, und es kennzeichnet diese Debatten eben, dass sie alle entlang der Verfassung geführt oder auf sie rückbezogen werden. Es ist dann aber eben auch nicht auszuschließen, dass die jeweiligen Diskursverläufe am Ende auch auf die Interpretation und damit auch auf den Inhalt der Verfassung in dieser oder jener Weise durchschlagen.[14]

5. Wenn dies die verschiedenen Funktionen einer Verfassung sind, müsste man, noch einmal eine Stufe höher hinaufsteigend, weiter fragen, ob diese selbstständig und unverbunden nebeneinander stehen oder ob sie sich ihrerseits hierarchisieren und in eine Ordnung bringen lassen, ob sich aus ihnen also lediglich ein „gemischtes" und aus ganz disparaten Bestandteilen zusammengesetztes Verfassungsverständnis ergibt oder ob sie sich zusammen einer übergreifenden Ordnungsidee fügen, von der sie je für sich abgeleitet sind und als deren besondere Ausformungen sie nur erscheinen.[15] In vielen, wenn auch sicher nicht in allen Fällen wird dies möglich sein. Es hängt in der Sache wesentlich davon ab, ob es einer bestimmten Verfassungsgemeinschaft gelingt, einen Konsens oder zumindest eine mehrheitlich geteilte Grundüberzeugung von der Rolle „ihrer" Verfassung zu bilden. Wo das – wie im Falle der Weimarer Reichsverfassung – nicht gelingt und die Verfassung selber zum Gegenstand des weltanschaulichen Streites wird, erfüllt sie in der Tat meist nur einzelne abgezirkelte Funktionen, und dies zudem nur unzulänglich. Für andere deutsche Verfassungen lässt sich demgegenüber eine solche Ordnungsidee im Sinne einer verbindenden Haupt- oder Basisfunktion durchaus nachweisen. So wurde etwa die Verfassung des Kaiserreichs, die von einem entsprechenden Konsens auch innerhalb der Staatsrechtslehre über ihre Anwendung getragen war, weithin als das reine „instrument of government" wahrgenommen, das sie von ihrer ursprünglichen Anlage her auch war. Für das Grundgesetz ist dessen zentrale Rolle demgegenüber von einem der maßgeblichen Protagonisten dieses Verständnisses dahin beschrieben worden, die Verfassung gehe nicht in ihren äußeren und förmlichen Elementen auf, so sehr ihr Leben und ihre Wirksamkeit auch darauf beruhten; stattdessen konstituiere sie eine materiale, inhaltlich erfüllte Ordnung, eine „gute und gerechte Ordnung des Gemeinwesens"[16]. Ein Kritiker hat dafür die ebenso schöne wie treffende Formulierung gefunden, die Verfassung gelte hier, „um an ältere Begriffe anzuknüpfen, nicht allein als ‚Herrschaftsvertrag', d.h. als verbindliche Regelung der Organisation, Ausrichtung und Begrenzung der politischen

[14] In der Bundesrepublik ist ein anschauliches Beispiel die Billigung von Auslandseinsätzen der Bundeswehr durch eine Interpretation des Art. 87a Abs. 2 GG, die nach einer fundierten Einschätzung noch einige Jahrzehnte vorher als dubios zurückgewiesen worden wäre, so *Johannes Masing*, Zwischen Kontinuität und Diskontinuität – die Verfassungsänderung, Der Staat 44 (2005), S. 1–17 (1f.), zu BVerfGE 90, 286.

[15] Für ein solches „gemischtes" Verständnis etwa *Markus Möstl*, Regelungsfelder der Verfassung, in: Otto Depenheuer/Christoph Grabenwarter (Hrsg.), Verfassungstheorie, Tübingen 2010, § 17 Rn. 2f.

[16] *Konrad Hesse*, Verfassungsrechtsprechung im geschichtlichen Wandel, JZ 1995, 265 (266).

Herrschaftsgewalt, sondern zugleich als ‚Gesellschaftsvertrag', d. h. als materiales Grundgerüst des Zusammenlebens überhaupt"[17], und das bringt vielleicht am besten zum Ausdruck, worum es hier geht. Innerhalb dieser Hauptfunktion lassen sich dann gegebenenfalls Unterschiede der inhaltlichen Ausrichtung und Orientierung ausmachen, wie sie etwa zwischen der deutschen und der amerikanischen Verfassung beobachtet werden können; die amerikanische Verfassung ist insoweit klar individualistisch-freiheitsorientiert, während das Grundgesetz individuelle und gemeinschaftliche Belange stärker miteinander zu vermitteln versucht.[18] An der vorausgesetzten Hauptfunktion als solcher ändert das nichts.

6. Innerhalb dieses Grundverständnisses wäre auch die weitere und für unser Symposium zentrale Frage zu beantworten, ob die Verfassung eher als eine dynamisch-entwicklungsoffene oder als statisch-beharrende Ordnung verstanden werden muss. Sie ist dadurch allerdings noch nicht zwingend vorentschieden, weil es auch von einem reduzierteren Verständnis der Verfassung aus durchaus gute Gründe dafür geben könnte, die Verfassung stärker beweglich zu halten. Blickt man dazu etwa auf das von Herrn *Mori* am Beispiel von *Rawls* skizzierte Modell einer Beschränkung der Verfassung strikt auf die Freiheitssicherung, so ist ja leicht zu sehen, dass eine Verfassung, die als ein Schrein ewiger Wahrheiten begriffen und ganz vom Horizont ihrer Schöpfer aus interpretiert würde, diese Aufgabe von einem bestimmten Zeitpunkt an nicht mehr wirksam erfüllen könnte; auf viele nachträglich hinzutretende Freiheitsbedrohungen – nehmen wir etwa nur die Digitalisierung und die Vernetzung der Datenströme – gäbe es dann schlicht keine verfassungsrechtliche Antwort mehr.[19] Andererseits führt gerade die beschriebene Anreicherung der Verfassung mit zusätzlichen Funktionen regelmäßig auch zu einer weitergehenden Dynamisierung der Verfassung selbst, zumal sie sich ja ihrerseits einer solchen Dynamisierung verdankt. So müssen etwa die programmatisch-dirigierenden Aussagen einer Verfassung, von denen oben die Rede war, regelmäßig die Bedingungen ihrer Verwirklichung einkalkulieren und sich damit in weit stärkerem Maße auf die Wirklichkeit einlassen als solche Normen, die lediglich der Staatsgewalt Grenzen setzen sollen.[20] Ebenso werden sich bei Verfassungen, die als

---

[17] *Ernst-Wolfgang Böckenförde*, Geschichtliche Entwicklung und Bedeutungswandel der Verfassung, in: ders., Staat, Verfassung, Demokratie, Frankfurt am Main 1991, S. 29–52 (48 f.).

[18] Einer der besten Kenner beider Systeme, *Donald P. Kommers*, hat dies auf die griffige Formulierung gebracht, die amerikanische Verfassung sei eine „Verfassung der Freiheit", die deutsche hingegen eine „Verfassung der Würde", s. *ders.*, Kann das deutsche Verfassungsrechtsdenken Vorbild für die Vereinigten Staaten sein?, Der Staat 37 (1998), S. 335–347 (338 ff.).

[19] So schon *Dieter Grimm*, Die Zukunft der Verfassung, 2. Aufl., Frankfurt am Main 1994, S. 237. Heute werden stattdessen eben neue Grundrechte (informationelle Selbstbestimmung, Vertraulichkeit informationstechnischer Systeme) erfunden, die Grundrechte selber als Schutzpflichten auch gegen private Akteure (Facebook, Google) in Stellung gebracht etc.

[20] Vgl. *Grimm*, Zukunft (Fn. 19), S. 342; zum Flexibilisierungs- und Entwicklungspotential der dazu bereitgestellten dogmatischen Figuren (objektive Grundrechtsdimensionen, Schutzpflichten, Verhältnismäßigkeit etc.) *Andreas Voßkuhle*, Stabilität, Zukunftsoffenheit und Vielfaltssicherung –

Medium gesellschaftlicher Selbstvergewisserung und Selbstverständigung fungieren, grundsätzliche Veränderungen der Diskursverläufe innerhalb der Gesellschaft über kurz oder lang auch in veränderten Interpretationen der Verfassung niederschlagen, ob man das nun für sinnvoll hält oder nicht; solche Verfassungen sind dann, wie die Kritik daran zutreffend herausgearbeitet hat, immer auch ein Spiegel dieser Diskursverläufe.[21] Dagegen kann man dann natürlich wieder argumentieren und die Rückkehr zu einem Modell strikter Rechtsbindung, eine stärkere Respektierung des Wortlauts oder auch eine ausschließlich subjektiv-historische Auslegung fordern, die wieder ganz den Willen der Väter und Mütter der jeweiligen Verfassung zur Geltung bringt.[22] Das ist den bekannten Einwänden ausgesetzt (Überschätzung der Leistungsfähigkeit, Manipulationsanfälligkeit der Quellen, Problem der Versteinerung etc.). Es verkennt aber vor allem den eigentlichen Geltungsgrund der Verfassung, der nicht darin liegt, dass diese in einer mit zunehmendem Abstand immer graueren Vorzeit in einem souveränen Urakt der Rechtsetzung erlassen worden ist, wie noch *Carl Schmitt* gemeint hat. Stattdessen gilt die Verfassung kraft und aus der Anerkennung der Verfassungsgemeinschaft, die aktuell unter ihr lebt, und ihre Bindekraft bezieht sie aus der sich selbst steuernden und stabilisierenden sozialen Praxis, in der sie hier und heute zur Anwendung gebracht wird.[23] In diese Praxis sind die Methoden der Interpretation eingelassen, und aus ihr empfangen sie den sie legitimierenden Grund. Entgegen einer auch heute gelegentlich anzutreffenden Auffassung gibt es dementsprechend keinen normlogischen, selbstevidenten oder sonstwie zwingenden Grund für den Vorrang einer strikt historischen Interpretation oder überhaupt einer weitgehend statisch begriffenen Verfassung. Stattdessen gibt es immer nur Argumente, die innerhalb jener Praxis vorgebracht werden und vor ihr bestehen müssen.[24] Und wenn wir, wie ich nur beiläufig anmerken möchte,

---

Die Pflege des verfassungsrechtlichen „Quellcodes" durch das BVerfG, JZ 64 (2009), S. 917–924 (921 f.).

[21] Vgl. *Böckenförde*, Entwicklung (Fn. 17), S. 51 f., 63 ff.; *Thomas Würtenberger*, Zeitgeist und Recht, 2. Aufl., Tübingen 1991, S. 147 ff.

[22] Für letzteres steht prominent *Matthias Jestaedt*, Grundrechtsentfaltung im Gesetz. Studien zur Interdependenz von Grundrechtsdogmatik und Rechtsgewinnungstheorie, Tübingen 1999, S. 332 ff., sowie *ders.* in verschiedenen weiteren Veröffentlichungen; zum dahinterstehenden Verständnis von Verfassungstheorie, ihrem Verhältnis zur Dogmatik *ders.*, Die Verfassung hinter der Verfassung. Eine Standortbestimmung der Verfassungstheorie, Paderborn 2009; ferner auch *Christian Hillgruber*, Verfassungsrecht zwischen normativem Anspruch und politischer Wirklichkeit, VVDStRL 67 (2008), S. 7–56 (43 ff.); *ders.*, Verfassungsinterpretation, in: Depenheuer/Grabenwarter, Verfassungstheorie (Fn. 15), § 15 Rn. 16 ff.

[23] Vgl. *Jasper Liptow*, Regel und Interpretation. Eine Untersuchung zur sozialen Struktur sprachlicher Praxis, Weilerswist 2004, S. 220. Was diese Praxis im Einzelnen steuert und stabilisiert, kann ich hier nicht näher veranschaulichen; *Rainer Wahl*, Die Rolle staatlicher Verfassungen angesichts der Europäisierung und der Internationalisierung, in: Vesting/Korioth, Eigenwert (Fn. 5), S. 355–378 (366 ff.), spricht insoweit anschaulich von der „komplexen verfassungsstaatlichen Konstellation".

[24] Für den Primat einer subjektiv-historischen Auslegung ließe sich dann etwa vorbringen, dass sie allfällige Konflikte über Verfassungsfragen weiter entpolitisiert und vielleicht auch neutralisiert,

nach einem über sechzigjährigen Prozess der Dynamisierung und Flexibilisierung der Verfassung demnächst einmal wieder zu einer Auffassung von Verfassung als statisch-beharrender Ordnung zurückkehrten, könnte ein Beobachter mit einem gewissen Sinn für Ironie darin ja durchaus den stärksten Beweis für die Dynamik und Flexibilität des Ganzen sehen, der sich denken lässt.

7. Zuletzt wäre, wie ich hier nur am Rande erwähnen kann, für eine angemessene Erfassung der Rolle einer Verfassung auch ihre zunehmende Einbettung in internationale Wirkungszusammenhänge zu berücksichtigen. Gerade die Verfassungen der Mitgliedstaaten der Europäischen Union etwa erscheinen heute vielfach nur noch als die Teilverfassungen eines gesamteuropäischen Verfassungsverbundes, sie durchdringen sich mit anderen Verfassungen und werden von diesen beeinflusst; zuletzt ergeben sich neuartige Verfassungsstrukturen oberhalb der klassischen Ebene des Staates. Der Verfassung wachsen dadurch wiederum neue Aufgaben und Funktionen zu, so wie sie andere einbüßt oder sie sich auch in ihrer Wirkungskraft abschwächt. Zusammengenommen könnte all dies das Bild der Verfassung in den nächsten Jahrzehnten grundlegender verändern, als wir es uns derzeit vorstellen können. Das wäre aber dann ein eigenes Thema.

---

weil sie sich mit dem Rückzug auf ein (vermeintlich) objektives Quellenmaterial beantworten ließen. Ebenso könnte es Gründe geben, einzelne Teile der Verfassung wie etwa die Kompetenzbestimmungen eher statisch, andere wie die Grundrechte eher dynamischer zu konzipieren etc. Aber auch das zeigt eben nur, dass sich die Wahl der Interpretationsmethode nach den je vorhandenen – und das heißt eben: den gegenwärtigen – Bedürfnissen der jeweiligen Anwendungsgemeinschaft richtet.

Teil II

Konzepte der „Verfassungsentwicklung“

Konzepte der Verfassungsentwicklung

Christian Bumke

A. Thema, Fragestellung und Vorgehensweise

Alles ist im Fluss. Seitdem es geschriebene Verfassungen gibt, spiegeln sich in ihrem Verständnis die Zeitläufte wider. Dies gilt für epochale Veränderungen wie den Aufstieg des Gedankens souveräner Gleichheit aller Staaten (Art. 2 Abs. 1 UN-Charta) nicht weniger als beispielsweise für das gewissermaßen technische

Update des Rundfunk- und Presseverständnisses an die heutigen kommunikativen Gegebenheiten. Der Wandel der Verfassung ist ein vertrautes Thema.[1]

Macht sich das Gefühl der Unsicherheit breit, wächst das Bedürfnis, Wohlvertrautes zu bewahren. Recht gründet auf dem Gedanken der Kontinuität und die Verfassung lässt sich als Versprechen verstehen, die gute Ordnung auf Dauer zu gewährleisten. Wie aber greifen Kontinuität und Wandel, Beständigkeit und Unbeständigkeit ineinander? Wie gelingt es der Verfassung und den Diskursen über sie, sich zu entwickeln und sich zugleich als überdauernd-kontinuierliche Ordnungen zu begreifen?

Mit diesen Fragen befinden wir uns mitten in den unzureichend erkundeten Weiten der Verfassungsentwicklung. Zur Verfassungsentwicklung zählt man die Gebung, Änderung und Aufhebung eines Verfassungstextes, zudem die Veränderungen im Verständnis der Verfassung, die unter Stichworten wie Wandel, Um- und Fortbildung oder Interpretation des Verfassungsrechts diskutiert werden. Dazu gehören beispielsweise aber auch Verschiebungen im Gefüge der maßgeblichen Akteure oder das Scheitern einer Verfassungsordnung.[2]

Das Interesse an solchen Phänomenen speist sich nicht nur aus dem Bedürfnis nach Orientierung, sondern aus vielen weiteren Quellen. Entsprechend vielfältig sind die Fragen, die unter der Überschrift der Verfassungsentwicklung verhandelt werden. Sie reichen von übergreifend-unspezifischen Themen wie dem Verhältnis von Recht und Zeit bis hin zu konkreten verfassungsrechtlichen Fragestellungen, etwa nach den Grenzen der verfassungsgerichtlichen Fortbildung des Grundgesetzes. Beträchtlich differieren können außerdem die Ziele, die verfolgt werden, um diese Fragen zu beantworten: Die Phänomene lassen sich beobachten und ana-

---

[1] Aus der Literatur zum Verfassungswandel: *Bryde*, Verfassungsentwicklung, S. 254 ff.; *Böckenförde*, in: Badura (Hrsg.), Wege und Verfahren des Verfassungslebens; *Kirchhof*, in: Isensee/Kirchhof (Hrsg.), Handbuch des Staatsrechts, Bd. II, § 21 Rn. 63; *Voßkuhle*, Der Staat 43 (2004); *Würtenberger*, in: Kirchhof (Hrsg.), Rechtsstaat und Grundrechte, S. 77 ff.; *Hillgruber*, VVDStRL 67 (2008), S. 45; *ders.*, in: Depenheuer/Grabenwarter (Hrsg.), Verfassungstheorie, S. 515 f.; *Roellecke*, in: Depenheuer/Grabenwarter (Hrsg.), Verfassungstheorie, S. 479; *Badura*, in: Isensee/Kirchhof (Hrsg.), Handbuch des Staatsrechts, Bd. XII, § 270; *Michael*, RW 5 (2014); auch in den Darstellungen zur Verfassungsvergleichung finden sich Auseinandersetzungen mit dem Thema des Verfassungswandels: *Häberle*, in: Wieser/Stolz (Hrsg.), FS für Novak, S. 43 ff.; *Starck*, Verfassungen, S. 157 ff.; *Fusaro/Oliver*, in: dies. (Hrsg.), How Constitutions Change, S. 3 ff.

[2] Der Begriff der Verfassungsentwicklung bezeichnet kein etabliertes Forschungsgebiet. Die Umschreibung baut auf der Arbeit von *Bryde* auf, der den Begriff als Titel seiner Habilitationsschrift gewählt hat: *ders.*, Verfassungsentwicklung; s. ferner *Kuriki*, in: Wahl (Hrsg.), Verfassungsänderung, S. 13 ff. In der englischsprachigen Literatur über Verfassungsentwicklung wird auf die Begriffe *living constitutionalism*, *progressive constitutionalism* oder *constitutional change* zurückgegriffen, um das hiesige Themenfeld abzustecken, s. nur *Rehnquist*, Harvard Journal of Law & Public Policy 29 (2006); *Calabresi*, Harvard Journal of Law & Public Policy 31 (2008); *Marshall*, Ohio State Law Journal 72 (2011); *Fleming*, Boston University Law Review 92 (2012); *Lorenz*, in: Nolte/Schilling-Vacaflor (Hrsg.), New Constitutionalism in Latin America.

lysieren, beschreiben und ordnen, erklären und beurteilen, oder es lässt sich sogar versuchen, den Gang der Entwicklung vorzuzeichnen und anzuleiten.[3]

Ein etabliertes Forschungsgespräch über Konzepte der Verfassungsentwicklung existiert bislang nicht. Das Thema lässt sich deshalb nur mittelbar erschließen. Auf drei Weisen ist es möglich, sich ihm zu nähern:

- Es lassen sich – erstens – die zentralen Faktoren der Verfassungsentwicklung untersuchen.
- Man kann sich dem Phänomen – zweitens – annähern, indem man exemplarisch einzelne Entwicklungen studiert, beispielsweise jene der Grundrechtsdogmatik unter dem Grundgesetz. Im Rahmen einer solchen Studie ließen sich divergierende Einschätzungen über die Entwicklung zusammentragen, so dass sich exemplarisch konkurrierende Konzepte der Verfassungsentwicklung rekonstruieren ließen.
- Schließlich ist es möglich, einen Schritt zurückzutreten, um die Entwicklungsphänomene zu analysieren, sich dem Phänomen also von einer Metaebene aus zu nähern. Statt die Phänomene selbst zu untersuchen, würde man über die Betrachtung der Phänomene reflektieren, also die Tätigkeit des Betrachtens in den Blick nehmen. Zu überlegen wäre dann, auf welche Fragen ein Konzept der Verfassungsentwicklung Antworten gibt bzw. geben sollte und aus welchen Elementen es sich deshalb zusammensetzen dürfte. Die Metaperspektive erlaubt es, den gedanklichen Raum abzustecken, innerhalb dessen sich ein Forschungsgespräch über die Konzepte der Verfassungsentwicklung bewegen sollte. Zwar lässt sich der Diskurs über mögliche Entwicklungskonzepte nicht künstlich initiieren, aber es lassen sich innerhalb dieses Raumes Punkte kennzeichnen, an denen divergierende Einschätzungen auftreten. Um einen solchen Punkt, zu dem sich jedes Konzept der Verfassungsentwicklung verhalten muss, handelt es sich zum Beispiel bei der Frage nach dem Verhältnis von Änderung und Interpretation der Verfassung.

Der zuletzt genannte Weg wird hier weiterverfolgt. Dazu ist zunächst das Studienfeld auf die Gruppe der demokratischen Verfassungsstaaten mit unabhängiger Verfassungsgerichtsbarkeit einzugrenzen.

Die Verfassung, verstanden als ein geschriebener Rechtsakt, mit dem die politische Herrschaft rechtlich eingehegt wird, bedeutet einen entscheidenden Sprung in der Entwicklung des Rechts und seinem Verhältnis zur Politik und zu den Bürgern.[4] Ursprünglich mit dem sich parallel etablierenden Nationalstaat verknüpft, löst sich der Verfassungsgedanke in der zweiten Hälfte des 20. Jahrhunderts vom

---

[3] Längs- und Querschnitte sind genauso möglich wie ein Vergleich oder das Zusammenspannen mehrerer disziplinärer Zugriffsweisen.

[4] Zum Verfassungsbegriff und seiner Entwicklung siehe statt vieler *Grimm*, Die Zukunft der Verfassung, S. 101ff.

Staat und wird in den internationalen Rechtsraum hineingetragen.[5] Wiederum soll es mit Hilfe der Verfassung gelingen, staatliche und private Macht rechtlich zu disziplinieren. Trotz dieses gemeinsamen Moments sind die durch Verfassungen gestalteten Ordnungen zu vielfältig, um einen einheitlichen gedanklichen Rahmen für denkbare Entwicklungskonzepte und ihre Analyse zu entwickeln. Autoritär-demokratische Regime, konstitutionelle Monarchie, Ein-Parteien-Ordnungen oder der demokratische Verfassungsstaat entwickeln sich zu unterschiedlich, um sie alle mit Hilfe eines Konzepts zu erfassen. Gerade das Vergleichen von Entwicklungen dürfte sich erst als fruchtbar erweisen, nachdem die Vielfalt begrenzt und zu charakteristischen Typen bzw. Familien gebündelt wurde.[6]

Die demokratischen Verfassungsstaaten mit einer unabhängigen Verfassungsgerichtsbarkeit[7] dürften sich zu einer solchen hinreichend spezifischen Gruppe zusammenfassen lassen.[8] Es handelt sich um eine Gesellschaftsordnung, die geprägt wird durch den Gedanken der Verfassung, die Gleichursprünglichkeit von gesellschaftlicher und individueller Freiheit und das Verwobensein von Macht und Recht. Mit dieser Ordnung wird eine hinreichend charakteristische Gruppe gebildet, über deren Entwicklung sich nachdenken und die sich ins Verhältnis zur Entwicklung anderer Verfassungsordnungen setzen lässt. Für diese Verfassungen gilt es, den gedanklichen Raum zu erschließen. Wo ein konkretes Beispiel vonnöten ist, wird dabei das Grundgesetz herangezogen.

Sind damit Gegenstand und Ziel der Untersuchung auch grundsätzlich bestimmt, so bleibt als letzter vorbereitender Schritt, der Status des gedanklichen Raumes zu klären, der im Folgenden metaperspektivisch erschlossen werden soll.

Der einfachste Weg dahin ist es, sich zunächst der beiden idealtypischen Zielsetzungen zu versichern, die mit einem Konzept für die Verfassungsentwicklung – kurz: einem Entwicklungskonzept – verfolgt werden können. Auf der einen Seite steht das empirisch-prognostische Modell, mit dem Veränderungen erklärt und vorhergesagt werden. Auf der anderen Seite findet sich das rein normative Konzept, das es erlaubt, über die Legitimation einer Entwicklung zu urteilen. Der theoretische Rahmen sollte so gestaltet werden, dass er beide Formen zu erfassen vermag.

---

[5] Siehe die zusammenfassende Darstellung von *Kleinlein*, Konstitutionalisierung im Völkerrecht, S. 61ff., sowie die weiterführend-resümierende Darstellung bei *Fassbender*, The United Nations Charter as the Constitution of the International Community, S. 13ff.

[6] Typologien finden sich etwa bei *Grimm*, in: Rosenfeld/Sajó (Hrsg.), The Oxford Handbook of Comparative Constitutional Law, S. 105ff.; *Rosenfeld*, in: ders./Sajó (Hrsg.), The Oxford Handbook of Comparative Constitutional Law, S. 766ff.; zur Funktion von Typologien für die Verfassungsvergleichung *Zumbansen*, in: Rosenfeld/Sajó (Hrsg.), The Oxford Handbook of Comparative Constitutional Law, S. 75ff.

[7] Ob die Verfassungskontrolle durch ein eigenes Verfassungsgericht oder durch das oberste Fachgericht wahrgenommen wird, ist dabei gleichgültig.

[8] In diese Richtung weisen die Unterscheidungen bei *Tushnet*, in: Reimann/Zimmermann (Hrsg.), The Oxford Handbook of Comparative Law, S. 1242ff.; *Grimm*, in: Rosenfeld/Sajó (Hrsg.), The Oxford Handbook of Comparative Constitutional Law, S. 112f.

Lässt sich aber die deskriptive Seite überhaupt sinnvoll mit der präskriptiven verbinden? Möglich ist dies, sofern beide Idealtypen normative Elemente integrieren, wobei im empirisch-prognostischen Modell die Elemente inhaltlich unbestimmt bzw. offen bleiben, während im normativen Konzept eine inhaltliche Festlegung erfolgt. Für die Ausrichtung aller Entwicklungskonzepte an normativ gehaltvollen Elementen spricht, dass die Verfassung in ihrer Entwicklung ein rechtlich konstituierter Gegenstand ist. Kein Konzept wird deshalb den Phänomenen gerecht werden können, ohne auf den normativen Eigensinn Bedacht zu nehmen.

In den hier auszumessenden gedanklichen Raum müssen also normativ gehaltvolle Elemente einbezogen werden. Doch geschieht dies nicht mit dem Ziel, über das zutreffende Verständnis zu entscheiden – dies passiert erst bei der Gestaltung eines konkreten Entwicklungskonzepts. Das Interesse ist vielmehr darauf gerichtet, dass 1.) die Elemente oder Bausteine erfasst werden, derer es stets bedarf, um zu einem angemessenen Verständnis von der Verfassung und ihrer Entwicklung gelangen zu können, und dass 2.) deutlich wird, welche unterschiedlichen Vorstellungen darüber bestehen, wie diese Elemente oder Bausteine im Einzelnen ausgeformt werden sollten. Denn es ist diese Vielfalt von Vorstellungen, aus der die Möglichkeit unterschiedlicher Entwicklungskonzepte resultiert.

Hinsichtlich der Statusfrage bedeutet dies, dass nach Möglichkeit eine deskriptive, Positionen verzeichnende und erläuternde Haltung eingenommen wird, soweit die Diskussion über die Verfassungsentwicklung analysiert wird. Die Auswahl der Elemente, zu denen sich ein Entwicklungskonzept verhalten muss, ist freilich eine Setzung, deren Überzeugungskraft sich nach ihrem Erklärungswert bemisst. Außerdem kann es gelegentlich nötig sein, fehlerhafte Vorstellungen bezüglich der Eigenschaften eines dieser Elemente zu verwerfen. Dies lässt sich jedoch nicht auf der rein deskriptiven Ebene bewerkstelligen. Anders gesagt: Die Auswahl der Bauelemente eines Konzepts der Verfassungsentwicklung hat normative Qualität. Die möglichen Ausgestaltungen dieser Bauelemente hingegen sollen grundsätzlich nur beschrieben und der verfassungsrechtswissenschaftliche Diskurs insoweit deskriptiv-analytisch erfasst werden. Nur im Einzelfall sind normative Korrekturen angezeigt.

Das abgesteckte Feld und das umrissene Vorhaben gehen mit drei Herausforderungen einher: Die erste besteht in der Vielzahl und Unbegrenztheit der Elemente, die für das Verständnis einer Verfassung und ihrer Entwicklung und damit für die Gestaltung eines Entwicklungskonzepts bedeutsam sein können. Die zweite ergibt sich aus der zirkulären Struktur und der gegenseitigen Abhängigkeit der Elemente.[9] Die feste Überzeugung bezüglich eines sehr konkreten Elementes, etwa

---

[9] Es gibt keinen verbindlichen Ausgangspunkt, von dem aus wir uns unsere Welt erschließen. Die Unterscheidung „Sein/Nichtsein" bildet nur für denjenigen einen zwingenden Ausgangspunkt, der – wie *Hegel* – meint, um das Entwicklungsgesetz von Natur und Geist zu wissen. Aber auch die von *Heidegger* als maßgeblich erachtete Frage nach dem Sinn des Seins zieht nur den in seinen Bann, der meint, dass sich nicht nur eine sinnvolle Antwort geben lässt, sondern

auf der Ebene der Verfassungstheorie, kann die ontologischen Grundvorstellungen entscheidend prägen. Die dritte Herausforderung ist die geringste. Sie liegt in der Unausweichlichkeit thematischer Überschneidungen.

Um ihnen zu begegnen, werden die Weiten denkbarer Elemente in drei übergreifende Themenkreise gegliedert, nämlich ontologische Vorstellungen (B. I.), methodologische Fragen (B.II.) und Gesichtspunkte, die den Gegenstand und die Theorie der Verfassung betreffen (B.III.). Zwischen den Themenkreisen bestehen keine hierarchischen Beziehungen. Da auch kategoriale Unterscheidungen kaum thematische Trennkraft entfalten, wird der Weg einer zunehmenden Verdichtung des gedanklichen Raumes eingeschlagen.

B. Elemente einer Konzeption der Verfassungsentwicklung

I. Ontologische Vorstellungen

Jedes Konzept der Verfassungsentwicklung baut auf einer Reihe ontologischer Vorstellungen auf und deshalb muss auch der metatheoretische Gedankenraum über entsprechende Elemente verfügen. Von den vielen denkbaren Bezugspunkten werden hier drei angesprochen. Dabei soll der letzte Punkt eingehender betrachtet werden, da die dort gegebenen Antworten unmittelbar unsere Vorstellungen über ein Entwicklungskonzept beeinflussen (dürften). Die Punkte betreffen:

- die Konstitution der Welt,
- den Aufbau des Rechts und
- das Wesen einer Rechtsnorm.

1. Die Konstitution der Welt

Zunächst lässt sich nach der Konstitution der Welt und der Verortung des Rechts darin fragen. Dies umfasst auch die Frage nach möglichen Maßstäben, die sich aus der Welt für das Recht ergeben. Gewöhnlich werden diese Punkte unter dem Stichwort „Recht und Moral" oder „dem naturrechtlichen Fundament des Grundgesetzes" diskutiert.[10]

Lässt sich das Recht auf natürliche Gegenstände, auf vom Menschen geschaffene Gegenstände wie Sprechakte oder auf normative Elemente zurückführen, oder muss man zwischen den Gegenständen als Bezugspunkte des Rechts und den Pro-

---

auch die Antwort alle übrigen Haltungen ein stückweit vorformt. Ebenso wenig zwingend ist der Standpunkt, dass die Methode ihren Gegenstand konstituiert. Die Auswahl der Methode und ihre Entwicklung erfolgen gewöhnlich unter Zugrundelegung eines gegenstandsbezogenen Vorverständnisses und dieses ist wiederum abhängig von den methodischen Grundüberzeugungen.

[10] Vgl. etwa *Vöneky*, Recht, Moral und Ethik, S. 94 ff.; *Meyer*, Juristische Geltung als Verbindlichkeit, S. 58 ff.

zeduren rationaler Rechtfertigung, etwa in Form einer Diskurstheorie, als den Entstehungsbedingungen von Recht unterscheiden? Sind solche Prozeduren lebensweltlich und damit kulturgeschichtlich bedingt oder bilden sie – ähnlich wie die natürlichen Gegenstände – ein zeitloses Fundament? Fragen wie diese stecken das ontologische Feld ab. Sie sind elementar und lassen sich kaum beantworten. Glücklicherweise weist die Verfassung des demokratischen Verfassungsstaates eine weitgehend selbstbezügliche Struktur auf. Dies erlaubt es, gewöhnlich von derartigen Fragen abzusehen. Doch immer wieder stößt man auf Punkte, an denen diese Fragen aufbrechen. Am sichtbarsten im Grundgesetz in Art. 20 Abs. 3 GG, wenn von der Bindung an „Recht und Gesetz" gesprochen wird.[11]

2. Der Aufbau des Rechts

Die zweite Frage betrifft den Aufbau des Rechts. Aus welchem Stoff besteht das Recht? Bildet seine Basis die Rechtsnorm bzw. der Rechtsakt, der Begriff, der Plan, ein sozialer Zweck oder ein kommunikatives Ereignis? Gleichgültig welche Überzeugung man an diesem Punkt hat, lässt sich (wohl) jedenfalls nicht auf die Kategorie der „Rechtsnorm" verzichten. Die Differenzen betreffen zunächst die Frage, ob am Ende noch hinter die Ebene der Rechtsnorm zurückgegriffen werden muss, um zum wahren Fundament des Rechts vorzustoßen. So gesehen, handelt es sich bei der Rechtsnorm jedenfalls um ein notwendiges Element eines jeden Entwicklungskonzepts.

3. Das Wesen einer Rechtsnorm

Es scheint kaum möglich, sich dem Begriff der Rechtsnorm zu nähern, ohne sogleich in einen Strudel von Differenzen hineingezogen zu werden. Sie fangen bei der Frage nach dem Wesen des Rechts an und setzen sich fort bei Fragen wie der nach dem Richtigkeitsanspruch oder der Geltung einer Rechtsnorm. Viele dieser Differenzen betreffen indes Aspekte, die nicht auf der strukturellen Ebene der Norm, sondern auf den vorgelagerten Ebenen des Rechts oder der ontologischen Eigenheiten unserer Welt angesiedelt sind.[12]

Die strukturelle Ebene wird jedoch beispielsweise betreten, wenn man darüber streitet, ob sich der Begriff der Norm allein mit Hilfe der semantischen Modalität des Sollens bestimmen lässt.[13] Für den metatheoretischen Raum möglicher

---

[11] Zur Diskussion um die Deutung der beiden Begriffe und ihrem Verhältnis nur *Grzeszick*, in: Maunz/Dürig (Hrsg.), Grundgesetz-Kommentar, Art. 20 VI Rn. 60 ff., einerseits und *Schulze-Fielitz*, in: Dreier (Hrsg.), Grundgesetz, Bd. II, Art. 20 (Rechtsstaat) Rn. 92 ff., andererseits; ferner *Vöneky*, Recht, Moral und Ethik, S. 129.

[12] *Kelsen*, Reine Rechtslehre, S. 60 ff.; *Möllers*, Die Möglichkeit der Normen, S. 23 ff.; *Luhmann*, Das Recht der Gesellschaft, S. 38 ff.

[13] Danach ist jeder Satz, der ein Sollen beinhaltet, eine Norm. Normen erschöpfen sich nicht in ihrer Bedeutung. Nur auf das semantische Moment abzustellen, wie dies *Alexy*, Theorie der Grund-

Entwicklungskonzepte dürfte der Streit um den Normbegriff aber nur marginale Bedeutung besitzen. Die relevanten Phänomene der Verfassungsentwicklung wird man mit jedem Normbegriff erfassen können.

Erhebliche Relevanz entfaltet demgegenüber die weitere Charakterisierung der Norm als entweder vorgegebener Gegenstand oder aufgegebener Prozess. Da vorliegend nur die Verfassung des demokratischen Verfassungsstaates interessiert, lässt sich diese Frage nach der Qualität des Gegenstandes auf das Verfassungsgesetz fokussieren.

Das herkömmliche Verständnis geht mit dem Verfassungsgesetz so um, als ob es sich um einen Gegenstand handelt, der sich mit den Instrumenten der juristischen Hermeneutik oder Argumentationslehre, ähnlich wie ein natürlicher Gegenstand, ergründen lässt.[14] Dass diese Arbeit mit – unter Umständen sogar beträchtlichen – Unsicherheiten einhergehen kann und deshalb die Grenzen zwischen einer Erkenntnis über den Gegenstand und seiner Konstitution/Ergänzung verschwimmen, wird gewöhnlich – mehr oder minder – zugestanden. Im Verfassungsrecht ist dieser Zwischenraum unter dem Begriff der Konkretisierung intensiv thematisiert worden.[15] Das Verfassungsgesetz ist danach also ein vorgegebener Gegenstand, den es zu entschlüsseln gilt und auf den sich deshalb die hermeneutischen Bemühungen zu beziehen haben.[16]

Für die alternative Sichtweise ist das Verfassungsgesetz das Kürzel für eine (gelingende) verfassungsrechtliche Praxis, die in der hier interessierenden Art wesentlich vom Verfassungsgericht geprägt wird.[17] Der autoritative Verfassungstext, die

---

rechte, S. 42 ff., tut, scheint mir unzureichend zu sein, um die, und nur die, rechtlich bedeutsamen Gegenstände zu erfassen. Normen im Allgemeinen besitzen vor allem eine pragmatische Seite, die sich mit dem Begriff der Normativität erfassen lässt. Sollenssätze ohne jedes normative Moment sind m. E. keine Normen, sondern bloß Sätze, die ein Sollen ausdrücken. Normativität weist eine Norm auf, wenn sie als Grund dafür angesehen wird, dass man ihr folgt. Um eine Rechtsnorm handelt es sich aber erst, wenn die Norm Wirkungen innerhalb der Rechtsordnung auslöst, also in der Rechtsordnung Regeln für die Erzeugung und den Umgang mit der Rechtsnorm existieren. Das hier befürwortete Verständnis baut auf der Normcharakterisierung von *Kelsen*, Reine Rechtslehre, S. 3 ff., auf.

[14] Statt aller *Larenz*, Methodenlehre der Rechtswissenschaft, S. 360 ff.; *Stern*, Staatsrecht, Bd. I, S. 123 ff.

[15] Statt vieler *Starck*, in: Isensee/Kirchhof (Hrsg.), Handbuch des Staatsrechts, Bd. XII, § 271 Rn. 22, 31; *Hesse*, Grundzüge des Verfassungsrechts der Bundesrepublik Deutschland, S. 24 ff.

[16] Es ist eine Frage methodologischer Überzeugungen, wie weit der Kreis der Instrumente zu ziehen ist, die zur Entschlüsselung eines Gesetzes herangezogen werden. Das Verfassungsgesetz erhebt einen Steuerungs- und Ordnungsanspruch und zielt auf einen zu verwirklichenden oder zu erhaltenden tatsächlichen oder normativen Zustand. Das Ergründen der Bedeutung des Verfassungstextes, der Intention des Verfassungsgebers und des Zwecks bzw. Zieles des Verfassungsgesetzes ist auf einer sprachlich-gedanklichen Ebene angesiedelt, die sich nur dem vollständig erschließt, der dem angelegten Bezug zur gesellschaftlichen Wirklichkeit nachzugehen vermag. Keinesfalls lässt sich der Gegenstand schlicht mit der Bedeutung des Verfassungstextes gleichsetzen – jedenfalls nicht, wenn die Bedeutung des Textes in seinem herkömmlichen Sinn gemeint ist.

[17] *Müller/Christensen*, Juristische Methodik, S. 46 ff.; wohl auch – mit Blick auf die Verwaltungs-

Intention der verfassungsgebenden Versammlung oder des verfassungsändernden Gesetzgebers und der Zweck des Verfassungsgesetzes bilden verbindliche Bezugspunkte für diese Praxis. Wer Verfassung in diesem Sinne versteht, geht davon aus, dass es keinen ergründbaren Gegenstand gibt und es dementsprechend an einem festen hermeneutischen Bezugspunkt fehlt. Nicht Skepsis, sondern eine feste Vorstellung von der Konstitution des Normativen bildet die Basis dieser Sichtweise.

Gleichwohl können auch aus dieser Perspektive der Verfassungstext und die Intention des Verfassungsgebers[18] als verlässliche Informationsquellen angesehen werden. Die mitunter anzutreffende Skepsis bezüglich derartiger Elemente ist nicht obligatorischer Bestandteil eines prozeduralen Normverständnisses. Ebenso wenig zählt dazu die Vorstellung, dass die Verfassungsnorm im Verlauf dieses Prozesses entsteht. Aus der prozeduralen Perspektive gibt es keinen Gegenstand „Verfassungsnorm". Entwickelt, angewandt und kritisiert werden Verstehens- und Entscheidungsregeln. In ihnen, aber auch nur in ihnen, wird das greifbar, was wir unter einem bestimmten Verfassungsgesetz, etwa dem Grundrecht der Meinungsfreiheit aus Art. 5 Abs. 1 Satz 1 GG, verstehen. Daneben existiert kein Verfassungsgesetz, welches als Maßstab für die Verstehens- und Entscheidungsregeln herangezogen werden könnte.

Im Ergebnis der Rechtsarbeit macht sich die unterschiedliche Haltung zwar nicht notwendig, aber doch vielfach bemerkbar. Die Einschätzungen über die Bedeutung einzelner Institute, wie etwa der Unterscheidung zwischen Auslegung und Fortbildung des Rechts, der Vorhersehbarkeit der Rechtsordnung für den Bürger als einem rechtsstaatlichen Gebot oder der Ausrichtung der hermeneutischen Bemühungen, differiert.

Die Unterscheidung „Norm als Gegenstand oder Prozess" markiert eine wichtige ontologische Scheidelinie. Für viele Differenzen innerhalb und zwischen den beiden Positionen dürften indes nicht ontologische, sondern methodologische Einschätzungen und Überzeugungen verantwortlich sein. Ihnen soll nunmehr nachgegangen werden.

II. Methodologische Fragen

Die Differenzen zwischen den verschiedenen Konzepten der Verfassungsentwicklung dürften nachdrücklich durch die eingenommenen methodologischen Standpunkte geprägt sein. Wie Verfassungsentwicklung begriffen wird, hängt unter anderem davon ab, ob man der Methode eine gegenstandskonstituierende

---

rechtswissenschaft – *Hoffmann-Riem*, in: Schmidt-Aßmann/Hoffmann-Riem (Hrsg.), Methoden der Verwaltungsrechtswissenschaft, S. 53 ff.

[18] Mit Blick auf den Willen des Verfassungsgebers *Michael*, RW 5 (2014), S. 476; näher allgemein für den Gesetzgeber *Wischmeyer*, Zwecke im Recht des Verfassungsstaates, S. 179 ff.; *ders.*, JZ 2015, S. 957 ff.

Bedeutung zuschreibt,[19] welche Leistungskraft man der juristischen Hermeneutik beimisst und ob man seine Argumente formuliert, um eine Entscheidung zu begründen oder herzuleiten[20]. Die Wahl der Methode und die Positionierung zu diesen Fragen werden ihrerseits wiederum durch folgende Gesichtspunkte beeinflusst:

- das Aufgabenverständnis der Rechtswissenschaft(en);
- die maßgeblichen Rationalitätsstandards und
- die Möglichkeiten und Grenzen der Maßstabsbildung.

Wie schon beim ersten Themenkreis lässt sich auch hier der Rahmen nur skizzenhaft erfassen und auf einige Aspekte und Unterscheidungen mit konzeptprägender Kraft aufmerksam machen.

1. Aufgabenverständnis der Rechtswissenschaft(en)

In der deutschen Verfassungsrechtswissenschaft dominiert die rechtsdogmatische Denk- und Arbeitsweise. Ausgerichtet am positiven Verfassungsrecht bemüht man sich um die begriffliche Durchdringung und Ordnung des Rechtsstoffes und um die Bearbeitung schwieriger Rechtsfragen. Charakteristisch sind neben der Ausrichtung auf Rechtsakte eine dichotome Begriffsbildung sowie der Glaube an eine innere Ordnung und Einheit. Werturteile zählen für die meisten zum selbstverständlichen Metier. Die juristische Methode soll helfen, die Urteile hinreichend zu disziplinieren/rationalisieren.[21]

Neben der Rechtsdogmatik hat sich auch im deutschsprachigen Raum ein bunter Strauß weiterer Ansätze und Vorgehensweisen herausgebildet: Angefangen mit der rechtstheoretischen Aufklärungsarbeit in der Tradition der Reinen Rechtslehre,[22] finden sich systemtheoretisch inspirierte Ansätze der Frankfurter Schule[23] oder die Bemühungen der „Neuen Verwaltungsrechtswissenschaft" um die Erweiterung des

---

[19] So *Grabenwarter*, in: Engel (Hrsg.), Das Proprium der Rechtswissenschaft, S. 293 f.; *Jestaedt*, in: Engel (Hrsg.), Das Proprium der Rechtswissenschaft, S. 267 ff.; *ders.*, in: ders./Lepsius (Hrsg.), Rechtswissenschaftstheorie, S. 192 ff.; *Lepsius*, in: Jestaedt/Lepsius (Hrsg.), Rechtswissenschaftstheorie, S. 19 f.; *Möllers*, in: Jestaedt/Lepsius (Hrsg.), Rechtswissenschaftstheorie, S. 156 ff.

[20] Vgl. *Jestaedt*, in: Engel (Hrsg.), Das Proprium der Rechtswissenschaft, S. 255 ff.; die Unterscheidung zwischen Darstellung und Herstellung einer Entscheidung findet sich auch bei *Hoffmann-Riem*, in: Schmidt-Aßmann/Hoffmann-Riem (Hrsg.), Methoden der Verwaltungsrechtswissenschaft, S. 20 ff.

[21] *Bumke*, JZ 2014, S. 641 ff.; *Lepsius*, in: Jestaedt/Lepsius (Hrsg.), Rechtswissenschaftstheorie, S. 16 ff.; *Jestaedt*, in: Engel (Hrsg.), Das Proprium der Rechtswissenschaft, S. 248 ff.; *ders.*, JZ 67 (2012), S. 2 ff.; *Lepsius*, in: Hilgendorf/Schulze-Fielitz (Hrsg.), Selbstreflexion der Rechtswissenschaft, S. 73 ff.; *Klatt*, Der Staat 54 (2015), S. 477 ff.

[22] Repräsentativ: *Jestaedt*, in: ders./Lepsius (Hrsg.), Rechtswissenschaftstheorie, S. 186 ff.; *Lepsius*, in: Jestaedt/Lepsius (Hrsg.), Rechtswissenschaftstheorie, S. 2 ff.; *Möllers*, in: Jestaedt/Lepsius (Hrsg.), Rechtswissenschaftstheorie, S. 151 ff.

[23] Repräsentativ: *Teubner*, Verfassungsfragmente, S. 13 ff.

thematischen Horizontes, der Reflexionsebenen und Perspektiven.[24] In einem sehr bescheidenen Umfang hat sich das Fach für die Gender-Studies geöffnet.[25] Vereinzelt wird auf kulturwissenschaftliche[26] oder andere gesellschaftswissenschaftliche Ansätze[27] zurückgegriffen. Und gelegentlich wird die im Zivilrecht so verbreitete ökonomische Analyse des Rechts gepflegt.[28]

Auch ist die Diskussion über den Anspruch der Rechtsdogmatik als einer präskriptiv-anleitenden Disziplin wieder aufgekeimt und mit ihr die Unsicherheit über den wissenschaftlichen Status der Jurisprudenz.

Was bedeutet dies alles für die Suche nach Konzepten der Verfassungsentwicklung? Man wird wohl mehr als nur vermuten dürfen, dass sich das rechtswissenschaftliche Selbstverständnis in der Gestaltung des Konzepts widerspiegelt. Das Selbstverständnis bestimmt das Interesse an den Phänomenen, den Blick darauf und deren Beurteilung. Ein rechtsdogmatisch geprägtes Konzept wird vermutlich stark durch die eigenen verfassungsrechtlichen Überzeugungen geprägt sein. Dies kann sich als ein zu enges Korsett erweisen, um mit den Entwicklungen der Verfassung umzugehen.

Die verschiedenen Ansätze und ihre konzeptionellen Konsequenzen lassen sich im vorliegenden Rahmen nicht angemessen aufarbeiten. Für den metatheoretischen Rahmen genügt es, die Pluralität der Ansätze und ihre Prägekraft zu verzeichnen.

2. Die maßgeblichen Rationalitätsstandards

Rationalitätsstandards und Maßstabsbildung sind nur zwei der Themen rechtswissenschaftlicher Arbeitsweisen. Für die möglichen Ausprägungen, die ein Konzept der Verfassungsentwicklung annehmen kann, sind die Rationalitätsstandards von Bedeutung, die angelegt werden. Ein erläuternder Blick verspricht deshalb weitere Einsichten für unser Thema.

Wissenschaft lässt sich als ein zeitlich, sachlich und personell offenes Gespräch beschreiben, in dem Erklärungsvorschläge präsentiert, Verständnisweisen hinterfragt, Prämissen herausgearbeitet, Erklärungsgrenzen aufgezeigt, Standpunkte und Theorien reflektiert, Kritik mit Alternativen bedacht und stets Gründe angegeben werden, die sich möglichst überprüfen oder einsehen lassen. Vollzieht sich das

---

[24] Repräsentativ: *Voßkuhle,* in: Hoffmann-Riem/Schmidt-Aßmann/Voßkuhle (Hrsg.), Grundlagen des Verwaltungsrechts, § 1 Rn. 1ff.

[25] Repräsentativ: Die Beiträge in *Foljanty/Lembke* (Hrsg.), Feministische Rechtswissenschaft.

[26] Repräsentativ: *Haltern*, Europarecht und das Politische, S. 5ff.; *ders.*, Europarecht, S. 12f.; von einem abweichenden kulturwissenschaftlichen Verständnis herkommend *Häberle*, Europäische Verfassungslehre, S. 6ff.

[27] Aus den vielfältigen Richtungen seien hier nur zwei genannt: *Hoffmann-Riem* (Hrsg.), Innovationen im Recht sowie *Engel/Englerth/Lüdemann/Spiecker gen. Döhmann* (Hrsg.), Recht und Verhalten; *Engel/Halfmann/Schulte* (Hrsg.), Wissen, Nichtwissen, unsicheres Wissen.

[28] Vgl. die Beiträge in *Engel/Morlok* (Hrsg.), Öffentliches Recht als ein Gegenstand ökonomischer Forschung; ferner *Lepsius*, Die Verwaltung 32 (1999), S. 429ff.

Gespräch in diesen Bahnen, lässt es sich als rational charakterisieren. An das Maß der Rationalität lassen sich unterschiedliche Anforderungen stellen. Dies lässt sich anhand der Schilderung zweier, in der Rechtswissenschaft vertretenen Positionen veranschaulichen.[29]

Die erste Auffassung baut auf der Unterscheidung zwischen Erkenntnis und Erzeugung des Rechts auf.[30] Diese Unterscheidung soll es der Jurisprudenz erlauben, die Höhen einer echten Wissenschaft zu erklimmen. Erkenntnisse sind danach sichere Aussagen und Urteile. Auch unsere Unsicherheit soll Gegenstand von Erkenntnis sein können. Doch das für die Rechtsarbeit typische Überwinden der Unsicherheit durch eine Entscheidung stellt gerade keine Erkenntnis dar. Recht wird hier nicht „erkannt". Vielmehr handelt es sich um die Erzeugung von Recht. Die Aufgabe der Rechtswissenschaft soll sich deshalb darauf beschränken, Unsicheres sorgfältig und präzise zu verzeichnen. Sie ist inkompetent zur Rechtserzeugung.[31] Der Ansatz setzt voraus, dass sich die Sphäre der Erkenntnis sicher bestimmen lässt und sich die Zusammenstellung des Unsicheren als fruchtbare Arbeit erweist.

Im Unterschied dazu vermischen sich bei der zweiten Auffassung die Sphären von Erkenntnis und Erzeugung. Bei der Vorstellung, dass das Verfassungsrecht konkretisiert werden muss, konzentrieren sich die Rationalitätsmaßstäbe auf den Prozess der Rechtsfindung. Ziel ist es, die entscheidungserheblichen Faktoren zu ermitteln und ihre Bedeutung zu klären. Darüber hinaus scheint als stabilisierendes Fundament ein gegenständliches Normverständnis in Betracht zu kommen. Doch ist zu bedenken, dass mit dem Konkretisierungsgedanken die traditionelle Unterscheidung zwischen Auslegung einer gegenständlich gedachten Norm einerseits und andererseits der Fortbildung des lückenhaften Rechts überspielt wird.[32] Der hermeneutische Prozess ist zwar im Ausgangspunkt auf die Norm gerichtet, doch führt er bei der inhaltlichen Anreicherung über den Gegenstand hinaus.[33]

---

[29] S. zur Rationalitätsdiskussion im Recht, insbesondere mit Blick auf das Erfordernis rationaler Gesetzgebung, *Schulze-Fielitz*, Theorie und Praxis parlamentarischer Gesetzgebung, S. 454 ff.; *Meßerschmidt*, Gesetzgebungsermessen, S. 777 ff.; *Bumke*, Der Staat 49 (2010), S. 91 f.; *Dieterich*, Systemgerechtigkeit und Kohärenz, S. 211 ff.

[30] Grundlegend *Kelsen*, Reine Rechtslehre, S. 4 ff.; auf- und ausbauend *Jestaedt*, Das mag in der Theorie richtig sein ..., S. 21 f.; *ders.*, in: Engel (Hrsg.), Das Proprium der Rechtswissenschaft, S. 267 ff.

[31] Vgl. dazu *Lepsius*, in: Jestaedt/Lepsius (Hrsg.), Rechtswissenschaftstheorie, S. 2 ff.; *ders.*, in: Hilgendorf/Schulze-Fielitz (Hrsg.), Selbstreflexion der Rechtswissenschaft, S. 62 f.; dieser Befund zum herrschenden Verständnis rechtswissenschaftlichen Arbeitens findet sich auch bei *Somek/Forgó*, Nachpositivistisches Rechtsdenken, S. 81 ff.

[32] *Rhinow*, Rechtsetzung und Methodik, S. 124 ff., 195 ff.; *Hoffmann-Riem*, in: Schmidt-Aßmann/Hoffmann-Riem (Hrsg.), Methoden der Verwaltungsrechtswissenschaft, S. 50 ff.

[33] Anders als beim traditionellen Zugang, der im Rahmen der Rechtsanwendung zwischen Auslegung und Rechtsfortbildung unterscheidet, muss deshalb der gesamte Konkretisierungsvorgang vom Interpreten verantwortet werden. Das Argument, es handele sich um eine Auslegung und rechtfertige sich deshalb durch die Bezugnahme auf die Norm, vermag nicht länger zu tragen. In diesem Punkt sind sich Konkretisierungs- und Erkenntnis-Erzeugungskonzept verwandt. Das

Für das Ausmessen des metatheoretischen Raumes ist es gleichgültig, welcher Verständnisweise man folgt. Die Wahl betrifft allein die Ausgestaltung der verschiedenen Elemente der Entwicklungskonzepte, nicht die Zusammenstellung eben dieser Elemente. Die Diskussion zwischen den verschiedenen Konzepten der Rechtsarbeit lehrt zugleich, wie sehr Rationalitätsstandards differieren können. Der Blick in die Wissenschaftstheorie bestätigt das Bild: Es existieren keine allgemein anerkannten Standards für wissenschaftliches Arbeiten. „Wahrheit", „Objektivität", „Beweisbarkeit" oder „Intersubjektivität" sind diffizile und diffuse Konzeptionen, die sich am Ende besser als funktionierende und funktionstüchtige Praxen verstehen lassen, denn als theoretisch präzise und klar handhabbare Methoden oder Kriterien.[34] Die Konsequenz aus diesem Zustand ist nun nicht ein „anything goes", sondern ein bewusster, offener und reflektierter Umgang mit Rationalitätsstandards. Können sich die Grade der Verlässlichkeit so sehr unterscheiden, muss gerade dieses bei der Arbeit mitbedacht und überlegt werden, wo das Grenzgebiet wissenschaftlicher Betätigung erreicht sein soll.

Die entscheidende Frage lautet also: Welche Teile der Rechtsarbeit setzen zwar beträchtliches Know-how, breite Erfahrung und hohe Fertigkeiten voraus, wie sie exzellente Praktiker besitzen, die aber trotzdem nicht über Eigenschaften verfügen, die bei der Bearbeitung zu einer spezifisch wissenschaftlichen Qualität der Aussagen oder Urteile führen. Praxisbezogene Reflexions-, Anregungs- und Ordnungsleistungen mögen dann dennoch ein hinreichender Grund sein, warum eine praxisbezogene Disziplin wie die Rechtsdogmatik sich solcher Teile annimmt. Allein, sie betreibt dann eben keine Wissenschaft mehr, sondern eine Aufgabe für die Praxis, zu deren Rationalisierung sie beiträgt.

3. Möglichkeiten und Grenzen einer Maßstabsbildung

Die nunmehr zu betrachtenden Maßstäbe beziehen sich auf das Phänomen der Verfassungsentwicklung: Anhand welcher Maßstäbe, so lautet die Frage, soll die Entwicklung beurteilt werden? Ein normativ verständiges Konzept der Verfassungsentwicklung kommt ohne solche Maßstäbe nicht aus. Folglich zählt die Auswahl der Maßstäbe, ihre Bildung und Anwendung zu den Herausforderungen, denen jedes Entwicklungskonzept begegnen muss. Das dafür zu bewältigende Programm hat eine inhaltliche (a), methodische (b), kompetenzrechtliche (c) und ontologische Seite, wobei letztere bereits hinreichend zur Sprache kam.[35]

Konkretisierungskonzept leugnet auch nicht die kompetenzrechtlichen Aspekte. Im Unterschied zum Erkenntnis-Erzeugungskonzept zählt die Konkretisierung jedoch zu den Aufgaben nicht nur richterlicher, sondern auch rechtsdogmatischer Arbeit.

[34] Vgl. *Baumann*, Erkenntnistheorie, S. 173 ff.; *Daston/Galison*, Objektivität, S. 267 ff.; *Koschorke*, Wahrheit und Erfindung, S. 329 ff.; *Honerkamp*, Was können wir wissen?, S. 175 ff.

[35] Unter B. I.

a) Inhalt

Die inhaltliche Seite betrifft die Auswahl der Maßstäbe. Welche sind einzubeziehen? Naheliegend – zumal für einen Verfassungsjuristen – ist es, der Verfassung Maßstäbe, also verbindliche Vorgaben für die Verfassungsentwicklung zu entnehmen. Das Thema der Verfassungsentwicklung kann sich jedoch nicht in einer verfassungsrechtlichen Beurteilung erschöpfen. Denn mit ihm werden unweigerlich allgemeine Gesichtspunkte gesellschaftlicher Entwicklung im demokratischen Verfassungsstaat angesprochen. Im Übrigen richtet sich die Maßstabsauswahl nach dem tragenden Forschungsinteresse und der verfolgten Forschungsfrage. Für den hier interessierenden metatheoretischen Raum genügt es, die verfassungsrechtlichen Vorgaben als notwendige, aber nicht hinreichende Maßstäbe für die Verfassungsentwicklung festzuhalten.

b) Methode

Auf der methodischen Ebene stellt sich die Frage, wie verlässlich sich Maßstäbe überhaupt bestimmen und anwenden lassen. Die Bandbreite der hier vertretenen Positionen ist groß. Sie reicht von optimistischen Annahmen sicherer Maßstabsbildung bis hin zu skeptisch-pessimistischen Positionen. Uneins ist man sich bereits bei den Instrumenten und Wegen, auf denen sich die Maßstäbe ermitteln und anwenden lassen. Man denke nur an die allgemeine Debatte über die Grundlagen, Leistungen und Grenzen der juristischen Methodenlehre, um einen ersten Eindruck vom Ausmaß der Differenzen zu haben.[36] Die Bedeutung, die den Maßstäben innerhalb eines Entwicklungskonzepts eingeräumt wird, hängt maßgeblich von der Verlässlichkeit ab, mit der man meint, die Maßstäbe anlegen zu können.

c) Kompetenz

Die erkannte Unsicherheit beim Urteilen ist mit ein Grund für die Herausbildung des demokratischen Verfassungsstaates. In ihm wird die Unsicherheit als Kompetenzfrage aufgegriffen und beantwortet. Um trotz dieser Unsicherheiten verlässliche Grenzen ziehen zu können, greift das Recht auf die Instrumente von Zuständigkeit und Befugnis zurück. Es errichtet Organe, weist ihnen Kompetenzen zu und regelt ein Verfahren, in dem verbindliche Entscheidungen getroffen werden.[37] Doch auch im demokratischen Verfassungsstaat lösen sich die Unsicherhei-

[36] S. etwa *Holmes*, Harvard Law Review 10 (1897), S. 465 ff.; *Somek/Forgó*, Nachpositivistisches Rechtsdenken, S. 104 ff.; *Somek*, in: Lerch (Hrsg.), Recht vermitteln, S. 420 ff.; *ders.*, Rechtliches Wissen, S. 53 ff.; *Shapiro*, Legality, S. 256 ff.; *Watkins/Burton*, Research Methods in Law, S. 7 ff.; zusammenfassend zu der Debatte mit Blick vor allem auf die Bewegung der Critical Legal Studies *Frankenberg*, in: Buckel/Christensen/Fischer-Lescano (Hrsg.), Neue Theorien des Rechts, S. 93 ff.; *Binder*, in: Patterson (Hrsg.), A Companion to Philosophy of Law and Legal Theory, S. 267 ff.

[37] Die gegenläufige Vorstellung, dass die Maßstäbe über die Reichweite der Kompetenzen entscheiden, verkennt nicht nur das Problem der Offenheit und Unsicherheit, sondern vermag auch nicht zu verstehen, warum sich die Idee einer rechtlich verfassten Funktionen- und Kompetenz-

ten der Maßstabsbildung und -anwendung nicht in der Entscheidungskompetenz auf. Der Gedanke der Justiziabilität der Verfassung besteht daneben fort. Daraus resultiert eine eigenartige Spannung zwischen Methode und Kompetenz.[38]

Aus der Metaperspektive stellen sich die drei Faktoren, um Maßstäbe für die Verfassungsentwicklung zu entwickeln und anzuwenden, als Stellschrauben dar. Maßstäbe sind stets Teil eines Entwicklungskonzepts. Doch ihre Gestalt, Eigenschaften und Handhabung richten sich in erster Linie nach dem Verständnis und dem darauf gründenden Zusammenspiel der Faktoren.

III. Die Verfassung und ihre Theorie

Der letzte übergreifende Themenkreis, zu dem sich Entwicklungskonzepte verhalten müssen, betrifft die Vorstellungen über die Verfassung, ihre Elemente und Eigenschaften, ihre Funktionen und ihre gestaltende Kraft. Die Verfassungstheorie beschäftigt sich mit diesen Fragen. Entsprechend dem Ziel, den metatheoretischen Raum für mögliche Entwicklungskonzepte zu erkunden, wird wiederum nach Punkten Ausschau gehalten, wo verständnisprägende Weichen gestellt werden. Maßgeblich dafür sollten der Begriff der Verfassung (2.), ihr Ordnungsanspruch (3.), ihre Interpretation (4.) und der verfassungsrechtliche Entwicklungsrahmen (5.) sein. Doch um die Verfassungstheorie in ihrer Bedeutung vollends zu erfassen, wird man sich zunächst ihrer verständnisprägenden Kraft zuwenden (1.).

1. Einhegung der verständnisprägenden Kräfte der Verfassungstheorie

Die Prägekraft der Verfassungstheorie ist immens. Ob implizit oder explizit, ob reflektiert oder naiv, ob diffus oder klar gefasst – unsere verfassungstheoretischen Überzeugungen formen die konkreten Vorstellungen über das positive Verfassungsrecht. Dass diese verständnisformende Macht faktisch besteht, wird wohl niemand bestreiten.

Damit ist jedoch noch nicht geklärt, ob diese Kräfte ungezügelt in die Arbeit am positiven Verfassungsrecht einströmen oder wie sie sich kanalisieren und damit im Rahmen der Verfassungsinterpretation disziplinieren lassen.

Man könnte daran denken, dass verfassungstheoretische Einsichten oder Einschätzungen nur dann in die Welt der Verfassungsrechtsdogmatik gelangen dürften, wenn „sie sich als unverfälschte Darstellungsweise positivrechtlicher Norm-

---

ordnung herausgebildet hat. Es ist die Welt der Philosophenkönige, in der sich solche Anschauungen herausbilden können.

[38] Vgl. zur Diskussion um sog. funktionell-rechtliche Ansätze *Zimmer*, Funktion – Kompetenz – Legitimation, S. 379 ff.; *Voßkuhle*, Rechtsschutz gegen den Richter, S. 274 ff.; *Möllers*, in: *Jestaedt/Lepsius/Möllers/Schönberger*, Das entgrenzte Gericht, S. 320 ff., 328 ff.; Kritik übt vielfach *Alexy*, VVDStRL 61 (2002), S. 28 ff.; vgl. zur Notwendigkeit der Kompetenz *Möllers*, Gewaltengliederung, S. 136 ff., 419 f.

phänomene ausweisen lassen".[39] Die Prägekraft der Verfassungstheorie wäre danach auf das vom Grundgesetz Anerkannte begrenzt.

Gegen die Einführung eines solchen Erfordernisses spricht zum einen, dass sich kein hinreichend verlässliches Kriterium erkennen lässt, mit dessen Hilfe sich eindeutig für alle Teilnehmer des rechtswissenschaftlichen Diskurses entscheiden lässt, ob eine theoretische Annahme dem wahren Inhalt des Grundgesetzes entspricht. Würde ein solches Kriterium existieren, dann wären m. E. theoretisch versierte Verfassungsrechtler wie zum Beispiel *Roman Schnur* oder *Walter Leisner* nicht auf den Gedanken gekommen, die Bedeutung des Grundgesetzes mit Hilfe des überkommenen einfachen Rechts zu erschließen.[40] Zum anderen zeichnet sich ein gutes theoretisches Konzept gerade dadurch aus, dass es dem Text einen überzeugenden Sinn gibt und so die Unsicherheit beseitigt, die mit dem Textumgang einhergeht. Eine gute Theorie lässt sich nicht mit Hilfe von Text und Intention einer Norm falsifizieren.[41]

Damit wird nun nicht umgekehrt für einen Vorrang der Theorie und gegen die Disziplinierung der faktischen Prägekraft plädiert. Vielmehr werden die Unmöglichkeit einer wahrhaften Exegese und die Unausweichlichkeit theoretischer Konzepte akzeptiert. Text und Bedeutung, Kontext und Theorie sind so miteinander verschlungen, dass es gewöhnlich nur gute, weniger gute oder schlechte Argumente für das eine oder andere Verständnis gibt. Auch sollten die disziplinierende Kraft von Redlichkeit, Kohärenz und argumentativer Transparenz nicht unterschätzt werden.

2. Der Verfassungsbegriff

Die Diskussion über den Verfassungsbegriff wurde von *Carl Schmitt* mit Hilfe einiger Unterscheidungen geordnet.[42] Sie prägen bis heute das Nachdenken, und da

---

[39] Diese Formulierung findet sich bei *Jestaedt*, in: Depenheuer/Grabenwarter (Hrsg.), Verfassungstheorie, S. 39, der selber aber keinen solchen Nachweis als Torhüter des positiven Verfassungsrechts aufstellt.

[40] Gerade weil es an einem solchen Kriterium fehlt, erschöpft sich eine Kritik, die damit argumentiert, dass sich eine Position in den unergründlichen Höhen verfassungstheoretischer Phantasie bewege, während sich die eigenen Anschauungen im Rahmen der geltenden Verfassung und ihrer Dogmatik halten, in einem Aufruf an die Gesinnungsgenossen. Vgl. dazu *Leisner*, Von der Verfassungsmäßigkeit der Gesetze zur Gesetzmäßigkeit der Verfassung; *Schnur*, VVDStRL 22 (1965), S. 130 ff.

[41] Ein ebenso anschauliches wie lehrreiches Beispiel dafür bietet der Streit zwischen dem herrschenden Verständnis des Beseitigungsanspruchs aus § 1004 BGB und der von *Picker* entwickelten sog. Rechtsusurpationstheorie (*ders.*, Der negatorische Beseitigungsanspruch, S. 49 ff.). In dieser Auseinandersetzung meint *Canaris* zeigen zu können, dass die Usurpationstheorie gegen einen vom BGB anerkannten „Basissatz" verstößt und damit falsifiziert wird (*Larenz/Canaris*, Lehrbuch des Schuldrechts, Bd. II/2, S. 696). Allein, der Basissatz hat keine „objektive" Bedeutung, sondern er gewinnt seine klare inhaltliche Kontur erst durch den Rückgriff auf das herrschende oder das damit konkurrierende Konzept der Bereicherungshaftung. Auch in *Pickers* Theorie findet der Basissatz seinen Platz.

[42] *Schmitt*, Verfassungslehre, S. 1 ff.; vgl. dazu auch *Waldhoff*, in: Depenheuer/Grabenwarter

sie sich als hilfreich für das Verständnis erweisen, werden sie hier aufgegriffen und zunächst kurz vorgestellt:

Schmitt unterschied in seiner „Verfassungslehre" von 1928 zwischen absolutem und relativem Verfassungsbegriff und präsentierte darauf gestützt den positiven Verfassungsbegriff, verstanden als „Gesamt-Entscheidung über die Art und Form der politischen Einheit".[43] Das absolute Verständnis charakterisierte er als Vorstellung von der Verfassung als „einheitliches Ganzes". Darunter war entweder 1.) ein „konkreter Gesamtzustand politischer Einheit und sozialer Ordnung eines bestimmten Staates", 2.) „eine besondere Art politischer und sozialer Ordnung", 3.) „das Prinzip des dynamischen Werdens der politischen Einheit" oder 4.) eine „grundgesetzliche Regelung, d. h. ein einheitliches, geschlossenes System höchster und letzter Normen" zu verstehen.[44] Von einem bloß relativen und unzureichenden Verfassungsverständnis sprach er, sobald die Verfassung mit einzelnen Verfassungsgesetzen gleichgesetzt wurde.[45] Ein relatives Verständnis führte zum formalen Verfassungsbegriff, also eines geschriebenen Verfassungstextes, der sich nur durch erschwerte Abänderbarkeit von einem gewöhnlichen Gesetz unterschied.[46] Aufgrund seiner Vorliebe für „Existenzielles" und Entscheidungen konnte die positive Verfassung nur in der willentlichen „Gesamt-Entscheidung" der verfassungsgebenden Gewalt zu sehen sein.[47] Auf dieser Entscheidung gründete dann das (geschriebene) Verfassungsgesetz.[48]

Mit diesen Unterscheidungen und der Ausrichtung der Verfassung an der Vorstellung von einem einheitlichen Ganzen und einer politischen Gemeinschaft, die sich im und durch den Moment der Verfassungsgebung konstituiert, wird eine Vorstellungswelt umrissen, in der sich viele Überlegungen der deutschsprachigen Verfassungsrechtswissenschaft bewegen. So etwa, wenn *Konrad Hesse* in den „Grundzüge[n] des Verfassungsrechts" schreibt: Was eine Verfassung ist, „kann nur von der Aufgabe und der Funktion der Verfassung in der Wirklichkeit [...] her erfaßt werden. In dieser sind politische Einheit und rechtliche Ordnung unvermeidlich aufgegeben."[49] Hier wird also die Verfassung als absoluter Begriff im Sinne des Prinzips „des dynamischen Werdens der politischen Einheit"[50] oder in den Worten *Rudolf Smends* als „Integrationsprozess" verstanden, der auf die „Herstellung der Lebenstotalität des Staates" zielt. „Die Verfassung ist" – wie es in „Verfassung und

(Hrsg.), Verfassungstheorie, S. 295 ff.; allgemein zur Diskussion um den Verfassungsbegriff s. die Nachweise bei Fn. 4.

[43] *Schmitt*, Verfassungslehre, S. 20.

[44] *Ders.*, Verfassungslehre, S. 4 ff.

[45] *Ders.*, Verfassungslehre, S. 11 ff.

[46] *Ders.*, Verfassungslehre, S. 12.

[47] *Ders.*, Verfassungslehre, S. 20 ff.

[48] *Ders.*, Verfassungslehre, S. 22.

[49] *Hesse*, Grundzüge des Verfassungsrechts der Bundesrepublik Deutschland, S. 5.

[50] *Schmitt*, Verfassungslehre, S. 5.

Verfassungsrecht“ (1928) heißt – „die gesetzliche Normierung einzelner Seiten dieses Prozesses.“[51]

Manche dieser Unterscheidungen und Charakterisierungen lassen sich heutzutage nicht mehr gut verstehen. Ein „einheitliches Ganzes“ verstanden als etwas „Existenzielles“ oder der „Gesamtzustand“ „politischer Einheit“ mögen bei einigen auch heute noch greifbare Vorstellungen auslösen, bei anderen wird aber das Unverständnis groß sein. Was soll man sich unter einer konkreten Einheit vorstellen, die nicht normativ, sondern existenziell sein soll? Und was soll man sich in einer pluralistisch-fragmentierten Gesellschaft im Zeitalter der Globalisierung unter einem einheitlichen Gesamtzustand vorstellen? Gleiches gilt für die Rede von einer Entscheidung einer – wohl letztlich nur normativ begreifbaren – Entität, die als verfassungsgebende Gewalt bezeichnet wird.[52]

Bei anderem wird man das negative Urteil nicht mehr bereitwillig akzeptieren. Das bloß formelle Verfassungsgesetz ist eben nicht bloß formell, sondern es ist ein tragender Bestandteil der Idee des demokratischen Verfassungsstaates mit unabhängiger Verfassungsgerichtsbarkeit.[53] Auf und an diese Urkunde sind die normativen Vorstellungen gerichtet. Mit ihrer Schaffung sind unsere Vorstellungen über eine verfassungsgebende Gewalt des Volkes unauflöslich verbunden. Die Urkunde steckt die Grenzen des positiven Verfassungsrechts ab. Sie bildet den Ausgangs- und Endpunkt der Verfassungstheorie. An ihr und nicht an irgendeiner davon unabhängigen materiellen Verfassung hat sie sich zu beweisen. Und sie bildet auch den unersetzbaren und immerwährenden Bezugspunkt der verfassungsgerichtlichen Entscheidungen. Die Verfassungsurkunde ist das normative Herz des demokratischen Verfassungsstaates.[54] Um leben und handeln zu können, braucht der demokratisch verfasste und rechtlich geformte Leviathan freilich noch viele weitere Dinge.

---

[51] *Smend*, in: ders. (Hrsg.), Staatsrechtliche Abhandlungen, S. 189; vgl. dazu *Waldhoff*, in: Depenheuer/Grabenwarter (Hrsg.), Verfassungstheorie, S. 296.

[52] Kritisch daher beispielsweise *Isensee*, in: Depenheuer/Grabenwarter (Hrsg.), Verfassungstheorie, S. 218; *Ladeur*, in: Depenheuer/Grabenwarter (Hrsg.), Verfassungstheorie, S. 619; *Roellecke*, in: Depenheuer/Grabenwarter (Hrsg.), Verfassungstheorie, S. 463 f., 496 ff.

[53] Als Teil einer festgeformten gesellschaftlichen Herrschafts- und Ordnungsidee sind der Verfassung mehrere Elemente immanent und nur, wenn sie zum Bestandteil der Verfassungsurkunde werden, wird man in dem darauf gründenden Gemeinwesen einen demokratischen Verfassungsstaat mit unabhängiger Verfassungsgerichtbarkeit sehen. Zu diesen Elementen zählen 1.) die Gebote gleicher Würde aller Menschen und der politischen Teilhabe der Bürger, 2.) eine rechtlich konstituierte, geformte, disziplinierte und gegliederte Staatsgewalt, die demokratisch legitimiert ist, 3.) eine Verfassungsgerichtsbarkeit mit Normverwerfungskompetenz und 4.) der Gedanke offener Staatlichkeit.

[54] *Badura*, in: Ehmke/Kaiser/Kewenig/Meessen/Rüfner (Hrsg.), FS Scheuner, S. 36 f.; *Möllers*, Staat als Argument, S. 205 ff.; *Waldhoff*, in: Depenheuer/Grabenwarter (Hrsg.), Verfassungstheorie, S. 298 f.

Schlägt das Pendel nun nicht allzu sehr in die gegenläufige Richtung aus? Wird hier nicht die Bedeutung der Verfassungsurkunde überschätzt und die eines materiellen Verfassungsverständnisses verkannt? Ich würde die Fragen verneinen. Doch darauf kommt es hier nicht an. Wichtig ist es stattdessen zu sehen, welche Konsequenzen die Wahl eines Verfassungsbegriffs für das Konzept der Verfassungsentwicklung hat: Je nachdem, was unter einer Verfassung verstanden wird, wird man auf unterschiedliche Phänomene und Momente achten und auch unterschiedliche Einschätzungen zu ihnen entwickeln.[55]

Bewusst bleiben sollte man sich ferner der Pfadabhängigkeit all dieser Gedanken. Diese Art der Annäherung über Vorstellungen von einem geordneten Ganzen und politischer Einheit sind keine verfassungstheoretischen Wesensnotwendigkeiten. Im US-amerikanischen Verfassungsdenken dürfte ein funktionalistisches Verständnis vorherrschen. Die Verfassung ist nicht Selbstzweck, sondern ein Instrument, um beispielsweise mit politischen Risiken umzugehen (*Vermeule*)[56] und sie zu regulieren, oder um die Bedürfnisse möglichst aller Gesellschaftsmitglieder in vorhersehbarer Weise zu befriedigen (*St. Holmes*)[57].

3. Ordnungsanspruch der Verfassung

Neben dem Verfassungsbegriff entscheidet der Ordnungsanspruch der Verfassung im Wesentlichen darüber, welche rechtliche Bedeutung eine Verfassung im demokratischen Verfassungsstaat erlangen sollte. Mit den unterschiedlichen Vorstellungen über diesen Ordnungsanspruch gelangt also ein weiteres, weichenstellendes Element in den Fokus der metatheoretischen Betrachtung.

Gewöhnlich werden die bestehenden Divergenzen an diesem Punkt (in der deutschen Diskussion) beschrieben, indem – in unterschiedlicher terminologischer Einkleidung – die Verfassung verstanden als Rahmenordnung mit der Vorstellung

---

[55] Diese Einsicht lässt sich am Verhältnis von geschriebenem zu ungeschriebenem Verfassungsrecht veranschaulichen. Anders als man meinen mag, ist mit der Ausrichtung des Verfassungsbegriffs an der Verfassungsurkunde noch keine Vorentscheidung über das Verhältnis zwischen Geschriebenem und Ungeschriebenem gefallen. Denn zum einen lässt sich dieses Verhältnis nicht allein mit Hilfe des Verfassungsbegriffs bestimmen. Vielmehr wird es entscheidend durch die oben angesprochenen ontologischen und methodologischen Gegebenheiten und Überzeugungen, insbesondere durch die Vorstellung geprägt, ob es sich bei einer Norm um einen vorgegebenen Gegenstand oder einen aufgegebenen Prozess handelt. Zum anderen zwingt die Ausrichtung an der Verfassungsurkunde zu keinem bestimmten Schluss hinsichtlich des Raumes, den die Urkunde zwischen ihren Zeilen für ungeschriebene Verfassungsgrundsätze einschließlich kompetenzieller Bestimmungen belässt. Ein textpositivistisches Verständnis ist eine mögliche Haltung, die mir jedoch angesichts der vielen Funktionen, die eine Verfassung im demokratischen Verfassungsstaat erfüllen soll, nicht besonders naheliegend erscheint.

[56] *Vermeule*, Tulsa Law Review 47 (2011), S. 241 ff.; *ders.*, The Constitution of Risk, S. 1 ff.

[57] *Holmes*, California Law Review 97 (2009), S. 323 ff.; *ders.*, in: Rosenfeld/Sajó (Hrsg.), The Oxford Handbook of Comparative Constitutional Law, S. 189 ff.

als Grundordnung kontrastiert wird.[58] Das idealtypische Kontinuum unterschiedlicher Regelungsweite und -dichte weckt indes falsche Assoziationen. Da die Verfassung das normative Herz des demokratischen Verfassungsstaates bildet, handelt es sich dabei stets um die Grundordnung des Gemeinwesens.[59] Präziser fassen lassen sich die Differenzen, wenn zwischen Ordnungsbereichen (a), Ordnungsmaßstäben (b) und dem Konstitutionalisierungsprozess (c) unterschieden wird.[60]

a) Reichweite des verfassungsrechtlichen Ordnungsanspruchs

Mit dem Stichwort „Ordnungsbereich" wird das Thema eröffnet, ob es Felder gibt, die vom Ordnungsanspruch der Verfassung nicht erfasst werden oder zumindest einer verfassungsgerichtlichen Kontrolle nicht unterworfen sind.

Für beide Spielarten bietet das US-amerikanische Verfassungsrecht ein Beispiel. So soll nach Auffassung des US-Supreme Courts die gesellschaftliche Sphäre der Bürger untereinander grundsätzlich von der Verfassung nicht erfasst werden (sog. state action doctrine)[61] und außerdem gibt es Fragen, die so hochpolitisch sind, dass ihre Beantwortung in die alleinige Zuständigkeit der gesetzgebenden Gewalt fällt (sog. political question doctrine)[62].

Aber auch in der deutschen Diskussion verläuft hier eine markante Scheidelinie. Zwar erfreut sich der Gedanke eines Ausschlusses höchstpolitischer Fragen keiner größeren Anhängerschaft, dafür wird aber die ordnende Kraft der Verfassung im Hinblick auf das Verhältnis zwischen den Bürgern sehr wohl verneint. Grundrechte sind für *Ernst-Wolfgang Böckenförde* als dem prominentesten Vertreter auf

---

[58] S. etwa *Böckenförde*, Staat, Verfassung, Demokratie, S. 197ff.; *Starck*, JZ 1996, S. 1038f.; *Lerche*, in: Macke (Hrsg.), Verfassung und Verfassungsgerichtsbarkeit auf Landesebene, S. 216; *Böckenförde*, NJW 1999, S. 13; *Alexy*, VVDStRL 61 (2002), S. 14f.; *Unruh*, Der Verfassungsbegriff des Grundgesetzes, S. 408ff.

[59] Dieser Schwäche ist sich *Isensee* sehr wohl bewusst. Er hält aber an der Gegenüberstellung fest und spricht statt von „Grundordnung" von einer „totalen" Verfassung, vgl. *Isensee*, in: Isensee/Kirchhof (Hrsg.), Handbuch des Staatsrechts, Bd. II, § 15 Rn. 191. Ob er damit einen Idealtypus oder eine konkret vertretene Position meint, bleibt offen.

[60] An diesem Punkt überschneidet sich der Themenkreis der Verfassungstheorie mit der Deutung des positiven Verfassungsrechts. Da die Diskussion aber gewöhnlich auf der Ebene idealtypischer Gegenüberstellung erfolgt, wird dieser Aspekt des Verfassungsverständnisses auch hier behandelt.

[61] U.S. Supreme Court, 109 U.S. 3, 11 – Civil Rights Cases (1883); 334 U.S. 1, 13 – Shelley v. Kraemer (1948); 409 U.S. 418, 423f. – District of Columbia v. Carter (1973); dazu *Tribe*, American Constitutional Law, S. 350ff.; *Stone/Seidman/Sunstein/Tushnet/Karlan*, Constitutional Law, S. 1583ff.; *Dorf/Morrison*, Constitutional Law, S. 218ff.; *O'Cinneide/Stelzer*, in: Tushnet/Fleiner/Saunders (Hrsg.), Routledge Handbook of Constitutional Law, S. 178ff.

[62] U.S. Supreme Court, 328 U.S. 549, 552 – Colegrove v. Green (1946); 369 U.S. 186, 217 – Baker v. Carr (1962); 413 U.S. 1, 10 – Gilligan v. Morgan (1973); dazu *Tribe*, American Constitutional Law, S. 96ff.; *Stone/Seidman/Sunstein/Tushnet/Karlan*, Constitutional Law, S. 119ff.; *Dorf/Morrison*, Constitutional Law, S. 120ff.; *Tushnet/González-Bertomeu*, in: Tushnet/Fleiner/Saunders (Hrsg.), Routledge Handbook of Constitutional Law, S. 118f.

das zweipolige Staat-Bürger-Verhältnis begrenzt und entfalten mit Ausnahme von Art. 9 Abs. 3 GG keinerlei Dritt- oder Privatwirkung.[63]

Ist man demgegenüber davon überzeugt, dass die Verfassung Ordnungsansprüche auch gegenüber der Gesellschaft und den Beziehungen der Bürger untereinander erhebt, verbleibt kaum ein Weg, um zu bereichsspezifischen Ausgrenzungen zu gelangen. Die Sorge vor einer Überforderung der Verfassung und damit auch der verfassungsgerichtlichen Konkretisierungsarbeit oder die Einsicht in die Eigenlogik privater Regulierung mögen Gründe für Zurückhaltung sein, doch lässt sich diese besser im Rahmen der Maßstabsbildung auffangen als mit dem drastischen Mittel des vollständigen Ausschlusses.[64]

b) Bildung verfassungsrechtlicher Maßstäbe

Auf der damit betretenen Ebene der Maßstabsbildung enden die Fragen häufig bei der Auseinandersetzung um das konkrete Verständnis einer bestimmten Verfassungsbestimmung. Konzeptionelle Bedeutung besitzen solche Differenzen normalerweise nicht. Denn egal wie vehement die Auseinandersetzungen geführt werden, werden sie mit der Zeit zum schlichten Bestandteil jeder Entwicklungsgeschichte. Etwas anderes gilt nur für verfassungsrechtliche Vorgaben, die den Entwicklungsprozess steuern sollen. Auf sie wird deshalb zurückzukommen sein [unter 5.].

Eine verfassungstheoretische Dimension gewinnt die Maßstabsbildung in dem Moment, in dem aus allgemeinen Überlegungen über die Verfassung, ihre Funktionen und das Verhältnis der maßgeblichen Akteure zueinander auf eine bestimmte Gestalt der Maßstäbe geschlossen wird.[65] Ein schönes Beispiel dafür bildet das Plädoyer *Böckenfördes* und seiner Schule für eine kupierte Verhältnismäßigkeitsprüfung, bei der auf jedes Moment einer Abwägung verzichtet wird. Die maßgebliche Wurzel für diese Position resultiert aus dem Bemühen, die Sphäre des Politischen zu wahren. Das Politische begründet zwar keinen außerhalb des Ver-

---

[63] *Böckenförde*, Der Staat 29 (1990), S. 26 ff.; *Hellermann*, Die sogenannte negative Seite der Freiheitsrechte, S. 239 ff.

[64] Die Meinungsunterschiede betreffen dann eben nicht länger die Ebene verfassungsrechtlichen Schweigens, sondern die konkrete Deutung der Verfassung, mag man dabei auch mit grundsätzlichen Vokabeln argumentieren. So wird beispielsweise mit dem Konzept der Privatrechtsgesellschaft zwar für einen Vorrang privater vor hoheitlicher Regulierung, eine zurückhaltende gerichtliche Kontrolle und die Achtung der Eigenständigkeit des tradierten Privatrechts durch das Verfassungsrecht plädiert. Zu einer bereichsbezogenen Begrenzung führt dies aber erst, wenn die Privatrechtsgesellschaft – etwa mit dem Ökonomen *Hayek* – außerhalb der Verfassungsordnung angesiedelt wird. Mit der Idee des demokratischen Verfassungsstaates lässt sich dies jedoch nur vereinbaren, wenn die gesellschaftliche Sphäre außerhalb der Verfassungsordnung gestellt, also die Privatwirkung generell verneint wird.

[65] Manches, das in die Frage gekleidet wird, wie weit und intensiv der Ordnungsanspruch der Verfassung reicht, erweist sich bei näherem Hinsehen als bloße Rhetorik. Dies geschieht beispielsweise, wenn man sich um die Grenzenlosigkeit der Verfassung sorgt, ohne aber mit der verfassungstheoretischen Gartenschere den verfassungsrechtlichen Wildwuchs überall in gleicher Weise zurückzuschneiden.

fassungsrechts gelegenen Freiraum, aber die Aufgabe, einen Ausgleich zwischen konfligierenden verfassungsrechtlich geschützten Positionen herbeizuführen, ist nach diesem Verfassungsverständnis der Politik überantwortet, da sich die dafür erforderlichen Entscheidungen nicht mit spezifisch juristischen Arbeitsinstrumenten gewinnen lassen.[66]

c) Der Konstitutionalisierungsprozess

Die Mühen und die Unsicherheiten im Umgang mit den verfassungsrechtlichen Ordnungsansprüchen kumulieren im Konstitutionalisierungsprozess, d. h. bei der kontinuierlichen Durchdringung und Überformung der einfachen Rechtsordnung durch Vorgaben der Verfassung.[67] Die Verfassung als normativer Grundentwurf des demokratischen Verfassungsstaates verlangt nach ihrer Verwirklichung und danach, ihr ordnendes Potential zu heben. Der umfassende Ordnungsanspruch lässt sich deshalb oberhalb der einzelnen verfassungsrechtlichen Streitigkeiten nur mittels rigider Maßstabsbeschränkungen bewerkstelligen. Ist man zu solchen Schritten nicht bereit, bleibt nur die allgemeine Forderung nach richterlicher Zurückhaltung, das Herausarbeiten von „Sättigungspunkte[n]"[68] verfassungsrechtlicher Konkretisierungsarbeit und die Kritik im Einzelfall.

---

[66] *Böckenförde*, Der Staat 29 (1990), S. 28 f. (nicht dezidiert); *Schlink*, Abwägung im Verfassungsrecht, S. 192 ff.; *Poscher*, Grundrechte als Abwehrrechte, S. 82 ff.

[67] Näher *Schuppert/Bumke*, Die Konstitutionalisierung der Rechtsordnung, S. 9 ff.; s. ferner *Schulze-Fielitz*, in: Badura/Dreier (Hrsg.), FS 50 Jahre BVerfG, Bd. 1, S. 385 ff.; *Alexy*, VVDStRL 61 (2002), S. 8 ff.; *Schönberger*, in: Stolleis (Hrsg.), Das Bonner Grundgesetz, S. 55 ff.; *Kersten/Lenski*, Die Verwaltung 42 (2009), S. 508 ff. Kritisch zum Begriffsgebrauch *Wahl*, in: Eberle/Ibler/Lorenz (Hrsg.), FS Brohm, S. 192 f. In der Tat ist die Konstitutionalisierung nicht einer eigenen Rede wert, wenn man sie mit dem Vorrang der Verfassung und der Bindung an diese gleichsetzt (näher *ders.*, NVwZ 1984, S. 401 ff.). Was es letztlich mit der Bindung auf sich hat, und wie sich diese auf die Rechtsordnung und das Selbstverständnis der Gesellschaft auswirkt, lässt sich aber nicht ohne eine Prozessperspektive erfassen. Dass sich die Einsichten einer solchen Betrachtung oft einer metaphorischen Redeweise behelfen müssen, wird bei Wertungsfragen kaum verwundern. Spricht man demgegenüber mit Blick auf die internationale Ebene von Konstitutionalisierung, so sind ganz andere Phänomene als auf der nationalen Ebene gemeint (einen konzisen Überblick über die vielfältigen Debatten bietet *Krisch*, Beyond Constitutionalism, S. 27 ff.). Auf der internationalen Ebene bezeichnet der Begriff zunächst nicht mehr als das Bemühen um die Etablierung fester rechtlicher Ordnung jenseits des Vertragsvölkerrechts. Angesichts der disparaten Grundlagen kann der Begriff nur relativ zu einem theoretischen Konzept als Leitidee taugen. Eindrucksvoll entfaltet wird eine solche Leitidee beispielsweise von *Fassbender*, The United Nations Charter as the Constitution of the International Community.

[68] Vgl. *Schuppert/Bumke*, Die Konstitutionalisierung der Rechtsordnung, S. 65. Der Begriff des „Sättigungsgrades" findet sich mit Blick auf die europarechtliche Durchdringung des Verwaltungsrechts zuvor bereits bei *Danwitz*, Verwaltungsrechtliches System und europäische Integration, S. 3 f., 397.

4. Verfassungsinterpretation

Nur ein kurzer Blick soll auf das Thema der Verfassungsinterpretation geworfen werden. Denn vieles von dem, was für die Gestaltung eines Entwicklungskonzepts relevant sein kann, wird bereits durch den methodologischen Themenkreis bestimmt und braucht hier nicht erneut angesprochen zu werden.

Spezifisch verfassungstheoretischer Natur dürfte jedoch die Bedeutung des Politischen im Rahmen der interpretatorischen Bemühungen sein. Um sie zu ergründen, bedarf es zunächst einer thematischen Präzisierung. Es muss nämlich zwischen dem Gesichtspunkt Entscheidungsrationalität und dem der Bedeutungsverarbeitung unterschieden werden.

Der erste Aspekt ist methodologischer Natur. Er betrifft die – im US-amerikanischen Diskurs herrschende – These, dass eine Entscheidung schwieriger Rechtsfragen nicht mittels genuin rechtlicher Instrumente möglich ist und es sich deshalb um „politische" Urteile handelt. Die deutschsprachige Rechtsdogmatik teilt diese These nicht und ist umgekehrt meist von der juridischen Rationalität ihrer Arbeit überzeugt. Verfassungstheoretische Relevanz fehlt diesem Streit.

Mit dem zweiten Aspekt bewegt man sich mitten in einer klassischen verfassungstheoretischen Debatte. *Heinrich Triepel* war es, der 1926 in dem bekannten Vortrag „Staatsrecht und Politik" dem Politischen seinen Eigenwert für die Rechtsarbeit zurückgeben und auf diese Weise den überkommenen staatsrechtlichen Positivismus überwinden wollte.[69] Dazu griff er auf die im Zivilrecht maßgeblich von *Heck* und *Rümelin* entwickelte Interessenjurisprudenz zurück und forderte, dass das Politische im Rahmen der teleologischen Argumentation angemessen berücksichtigt wird.[70]

Im metatheoretischen Raum bezeichnet das Politische demnach keinen festen Punkt.[71] Es erfüllt unterschiedliche Funktionen und ist zugleich Gegenstand divergierender Einschätzungen. Besonders aufmerksam wird man deshalb bei der Gestaltung eines Entwicklungskonzepts vorgehen müssen. Die Gefahr von Missverständnissen und Inkonsistenz ist groß.

5. Verfassungsrechtlicher Entwicklungsrahmen

Der letzte verfassungstheoretische Strang, dem im Rahmen unserer metatheoretischen Erkundungen nachzugehen ist, behandelt den Sinn, die Möglichkeiten und Grenzen des Verfassungsrechts, seine eigene Entwicklung zu gestalten. Das Thema besitzt zwei Seiten, eine positivrechtliche und eine verfassungstheoretische. Die positivrechtliche wird maßgeblich durch Art. 79 Abs. 3 GG bestimmt. Worin aber liegt die verfassungstheoretische Bedeutung? Ein Bedeutungselement betrifft den

---

[69] *Triepel*, Staatsrecht und Politik, S. 16 ff.
[70] *Ders.*, Staatsrecht und Politik, S. 21 ff.
[71] *Fischer-Lescano/Teubner*, Regime-Kollisionen, S. 128 ff.

Sinn verfassungsrechtlicher Selbstgestaltungen: Wie lässt sich erklären, dass sich eine Verfassung darum bemüht, ihre Entwicklung zu steuern (a)? Ein anderes Element erfasst den Inhalt und den Umfang solcher Entwicklungsvorgaben – nicht im Sinne der konkreten Auslegung des Grundgesetzes, sondern in dem allgemeineren Nachdenken über die Bedeutung einzelner Institute, wie der Verfassungsänderung oder Verfassungsinterpretation und ihrem Verhältnis zueinander (b). Fragen wie diese mag eine Verfassung beantworten. Explizit äußert sich das Grundgesetz aber nicht dazu.

a) Sinn verfassungsrechtlicher Selbststeuerung

Welchen Sinn macht der Versuch einer Verfassung, ihre eigene Entwicklung zu steuern? Ist ein solcher Versuch nicht von vornherein zum Scheitern verurteilt? Mag man dem Verweis auf das Dilemma des Regelfolgens (Rule-Following) mit dem umgekehrten Hinweis auf eine glückende Praxis begegnen, so wird nicht nur der Skeptiker auf die Realität deuten und fragen, ob am Ende sich eine Verfassung nicht stets so entwickele, wie sie sich entwickelt habe? Eine so resignative Haltung scheint indes zu einfach und voreilig zu sein. Die Irrelevanz des Normativen ist keine ausgemachte Sache. Rückblickend mag man urteilen und die Anteile des Normativen aufklären.[72]

Verschiedene Gründe können hinter dem Bemühen stehen, die Verfassungsentwicklung zu steuern: Es kann beispielsweise die – bei *Schmitt* in seiner Verfassungslehre zu findende – Überzeugung sein, dass die positive Verfassung (verstanden als existenzielle Entscheidung einer verfassungsgebenden Gewalt für eine bestimmte politische Form) „unantastbar" ist, da die Verfassung nur durch eine neue Entscheidung ersetzt werden kann.[73] In dem Bemühen kann stattdessen auch zum Ausdruck kommen, dass die Verfassung nicht anders als die übrige Rechtsordnung Regeln über ihre Änderung und Entwicklung enthält. In der Garantie verfassungsrechtlicher Kerngehalte, wie man sie in Art. 79 Abs. 3 GG findet, drückt sich dann zum einen der Glaube daran aus, dass die geschaffene Ordnung des demokratischen Verfassungsstaates eine unbedingt zu erhaltende Herrschaftsform bildet. Zum anderen soll mit der Garantie die schleichende Beseitigung des demokratischen Verfassungsstaates verhindert werden.[74]

---

[72] Hiervon zu trennen ist die Frage, ob eine Verfassung bzw. die sie formenden Akteure nicht zu den falschen Mitteln greifen oder von fehlerhaften Einschätzungen über die Möglichkeiten der Selbststeuerung ausgehen können.

[73] *Schmitt*, Verfassungslehre, S. 26ff. Steuern kann die Verfassung diesen Prozess aber gerade nicht. Regelbar ist nur die Entwicklung innerhalb einer Verfassung. Art. 79 Abs. 3 GG mag eine Lehre aus den Weimarer Erfahrungen mit der schleichenden Beseitigung der demokratischen Verfassungsordnung sein, aus *Schmitts* Sicht dürfte sie ein untaugliches Mittel darstellen, da das Normative gar nicht in der Lage ist, existenzielle Entscheidungen zu steuern.

[74] Näher *Stern*, Staatsrecht, Bd. I, S. 165ff. m.w.N. zur älteren Literatur; *Hain*, Die Grundsätze des Grundgesetzes, S. 46ff.; *Unruh*, Der Verfassungsbegriff des Grundgesetzes, S. 440ff.; *Kirchhof*,

Exemplarisch lassen sich Sinn und Unsicherheit verfassungsrechtlicher Selbststeuerung im Prozess der Europäisierung verfolgen: Das Bewahren des unantastbaren Kerns der Verfassungsordnung fällt hier so schwer, weil es nicht darum geht, die „gute Ordnung" vor ihrem langsamen und intransparenten Verfall, sondern vor ihrem Übergang in eine andere „gute Ordnung" zu bewahren.[75] Deshalb genügt es nicht, auf die in Art. 79 Abs. 3 GG genannten Inhalte zu verweisen. Vielmehr bedarf es eines weiteren Maßstabs, der sich aber trotzdem als impliziter Bestandteil der sog. Ewigkeitsgarantie begreifen lässt. Das Bundesverfassungsgericht hat ihn im Gedanken der Verfassungsidentität gefunden.[76] Ihn zu operationalisieren ist nicht ohne verfassungstheoretische Reflexionen möglich. Da sich das Feld nicht mit den Kategorien schwarz (böse, illegitim, antigrundrechtsdemokratisch) und weiß (gut, legitim, demokratisch-verfassungsstaatlich) ordnen lässt, bleiben nur zwei Lösungswege übrig: Entweder begnügt man sich mit dem Gesichtspunkt rechtlicher Zurechnung in Form der Kompetenz-Kompetenz oder man ist – wie das Verfassungsgericht es getan hat – gezwungen, ein Substrat eigenverantwortlichen Gestaltens für die demokratisch-verfassungsstaatlichen Gewalten zu benennen. Dass mag anmaßend, unzulänglich oder aus praktischen Gründen zum Scheitern verurteilt sein.[77] Verfassungstheoretisch fügt sich der Gedanke eines Substratschutzes in das Bemühen ein, verfassungsrechtlichen Kerngehalt zu bewahren.

Von der metatheoretischen Warte aus betrachtet, bilden die Regeln über die Entwicklung der Verfassung einen Mittelpunkt, um eine normativ gehaltvolle Vorstellung über Verfassungsentwicklung zu entfalten. Für die Gruppe der hier interessierenden Verfassungen eines demokratischen Verfassungsstaates mit unabhängiger Verfassungsgerichtsbarkeit dürfte der Gedanke eines zu erhaltenden, unantastbaren Kerns zu den konstitutiven verfassungstheoretischen Elementen zählen. Das positive Verfassungsrecht mag die Frage freilich auch anders beantworten.

b) Umfang der Selbststeuerung

Wie weit ist nun das verfassungsrechtliche Programm der Entwicklungssteuerung abzustecken? Das ist in erster Linie eine Frage der Auslegung einer konkreten po-

---

in: Isensee/Kirchhof (Hrsg.), Handbuch des Staatsrechts, Bd. II, § 21 Rn. 46ff., 79ff.; *Badura*, in: Isensee/Kirchhof (Hrsg.), Handbuch des Staatsrechts, Bd. XII, § 270 Rn. 32ff.; *Herdegen*, in: Maunz/Dürig (Hrsg.), Grundgesetz-Kommentar, Art. 79 Rn. 85.

[75] Dabei kommt es nicht darauf an, dass die EU vielleicht keine ganz so gute Ordnung ist, etwa weil sie ein empfindliches Demokratiedefizit aufweist, sondern es geht um eine generelle Abgrenzungsfrage und die EU steht eben nicht für den Untergang der Idee des demokratischen Verfassungsstaates mit unabhängiger Verfassungsgerichtsbarkeit.

[76] S. *Walter*, ZaöRV 72 (2012), S. 181ff.; *Lepsius*, JöR 63 (2015), S. 65ff.; *Schönberger*, JöR 63 (2015), S. 44ff.; *Wischmeyer*, AöR 140 (2015), S. 433ff. m.w.N.

[77] S. etwa *Nettesheim*, EUR-Beiheft 2010, S. 114ff.; *Walter*, ZaöRV 72 (2012), S. 190ff.; *Schönberger*, JöR 63 (2015), S. 58ff.

sitiven Verfassung und damit für die Konstitution des metatheoretischen Raumes gleichgültig. Derlei Fragen sind Gegenstand der Entwicklungsgeschichte.

Die Ebene der Verfassungstheorie wird aber betreten, sobald konzeptionelle Überlegungen angestellt werden müssen, um die Bedeutung der einzelnen verfassungsrechtlichen Instrumente zu verstehen und ihr Zusammenspiel für den Prozess der Selbststeuerung zu klären. Das Grundgesetz führt auf diese Ebene. Denn es hüllt sich an dieser Stelle in Schweigen. Wie nicht anders zu erwarten, stößt man auf recht unterschiedliche konzeptionelle Antworten hinsichtlich dieses Selbststeuerungsprogramms.

Beispielhaft verfolgen lassen sich die Auseinandersetzungen an elementaren Wandlungen des grundgesetzlichen Verständnisses, wie beim Schutz von Ehe und Familie. Manche leiten aus der Existenz des Instituts der Verfassungsänderung ab, dass bestimmte Veränderungen nur möglich sind, wenn dies im Wege einer Verfassungsänderung erfolgt.[78] Das Institut der Verfassungsänderung setze einem interpretatorischen Wandel Grenzen. Von diesem Standpunkt aus betrachtet, ist das Institut nicht in erster Linie ein politisches, sondern ein rechtliches Instrument, das mit der Verfassungsinterpretation konkurriert und für bestimmte Veränderungen einen exklusiven Vorrang besitzt.[79] Zwingend ist diese Sichtweise keinesfalls, da sich genauso gut vorstellen lässt, dass die beiden Formen der Verfassungsentwicklung schlicht nebeneinander stehen. Wie auch immer man das Verhältnis begreifen mag, die Urteile, die auf dieser Grundlage über die Entwicklung einer Verfassung gefällt werden, differieren beträchtlich.[80] Es handelt sich also um ein wichtiges Element des metatheoretischen Raumes.

[78] Allgemein zum Institut der Verfassungsänderung und ihren Funktionen *Bryde*, Verfassungsentwicklung, S. 116ff.; *Unruh*, Der Verfassungsbegriff des Grundgesetzes, S. 432ff.; *Masing*, Der Staat 44 (2005), S. 1ff.; *Winterhoff*, Verfassung – Verfassungsgebung – Verfassungsänderung, S. 166ff.; *Würtenberger*, in: Neuhaus (Hrsg.), Verfassungsänderungen, S. 289ff.; *Badura*, in: Isensee/Kirchhof (Hrsg.), Handbuch des Staatsrechts, Bd. XII, § 270 Rn. 14ff.; *Herdegen*, in: Maunz/Dürig (Hrsg.), Grundgesetz-Kommentar, Art. 79 Rn. 1ff. Mit Blick auf das Eheverständnis *Böhm*, VVDStRL 73 (2014), S. 215ff.; *Germann*, VVDStRL 73 (2014), S. 274ff.

[79] Wie aber lässt sich aus dieser Perspektive erklären, dass die meisten Verfassungsänderungen (Art. 10 Abs. 2 Satz 2, 13 Abs. 2 bis 6, 16a GG) im Bereich der Grundrechte nicht einen tiefgreifenden Verständniswandel betrafen, sondern die politische Entscheidung, Eingriffsmöglichkeiten zu eröffnen, die die Verfassung bislang nicht vorgesehen hatte? Doch wie zuvor soll es auch hier nicht darum gehen, Partei zu ergreifen, sondern die anzutreffenden Debatten vorzustellen.

[80] S. etwa mit divergierenden Einschätzungen zum Regelungskonzept für den Schwangerschaftsabbruch *Dreier*, DÖV 1995, S. 1037ff., einerseits und *Hillgruber*, VVDStRL 67 (2008), S. 24ff., andererseits; zur Vertrauensfrage nach Art. 68 GG das Sondervotum von *Lübbe-Wolff*, BVerfGE 114, S. 121ff. (182ff.) – Bundestagsauflösung III, einerseits und *Hillgruber*, VVDStRL 67 (2008), S. 30ff., andererseits. Auch losgelöst von konkreten Anwendungsfällen differieren die Einschätzungen zum Verhältnis von Verfassungsänderung und Verfassungswandel, s. etwa *Reimer*, Verfassungsprinzipien, S. 117ff. auf der einen, sowie *Hillgruber*, VVDStRL 67 (2008), S. 46 m. Fn. 137 auf der anderen Seite.

C. Fazit und Ausblick

I. Leerstellen

Ontologie, Methodologie und Verfassungstheorie wurden durchschritten, um eine Vorstellung über den metatheoretischen Raum zu gewinnen. Ein Ziel war es, Elemente auszumachen und vorzustellen, die bei der Ausarbeitung eines Entwicklungskonzepts bedacht werden müssen. Jedenfalls jedes Konzept, das auf einem normativ gehaltvollen Verständnis vom Verfassungsrecht aufbaut, muss sich innerhalb des beschriebenen Raumes positionieren und den präsentierten Elementen einen spezifischen Gehalt und Ort geben. Ein weiteres Ziel bestand darin aufzuzeigen, welche vielfältigen Anschauungen über die einzelnen Elemente bestehen (können). Mit den verschiedenen Anschauungen korrelieren unterschiedliche Konzepte der Verfassungsentwicklung und mit ihnen wiederum unterschiedliche Sichtweisen und Beurteilungen konkreter Verfassungsentwicklungen.

Wenn abschließend über Leerstellen nachgedacht wird, so geht es nicht um einzelne, unerwähnt gebliebene Elemente. Eine umfassende Bestandsaufnahme war nicht das Ziel der Überlegungen. Gesucht werden vielmehr Leerstellen mit strukturprägender Kraft. Die Akteursperspektive könnte eine solche Kraft besitzen.[81] Denn ein Entwicklungskonzept wird kaum ohne die Einbeziehung der Akteure auskommen, die das Verfassungsrecht, sein Verständnis und seine Entwicklung prägen. Es bleibt jedoch abzuwarten, ob mit der Akteursperspektive neue Inhalte der Entwicklungsthematik erschlossen werden oder ob es sich letztlich nur um ein Instrument handelt, um auf anschauliche Weise die hier zusammengestellten Elemente zu untersuchen. Strukturprägende Relevanz käme der Perspektive also nur im ersten Fall zu.

II. Einsichten

Welche Einsichten lassen sich aus dem beschrittenen Weg ziehen? Ich hoffe manche. Doch möchte ich mich auf das – meines Erachtens – wichtigste Ergebnis konzentrieren, wonach die Beschäftigung mit den Konzepten der Verfassungsentwicklung eine voraussetzungsvolle, offen-plurale und lohnenswerte Unternehmung ist:

Voraussetzungsvoll ist sie, weil sich jedes Entwicklungskonzept aus mehreren Elementen zusammensetzt, die auf unterschiedlichen Abstraktionsebenen angesiedelt und unterschiedlicher Herkunft sind und die miteinander verbunden sind, ohne dass dabei klare Abhängigkeitsbeziehungen bestehen.

Eine offen-plurale Unternehmung ist es, weil die Konzepte zwar normativ gehaltvoll sind, aber sich nicht sinnvoll mit Hilfe der Unterscheidung „rechtmäßig/rechtswidrig" beurteilen lassen. Ebenso wenig lässt sich auf die Unterscheidung

---

[81] *Bryde*, Verfassungsentwicklung, S. 111ff., nimmt eine Akteursperspektive ein.

„wahr/unwahr" zurückgreifen, da es an einem verlässlichen Wahrheitskriterium fehlt. Man wird sich damit abfinden müssen, dass sich konkurrierende Narrative über die Verfassungsentwicklung herausbilden (können). Manche Erzählung mag dominant werden, aber sie verfügt aus diesem Grund über keine höhere Dignität. Fordern lässt sich von jedem Entwicklungskonzept, dass seine Elemente klar und transparent benannt werden, um so abweichende Beobachtungen und Einschätzungen verständlich zu machen. Die Verfassungsentwicklung wird dadurch nicht zu etwas, das beliebig formbar ist. Fakten bleiben zu berücksichtigen und wollen erklärt werden. Doch wie genau sich ein Faktum darstellt, hängt eben auch vom verständnisprägenden Konzept ab. Ein nacktes, neutrales Faktum ist entweder eine Illusion oder ein rhetorischer Trick. Aber Fakten leisten ihrer Vereinnahmung Widerstand und ein schwaches Konzept mag ihrer nicht Herr werden. Gute, erklärungsmächtige Konzepte werden indes nicht an den Fakten scheitern.

Schließlich ist die Unternehmung auch lohnenswert. Sicherlich macht eine auf die Gegenwart gerichtete Entwicklungsgeschichte keinen Sinn. Niemand weiß, wie und wohin sich das Grundgesetz oder das Europäische Projekt entwickeln wird. Aus der Vergangenheit lassen sich gewöhnlich keine Lehren ziehen, aber ein klares und verständiges Bild der eigenen Geschichte mag dazu beitragen, die Gegenwart besser zu begreifen.

III. Fortführung

Wie, wird man am Ende gerne wissen wollen, wäre das Unterfangen fortzusetzen? Verschiedene Wege sind denkbar. Zu ihnen zählen

- die Ausarbeitung eines Entwicklungskonzepts,
- das Ergründen der Entwicklungsvorstellungen maßgeblicher Akteure, allen voran des Bundesverfassungsgerichts,
- das Verfassen einer Entwicklungsgeschichte oder
- das eingehende Studium konzeptprägender Elemente und das präzise Herausarbeiten denkbarer Verständnisalternativen.

Angesichts des Forschungsstands dürfte sich der letzte Weg als der momentan sinnvollste und fruchtbarste erweisen. Es ist der Weg, den auch die Organisatoren unserer Tagung eingeschlagen haben und ich bin deshalb sehr gespannt auf die Einsichten, die wir gemeinsam gewinnen werden.

Literaturverzeichnis

Alexy, Robert, Theorie der Grundrechte, 1. Aufl., Baden-Baden 1985, zitiert als: *Alexy*, Theorie der Grundrechte.

–, Verfassungsrecht und einfaches Recht – Verfassungsgerichtsbarkeit und Fachgerichtsbarkeit, in: Veröffentlichungen der Vereinigung Deutscher Staatsrechtslehrer 61 (2002), S. 7ff.

Badura, Peter, Verfassung und Verfassungsgesetz, in: Horst Ehmke/Joseph H. Kaiser/Wilhelm A. Kewenig/Karl Matthias Meessen/Wolfgang Rüfner (Hrsg.), Festschrift für Ulrich Scheuner zum 70. Geburtstag, Berlin 1973, S. 19ff., zitiert als: *Badura*, in: Ehmke/Kaiser/Kewenig/Meessen/Rüfner (Hrsg.), FS Scheuner, S. 19ff.

– (Hrsg.), Wege und Verfahren des Verfassungslebens. Festschrift für Peter Lerche zum 65. Geburtstag, München 1993, zitiert als: *Badura* (Hrsg.), Wege und Verfahren des Verfassungslebens.

–, § 270 Verfassungsänderung, Verfassungswandel, Verfassungsgewohnheitsrecht, in: Josef Isensee/Paul Kirchhof (Hrsg.), Handbuch des Staatsrechts der Bundesrepublik Deutschland. Band XII, 3. Aufl., Heidelberg 2014, zitiert als: *Badura*, in: Isensee/Kirchhof (Hrsg.), Handbuch des Staatsrechts, Bd. XII, § 270.

Badura, Peter/Dreier, Horst (Hrsg.), Festschrift 50 Jahre Bundesverfassungsgericht. Band 1. Verfassungsgerichtsbarkeit, Verfassungsprozeß, Tübingen 2001, zitiert als: *Badura/Dreier* (Hrsg.), FS 50 Jahre BVerfG, Bd. 1.

Baumann, Peter, Erkenntnistheorie, 2. Aufl., Stuttgart 2006, zitiert als: *Baumann*, Erkenntnistheorie.

Binder, Guyora, Critical Legal Studies, in: Dennis Patterson (Hrsg.), A Companion to Philosophy of Law and Legal Theory, 2. Aufl., Malden, MA 2010, S. 267ff., zitiert als: *Binder*, in: Patterson (Hrsg.), A Companion to Philosophy of Law and Legal Theory, S. 267ff.

Böckenförde, Ernst-Wolfgang, Grundrechte als Grundsatznormen. Zur gegenwärtigen Lage der Grundrechtsdogmatik, in: Der Staat 29 (1990), S. 1ff.

–, Staat, Verfassung, Demokratie. Studien zur Verfassungstheorie und zum Verfassungsrecht, 1. Aufl., Frankfurt am Main 1991, zitiert als: *Böckenförde*, Staat, Verfassung, Demokratie.

–, Anmerkungen zum Begriff des Verfassungswandels, in: Peter Badura (Hrsg.), Wege und Verfahren des Verfassungslebens. Festschrift für Peter Lerche zum 65. Geburtstag, München 1993, S. 3ff., zitiert als: *Böckenförde*, in: Badura (Hrsg.), Wege und Verfahren des Verfassungslebens, S. 3ff.

–, Verfassungsgerichtsbarkeit: Strukturfragen, Organisation, Legitimation, in: Neue Juristische Wochenschrift 1999, S. 9ff.

Böhm, Monika, Dynamische Grundrechtsdogmatik von Ehe und Familie?, in: Veröffentlichungen der Vereinigung Deutscher Staatsrechtslehrer 73 (2014), S. 211ff.

Bryde, Brun-Otto, Verfassungsentwicklung. Stabilität und Dynamik im Verfassungsrecht der Bundesrepublik Deutschland, Baden-Baden 1982, zitiert als: *Bryde*, Verfassungsentwicklung.

Buckel, Sonja/Christensen, Ralph/Fischer-Lescano, Andreas (Hrsg.), Neue Theorien des Rechts, 2. Aufl., Stuttgart 2009, zitiert als: Buckel/Christensen/Fischer-Lescano (Hrsg.), Neue Theorien des Rechts.

Bumke, Christian, Die Pflicht zur konsistenten Gesetzgebung. Am Beispiel des Ausschlusses der privaten Vermittlung staatlicher Lotterien und ihrer bundesverfassungsgerichtlichen Kontrolle, in: Der Staat 49 (2010), S. 77ff.

–, Rechtsdogmatik. Überlegungen zur Entwicklung und zu den Formen einer Denk- und Arbeitsweise der deutschen Rechtswissenschaft, in: JuristenZeitung 2014, S. 641ff.

Calabresi, Steven G., A Critical Introduction to the Originalism Debate, in: Harvard Journal of Law & Public Policy 31 (2008), S. 875 ff.

Danwitz, Thomas von, Verwaltungsrechtliches System und europäische Integration, Tübingen 1996, zitiert als: *Danwitz*, Verwaltungsrechtliches System und europäische Integration.

Daston, Lorraine/Galison, Peter, Objektivität, Frankfurt am Main 2007, zitiert als: *Daston/Galison*, Objektivität.

Depenheuer, Otto/Grabenwarter, Christoph (Hrsg.), Verfassungstheorie, Tübingen 2010, zitiert als: *Depenheuer/Grabenwarter* (Hrsg.), Verfassungstheorie.

Dieterich, Peter, Systemgerechtigkeit und Kohärenz. Legislative Einheit und Vielheit durch Verfassungs- und Unionsrecht, Berlin 2014, zitiert als: *Dieterich*, Systemgerechtigkeit und Kohärenz.

Dorf, Michael C./Morrison, Trevor W., Constitutional Law, Oxford u. a. 2010, zitiert als: *Dorf/Morrison*, Constitutional Law.

Dreier, Horst, Menschenwürdegarantie und Schwangerschaftsabbruch, in: Die öffentliche Verwaltung 1995, S. 1036 ff.

– (Hrsg.), Grundgesetz. Kommentar. Band II. Artikel 20–82, 3. Aufl., Tübingen 2015, zitiert als: Dreier (Hrsg.), Grundgesetz, Bd. II.

Eberle, Carl-Eugen/Ibler, Martin/Lorenz, Dieter (Hrsg.), Der Wandel des Staates vor den Herausforderungen der Gegenwart. Festschrift für Winfried Brohm zum 70. Geburtstag, München 2002, zitiert als: *Eberle/Ibler/Lorenz* (Hrsg.), FS Brohm.

Ehmke, Horst/Kaiser, Joseph H./Kewenig, Wilhelm A./Meessen, Karl Matthias/Rüfner, Wolfgang (Hrsg.), Festschrift für Ulrich Scheuner zum 70. Geburtstag, Berlin 1973, zitiert als: *Ehmke/Kaiser/Kewenig/Meessen/Rüfner* (Hrsg.), FS Scheuner.

Engel, Christoph (Hrsg.), Das Proprium der Rechtswissenschaft, Tübingen 2007, zitiert als: *Engel* (Hrsg.), Das Proprium der Rechtswissenschaft.

Engel, Christoph/Englerth, Markus/Lüdemann, Jörn/Spiecker gen. Döhmann, Indra (Hrsg.), Recht und Verhalten. Beiträge zu Behavioral Law and Economics, Tübingen 2007, zitiert als: *Engel/Englerth/Lüdemann/Spiecker gen. Döhmann* (Hrsg.), Recht und Verhalten.

Engel, Christoph/Halfmann, Jost/Schulte, Martin (Hrsg.), Wissen, Nichtwissen, unsicheres Wissen, 1. Aufl., Baden-Baden 2002, zitiert als: *Engel/Halfmann/Schulte* (Hrsg.), Wissen, Nichtwissen, unsicheres Wissen.

Engel, Christoph/Morlok, Martin (Hrsg.), Öffentliches Recht als ein Gegenstand ökonomischer Forschung. Die Begegnung der deutschen Staatsrechtslehre mit der konstitutionellen politischen Ökonomie, Tübingen 1998, zitiert als: *Engel/Morlok* (Hrsg.), Öffentliches Recht als ein Gegenstand ökonomischer Forschung.

Fassbender, Bardo, The United Nations Charter as the Constitution of the International Community, Leiden 2009, zitiert als: *Fassbender*, The United Nations Charter as the Constitution of the International Community.

Fischer-Lescano, Andreas/Teubner, Gunther, Regime-Kollisionen. Zur Fragmentierung des globalen Rechts, Frankfurt a. M. 2006, zitiert als: *Fischer-Lescano/Teubner*, Regime-Kollisionen.

Fleming, James E., Living Originalism and Living Constitutionalism as Moral Readings of the American Constitution, in: Boston University Law Review 92 (2012), S. 1171 ff.

Foljanty, Lena/Lembke, Ulrike (Hrsg.), Feministische Rechtswissenschaft. Ein Studienbuch, 2. Aufl., Baden-Baden 2012, zitiert als: *Foljanty/Lembke* (Hrsg.), Feministische Rechtswissenschaft.

Frankenberg, Günter, Partisanen der Rechtskritik. Critical Legal Studies etc., in: Sonja Buckel/Ralph Christensen/Andreas Fischer-Lescano (Hrsg.), Neue Theorien des Rechts,

2. Aufl., Stuttgart 2009, S. 93 ff., zitiert als: *Frankenberg*, in: Buckel/Christensen/Fischer-Lescano (Hrsg.), Neue Theorien des Rechts, S. 93 ff.

Fusaro, Carlo/Oliver, Dawn, Changing Constitutions, in: dies. (Hrsg.), How Constitutions Change. A comparative study, Oxford 2011, S. 3 ff., zitiert als: *Fusaro/Oliver,* in: dies. (Hrsg.), How Constitutions Change, S. 3 ff.

Germann, Michael, Dynamische Grundrechtsdogmatik von Ehe und Familie?, in: Veröffentlichungen der Vereinigung Deutscher Staatsrechtslehrer 73 (2014), S. 257 ff.

Grabenwarter, Christoph, Das Proprium der Rechtswissenschaft – Öffentliches Recht, in: Christoph Engel (Hrsg.), Das Proprium der Rechtswissenschaft, Tübingen 2007, S. 293 ff., zitiert als: *Grabenwarter*, in: Engel (Hrsg.), Das Proprium der Rechtswissenschaft, S. 293 ff.

Grimm, Dieter, Die Zukunft der Verfassung, Frankfurt am Main u. a. 1991, zitiert als: *Grimm*, Die Zukunft der Verfassung.

–, Types of Constitutions, in: Michel Rosenfeld/András Sajó (Hrsg.), The Oxford Handbook of Comparative Constitutional Law, Paperback ed., Oxford 2013, S. 98 ff., zitiert als: *Grimm*, in: Rosenfeld/Sajó (Hrsg.), The Oxford Handbook of Comparative Constitutional Law, S. 98 ff.

Grzeszick, Bernd, VI. Die Verfassungsgrundsätze des Art. 20 Abs. 3 GG (51. EL Dezember 2007), in: Theodor Maunz/Günter Dürig (Hrsg.), Grundgesetz-Kommentar, 75. EL vom September 2015, zitiert als: *Grzeszick*, in: Maunz/Dürig (Hrsg.), Grundgesetz-Kommentar, Art. 20 VI.

Häberle, Peter, Verfassungsentwicklung und Verfassungsreform in Deutschland, in: Bernd Wieser/Armin Stolz (Hrsg.), Verfassungsrecht und Verfassungsgerichtsbarkeit an der Schwelle zum 21. Jahrhundert. Symposion aus Anlass des 60. Geburtstages von o.Univ.-Prof. Dr. Richard Novak, Wien 2000, S. 41 ff., zitiert als: *Häberle*, in: Wieser/Stolz (Hrsg.), FS für Novak, S. 41 ff.

–, Europäische Verfassungslehre, 7. Aufl., Baden-Baden 2011, zitiert als: *Häberle*, Europäische Verfassungslehre.

Hain, Karl-Eberhard, Die Grundsätze des Grundgesetzes. Eine Untersuchung zu Art. 79 Abs. 3 GG, Baden-Baden 1999, zitiert als: *Hain*, Die Grundsätze des Grundgesetzes.

Haltern, Ulrich, Europarecht und das Politische, Tübingen 2005, zitiert als: *Haltern*, Europarecht und das Politische.

–, Europarecht. Dogmatik im Kontext, 2. Aufl., Tübingen 2007, zitiert als: *Haltern*, Europarecht.

Hellermann, Johannes, Die sogenannte negative Seite der Freiheitsrechte, Berlin 1993, zitiert als: *Hellermann*, Die sogenannte negative Seite der Freiheitsrechte.

Herdegen, Matthias, Art. 79 (72. EL Juli 2014), in: Theodor Maunz/Günter Dürig (Hrsg.), Grundgesetz-Kommentar, 72. EL vom Juli 2014, zitiert als: *Herdegen*, in: Maunz/Dürig (Hrsg.), Grundgesetz-Kommentar, Art. 79.

Hesse, Konrad, Grundzüge des Verfassungsrechts der Bundesrepublik Deutschland, 20. Aufl., Heidelberg 1995, zitiert als: *Hesse*, Grundzüge des Verfassungsrechts der Bundesrepublik Deutschland.

Hilgendorf, Eric/Schulze-Fielitz, Helmuth (Hrsg.), Selbstreflexion der Rechtswissenschaft, Tübingen 2015, zitiert als: *Hilgendorf/Schulze-Fielitz* (Hrsg.), Selbstreflexion der Rechtswissenschaft.

Hillgruber, Christian, Verfassungsrecht zwischen normativem Anspruch und politischer Wirklichkeit, in: Veröffentlichungen der Vereinigung Deutscher Staatsrechtslehrer 67 (2008), S. 7 ff.

–, § 15 Verfassungsinterpretation, in: Otto Depenheuer/Christoph Grabenwarter (Hrsg.), Verfassungstheorie, Tübingen 2010, S. 505 ff., zitiert als: *Hillgruber*, in: Depenheuer/Grabenwarter (Hrsg.), Verfassungstheorie, S. 505 ff.

Hoffmann-Riem, Wolfgang, Methoden einer anwendungsorientierten Verwaltungsrechtswissenschaft, in: Eberhard Schmidt-Aßmann/Wolfgang Hoffmann-Riem (Hrsg.), Methoden der Verwaltungsrechtswissenschaft, Baden-Baden 2004, S. 9 ff., zitiert als: *Hoffmann-Riem*, in: Schmidt-Aßmann/Hoffmann-Riem (Hrsg.), Methoden der Verwaltungsrechtswissenschaft, S. 9 ff.

– (Hrsg.), Innovationen im Recht, Baden-Baden 2016, zitiert als: *Hoffmann-Riem* (Hrsg.), Innovationen im Recht.

Hoffmann-Riem, Wolfgang/Schmidt-Aßmann, Eberhard/Voßkuhle, Andreas (Hrsg.), Grundlagen des Verwaltungsrechts. Band I. Methoden, Maßstäbe, Aufgaben, Organisation, 2. Aufl., München 2012, zitiert als: *Hoffmann-Riem/Schmidt-Aßmann/Voßkuhle* (Hrsg.), Grundlagen des Verwaltungsrechts.

Holmes, Oliver Wendell, The Path of the Law, in: Harvard Law Review 10 (1897), S. 457 ff.

Holmes, Stephen, In Case of Emergency: Misunderstanding Tradeoffs in the War on Terror, in: California Law Review 97 (2009), S. 301 ff.

–, Constitutions and Constitutionalism, in: Michel Rosenfeld/András Sajó (Hrsg.), The Oxford Handbook of Comparative Constitutional Law, Paperback ed., Oxford 2013, S. 189 ff., zitiert als: *Holmes*, in: Rosenfeld/Sajó (Hrsg.), The Oxford Handbook of Comparative Constitutional Law, S. 189 ff.

Honerkamp, Josef, Was können wir wissen? Mit Physik bis zur Grenze verlässlicher Erkenntnis, Heidelberg 2013, zitiert als: *Honerkamp*, Was können wir wissen?

Isensee, Josef, § 15 Staat und Verfassung, in: Josef Isensee/Paul Kirchhof (Hrsg.), Handbuch des Staatsrechts der Bundesrepublik Deutschland. Band II, 3. Aufl., Heidelberg 2004, zitiert als: *Isensee*, in: Isensee/Kirchhof (Hrsg.), Handbuch des Staatsrechts, Bd. II, § 15.

–, § 6 Die Staatlichkeit der Verfassung, in: Otto Depenheuer/Christoph Grabenwarter (Hrsg.), Verfassungstheorie, Tübingen 2010, S. 199 ff., zitiert als: *Isensee*, in: Depenheuer/Grabenwarter (Hrsg.), Verfassungstheorie, S. 199 ff.

Isensee, Josef/Kirchhof, Paul (Hrsg.), Handbuch des Staatsrechts der Bundesrepublik Deutschland. Band II, 3. Aufl., Heidelberg 2004, zitiert als: *Isensee/Kirchhof* (Hrsg.), Handbuch des Staatsrechts, Bd. II.

– (Hrsg.), Handbuch des Staatsrechts der Bundesrepublik Deutschland. Band XII, 3. Aufl., Heidelberg 2014, zitiert als: *Isensee/Kirchhof* (Hrsg.), Handbuch des Staatsrechts, Bd. XII.

Jestaedt, Matthias, Das mag in der Theorie richtig sein ... Vom Nutzen der Rechtstheorie für die Rechtspraxis, Tübingen 2006, zitiert als: *Jestaedt*, Das mag in der Theorie richtig sein ...

–, „Öffentliches Recht" als wissenschaftliche Disziplin, in: Christoph Engel (Hrsg.), Das Proprium der Rechtswissenschaft, Tübingen 2007, S. 241 ff., zitiert als: *Jestaedt*, in: Engel (Hrsg.), Das Proprium der Rechtswissenschaft, S. 241 ff.

–, Perspektiven der Rechtswissenschaftstheorie, in: Matthias Jestaedt/Oliver Lepsius (Hrsg.), Rechtswissenschaftstheorie, Tübingen 2008, S. 185 ff., zitiert als: *Jestaedt*, in: Jestaedt/Lepsius (Hrsg.), Rechtswissenschaftstheorie, S. 185 ff.

–, § 1 Verfassungstheorie als Disziplin, in: Otto Depenheuer/Christoph Grabenwarter (Hrsg.), Verfassungstheorie, Tübingen 2010, S. 3 ff., zitiert als: *Jestaedt*, in: Depenheuer/Grabenwarter (Hrsg.), Verfassungstheorie, S. 3 ff.

–, Die deutsche Staatsrechtslehre im europäisierten Rechtswissenschaftsdiskurs, in: Juristen-Zeitung 67 (2012), S. 1 ff.

Jestaedt, Matthias/Lepsius, Oliver (Hrsg.), Rechtswissenschaftstheorie, Tübingen 2008, zitiert als: *Jestaedt/Lepsius* (Hrsg.), Rechtswissenschaftstheorie.

Jestaedt, Matthias/Lepsius, Oliver/Möllers, Christoph/Schönberger, Christoph, Das entgrenzte Gericht. Eine kritische Bilanz nach sechzig Jahren Bundesverfassungsgericht, Berlin 2011, zitiert als: *Jestaedt/Lepsius/Möllers/Schönberger*, Das entgrenzte Gericht.

Kelsen, Hans, Reine Rechtslehre, 2. Aufl., Wien 1960, zitiert als: *Kelsen*, Reine Rechtslehre.

Kersten, Jens/Lenski, Sophie-Charlotte, Die Entwicklungsfunktion des Allgemeinen Verwaltungsrechts, in: Die Verwaltung 42 (2009), S. 501 ff.

Kirchhof, Ferdinand (Hrsg.), Rechtsstaat und Grundrechte. Festschrift für Detlef Merten, Heidelberg u. a. 2007, zitiert als: *Kirchhof* (Hrsg.), Rechtsstaat und Grundrechte.

Kirchhof, Paul, § 21 Die Identität der Verfassung, in: Josef Isensee/Paul Kirchhof (Hrsg.), Handbuch des Staatsrechts der Bundesrepublik Deutschland. Band II, 3. Aufl., Heidelberg 2004, zitiert als: *Kirchhof*, in: Isensee/Kirchhof (Hrsg.), Handbuch des Staatsrechts, Bd. II, § 21.

Klatt, Matthias, Integrative Rechtswissenschaft. Methodologische und wissenschaftstheoretische Implikationen der Doppelnatur des Rechts, in: Der Staat 54 (2015), S. 469 ff.

Kleinlein, Thomas, Konstitutionalisierung im Völkerrecht. Konstruktion und Elemente einer idealistischen Völkerrechtslehre, Heidelberg u. a. 2012, zitiert als: *Kleinlein*, Konstitutionalisierung im Völkerrecht.

Koschorke, Albrecht, Wahrheit und Erfindung. Grundzüge einer Allgemeinen Erzähltheorie, Frankfurt am Main 2012, zitiert als: *Koschorke*, Wahrheit und Erfindung.

Krisch, Nico, Beyond Constitutionalism. The Pluralist Structure of Postnational Law, Oxford u. a. 2010, zitiert als: *Krisch*, Beyond Constitutionalism.

Kuriki, Hisao, Die Theorie der Verfassungsentwicklung, in: Rainer Wahl (Hrsg.), Verfassungsänderung, Verfassungswandel, Vefassungsinterpretation, Berlin 2008, S. 13–27, zitiert als: *Kuriki*, in: Wahl (Hrsg.). Verfassungsänderung, S. 13 ff.

Ladeur, Karl-Heinz, § 18 Staat und Gesellschaft, in: Otto Depenheuer/Christoph Grabenwarter (Hrsg.), Verfassungstheorie, Tübingen 2010, S. 599 ff., zitiert als: *Ladeur*, in: Depenheuer/Grabenwarter (Hrsg.), Verfassungstheorie, S. 599 ff.

Larenz, Karl, Methodenlehre der Rechtswissenschaft, 6. Aufl., Berlin u. a. 1991, zitiert als: *Larenz*, Methodenlehre der Rechtswissenschaft.

Larenz, Karl/Canaris, Claus-Wilhelm, Lehrbuch des Schuldrechts. Zweiter Band. Besonderes Schuldrecht. 2. Halbband, München u. a. 1994, zitiert als: *Larenz/Canaris*, Lehrbuch des Schuldrechts, Bd. II/2.

Leisner, Walter, Von der Verfassungsmäßigkeit der Gesetze zur Gesetzmäßigkeit der Verfassung. Betrachtungen zur möglichen selbständigen Begrifflichkeit im Verfassungsrecht, Tübingen 1964, zitiert als: *Leisner*, Von der Verfassungsmäßigkeit der Gesetze zur Gesetzmäßigkeit der Verfassung.

Lepsius, Oliver, Die Ökonomik als neue Referenzwissenschaft für die Staatsrechtslehre, in: Die Verwaltung 32 (1999), S. 429 ff.

–, Themen einer Rechtswissenschaftstheorie, in: Matthias Jestaedt/Oliver Lepsius (Hrsg.), Rechtswissenschaftstheorie, Tübingen 2008, S. 1 ff., zitiert als: *Lepsius*, in: Jestaedt/Lepsius (Hrsg.), Rechtswissenschaftstheorie, S. 1 ff.

–, Problemzugänge und Denktraditionen im Öffentlichen Recht, in: Eric Hilgendorf/Helmuth Schulze-Fielitz (Hrsg.), Selbstreflexion der Rechtswissenschaft, Tübingen 2015, S. 53 ff., zitiert als: *Lepsius*, in: Hilgendorf/Schulze-Fielitz (Hrsg.), Selbstreflexion der Rechtswissenschaft, S. 53 ff.

–, Souveränität und Identität als Frage des Institutionen-Settings, in: Jahrbuch des öffentlichen Rechts der Gegenwart 63 (2015), S. 63 ff.
Lerch, Kent D. (Hrsg.), Recht vermitteln. Strukturen, Formen und Medien der Kommunikation im Recht, Berlin 2005, zitiert als: *Lerch* (Hrsg.), Recht vermitteln.
Lerche, Peter, Die Verfassung in der Hand der Verfassungsgerichtsbarkeit?, in: Peter Macker (Hrsg.), Verfassung und Verfassungsgerichtsbarkeit auf Landesebene. Beiträge zur Verfassungsstaatlichkeit in den Bundesländern, Baden-Baden 1998, S. 215 ff., zitiert als: *Lerche*, in: Macke (Hrsg.), Verfassung und Verfassungsgerichtsbarkeit auf Landesebene, S. 215 ff.
Lorenz, Astrid, Explaining Constitutional Change. Comparing the Logic, Advantages and Shortcomings of Static and Dynamic Approaches, in: Detlef Nolte/Almut Schilling-Vacaflor (Hrsg.), New Constitutionalism in Latin America. Promises and Practices, Farnham u. a. 2012, S. 31 ff., zitiert als: *Lorenz*, in: Nolte/Schilling-Vacaflor (Hrsg.), New Constitutionalism in Latin America, S. 31 ff.
Luhmann, Niklas, Das Recht der Gesellschaft, 3. Aufl., Frankfurt a. M. 2001, zitiert als: *Luhmann*, Das Recht der Gesellschaft.
Macke, Peter (Hrsg.), Verfassung und Verfassungsgerichtsbarkeit auf Landesebene. Beiträge zur Verfassungsstaatlichkeit in den Bundesländern, Baden-Baden 1998, zitiert als: *Macke* (Hrsg.), Verfassung und Verfassungsgerichtsbarkeit auf Landesebene.
Marshall, William P., Progressive Constitutionalism, Originalism, and the Significance of Landmark Decisions in Evaluating Constitutional Theory, in: Ohio State Law Journal 72 (2011), S. 1251 ff.
Masing, Johannes, Zwischen Kontinuität und Diskontinuität. Die Verfassungsänderung, in: Der Staat 44 (2005), S. 1 ff.
Maunz, Theodor/Dürig, Günter (Hrsg.), Grundgesetz-Kommentar, zitiert als: *Maunz/Dürig* (Hrsg.), Grundgesetz-Kommentar.
Meßerschmidt, Klaus, Gesetzgebungsermessen, Berlin u. a. 2000, zitiert als: *Meßerschmidt*, Gesetzgebungsermessen.
Meyer, Stephan, Juristische Geltung als Verbindlichkeit, Tübingen 2011, zitiert als: *Meyer*, Juristische Geltung als Verbindlichkeit.
Michael, Lothar, Die verfassungswandelnde Gewalt, in: Rechtswissenschaft 5 (2014), S. 426 ff.
Möllers, Christoph, Staat als Argument, München 2000, zitiert als: *Möllers*, Staat als Argument.
–, Gewaltengliederung. Legitimation und Dogmatik im nationalen und internationalen Rechtsvergleich, Tübingen 2005, zitiert als: *Möllers*, Gewaltengliederung.
–, Vorüberlegungen zu einer Wissenschaftstheorie des öffentlichen Rechts, in: Matthias Jestaedt/Oliver Lepsius (Hrsg.), Rechtswissenschaftstheorie, Tübingen 2008, S. 151 ff., zitiert als: *Möllers*, in: Jestaedt/Lepsius (Hrsg.), Rechtswissenschaftstheorie, S. 151 ff.
–, Legalität, Legitimität und Legitimation des Bundesverfassungsgerichts, in: Matthias Jestaedt/Oliver Lepsius/Christoph Möllers/Christoph Schönberger, Das entgrenzte Gericht. Eine kritische Bilanz nach sechzig Jahren Bundesverfassungsgericht, Berlin 2011, S. 281 ff., zitiert als: Möllers, in: Jestaedt/Lepsius/Möllers/Schönberger, Das entgrenzte Gericht, S. 281 ff.
–, Die Möglichkeit der Normen. Über eine Praxis jenseits von Moralität und Kausalität, Berlin 2015, zitiert als: *Möllers*, Die Möglichkeit der Normen.
Müller, Friedrich/Christensen, Ralph, Juristische Methodik. Band I, 11. Aufl., Berlin 2013, zitiert als: *Müller/Christensen*, Juristische Methodik.
Nettesheim, Martin, Die Karlsruher Verkündigung – Das BVerfG in staatsrechtlicher Endzeitstimmung, in: EUR-Beiheft 2010, S. 101 ff.

Neuhaus, Helmut (Hrsg.), Verfassungsänderungen. Tagung der Vereinigung für Verfassungsgeschichte in Hofgeismar vom 15. bis 17. März 2010, Beiheft 20 zu „Der Staat", Berlin 2012, zitiert als: *Neuhaus* (Hrsg.), Verfassungsänderungen.

Nolte, Detlef/Schilling-Vacaflor, Almut (Hrsg.), New Constitutionalism in Latin America. Promises and Practices, Farnham u. a. 2012, zitiert als: *Nolte/Schilling-Vacaflor* (Hrsg.), New Constitutionalism in Latin America.

O'Cinneide, Colm/Stelzer, Manfred, Horizontal effect/state action, in: Mark Tushnet/Thomas Fleiner/Cheryl Saunders (Hrsg.), Routledge Handbook of Constitutional Law, Hoboken 2013, S. 177 ff., zitiert als: *O'Cinneide/Stelzer*, in: Tushnet/Fleiner/Saunders (Hrsg.), Routledge Handbook of Constitutional Law, S. 177 ff.

Oliver, Dawn/Fusaro, Carlo (Hrsg.), How Constitutions Change. A comparative study, Oxford 2011, zitiert als: *Oliver/Fusaro* (Hrsg.), How Constitutions Change.

Patterson, Dennis (Hrsg.), A Companion to Philosophy of Law and Legal Theory, 2. Aufl., Malden, MA 2010, zitiert als: *Patterson* (Hrsg.), A Companion to Philosophy of Law and Legal Theory.

Picker, Eduard, Der negatorische Beseitigungsanspruch, Bonn 1972, zitiert als: *Picker*, Der negatorische Beseitigungsanspruch.

Poscher, Ralf, Grundrechte als Abwehrrechte. Reflexive Regelung rechtlich geordneter Freiheit, Tübingen 2003, zitiert als: *Poscher*, Grundrechte als Abwehrrechte.

Rehnquist, William H., The Notion of a Living Constitution, in: Harvard Journal of Law & Public Policy 29 (2006), S. 401 ff.

Reimann, Mathias/Zimmermann, Reinhard (Hrsg.), The Oxford Handbook of Comparative Law, Paperback, Oxford 2008, zitiert als: *Reimann/Zimmermann* (Hrsg.), The Oxford Handbook of Comparative Law.

Reimer, Franz, Verfassungsprinzipien. Ein Normtyp im Grundgesetz, Berlin 2001, zitiert als: *Reimer*, Verfassungsprinzipien.

Rhinow, René A., Rechtsetzung und Methodik, Basel u. a. 1979, zitiert als: *Rhinow*, Rechtsetzung und Methodik.

Roellecke, Gerd, § 13 Identität und Variabilität der Verfassung, in: Otto Depenheuer/Christoph Grabenwarter (Hrsg.), Verfassungstheorie, Tübingen 2010, S. 453 ff., zitiert als: *Roellecke*, in: Depenheuer/Grabenwarter (Hrsg.), Verfassungstheorie, S. 453 ff.

–, § 14 Institutionelle Gewähr der Verfassung, in: Otto Depenheuer/Christoph Grabenwarter (Hrsg.), Verfassungstheorie, Tübingen 2010, S. 489 ff., zitiert als: *Roellecke*, in: Depenheuer/Grabenwarter (Hrsg.), Verfassungstheorie, S. 489 ff.

Rosenfeld, Michel, Constitutional Identity, in: Michel Rosenfeld/András Sajó (Hrsg.), The Oxford Handbook of Comparative Constitutional Law, Paperback ed., Oxford 2013, S. 756 ff., zitiert als: *Rosenfeld*, in: Rosenfeld/Sajó (Hrsg.), The Oxford Handbook of Comparative Constitutional Law, S. 756 ff.

Rosenfeld, Michel/Sajó, András (Hrsg.), The Oxford Handbook of Comparative Constitutional Law, Paperback ed., Oxford 2013, zitiert als: *Rosenfeld/Sajó* (Hrsg.), The Oxford Handbook of Comparative Constitutional Law.

Schlink, Bernhard, Abwägung im Verfassungsrecht, Berlin 1976, zitiert als: *Schlink*, Abwägung im Verfassungsrecht.

Schmidt-Aßmann, Eberhard/Hoffmann-Riem, Wolfgang (Hrsg.), Methoden der Verwaltungsrechtswissenschaft, Baden-Baden 2004, zitiert als: *Schmidt-Aßmann/Hoffmann-Riem* (Hrsg.), Methoden der Verwaltungsrechtswissenschaft.

Schmitt, Carl, Verfassungslehre, München u. a. 1928, zitiert als: *Schmitt*, Verfassungslehre.

Schnur, Roman, Pressefreiheit, in: Veröffentlichungen der Vereinigung Deutscher Staatsrechtslehrer 22 (1965), S. 101ff.

Schönberger, Christoph, „Verwaltungsrecht als konkretisiertes Verfassungsrecht", in: Michael Stolleis (Hrsg.), Das Bonner Grundgesetz. Altes Recht und neue Verfassung in den ersten Jahrzehnten der Bundesrepublik Deutschland (1949–1969), Berlin 2006, S. 53ff., zitiert als: *Schönberger*, in: Stolleis (Hrsg.), Das Bonner Grundgesetz, S. 53ff.

–, Identitäterä. Verfassungsidentität zwischen Widerstandsformel und Musealisierung des Grundgesetzes, in: Jahrbuch des öffentlichen Rechts der Gegenwart 63 (2015), S. 41ff.

Schulze-Fielitz, Helmuth, Theorie und Praxis parlamentarischer Gesetzgebung. Besonders des 9. Deutschen Bundestages (1980–1983), Berlin 1988, zitiert als: *Schulze-Fielitz*, Theorie und Praxis parlamentarischer Gesetzgebung.

–, Wirkung und Befolgung verfassungsgerichtlicher Entscheidungen, in: Peter Badura/Horst Dreier (Hrsg.), Festschrift 50 Jahre Bundesverfassungsgericht. Band 1. Verfassungsgerichtsbarkeit, Verfassungsprozeß, Tübingen 2001, S. 385ff., zitiert als: *Schulze-Fielitz*, in: Badura/Dreier (Hrsg.), FS 50 Jahre BVerfG, Bd. 1, S. 385ff.

–, Art. 20 (Rechtsstaat), in: Horst Dreier (Hrsg.), Grundgesetz. Kommentar. Band II. Artikel 20–82, 3. Aufl., Tübingen 2015, zitiert als: *Schulze-Fielitz*, in: Dreier (Hrsg.), Grundgesetz, Bd. II, Art. 20 (Rechtsstaat).

Schuppert, Gunnar Folke/Bumke, Christian, Die Konstitutionalisierung der Rechtsordnung. Überlegungen zum Verhältnis von verfassungsrechtlicher Ausstrahlungswirkung und Eigenständigkeit des „einfachen" Rechts, Baden-Baden 2000, zitiert als: *Schuppert/Bumke*, Die Konstitutionalisierung der Rechtsordnung.

Shapiro, Scott J., Legality, Cambridge u.a. 2011, zitiert als: *Shapiro*, Legality.

Smend, Rudolf, Staatsrechtliche Abhandlungen und andere Aufsätze, Berlin 1955, zitiert als: Smend, Staatsrechtliche Abhandlungen.

–, Verfassung und Verfassungsrecht (1928), in: ders., Staatsrechtliche Abhandlungen und andere Aufsätze, Berlin 1955, S. 119ff., zitiert als: *Smend*, in: ders., Staatsrechtliche Abhandlungen, S. 119ff.

Somek, Alexander, Die Macht der juristischen Expertise. Rechtliches Wissen als Steuerungsmedium, in: Kent D. Lerch (Hrsg.), Recht vermitteln. Strukturen, Formen und Medien der Kommunikation im Recht, Berlin 2005, S. 399ff., zitiert als: *Somek*, in: Lerch (Hrsg.), Recht vermitteln, S. 399ff.

–, Rechtliches Wissen, Frankfurt am Main 2006, zitiert als: *Somek*, Rechtliches Wissen.

Somek, Alexander/Forgó, Nikolaus, Nachpositivistisches Rechtsdenken. Inhalt und Form des positiven Rechts, Wien 1996, zitiert als: *Somek/Forgó*, Nachpositivistisches Rechtsdenken.

Starck, Christian, Verfassungsgerichtsbarkeit und Fachgerichte, in: JuristenZeitung 1996, S. 1039ff.

–, Verfassungen. Entstehung, Auslegung, Wirkungen und Sicherung, Tübingen 2009, zitiert als: *Starck*, Verfassungen.

–, § 271 Maximen der Verfassungsauslegung, in: Josef Isensee/Paul Kirchhof (Hrsg.), Handbuch des Staatsrechts der Bundesrepublik Deutschland. Band XII, 3. Aufl., Heidelberg 2014, zitiert als: *Starck*, in: Isensee/Kirchhof (Hrsg.), Handbuch des Staatsrechts, Bd. XII, § 271.

Stern, Klaus, Das Staatsrecht der Bundesrepublik Deutschland. Band I: Grundbegriffe und Grundlagen des Staatsrechts, Strukturprinzipien der Verfassung, 2. Aufl., München 1984, zitiert als: *Stern*, Staatsrecht, Bd. I.

Stolleis, Michael (Hrsg.), Das Bonner Grundgesetz. Altes Recht und neue Verfassung in den ersten Jahrzehnten der Bundesrepublik Deutschland (1949–1969), Berlin 2006, zitiert als: *Stolleis* (Hrsg.), Das Bonner Grundgesetz.

Stone, Geoffrey R./Seidman, Louis Michael/Sunstein, Cass R./Tushnet, Mark/Karlan, Pamela S., Constitutional Law, 5. Aufl., New York 2005, zitiert als: *Stone/Seidman/Sunstein/Tushnet/Karlan*, Constitutional Law.

Teubner, Gunther, Verfassungsfragmente. Gesellschaftlicher Konstitutionalismus in der Globalisierung, 1. Aufl., Berlin 2012, zitiert als: *Teubner*, Verfassungsfragmente.

Tribe, Laurence H., American Constitutional Law, 2. Aufl., Mineola 1991, zitiert als: *Tribe*, American Constitutional Law.

Triepel, Heinrich, Staatsrecht und Politik. Rede beim Antritte des Rektorats der Friedrich Wilhelms-Universität zu Berlin am 15. Oktober 1926, Berlin u. a. 1927, zitiert als: *Triepel*, Staatsrecht und Politik.

Tushnet, Mark, Comparative Constitutional Law, in: Mathias Reimann/Reinhard Zimmermann (Hrsg.), The Oxford Handbook of Comparative Law, Paperback, Oxford 2008, S. 1225 ff., zitiert als: *Tushnet*, in: Reimann/Zimmermann (Hrsg.), The Oxford Handbook of Comparative Law, S. 1225 ff.

Tushnet, Mark/Fleiner, Thomas/Saunders, Cheryl (Hrsg.), Routledge Handbook of Constitutional Law, Hoboken 2013, zitiert als: *Tushnet/Fleiner/Saunders* (Hrsg.), Routledge Handbook of Constitutional Law.

Tushnet, Mark/González-Bertomeu, Juan F., Justiciability, in: Mark Tushnet/Thomas Fleiner/Cheryl Saunders (Hrsg.), Routledge Handbook of Constitutional Law, Hoboken 2013, S. 111 ff., zitiert als: *Tushnet/González-Bertomeu*, in: Tushnet/Fleiner/Saunders (Hrsg.), Routledge Handbook of Constitutional Law, S. 111 ff.

Unruh, Peter, Der Verfassungsbegriff des Grundgesetzes, Tübingen 2002, zitiert als: *Unruh*, Der Verfassungsbegriff des Grundgesetzes.

Vermeule, Adrian, Regulating Political Risk, in: Tulsa Law Review 47 (2011), S. 241 ff.

–, The Constitution of Risk, New York 2014, zitiert als: *Vermeule*, The Constitution of Risk.

Vöneky, Silja, Recht, Moral und Ethik, Tübingen 2010, zitiert als: *Vöneky*, Recht, Moral und Ethik.

Voßkuhle, Andreas, Rechtsschutz gegen den Richter. Zur Integration der Dritten Gewalt in das verfassungsrechtliche Kontrollsystem vor dem Hintergrund des Art. 19 Abs. 4 GG, München 1993, zitiert als: *Voßkuhle*, Rechtsschutz gegen den Richter.

–, Gibt es und wozu nutzt eine Lehre vom Verfassungswandel?, in: Der Staat 43 (2004), S. 450 ff.

–, § 1 Neue Verwaltungsrechtswissenschaft, in: Wolfgang Hoffmann-Riem/Eberhard Schmidt-Aßmann/Andreas Voßkuhle (Hrsg.), Grundlagen des Verwaltungsrechts. Band I. Methoden, Maßstäbe, Aufgaben, Organisation, 2. Aufl., München 2012, zitiert als: *Voßkuhle*, in: Hoffmann-Riem/Schmidt-Aßmann/Voßkuhle (Hrsg.), Grundlagen des Verwaltungsrechts, § 1.

Wahl, Rainer, Der Vorrang der Verfassung und die Selbständigkeit des Gesetzesrechts, in: Neue Zeitschrift für Verwaltungsrecht 1984, S. 401 ff.

–, Konstitutionalisierung – Leitbegriff oder Allerweltsbegriff?, in: Carl-Eugen Eberle/Martin Ibler/Dieter Lorenz (Hrsg.), Der Wandel des Staates vor den Herausforderungen der Gegenwart. Festschrift für Winfried Brohm zum 70. Geburtstag, München 2002, S. 191 ff., zitiert als: *Wahl*, in: Eberle/Ibler/Lorenz (Hrsg.), FS Brohm, S. 191 ff.

– (Hrsg.), Verfassungsänderung, Verfassungswandel, Verfassungsinterpretation, Belin 2008.

Waldhoff, Christian, § 8 Entstehung des Verfassungsgesetzes, in: Otto Depenheuer/Christoph Grabenwarter (Hrsg.), Verfassungstheorie, Tübingen 2010, S. 289 ff., zitiert als: *Waldhoff*, in: Depenheuer/Grabenwarter (Hrsg.), Verfassungstheorie, S. 289 ff.

Walter, Maja, Integrationsgrenze Verfassungsidentität. Konzept und Kontrolle aus europäischer, deutscher und französischer Perspektive, in: Zeitschrift für ausländisches öffentliches Recht und Völkerrecht 72 (2012), S. 177 ff.

Watkins, Dawn/Burton, Mandy, Research Methods in Law, Hoboken 2013, zitiert als: *Watkins/Burton*, Research Methods in Law.

Wieser, Bernd/Stolz, Armin (Hrsg.), Verfassungsrecht und Verfassungsgerichtsbarkeit an der Schwelle zum 21. Jahrhundert. Symposion aus Anlass des 60. Geburtstages von o.Univ.-Prof. Dr. Richard Novak, Wien 2000, zitiert als: *Wieser/Stolz* (Hrsg.), FS für Novak.

Winterhoff, Christian, Verfassung – Verfassungsgebung – Verfassungsänderung. Zur Theorie der Verfassung und der Verfassungsrechtserzeugung, Tübingen 2007, zitiert als: *Winterhoff*, Verfassung – Verfassungsgebung – Verfassungsänderung.

Wischmeyer, Thomas, Der „Wille des Gesetzgebers". Zur Rolle der Gesetzesmaterialien in der Rechtsanwendung, in: JuristenZeitung 2015, S. 957 ff.

–, Nationale Identität und Verfassungsidentität. Schutzgehalte, Instrumente, Perspektiven, in: Archiv des öffentlichen Rechts 140 (2015), S. 415 ff.

–, Zwecke im Recht des Verfassungsstaates. Geschichte und Theorie einer juristischen Denkfigur, Tübingen 2015, zitiert als: *Wischmeyer*, Zwecke im Recht des Verfassungsstaates.

Würtenberger, Thomas, Verfassungsänderung und Verfassungswandel: Von der nationalen zu einer globalen Perspektive, in: Ferdinand Kirchhof (Hrsg.), Rechtsstaat und Grundrechte. Festschrift für Detlef Merten, Heidelberg u. a. 2007, S. 77 ff., zitiert als: *Würtenberger*, in: Kirchhof (Hrsg.), Rechtsstaat und Grundrechte, S. 77 ff.

–, Verfassungsänderungen und Verfassungswandel des Grundgesetzes, in: Helmut Neuhaus (Hrsg.), Verfassungsänderungen. Tagung der Vereinigung für Verfassungsgeschichte in Hofgeismar vom 15. bis 17. März 2010, Beiheft 20 zu „Der Staat", Berlin 2012, S. 287 ff., zitiert als: *Würtenberger*, in: Neuhaus (Hrsg.), Verfassungsänderungen, S. 287 ff.

Zimmer, Gerhard, Funktion – Kompetenz – Legitimation. Gewaltenteilung in der Ordnung des Grundgesetzes. Staatsfunktionen als gegliederte Wirk- und Verantwortungsbereiche, Berlin 1979, zitiert als: *Zimmer*, Funktion – Kompetenz – Legitimation.

Zumbansen, Peer, Carving Out Typologies and Accounting for Differences Across Systems. Towards a Methodology of Transnational Constitutionalism, in: Michel Rosenfeld/András Sajó (Hrsg.), The Oxford Handbook of Comparative Constitutional Law, Paperback ed., Oxford 2013, S. 75 ff., zitiert als: *Zumbansen*, in: Rosenfeld/Sajó (Hrsg.), The Oxford Handbook of Comparative Constitutional Law, S. 75 ff.

Das Konzept „Verfassungsentwicklung" – aus japanischer Sicht*

Tomonobu Hayashi

I. Der Kontext des Konzepts

Die „Verfassungsentwicklung" ist für die japanische Verfassungsrechtswissenschaft ein eher unbekannter Begriff. Sie bildet insoweit einen starken Kontrast zum „Verfassungswandel", der sich im Vokabular des Fachs und vielen Lehrbüchern fest etabliert hat.[1] Wenn wir den Blick auf Deutschland richten, so hat sich dort der Begriff der „Verfassungsentwicklung" seit einigen Jahren Akzeptanz verschafft. Es ist zwar schwierig, den Ursprung des Begriffs zu ermitteln, aber man kann annehmen, dass die Habilitationsschrift von *Brun-Otto Bryde* im Jahr 1982[2] zur Etablierung dieses Konzepts viel beigetragen hat. Allerdings ist es relativ selten, dass die wissenschaftliche Bedeutung des Konzepts bewußt thematisiert und erörtert wird.

Aus diesen kurzen Betrachtungen können einige Arbeitshypothesen für unsere Überlegungen entnommen werden. Erstens: Das Konzept „Verfassungsentwicklung" ist relativ neu. Es hat sich wahrscheinlich erst im letzten Viertel des 20. Jahrhunderts etabliert und gehört damit zu einer anderen geschichtlichen Epoche als die klassischen Begrifflichkeiten des Staatsrechts wie „Verfassungswandel", die

* Ich danke *Thomas* und *Jana Osterkamp* herzlich für ihre Hilfe bei der Verbesserung des Textes.

[1] Vgl. statt vieler *Nobuyoshi Ashibe* (ergänzt von *Kazuyuki Takahashi*), Kenpō (Verfassungsrecht), 5. Aufl., Tokio 2011, S. 388 f. *Nobuyoshi Ashibe* (1923–1999), der lange an der Universität Tokio gelehrt hat, war einer der führenden Verfassungsrechtler seiner Generation. Sein Lehrbuch gilt noch heute als „das" Lehrbuch des japanischen Verfassungsrechts. Es repräsentiert in den meisten Punkten die herrschende Meinung.

[2] *Brun-Otto Bryde*, Verfassungsentwicklung, Baden-Baden 1982.

die japanische Rechtswissenschaft in ihrer Anfangsphase rezipiert hat. Zweitens: Hinter diesem Konzept ist ein bestimmter geschichtlicher Kontext zu vermuten. Die Untersuchung *Brydes* setzt die Einsicht voraus, dass die Bundesrepublik in 30 Jahren seit ihrer Gründung eine sehr andere Gestalt gewonnen hat, als die Väter des Grundgesetzes es sich vorgestellt hatten. Der Zweck seiner Habilitationsschrift, zwischen Stabilität und Dynamik der Verfassung zu vermitteln, steht mit dieser geschichtlichen Entwicklung in Beziehung. Das Grundgesetz hat in seiner dynamischen Entwicklung eine gewisse Stabilisierung erreicht. Gerade diesen Kontext teilt die japanische Verfassung nicht. Das könnte der Grund sein, warum dieses Konzept in Japan trotz der Kenntnisse der wissenschaftlichen Diskussion in Deutschland nicht rezipiert wird.

Im Folgenden möchte ich versuchen herauszulesen, welche Unterschiede sich in beiden Ländern hinter diesen verschiedenen Haltungen gegenüber dem Konzept „Verfassungsentwicklung“ verbergen. Während Herr *Bumke* metatheoretisch die Elemente analysiert, aus denen dieses Konzept sich zusammensetzt, liegt der Zweck meines Kommentars darin, das Konzept im Kontext der beiden Länder zu verorten und zu verstehen.

II. Entwickelt sich die Verfassung eigentlich?

1. Revolution, Restauration, Evolution

„Alles ist im Fluss.“ Heute scheint es als selbstverständlich, dass die Verfassung im Laufe der Zeit Veränderungen nicht entgehen kann. Allerdings ist es lange eine schwierige Frage gewesen, wie diese Einsicht mit den Begrifflichkeiten der Staatsrechtslehre eingefangen werden kann. Nach traditionellem Verständnis fixiert und sichert die Verfassung rechtlich ein bestimmtes Ordnungsbild zu einem bestimmten Zeitpunkt. Die Verfassung hat in diesem Sinne einen statischen Charakter. Der Vorstellung, dass die Verfassung sich entwickelt, haftet in dieser Perspektive etwas Rätselhaftes an.

Wenn wir auf die Verfassungsgeschichte des 19. Jahrhunderts zurückblicken, die durch die Französische Revolution eingeleitet und von wiederholten Umwälzungen geprägt war, dann hat das Konzept „Revolution“ zunächst die wichtigste Rolle gespielt. Revolution bedeutet eine abrupte Änderung des politischen Regimes und enthält in diesem Sinn zwar Dynamisches. Um aber die Gefahren der Unsicherheit und Unordnung einer immerwährenden Revolution zu vermeiden, übernimmt die rechtliche Verfassung die Rolle, die Revolution zu beenden, die Prinzipien des neuen Regimes festzulegen und gegen Änderung zu schützen. Die Verfassung soll also die Phasen der Änderung und Stabilität klar trennen.

Das andere Konzept, das im 19. Jahrhundert mit dem Konzept der Revolution konkurrierte, ist die „Restauration“. Gegen die Forderungen der Revolution, die auf dem Prinzip der Volkssouveränität beruhten, behaupteten die Monarchen ihre Souveränität und verlangten die Erhaltung oder Restaurierung der alten, „legitimen" Ordnung. Soweit hier die Rückkehr zum idealisierten vergangenen Ordnungsbild gefordert wird, beruht das Konzept „Restauration" grundsätzlich ebenso auf einem statischen Denken. Dessen Grundsätze werden, aufgrund von Zugeständnissen gegenüber dem Konstitutionalismus, ähnlich wie bei der Revolution durch die rechtliche Verfassung festgelegt.

Soweit die politische Ordnungsstruktur durch diesen Kampf zwischen Revolution und Restauration bedingt war, bestand also eine gewisse Affinität zum statischen Verständnis der Verfassung. Die Vorstellung, dass die Verfassung sich allmählich mit der Zeit entwickelt, konnte hier nicht so leicht Fuß fassen. Wenn zum Beispiel *Carl Schmitt* in seiner Verfassungslehre und anderen Aufsätzen den Begriff der Souveränität als die höchste Entscheidungsinstanz hervorhebt und gerade darüber die oben genannte Struktur der politischen Ordnung begrifflich abzubilden versucht, dann bleibt er einem statischen Denken verhaftet und fängt das dynamische Werden der Verfassung nur unzureichend ein[3].

Demgegenüber steht die andere Vorstellung, dass die Verfassung sich im Lauf der Geschichte schrittweise formiert und ändert. *Edmund Burke* beispielsweise hat seiner Kritik an der Französischen Revolution dieses Verständnis der Verfassung zugrunde gelegt, weil eine freiheitliche Ordnung nicht durch einen revolutionären Akt schlagartig bewusst hergestellt werden könne[4]. Diese Denkfigur der „Evolution" ist der dritte Grundtyp des Verfassungsverständnisses neben „Revolution" und „Restauration". Wenn wir von der begrifflichen Dichotomie „rigid constitution" und „flexible constitution" von *James Bryce* ausgehen[5], dann verkörpert die „flexible constitution" diesen „evolutionären" Charakter am besten. Nach *Bryce* fangen „flexible constitutions" – wie in England oder dem antiken Römischen Reich – Veränderungen der Gesellschaft ein, während die Länder des Kontinents mit einer „rigid constitution" im 19. Jahrhundert gerade wegen dieser Inflexibilität abrupte und gewaltsame Änderungen durch Revolution oder Bürgerkrieg erlebten. Hier bleibt nun die wissenschaftliche Aufgabe, zu erklären, wie die evolutionäre Entwicklung unter der rigiden Verfassung theoretisch begriffen werden soll.

---

[3] *Carl Schmitt*, Verfassungslehre, München und Leipzig 1928. In der Endphase der Weimarer Republik hat *Schmitt* sich immer mehr mit der Wandlung des konkreten Verfassungszustandes auseinandergesetzt. Vgl. *Carl Schmitt*, Der Hüter der Verfassung, Tübingen 1931. Die darin enthaltene Verschiebung seines Verfassungsverständnisses hat sein Schüler *Ernst Rudolf Huber* scharfsinnig analysiert. *Ernst Rudolf Huber*, Verfassung und Verfassungswirklichkeit bei Carl Schmitt (1931/32), in: *ders.*, Bewahrung und Wandlung, Berlin 1975, S. 18ff.

[4] *Edmund Burke*, Reflections on the Revolution in France, London 1790 (ins Japanische übersetzt von *Takamaro Hanzawa*, Tokio 1997).

[5] *James Bryce*, Flexible and rigid constitutions, in: *ders.*, Constitutions, Oxford 1905, S. 3–94.

Diese Problematik wurde in Deutschland um die Jahrhundertwende als die Frage der „Verfassungswandlung" (oder des „Verfassungswandels") bei *Laband*[6] und *Jellinek*[7] formuliert und diskutiert, ohne dass eine befriedigende Lösung gefunden werden konnte. Der Versuch, die Theorie der Verfassung von ihrer Dynamik her zu entwerfen, erscheint erst in der Weimarer Republik mit *Smend*[8].

2. Entwicklungsfähigkeit der freiheitlichen Demokratie

Auch wenn wir jetzt annehmen können, dass die Verfassung sich entwickelt, bleibt noch die andere Frage, um welche „Verfassung" es sich dabei handelt. Wenn wir heute von der „Verfassungsentwicklung" sprechen, meinen wir oft die Verfassung als Ganzes im Sinne eines „demokratischen Verfassungsstaats mit unabhängiger Verfassungsgerichtsbarkeit" (*Bumke*).

Gerade diese Voraussetzung war aber in der ersten Hälfte des 20. Jahrhunderts gar nicht selbstverständlich. Vor allem in der Weimarer Republik war es in der politischen Diskussion mehr als umstritten, ob die liberale Demokratie westlicher Prägung entwicklungsfähig ist[9]. Sowohl die Rechts- als auch die Linksradikalen sprachen vom Ende des Liberalismus, und scharfe Kritiker des Liberalismus wie *Carl Schmitt* haben den Parlamentarismus als eine überholte politische Form verurteilt[10]. Vor diesem Hintergrund war das vordringliche Interesse der Anhänger der Demokratie nicht die „Entwicklung" von Demokratie und Verfassung, sondern vielmehr die „Verteidigung" der Demokratie[11] und Verfassung.

Diese Konstellation in der Weimarer Republik hat das Grundgesetz der Bundesrepublik stark beeinflußt. Wenn das Grundgesetz in Art. 79 Abs. 3 die Grenzen der Verfassungsänderung bestimmt und in anderen Artikeln den Standpunkt der streitbaren Demokratie wählt, geht es darum, die Grundprinzipien der freiheitlichen Demokratie gegen die inneren Feinde zu verteidigen. Von der Verfassung wird auch hier erwartet, ein gewisses Ordnungsbild zu bewahren.

---

[6] *Paul Laband*, Die Wandlungen der deutschen Reichsverfassung (1895), in: *ders.*, Lebenserinnerungen, Abhandlungen, Beiträge und Reden, Teil 1, Leipzig 1980, S. 574 ff.; *ders.*, Die geschichtliche Entwicklung der Reichsverfassung seit der Reichsgründung (1907), in: *ders.*, ebenda, S. 293 ff.

[7] *Georg Jellinek*, Verfassungsänderung und Verfassungswandlung, Berlin 1906.

[8] *Rudolf Smend*, Verfassung und Verfassungsrecht, München und Leipzig 1928; *Hsü Dau-lin*, Die Verfassungswandlung, Berlin und Leipzig 1932.

[9] Vgl. *Kurt Sontheimer*, Antidemokratisches Denken in der Weimarer Republik. Die politischen Ideen des deutschen Nationalismus zwischen 1918 und 1933, München 1968.

[10] *Carl Schmitt*, Die geistesgeschichtliche Lage des heutigen Parlamentarismus, 2. Aufl., München und Leipzig 1926.

[11] Vgl. *Hans Kelsen*, Verteidigung der Demokratie, ausgewählt und herausgegeben von Matthias Jestaedt und Oliver Lepsius, Tübingen 2006.

3. Entwicklung der Nachkriegsverfassung

Diese Zusammenhänge lassen klar erkennen, wie bemerkenswert es ist, dass das Konzept der Verfassungsentwicklung in der Bundesrepublik akzeptiert worden ist. Es spiegelt zum gewissen Grad die Eigenschaften der deutschen Nachkriegsverfassung selbst wider. Die Verfassung wird von breiten Schichten der Bevölkerung unterstützt und hat durch „Evolution“ neue Gestalt gewonnen. Dagegen haben die Gefahren „Revolution“ und „Restauration“ inzwischen den großen Teil ihrer Virulenz verloren. Man könnte hinter dem Wort „Entwicklung“ im Vergleich zum eher neutral klingenden Wort „Wandel“ vielleicht sogar eine positive Nuance spüren.

Natürlich kann es hier auch Fehlentwicklungen geben. Obwohl die Entwicklung der Verfassung im Großen und Ganzen mehrheitlich positiv eingeschätzt wird[12], sind manche Entwicklungen wie die Erweiterung der Rolle des Bundesverfassungsgerichts und die Entdeckung neuer Grundrechtsgehalte manchmal stark umstritten[13]. In dieser Situation übernimmt das Konzept der Verfassungsentwicklung die Funktion, die Gesamtlage der Verfassung bewußt zu machen, Reflexionen darüber anzustellen und möglicherweise diese neuen Entwicklungen normativ (inhaltlich und prozedural) zu steuern. Der Bericht von *Christian Bumke* macht klar, welche Elemente den Inhalt dieses Denkens mitbestimmen.

III. „Verfassungsentwicklung“ in Japan

1. Verfassungsunterentwicklung?

Im Vergleich zur Bundesrepublik ist die Situation um die Verfassungsentwicklung in Japan seit dem Ende des 2. Weltkriegs ziemlich anders. Ein entscheidender Unterschied liegt im Bereich der Verfassungsgerichtsbarkeit. Von den 1950er bis 1970er Jahren hat sich die Tätigkeit der Verfassungsgerichte in den meisten führenden Verfassungsstaaten stark erweitert. In den Vereinigten Staaten hat der Supreme Court mit *Earl Warren* als Cief Justice den Schutz der Gleichheit und der politischen Rechte wie Wahlrecht und Meinungsfreiheit verstärkt. Das Bundesverfassungsgericht in Deutschland hat sich in mehrerer Hinsicht, vor allem im Bereich der Grundrechte, als eine Triebkraft der Verfassungsentwicklung gezeigt. In Frankreich hat der Conseil constitutionnel seit 1971 die Funktion des Grundrechtsschutzes übernommen. Auch die japanische Verfassungsrechtswissenschaft hat in dieser interessanten Periode die Entwicklung mitzugehen versucht. Die Verfassung des Staates Japan von 1946 hat die Verfassungsgerichtsbarkeit, und zwar nach dem

---

[12] Als Beispiel der ausnahmsweise sehr kritischen Haltung: *Ernst Forsthoff*, Rechtsstaat im Wandel, 2. Aufl., München 1976.

[13] Vgl. zum Beispiel: *Ernst-Wolfgang Böckenförde*, Grundrechte als Grundsatznormen (1990), in: *ders.*, Staat, Verfassung, Demokratie, Frankfurt am Main 1991, S. 159 ff.

amerikanischen Modell, erstmalig in seiner Geschichte eingeführt. Die japanische Verfassungsrechtswissenschaft hat sich seitdem damit beschäftigt, die neuesten Entwicklungen vor allem in den Vereinigten Staaten und in der Bundesrepublik zu analysieren, von ihnen zu lernen und manche Doktrin wie zum Beispiel die „preferred position" der „freedom of expression" in Amerika und die deutsche Lehre der Drittwirkung der Grundrechte zu rezipieren, um dem japanischen Gericht das notwendige Werkzeug zu verschaffen[14]. Aber das Gericht hat diese Vorschläge der Wissenschaft nur zu geringen Teilen aufgenommen[15]. Zumindest ein Grund dafür liegt vermutlich darin, dass die Richter unter der langen Alleinregierung der konservativen Partei selbst mehrheitlich eine eher konservative Gesinnung innehatten und nicht geneigt waren, die gerichtliche Kontrolle der Gesetzgebung zu verstärken, während die meisten Verfassungsrechtler eher politisch liberale oder linke Richtungen befürwortet haben. Kurz gesagt, gab es und gibt es heute noch in diesem Bereich eine große Diskrepanz zwischen der Wissenschaft und der Praxis in Japan, und sie prägt teilweise die rechtliche Landschaft Japans. Obwohl in diesen 70 Jahren in vielen Bereichen große Veränderungen der Gesellschaft und des Rechts vor sich gegangen sind, hat das japanische Rechtssystem im Vergleich zu Deutschland nur zum viel kleineren Teil diesen Veränderungsprozeß durch das Verfassungsrecht gesteuert. In Japan bleibt die Rolle des Verfassungsrechts im Rechtssystem relativ klein.

Dieser Sachverhalt erklärt zum gewissen Grad, warum das Konzept der „Verfassungsentwicklung" der japanischen Verfassungsrechtswissenschaft fremd geblieben ist. Während es den Deutschen dazu diente, die hauptsächlich von der Praxis hervorgebrachten Veränderungen des Verfassungszustandes zu reflektieren und normativ zu steuern, war die Aufgabe der Japaner nicht identisch. Worum es ging, war nicht so sehr die Reflexion als vielmehr die Änderung selbst. In diesem Sinn wollte die Verfassungsrechtswissenschaft selber eine Triebkraft der Verfassungsentwicklung werden, was ihr nicht ausreichend gelang.

2. Spannung im Verfassungsverständnis

Aber es gibt noch einen anderen Aspekt. Wenn ich noch einmal auf die oben genannte Triade von „Revolution", „Restauration" und „Evolution" zurückgreife, ist die Problematik der „Revolution" und „Restauration" in Japan bis heute in einem

---

[14] Wegweisend waren vor allem die Arbeiten von *Nobuyoshi Ashibe*, der seit den 1960er Jahren Elemente des amerikanischen Verfassungsprozeßrechts rezipiert und sie mit der materiellen Grundrechtslehre amerikanischer und deutscher Herkunft zu verbinden versucht hat. *Nobuyoshi Ashibe*, Kempō-soshō-no-riron (Theorie des Verfassungsprozesses), Tokio 1973; *ders.*, Gendai Jinkenron (Theorie der Grundrechte in der Gegenwart), Tokio 1974.

[15] Seit 1947 hat der Oberste Gerichtshof Japans nur zehnmal Gesetze als verfassungswidrig beurteilt. Er hat weder die Lehre der „preferred position" noch die der Drittwirkung akzeptiert. In 6 von diesen 10 Entscheidungen geht es um einen Verstoß gegen den Gleichheitssatz.

gewissen Sinne virulent geblieben. Die alte Verfassung des Kaiserreichs Japan von 1889 wurde im Jahr 1946 korrekt nach ihrem Verfahren der Verfassungsänderung zur neuen demokratischen Verfassung umgewandelt. Gegenüber diesem Verfahren wurden theoretische Zweifel vonseiten der Wissenschaft angemeldet, ob nicht die Änderung der Staatsform gegen die Grenzen der Verfassungsänderung verstoßen könnte[16]. Diese Schwierigkeit hat der führende Verfassungsrechtler dieser Zeit, *Toshiyoshi Miyazawa* (1899–1976), durch die Fiktion zu lösen versucht, dass die Souveränität schon am 15. August 1945, gerade am Tag der Kapitulation Japans, vom Kaiser auf das Volk übergegangen sei und damit eine „Revolution" im rechtlichen Sinn vollgezogen sei (die Lehre der „Augustrevolution")[17]. Diese Deutung des Entstehungsgrundes der geltenden Verfassung wird noch heute in den Lehrbüchern erläutert.

Allerdings blieb die ablehnende Haltung gegen diese „Revolutions"-Verfassung lange hartnäckig bestehen. Es herrschte eine gewisse Mentalität in konservativen Kreisen, die dazu neigte, die alte kaiserliche Verfassung zu idealisieren und ihre „Restauration" zu wünschen. Diesen psychischen Widerstand kann man sich vor dem Hintergrund leicht vorstellen, dass der Inhalt der Verfassung von den amerikanischen Besatzungskräften stark beeinflußt wurde und dort die Identität des alten Regimes, trotz der Beibehaltung des Kaisertums, nahezu vollkommen beseitigt wurde. Diese Gesinnung ist ein Grund dafür, dass die regierende konservative Partei, die LDP, von ihrer Gründung 1955 bis heute die Totalrevision der Verfassung als Programmziel ihrer Partei aufstellt. Obwohl die erste demokratische Verfassung Japans vom Volk weitgehend akzeptiert wurde, konnte dieser ideologische Gegensatz nicht vollständig aufgelöst werden, und während er in der ruhigen Zeit der Entideologisierung sich milderte, gewinnt er in der gegenwärtigen Phase der Re-Ideologisierung erneut an Schärfe[18]. In diesem Streit zwischen „Revolution" und „Restauration" (oder konservativer „Gegenrevolution") im rechtlichen Sinne tritt der statische Charakter der Verfassung deutlich hervor. Die Verfassung wird in diesem Kontext also oft als Festlegung eines bestimmten Ordnungsbilds verstanden und gerade darum bekämpft oder verteidigt.

Dieser Aspekt der Verfassungsproblematik gibt der Wissenschaft des Verfassungsrechts eine schwer zu lösende Spannung. Sie ist vor allem in der Methode der Verfassungsauslegung sichtbar. Bei der Auslegung des Artikels 9 der Verfassung, der die Existenz einer Armee verbietet, dadurch die neue Identität der Nachkriegsverfassung symbolisiert und darum lange im Zentrum des politischen

---

[16] Die Lehre *Carl Schmitts* in dieser Hinsicht war ohne Zweifel bekannt im Kreis der Verfassungsrechtler.

[17] *Toshiyoshi Miyazawa*, Hachigatsukakumei to Kokuminshukenshugi (Augustrevolution und das Prinzip der Volkssouveränität), in: Sekaibunka (Weltkultur), Bd. 1, Nr. 4, Tokio 1946.

[18] Die LDP hat 2012 den Entwurf einer neuen Verfassung veröffentlicht, der in vielen Punkten sehr konservativ und nationalistisch und darum stark umstritten ist. Dazu *Nishihara* in diesem Band, S. 115–139.

Streits gestanden ist, überwiegt ein strengeres Verständnis der Auslegungsmethode. Hier wird von der Wissenschaft die Beachtung des Wortlauts und des Willens des Verfassungsgebers verlangt. Während die Regierung seit den 1950er Jahren die „Selbstverteidigungsstreitkräfte" eingeführt und schrittweise erweitert hat, hat die Wissenschaft sie als verfassungswidrig verurteilt und dadurch die Bewahrung des „ursprünglichen" Sinnes des Artikels beabsichtigt, indes die Konservativen nicht nur den Artikel flexibler interpretiert, sondern sich auch oft auf nicht positivrechtliche Argumente wie das Naturrecht des Staates auf Selbstverteidigung berufen oder vom Sinneswandel der Verfassung gesprochen haben.

Aber in anderen Bereichen, vor allem bei der Auslegung der Grundrechte, überwiegt ein viel offeneres Verständnis der Verfassungsauslegung. Ein auffälliges Beispiel ist der Artikel 21, der die Meinungsfreiheit garantiert. Die Wissenschaft hat bei seiner Auslegung viele Institute des amerikanischen Rechts (wie zum Beispiel der „clear and present danger" und „less restrictive alternatives"[19]) einzuführen versucht, die eigentlich aus dem Wortlaut oder dem Willen des Verfassungsgebers nicht ganz so leicht zu gewinnen sind. In diesem Kontext wird die Verfassung als ein offenes Dokument für die zukünftige Entwicklung angesehen, das verschiedenen Methoden (vor allem verfassungsvergleichenden) zugänglich ist.

Mit anderen Worten, in der japanischen Verfassungsrechtswissenschaft bestehen ein statisches und ein dynamisches Verständnis des Wesens der Verfassung nebeneinander und folglich auch eine offene und eine strenge Auslegungsmethode. Wenn die Japaner gegenüber dem Konzept der „Verfassungsentwicklung" ein gewisses Zögern empfinden, hat das meines Erachtens mit dieser Ambivalenz viel zu tun. Diese Ambivalenz spiegelt die Ambivalenz Japans selbst in der Nachkriegszeit. Und diese „Nachkriegszeit"[20] ist nach unserem Verständnis heute noch nicht vorbei[21].

Dieses spannungsvolle Verhältnis zwischen den gegensätzlichen Elementen folgerichtig zu ordnen und zu rechtfertigen, ist keine einfache Aufgabe. Wenn die japanische Verfassungsrechtswissenschaft trotz dieser Ambivalenz ihre Integrität allerdings bewahren konnte und nicht schizophren wurde, scheint es hinter ihrer

---

[19] Vgl. statt vieler *Ashibe*, Verfassungsrecht (Anm. 1), S. 200–205.

[20] Im Japanischen steht das Wort „Nachkriegszeit" oft nicht nur für eine bestimmte Periode gerade nach dem Krieg, etwa die 1950er Jahre des 20. Jahrhunderts, sondern für die ganze Periode vom Ende des Krieges bis heute. Das hat einen Grund darin, dass alte Konstellationen, die durch das Ende des Krieges entstanden sind, noch andauern. Eine Devise des Premierministers *Shinzo Abe* (geb. 1954) lautet „die Überwindung des Nachkriegsregimes".

[21] In diesem Zusammenhang kehrt die Semantik der „Revolution" und „Restauration" manchmal zurück. Im Streit seit 2013 um die Revision des Artikel 96 der Verfassung (Bestimmung über das Verfahren der Verfassungsänderung) und die Umdeutung von Artikel 9, kritisiert einer der führenden Verfassungsrechtler, dass die Pläne der Regierung *Abe* den Kern der geltenden Verfassung verletzen. Dabei charakterisiert er sie als „Revolution" oder „Coup d'État" im rechtlichen Sinne. *Kenji Ishikawa*, in: Asahi Shimbun (Asahi Zeitung), 3.5.2013; *ders.*, in: Sekai (Die Welt), August 2015, S. 58 ff.

komplizierten Haltung eine eigene Logik zu geben. Der letzte Punkt dieses Kommentars betrifft die Frage, worin diese Logik besteht.

IV. Die Aufgaben der Verfassungsrechtswissenschaft

Die Antwort liegt meiner Ansicht nach im Aufgabenverständnis der japanischen Verfassungsrechtswissenschaft. Während die Legitimität der Verfassung von den Konservativen immer wieder in Frage gestellt wird, versucht die Wissenschaft die Rolle zu übernehmen, ihre Legitimität zu verteidigen und ihre Wertentscheidungen ins Werk zu setzen[22]. Bei diesem Anliegen ist es nicht irrational, die Verfassung einmal streng, einmal offen auszulegen. Beides dient nach ihrem Verständnis im jeweiligen Kontext ebenso gut der Verwirklichung der Verfassungswerte. Mit dem Begriffspaar Legalität und Legitimität könnte man sagen, dass der Kern des Aufgabenverständnisses, und damit auch der Kern der Identität der japanischen Verfassungsrechtswissenschaft mehr auf der Ebene der Legitimität lag und liegt. Das gibt ihrer Arbeitsweise eine klare Prägung. Offenheit und Vielfalt charakterisieren sie. Um die Verfassung im Sinne der modernen Verfassungsstaatlichkeit (oder „den Idealbegriff der Verfassung" nach *Carl Schmitt*[23]) zu erforschen, mobilisiert man verschiedene Herangehensweisen wie verfassungsvergleichende, verfassungsgeschichtliche, ideengeschichtliche, rechtsphilosophische usw., auch der „constitutionalism" ist hier oft ein wichtiges Stichwort.

Demgegenüber ist es eine etwas andere Art der Verfassungsrechtswissenschaft, die das Referat von *Christian Bumke* uns andeutet. Es ist die Verfassungsrechtswissenschaft in einem Land, in dem die rechtliche Verfassung das Rechtssystem als Ganzes relativ stark prägt. Der Schwerpunkt ihrer Aufgabe scheint auf der Ebene der Legalität zu liegen. Die lange Tradition der Rechtsdogmatik in Deutschland ist heute noch deutlich spürbar[24]. Und die Beziehung zwischen der Rechtswissenschaft

---

[22] Die herrschende Lehre befürwortet die Position, dass die Grundprinzipien der geltenden Verfassung wie die Volkssouveränität, die Würde des Individuums und der Pazifismus Grenzen der Verfassungsänderung darstellen, obwohl eine ausdrückliche Bestimmung wie Art. 79 Abs. 3 GG fehlt. *Nobuyoshi Ashibe*, der Begründer dieser Lehre, beruft sich dabei auf die Grundwerte einer modernen Verfassung, die allgemeingültig sein und auch die verfassunggebende Gewalt binden solle. *Nobuyoshi Ashibe*, Kempou Seitei Kenryoku (Die verfassunggebende Gewalt), zuerst in: *Jiro Tanaka* u. a. (Hrsg.), Nihonkoku Kempou Taikei (Das System des japanischen Verfassungsrechts), Tokio 1961, jetzt in: *ders.*, Kempou Seitei Kenryoku, Tokio 1983; *ders.*, Verfassungsrecht (Anm. 1), S. 385–388. Seine Forschungen zum Verfassungsprozeßrecht und zu den Grundrechten (Anm. 14) hatten in diesem Zusammenhang den Sinn, jene Grundwerte innerhalb des konkreten Verfassungsstaates zu verwirklichen.

[23] *Schmitt*, Verfassungslehre (Anm. 3), S. 36–41.

[24] Vgl. zum Beispiel *Matthias Jestaedt*, Wissenschaftliches Recht: Rechtsdogmatik als gemeinsames Kommunikationsformat von Rechtswissenschaft und Rechtspraxis, in: Gregor Kirchhof / Stefan Magen / Karsten Schneider (Hrsg.), Was weiß Dogmatik?, Tübingen 2012, S. 117 ff.

und der Rechtspraxis ist eng[25]. In diesem Kontext scheint das Konzept „Verfassungsentwicklung“ dazu zu dienen, die Veränderung des Verfassungszustands als Ganzes vor allem durch die Auslegung der rechtlichen Verfassung zu reflektieren.

In diesem Sinne vermittelt uns der unterschiedliche Stellenwert des Konzepts der „Verfassungsentwicklung“ in beiden Ländern viele interessante Erkenntnisse über die jeweilige Gesellschaft und ihre Wissenschaftskultur.

---

[25] Vgl. zum Beispiel *Ulrich Haltern*, Die Rule of Law zwischen Theorie und Praxis, in: Der Staat 40 (2001), S. 243 ff. Zum Vergleich zwischen Deutschland und Frankreich in dieser Hinsicht: *Christoph Schönberger*, Der „German Approach“, Tübingen 2015, S. 3–18.

Teil III

Die Verfassungsänderung und ihre Grenzen

Die Verfassungsänderung und ihre Grenzen

Überlegungen zu einem Vergleich zwischen Deutschland und Japan

Christoph Schönberger

I. Einführung

1. Die Verfassungsänderung als Ausdruck der Zeitlichkeit des modernen Verfassungsrechts

An allem Recht nagt der Zahn der Zeit. Das gilt auch und gerade für das moderne Verfassungsrecht, wie es sich seit den Verfassungsrevolutionen in den Vereinigten Staaten und Frankreich am Ende des 18. Jahrhunderts entwickelt hat.[1] Dieses Verfassungsrecht ist von vornherein entstanden unter den Bedingungen der Erfahrung einer grundlegend beschleunigten Zeit (*Reinhart Koselleck*). Dennoch erhebt gerade dieses Verfassungsrecht einen besonderen Anspruch auf Dauerhaftigkeit und Unverbrüchlichkeit über den Wechsel der Zeiten hinweg. Hierdurch entsteht ein gleichermaßen demokratisches wie temporales Problem: In demokratischer Hinsicht entzieht die Verfassung die Gestaltung der Gesellschaft dem üblichen demokratischen Rechtserzeugungsprozess. In zeitlicher Hinsicht etabliert sie auf mittlere Frist eine „Herrschaft der Toten über die Lebenden" (*Thomas Jefferson*). Gäbe es keinerlei Möglichkeit, die Verfassung über die Zeit an die Entwicklung an-

[1] *Peter Häberle*, Zeit und Verfassung, ZfP 21 (1974), S. 111–137.

zupassen, dann wäre diese Anpassung förmlich immer nur durch die revolutionäre Beseitigung der Verfassung zu leisten.

Die modernen Verfassungen seit 1789 versuchen, dieses Spannungsverhältnis dadurch abzumildern, dass sie besondere Verfahren zur Änderung der Verfassung vorsehen. Dabei werden nicht selten andere Institutionen als die gesetzgebenden Körperschaften oder die Aktivbürgerschaft mit dieser Aufgabe betraut und/oder besondere Mehrheitserfordernisse aufgestellt. Durch diese besonderen Vorschriften zur Verfassungsänderung entstehen freilich faktisch sofort neue Spannungslagen. Sind die Anforderungen an eine Verfassungsänderung gering, dann gerät diese leicht in die motorisierte Dynamik heutiger Gesetzgebung hinein. Sind sie hoch, dann wächst hingegen die Gefahr, dass die gesellschaftliche Dynamik zum revolutionären Umsturz der Verfassung führt oder sich andere Kanäle sucht, die den Geltungs- und Unverbrüchlichkeitsanspruch der Verfassung unterminieren können.

2. Vorüberlegungen zum japanisch-deutschen Vergleich auf diesem Themenfeld

Der Vergleich zwischen Deutschland und Japan auf diesem Themenfeld scheint besonders fruchtbar. Beide Länder haben nach ihrer Niederlage im Zweiten Weltkrieg am Ende der vierziger Jahre des vergangenen Jahrhunderts neue demokratische Verfassungen bekommen, die nicht ohne Einfluss der Siegermächte entstanden. Beide Länder haben seither ein Verfassungsrecht und eine Verfassungskultur besonderer Zurückhaltung bei der Aufstellung und dem Einsatz von Militär. Die Verfassungen beider Länder enthalten eigene und besondere Regeln zur Verfassungsänderung, wobei die jeweiligen gesetzgebenden Körperschaften eine zentrale Rolle spielen: In Deutschland bedarf eine Verfassungsänderung der Zustimmung von zwei Dritteln der Mitglieder des Bundestages und der Stimmen des Bundesrates (Art. 79 Abs. 2 GG). In Japan ist eine Zwei-Drittel-Mehrheit der Mitglieder von Oberhaus und Unterhaus nötig, zu der die einfache Mehrheit in einer Volksabstimmung hinzutritt (Art. 96 Abs. 1 Japanische Verfassung).

Aber hier endet bereits die Gemeinsamkeit zwischen unseren beiden Ländern, weil sich die Praxis der Verfassungsänderung völlig unterschiedlich entwickelt hat: In Deutschland wurde das Grundgesetz seit 1949 ca. 60 mal geändert. Diese eingespielte Praxis der Grundgesetzänderung zeigt sich daran, dass bei neuen Entwicklungen rasch eine Verfassungsänderung als Teil der möglichen politischen Reaktionen und Gestaltungsmittel in Erwägung gezogen wird. So erwog auf dem Höhepunkt der Flüchtlingskrise im Sommer und Herbst 2015 die regierende Große Koalition aus CDU/CSU und SPD auch Grundgesetzänderungen, besonders deshalb, um das Verwaltungsgefüge im deutschen Bundesstaat auf die Bewältigung der Flüchtlingsströme einzustellen und es beispielsweise möglich zu machen, dass der Bund die Städte und Gemeinden bei der Bewältigung ihrer besonderen Aufgaben bei der Aufnahme von Flüchtlingen finanziell unterstützt. Im Ergebnis kam es nicht zu diesen Änderungen, aber bemerkenswert an diesem Vorgang ist doch die unspektakuläre Selbstverständlichkeit, mit der die Änderung des Grundgesetzes als eine der normalen Möglichkeiten politischen Handelns verstanden wurde.

Ganz anders ist die Situation in Japan: Hier hat es seit 1947 überhaupt noch keine Verfassungsänderung gegeben. Offenkundig wird das Problem der Anpassung der Verfassung an den Wandel der Zeiten in Deutschland zumindest teilweise durch das Mittel der Verfassungsänderung bewältigt, während diese Anpassung in Japan mit anderen Mitteln geleistet wird. Wie lässt sich das erklären?

II. Schlaglichter: Zweierlei Wiederbewaffnung

Ein konkreter Ausgangspunkt für eine vergleichende Betrachtung kann der Bereich sein, der heute in Japan im Zentrum der Diskussion steht: die Aufstellung und der Einsatz von Militär. Beide Länder haben Ende der vierziger Jahre des vergangenen Jahrhunderts mit einem Verfassungsrecht begonnen, das die Aufstellung und den Einsatz von Streitkräften nicht vorsah: In Deutschland verbot das Grundgesetz von 1949 ausdrücklich den Angriffskrieg (Art. 26 GG) und enthielt ansonsten aufgrund der vollständigen Demilitarisierung Deutschlands durch die Alliierten keinerlei Vorschriften über die Aufstellung eines deutschen Militärs. In Japan gab und gibt es den berühmten, bis heute unveränderten Art. 9 der japanischen Verfassung, demzufolge Japan sich an keinem Krieg beteiligt und keine Streitkräfte für den Kriegseinsatz aufstellt. Beide Länder haben dann schrittweise, zunächst unter dem Eindruck des Korea-Krieges, doch Streitkräfte aufgestellt.

Bemerkenswert ist indes, dass beide Länder ihren verfassungsrechtlichen Anpassungsbedarf von vornherein unterschiedlich bewältigten. In Deutschland führte die Wiederbewaffnung zu einer der ersten großen Auseinandersetzungen vor dem jungen Bundesverfassungsgericht, wobei es aber nie zu einer Entscheidung in der Sache kam.[2] Die Klärung der Situation geschah vielmehr durch eine Verfassungsänderung im Jahr 1956, als die Regierungskoalition von Bundeskanzler *Konrad Adenauer* nach der Bundestagswahl 1953 über eine Zwei-Drittel-Mehrheit in Bundestag und Bundesrat verfügte. Fragen des inneren Einsatzes der Streitkräfte wurden in den späten sechziger Jahren durch die Einfügung der Notstandsartikel wiederum im Wege einer Verfassungsänderung geklärt. Anders verlief die Entwicklung hingegen nach 1990, als sich für das wiedervereinigte Deutschland die Frage nach einem Streitkräfteeinsatz außerhalb des bisherigen Rahmens des Ost-West-Konflikts stellte. Hier griff man nicht mehr zum Mittel einer Verfassungsänderung. Vielmehr veränderte sich schrittweise die Interpretation des Grundgesetzes durch die Bundesregierung hin zu einer größeren Öffnung zum Militäreinsatz bei

---

[2] *Heinz Laufer*, Verfassungsgerichtsbarkeit und politischer Prozeß, Tübingen 1968, S. 379 ff.; *Richard Häußler*, Der Konflikt zwischen Bundesverfassungsgericht und politischer Führung, Berlin 1994, S. 28 ff.

multilateralen Einsätzen, die von der Staatsrechtswissenschaft mitgetragen wurde. Begleitend wurden grundlegende Fragen durch Entscheidungen des Bundesverfassungsgerichts beantwortet. Besonders ragt hier das AWACS-Urteil aus dem Jahr 1994 hervor, in dem das Gericht nach der Wiedervereinigung die verfassungsrechtlichen Anforderungen für den Einsatz der Bundeswehr „out of area" grundlegend ausdeutete und dem Grundgesetz zugleich einen dort nicht ausdrücklich formulierten konstitutiven Parlamentsvorbehalt beim Streitkräfteeinsatz entnahm.[3] Zuletzt hat das Gericht in einer Plenarentscheidung aus dem Jahr 2013 zudem für zulässig erklärt, dass in bestimmten Ausnahmesituationen die Bundeswehr auch im Inneren Amtshilfe mit spezifisch militärischen Mitteln leisten darf.[4] Die Abweichende Meinung des Richters *Gaier* zu dieser Entscheidung kritisiert ausdrücklich, eine derartige Erweiterung sei vom Text des Grundgesetzes nicht gedeckt und dürfe nicht vom Bundesverfassungsgericht als „verfassungsänderndem Ersatzgesetzgeber" bewirkt werden. Hier wäre nach seiner Auffassung vielmehr eine Verfassungsänderung nötig gewesen, mit der entsprechenden öffentlichen Debatte und den hohen Mehrheitserfordernissen in Bundestag und Bundesrat.[5] Man sieht an dieser hier kurz zusammengefassten Entwicklung, dass grundlegende Weiterentwicklungen des Verfassungsrechts zum Einsatz von Streitkräften in Deutschland nach 1949 im Wesentlichen in zwei Formen erfolgt sind: in der Bundesrepublik vor der Wiedervereinigung durch ausdrückliche und eingehende Verfassungsänderungen, in der Bundesrepublik nach 1990 durch Grundsatzentscheidungen des Bundesverfassungsgerichts, die der Sache nach Verfassungsänderungen fast gleichkamen.

Ganz anders stellt sich die Situation in Japan dar, soweit die Außenperspektive diese Einschätzung erlaubt.[6] Der Anpassungsbedarf wurde hier nicht durch Verfassungsänderungen bewältigt. Ebenso wenig traten Entscheidungen des Obersten Gerichts an deren Stelle.[7] Das japanische Oberste Gericht ist kein selbständiges Verfassungsgericht, das sich wie das Bundesverfassungsgericht allein auf Verfassungsfragen konzentrieren würde. Vielmehr übt es lediglich eine integrierte Verfassungskontrolle aus und hält sich in hochpolitischen Verfassungsfragen meist sehr zurück. Anpassungen konnten in Japan daher letztlich nur durch Verfassungsinterpretation geleistet werden. Hier nahm in Japan insbesondere das Legislativbüro des

[3] BVerfGE 90, 286 – AWACS (1994).

[4] BVerfGE 132, 1 – Plenarentscheidung Luftsicherheitsgesetz (2013).

[5] Sondervotum *Gaier*, BVerfGE 132, 1 (Rn. 61 ff., 84 ff.) (2013).

[6] Ich stütze mich hier vor allem auf das Buch von *Reinhard Neumann*, Änderung und Wandlung der japanischen Verfassung, Köln, München u. a. 1982. Trotz seines Alters bereitet es die Grundsatzprobleme des japanischen Verfassungsrechts für den deutschen Leser umfassend auf, die sich im Kern in den vergangenen Jahrzehnten kaum verändert haben.

[7] Zu den entsprechenden Entscheidungen des Obersten Gerichts, die seit der Sunakawa-Entscheidung von 1959 mit einer Theorie gerichtsfreier Regierungsakte auf dem Gebiet der Außen- und Sicherheitspolitik argumentieren, siehe näher *Neumann*, Änderung (Fn. 6), S. 89 ff.

Kabinetts (naikaku hôseikyoku) eine bedeutsame Rolle ein.[8] Das Legislativbüro ist eine Behörde, welche die japanische Regierung bei der Erarbeitung von Gesetzentwürfen und bei der Auslegung von Gesetzen und Verfassung im Hinblick auf deren Anwendung unterstützt. In Deutschland gibt es eine derartige Einrichtung nicht; sie ist in Europa am ehesten dem Conseil d'État in Frankreich – dessen Beratungsfunktion für die Regierung auch das eigentliche Vorbild für die Einrichtung des ersten japanischen Legislativbüros unter der Meji-Verfassung gewesen war – und dem Verfassungsdienst des Bundeskanzleramts in Österreich vergleichbar. Angesichts der relativen juristisch-bürokratischen Eigenständigkeit des Legislativbüros des Kabinetts konnte dieses in Japan Träger einer behutsamen Verschiebung sein, welche die Aufstellung der „Selbstverteidigungsstreitkräfte" ermöglichte. Anders als in Deutschland blieb diese Verschiebung aber einer grundsätzlichen Kritik vieler Stimmen aus der japanischen Staatsrechtslehre ausgesetzt und politisch grundlegend umstritten.

III. Überlegungen zur unterschiedlichen Bedeutung der Verfassungsänderung in Deutschland und in Japan

Wie ist diese völlig unterschiedliche Bedeutung der Verfassungsänderung in Deutschland und Japan zu erklären?

1. Der Sachbereich von Verfassungsänderungen: Besondere Bedeutung der föderalen Staatsorganisation in Deutschland

Man wird dafür zunächst überlegen müssen, in welchen Bereichen man in Deutschland seit 1949 zum Mittel der Verfassungsänderung gegriffen hat. Dabei ragen die Probleme der bundesstaatlichen Staatsorganisation besonders hervor. Der Schwerpunkt der Verfassungsänderungen liegt in diesem Bereich, bei der Ordnung der Gesetzgebungskompetenzen, der Verwaltungsorganisation und der Finanzbeziehungen zwischen Bund und Ländern.[9] Hier enthält das Grundgesetz eine Fülle sehr technischer und sehr detaillierter Vorschriften – anders etwa als die betont knappe und elastische Bundesverfassung der Vereinigten Staaten –, deren Anpassung nur durch Verfassungsänderungen geleistet werden kann. Es ist vor allem das Grundgesetz als bundesstaatliche Verfassung, das einen permanenten Anpassungsbedarf auch und gerade durch Verfassungsänderungen erzeugt. Japans zentralistische

[8] Näher *Richard J. Samuels*, Politics, Security Policy and Japan's Cabinet Legislation Bureau: Who Elected These Guys, Anyway, Japan Policy Research Institute (JPRI) Working Paper No 99 (March 2004).

[9] Zuletzt beispielsweise die Änderung einer Vorschrift im Hinblick auf das Zusammenwirken von Bund und Ländern bei der Förderung von Wissenschaft, Forschung und Lehre: Gesetz zur Änderung des Grundgesetzes (Art. 91b) v. 23.12.2014, BGBl. I S. 2438.

Staatsorganisation wirft derartige verfassungsrechtliche Anpassungsprobleme nicht in vergleichbarer Weise auf.

2. *Die formellen Voraussetzungen der Verfassungsänderung*

Die vergleichsweise hohe Frequenz von Verfassungsänderungen in Deutschland erklärt sich weiterhin durch das Verfahren der Verfassungsänderung. Eine Verfassungsänderung in Deutschland ist lediglich eine besondere Form der Gesetzgebung. Es handeln dieselben Akteure wie bei der normalen Gesetzgebung, nämlich Bundestag und Bundesrat, und sie handeln auch in denselben Verfahren. Unterschiedlich sind allein die erhöhten Mehrheitsanforderungen. Aufgrund der Mitwirkungsrechte des Bundesrates ist aber in Deutschland häufig schon im normalen Gesetzgebungsverfahren eine Verständigung zwischen den großen Parteien CDU/CSU und SPD nötig, wenn sie nicht sogar – wie gegenwärtig nun schon zum dritten Mal in der Geschichte der Bundesrepublik – sowieso bereits in Form einer „Großen Koalition" gemeinsam die Bundesregierung stellen. Diese Situation hat in der Bundesrepublik dazu geführt, dass sich die großen Parteien immer wieder vergleichsweise rasch verständigen konnten und das Erfordernis einer Zwei-Drittel-Mehrheit in Bundestag und Bundesrat für Verfassungsänderungen relativ leicht zu erfüllen war. So sind in der Tendenz immer detailliertere Verfassungsänderungen als Kompromisse zwischen den großen politischen Lagern zustande gekommen, die dann später wiederum den Bedarf für weitere Verfassungsänderungen ausgelöst haben. *Dieter Grimm* hat deshalb vor einigen Jahren in seiner Abschiedsvorlesung an der Humboldt-Universität[10] ein Verfahren der Verfassungsänderung gefordert, das sich stärker vom normalen Gesetzgebungsverfahren ablöst und zeitliche Verzögerungen unter direkter oder indirekter Einbeziehung des Volkes einbaut (wie Japan diese etwa in der Gestalt eines hinzutretenden Referendums kennt). In jedem Fall ist unübersehbar, dass das Verfassungsrecht und das politische System der Bundesrepublik die Verfassungsänderung zu einem nicht völlig außergewöhnlichen Mittel politischen Handelns machen. In Deutschland ist die Verfassungsänderung bei Verständigung der beiden großen oder doch zumindest noch leidlich großen politischen Parteien CDU/CSU und SPD bisher relativ leicht möglich gewesen. Das könnte sich in der Zukunft freilich durchaus ändern, weil CDU/CSU und SPD immer geringere Wähleranteile auf sich vereinigen und sich das deutsche Parteiensystem in der Gegenwart immer stärker zu einem Fünf-bis-Sechs-Parteiensystem ausdifferenziert.

Diese unspektakuläre Normalität von Verfassungsänderungen gibt es in Japan augenscheinlich nicht. Zweidrittelmehrheiten in beiden Kammern des japanischen Parlaments sind für eine Partei dort nur schwer zu erreichen, und gleichzeitig

[10] *Dieter Grimm*, Ist das Verfahren der Verfassungsänderung selbst änderungsbedürftig?, Abschiedsvorlesung vom 31. Januar 2007; Interview dazu: *Dieter Grimm*, HFR 2007, S. 214 ff.

sind die Gräben zwischen den politischen Parteien angesichts der langen Vorherrschaft der Liberaldemokraten tiefer als diejenigen zwischen den großen Parteien in Deutschland.[11] Eine entschlossene und kaum zu Verhandlungen bereite Opposition wird in Japan meist zumindest in einer der beiden Parlamentskammern ein Drittel der Abgeordneten stellen. Das macht Verfassungsänderungen schwer.

3. *Alternative zur Verfassungsänderung?*

Schließlich ist die unterschiedliche Bedeutung der Verfassungsänderung letztlich insgesamt davon abhängig, ob eine Alternative zur Verfassungsänderung im jeweiligen Verfassungsgefüge zur Verfügung steht. Die grundlegende Alternative zur Verfassungsänderung ist die Interpretation der Verfassung in dem Sinne, dass die Verfassung das angestrebte politische Verhalten deckt. Ob diese Alternative zur Verfügung steht, hängt im Kern von den jeweils maßgeblichen Verfassungsinterpreten und den von diesen anerkannten methodischen Regeln der Verfassungsinterpretation ab. Hier besteht in allen Verfassungssystemen eine große Bandbreite. In Deutschland hat sich insoweit in erster Linie das Bundesverfassungsgericht als maßgeblicher Verfassungsinterpret etabliert, in einer symbiotischen Beziehung mit der deutschen universitären Staatsrechtslehre.[12] Die zentrale Alternative zur Verfassungsänderung in Deutschland ist also politisches Handeln, das sich als von der Verfassung gedeckt versteht und vom Bundesverfassungsgericht durch Verfassungsinterpretation bestätigt wird. Diesem Muster folgten etwa die AWACS-Entscheidung des Gerichts und seine Plenarentscheidung zum Einsatz spezifisch militärischer Mittel der Bundeswehr im Inneren.

In Japan scheint diese Alternative in dieser Form nicht zu bestehen. Das Oberste Gericht ist in Japan kein Verfassungsorgan und legt traditionell eine besondere politische Zurückhaltung an den Tag. Es kommt daher für die Fortentwicklung der Verfassung im skizzierten Sinn kaum in Betracht. Es stellt sich daher die Frage, wer ansonsten die maßgeblichen Verfassungsinterpreten sind. Ist es das Legislativbüro des Kabinetts? Ist es die universitäre Staatsrechtswissenschaft? Das hängt letztlich davon ab, wen das politische System und in einem weiteren Sinne die Gesellschaft insgesamt als maßgebliche Autorität in Verfassungsfragen ansieht. Offenkundig besteht in Japan insoweit nicht die Situation wie in der Bundesrepublik, in der ein mit der Staatsrechtswissenschaft personell wie sachlich verflochtenes Verfassungsgericht maßgeblichen Einfluss ausübt. Gegenüber der Praxis der staatlichen Institutionen und des Obersten Gerichts befindet sich die japanische Staatsrechtswissenschaft vielmehr in einer Situation großer Distanz und erinnert in dieser Entferntheit, wenn nicht gar diesem Outsidertum, in der Gegenwart eher an die

[11] Zu den Hintergründen *Neumann*, Änderung (Fn. 6), S. 163ff.

[12] *Matthias Jestaedt*, Phänomen Bundesverfassungsgericht. Was das Gericht zu dem macht, was es ist, in: *ders./Oliver Lepsius/Christoph Möllers/Christoph Schönberger*, Das entgrenzte Gericht, Berlin 2011, S. 77–157 (124ff.).

Situation der französischen Staatsrechtswissenschaft gegenüber Conseil d'État und Conseil constitutionnel.[13] Aber gerade diese stärkere Distanz mag auch eine Grundlage sein für eine höhere moralische Autorität der Wissenschaft in grundsätzlichen Verfassungsfragen. Insoweit erinnert die gegenwärtige japanische Situation vielleicht ein wenig an die Situation in Deutschland in der langen Epoche der konstitutionellen Monarchie, als wichtige staatsrechtliche Fragen kaum vor Gerichten entschieden wurden und werden konnten. Man denke nur an die grundlegenden Auseinandersetzungen um die Bedeutung des parlamentarischen Budgetrechts während des preußischen Verfassungskonflikts, die ja im Übrigen auch eng mit Fragen der Militärorganisation verknüpft waren.[14] Hier kam es zu einem langen Nebeneinander: einem Nebeneinander von verfassungsrechtlich höchst umstrittenen politischen Entscheidungen und Bewertungen und deren grundsätzlicher Kritik in nicht unbeträchtlichen Teilen von Wissenschaft und Gesellschaft. Vielleicht muss sich auch Japan in Fragen seiner Sicherheitspolitik auf ein solches langes Nebeneinander gefasst machen.

IV. Verfassungsrechtliche Grenzen der Verfassungsänderung

Abschließend sei noch ein Blick auf die verfassungsrechtlichen Grenzen der Verfassungsänderung geworfen. Hier besteht ein deutlicher Unterschied im Textbestand zwischen Japan und Deutschland. Während Japan geschriebene Grenzen der Verfassungsänderung nicht kennt, sind sie in Deutschland ausdrücklich in Art. 79 Abs. 3 GG festgelegt. Diese Vorschrift entzieht bestimmte grundlegende Verfassungsgehalte wie die Menschenwürde, die bundesstaatliche Organisation und die demokratische Staatsorganisation der Verfassungsänderung. Diese „Ewigkeitsklausel" ist in Deutschland entstanden als Reaktion auf die Erfahrung der Jahre 1933/34, als sich der Übergang zur NS-Diktatur scheinbar noch im Rahmen der Legalität der Weimarer Reichsverfassung vollziehen konnte. Dem setzt das Grundgesetz einerseits das Erfordernis einer ausdrücklichen Änderung des Textbestands entgegen (Art. 79 Abs. 1 GG), andererseits eben die „Ewigkeitsklausel". Ihre praktische Bedeutung war in der bisherigen Entwicklung der Bundesrepublik gering. Verfassungsänderungen hat das Bundesverfassungsgericht auch in höchst sensiblen Grundrechtsbereichen hingenommen: Es hat dabei die Anforderungen

---

[13] Zur entsprechenden Situation in Frankreich und deren Hintergründen siehe *Christoph Schönberger*, Der „German Approach". Die deutsche Staatsrechtslehre im Wissenschaftsvergleich, Tübingen 2015, S. 13 ff.

[14] *Karl Heinrich Friauf*, Der Staatshaushaltsplan im Spannungsfeld zwischen Parlament und Regierung. Bd. 1: Verfassungsgeschichtliche Untersuchungen über den Haushaltsplan im deutschen Frühkonstitutionalismus mit einer kritischen Übersicht über die Entwicklung der budgetrechtlichen Dogmatik in Deutschland, Bad Homburg v. d. H., Berlin, Zürich 1968.

von Art. 79 Abs. 3 GG sehr zurückhaltend interpretiert[15] oder das Problem dadurch umgangen, dass es auf die Möglichkeit verfassungskonformer Auslegung der künftigen Gesetzgebung verwies.[16]

Eine neue Bedeutung hat die Ewigkeitsklausel allerdings inzwischen in der Rechtsprechung des Gerichts zu den Grenzen der Einbindung Deutschlands in die Europäische Union gewonnen. Das Gericht behauptet hier seit seinem Lissabon-Urteil aus dem Jahr 2009,[17] die Vorschrift des Art. 79 Abs. 3 GG schließe im Wesentlichen die Übertragung neuer Kompetenzen auf die Europäische Union aus und garantiere zugleich, dass die Union bei den ihr übertragenen Kompetenzen ihre Kompetenzgrenzen einhalte. Einen tatsächlichen Verstoß hat das Gericht aber auch in diesem Bereich noch nicht festgestellt. Bemerkenswert ist dabei, dass das Gericht hier die Ewigkeitsklausel mit einer neuen Deutung der Schlussvorschrift des Art. 146 GG kombiniert, der sich mit der Ablösung des Grundgesetzes durch eine neue Verfassung beschäftigt. Eine weitere Vertiefung der Europäischen Union, so lässt sich seine Rechtsprechung verstehen, ginge nun nur noch, wenn das Grundgesetz zuvor durch eine neue Verfassung abgelöst würde. Diese Rechtsprechung unterliegt in Deutschland einer starken wissenschaftlichen Kritik, die nicht zuletzt hervorhebt, dass die Entstehungsgeschichte des Grundgesetzes keine Anhaltspunkte dafür bietet, dass Art. 79 Abs. 3 GG als Grenze der deutschen Integrationsgewalt gedacht gewesen wäre.

Auf den ersten Blick scheinen sich bei dieser Problematik geringere Vergleichsmöglichkeiten zwischen Deutschland und Japan zu bieten. Der japanische Verfassungstext kennt keine geschriebenen änderungsfesten Gehalte, und Japan ist nicht wie Deutschland in eine feste Union mit seinen ostasiatischen Nachbarstaaten eingebunden, die vergleichbare Fragen nach Integrationsgrenzen aufwürfe. Aber es gibt auch in der japanischen Staatsrechtswissenschaft – insoweit an die deutsche Diskussion in der Weimarer Republik erinnernd – durchaus Deutungen des Verfassungstextes, die diesem trotz Fehlens einer ausdrücklichen „Ewigkeitsklausel" einen änderungsfesten Kern entnehmen wollen und entsprechende Auseinandersetzungen darüber, inwieweit Art. 9 Japanische Verfassung ganz oder teilweise als änderungsfest anzusehen sein könnte.[18] Überdies weisen auch auf einer stärker symbolischen Ebene die deutsche Diskussion um die „Ewigkeitsklausel" und die japanische Debatte um Art. 9 der japanischen Verfassung durchaus Ähnlichkeiten auf. In beiden Fällen geht es um die Suche nach einem „Identitätskern" der Verfassung, in dem das jeweilige Gemeinwesen sich seiner selbst versichert. Es ist sicherlich kein Zufall, dass diese Suche gerade bei den beiden Hauptbesiegten von

---

[15] BVerfGE 30, 1 – Abhörurteil (1970).

[16] BVerfGE 109, 279 – Großer Lauschangriff (2004).

[17] BVerfGE 123, 267 – Lissabon (2009).

[18] *Neumann*, Änderung (Fn. 6), S. 154 ff., mit Hinweis auf die Rezeption vergleichbarer Thesen Werner Kägis zum schweizerischen Bundesverfassungsrecht durch die japanische Staatsrechtswissenschaft.

1945 so stark auftritt, die ihrer verfassungsrechtlichen und demokratischen Tradition weniger gewiss sind als andere westliche Demokratien. Ungeachtet der Frage der positivrechtlichen Änderbarkeit der Vorschrift besitzt Art. 9 der japanischen Verfassung daher zumindest auf symbolischer Ebene die Bedeutung einer japanischen Ewigkeitsklausel und teilt mit seinem deutschen Pendant den Charakter als Projektionsfläche für die jeweilige Identitätssuche. Offenkundig sind die Probleme damit in Japan freilich größer als in Deutschland. Denn anders als im Fall des Art. 79 Abs. 3 GG ist der Wortlaut von Art. 9 Japanische Verfassung nicht offen und dunkel, sondern konkret und präzise, so dass Verfassungstext und Verfassungswirklichkeit bereits seit der Aufstellung der „Selbstverteidigungsstreitkräfte" in den fünfziger Jahren in einem mehr oder minder offenen Widerspruch stehen. Anders als im Fall des Grundgesetzes besteht zudem über die japanische Verfassung und insbesondere deren Art. 9 in der japanischen Politik und Gesellschaft bis heute kein allgemein geteilter Konsens, und vor allem die langjährige Regierungspartei der Liberaldemokraten hat immer wieder Vorstöße unternommen, hier zu Änderungen oder doch Neuinterpretationen zu kommen.[19]

Der Umgang beider Länder mit der Verfassungsänderung und deren Grenzen weist so einen instruktiven Kontrast auf. In Deutschland ist die Verfassungsänderung ein konsensuales Alltagsinstrument der üblichen Gesetzgebungsinstitutionen. Sie beruht auf einem hohen politischen und gesellschaftlichen Grundkonsens über das Grundgesetz. In Japan ist die Verfassungsänderung ein außergewöhnliches Instrument, das aufgrund des nicht hinreichend gegebenen politischen Grundkonsenses über die japanische Verfassung faktisch ausgeschlossen ist.

[19] Zu dieser bis heute fortbestehenden Situation schon *Neumann*, Änderung (Fn. 6), S. 169 ff.

Verfassungsänderung und ihre Grenzen in Japan

Atsushi Takada

I. Einleitung

Zweifellos sind Verfassungsänderungen ein wichtiges Element der Verfassungsentwicklung. Verfassungsänderungen in Japan stehen zu denen in Deutschland in einem deutlichen Gegensatz, und dies, obwohl beide Staaten zu den demokratischen Verfassungsstaaten mit unabhängiger Verfassungsgerichtsbarkeit gehören. In diesem Kommentar wird unter Bezugnahme auf den Vortrag von *Christoph Schönberger* versucht, das Phänomen der Verfassungsänderung in beiden Ländern aus einer deskriptiven Perspektive nachzuzeichnen. Zuerst wird die Verfassungspraxis in beiden Ländern beschrieben, wobei besonders berücksichtigt werden soll, dass die japanische Verfassungsurkunde unverändert geblieben ist, weil eine strenge gerichtliche Kontrolle der Verfassungsmäßigkeit ausblieb (II, III). Im nächsten Schritt wird die wissenschaftliche Behandlung der Verfassungsänderung dargestellt (IV). Anschließend werden beide Beobachtungen miteinander verknüpft, um Alternativen zur Verfassungsänderung zu überdenken und die Auffassungen verschiedener Akteure über die Verfassung miteinzubeziehen (V). Am Ende soll auf die möglichen Grenzen der Verfassungsänderung eingegangen werden, die bislang nur theoretisch diskutiert wurden, die aber künftig an praktischer Relevanz gewinnen könnten (VI).

II. Wiederbewaffnung und Verfassungsänderung

Die Praxis der Verfassungsänderung in Japan steht zu der in Deutschland in deutlichem Kontrast. Dies lässt sich am Beispiel der Wiederbewaffnung verdeutlichen.

In Deutschland erforderte die Wiederaufrüstung wegen der Intervention des Bundesverfassungsgerichts[1] Verfassungsänderungen. Bei der Bundestagswahl 1953 erreichte *Konrad Adenauer* eine Zweidrittelmehrheit, wodurch der politische Weg zu entsprechenden Verfassungsänderungen (1954 und 1956) möglich wurde. In Japan begann die Wiederbewaffnung mit der Verordnung über das Polizeireservekorps. Ermöglicht wurde diese aufgrund eines diese billigenden Briefes des Oberbefehlshabers der Alliierten *Douglas MacArthur* an Premierminister *Shigeru Yoshida* anlässlich des Ausbruchs des Koreakriegs.

Aufgrund der Maßnahmen zur Wiederaufrüstung verklagte *Mosaburo Suzuki*, der Vorsitzende der Sozialistischen Partei Japans, die Regierung beim Obersten Gerichtshof (OGH), von dem er die Feststellung der Nichtigkeit aller Staatsakte über die Einsetzung und Aufrechterhaltung des Polizeireservekorps seit dem 1. April 1951 verlangte. Er stützte sein Begehren dabei materiell-rechtlich darauf, dass das Polizeireservekorps als von Art. 9 Abs. 2 der Japanischen Verfassung (JV) verbotene „Streitmacht" anzusehen sei. Prozessual wurde vorgebracht, dass der OGH den Charakter sowohl eines ordentlichen Gerichts als auch eines Verfassungsgerichts habe (Art. 81 JV). Der OGH urteilte am 8. Oktober 1952 in diesem Fall jedoch, dass sich die Befugnis der Gerichte auf die Ausübung der richterlichen Gewalt beschränke. Für die Ausübung der richterlichen Gewalt sei es notwendig, dass ein konkreter Rechtsstreit vor Gericht getragen werde. Dem OGH stehe zwar die Befugnis zu, über die Verfassungsmäßigkeit von Gesetzen, Verordnungen usw. zu entscheiden, dieses Prüfungsrecht dürfe jedoch nur im Rahmen der rechtsprechenden Gewalt ausgeübt werden (Art. 76 Abs. 1 JV). Die Ansicht, dass die Gerichte dazu befugt seien, über die Verfassungsmäßigkeit von Gesetzen, Verordnungen usw. abstrakt, d. h. unabhängig von konkreten Rechtsstreitigkeiten, eine Entscheidung zu treffen, entbehre einer verfassungsrechtlichen oder einfachgesetzlichen Grundlage.[2]

Das Urteil schloss die Möglichkeit einer abstrakten Normenkontrolle aus und schränkte so die Möglichkeit sehr deutlich ein, Änderungen der Rechtsordnung verfassungsrechtlich zu prüfen. Da der OGH in Bezug auf die Wiederaufrüstung keine verfassungsrechtliche Kontrolle ausübte, wurde die Aufrüstung in Japan im Gegensatz zur Situation in Deutschland nur mit Hilfe von Gesetzesänderungen durchgeführt. Das Polizeireservekorps wurde 1952 zur nationalen Sicherheitskraft und später, 1954, zur japanischen Selbstverteidigungskraft umgebildet.

---

[1] BVerfGE 1, 396; 2, 79; 2, 143. Dazu *Christoph Schönberger*, Anmerkungen zu Karlsruhe, in: *Matthias Jestaedt, Oliver Lepsius, Christoph Möllers, Christoph Schönberger*, Das entgrenzte Gericht, Berlin 2011, S. 21ff.

[2] Urteil des OGH vom 8.10.1952, Minshu 6, 783, auch in: U. Eisenhardt u. a. (Hrsg.), Japanische Entscheidungen zum Verfassungsrecht in deutscher Sprache, Köln u. a. 1998, S. 453 (Übersetzung von *Masanori Shiyake*).

III. Verfassungsentwicklungen ohne Verfassungsänderung

Eine solche Rechtsentwicklung ohne Verfassungsänderung ist in Japan nichts Außergewöhnliches. Neben der Wiederbewaffnung wurden weitere wichtige Umgestaltungen des Rechtssystems ohne entsprechende Verfassungsänderungen vorgenommen. Sie waren möglich, weil der OGH auf eine strenge Kontrolle der Rechtsänderungen am Maßstab der Verfassung verzichtete.

Japan schloss mit den USA 1951 den Sicherheitsvertrag, der die Mitwirkung der USA an der Gewährleistung der Sicherheit Japans und die Stationierung amerikanischer Truppen in Japan umfasste. Dies erfolgte ohne Verfassungsänderung, da der OGH seine Prüfungskompetenz auch in diesem Fall zurücknahm. In einem Strafprozess, in dem die Verfassungsmäßigkeit dieses Vertrags bestritten wurde, urteilte der OGH wie folgt: Das Recht auf Selbstverteidigung, das auch Japan als souveränem Staat zustehe, sei durch Art. 9 JV nicht beseitigt worden. Zur Erhaltung des Friedens und der Sicherheit im eigenen Land könne deshalb jede geeignete Sicherheitsmaßnahme gewählt werden, soweit es sich um eine zur Verwirklichung des Zweckes geeignete Form und Methode handele. Art. 9 JV verbiete auch nicht, dass Japan andere Staaten um Sicherungsmaßnahmen zur Erhaltung des Friedens und der Sicherheit im eigenen Land bitte. Für die Entscheidung, ob die Stationierung der amerikanischen Truppen in Japan den Artikeln 9 und 98 Abs. 2 JV und dem Geist der Präambel der Verfassung widerspreche, sei als Voraussetzung zu klären, ob der Inhalt des Sicherheitsvertrags mit den genannten Verfassungsartikeln unvereinbar sei. Der Vertrag habe aber einen höchst politischen Charakter, weshalb die Entscheidung über seine Verfassungsmäßigkeit untrennbar mit dem Urteil der nach freiem Ermessen entscheidenden vertragschließenden Regierung sowie des diesem zustimmenden Parlaments verbunden sei. Die rechtliche Beurteilung der Verfassungsmäßigkeit eines solchen Vertrages sei prinzipiell nicht geeignet, der Überprüfung durch ein ordentliches Gericht mit rein juristischen Aufgaben unterworfen zu werden. Solange ein solcher Vertrag nicht offensichtlich verfassungswidrig sei, liege ein solches Urteil außerhalb der gerichtlichen Prüfungskompetenz.[3] Der OGH zeigte also bezüglich der Beurteilung einer Verfassungsfrage mit einem höchst politischen Charakter eine sehr starke Zurückhaltung.

Auch außerhalb des sicherheitspolitischen Bereichs wurden wichtige Änderungen im japanischen Rechtssystem durch gesetzliche Regelungen vorgenommen. Viele dieser Veränderungen wurden von verschiedener Seite als durchaus verfassungsrechtlich problematisch angesehen. Der OGH gelangte in seinen Entscheidungen jedoch stets zur Verfassungsmäßigkeit der Akte. 1994 fand beispielsweise eine „politische Reform" statt, indem das Gesetz zur Wahl der öffentlichen Ämter geändert und ein Gesetz zur Parteienfinanzierung eingeführt wurde. Nach

---

[3] Urteil des OGH vom 16.12.1959, Keishu 134, 3225, auch in: Eisenhardt, Entscheidungen (Fn. 2), S. 492 (Übersetzung von *Hisao Kuriki*).

dem neuen Wahlsystem des Unterhauses sollten 60 % der Abgeordneten nach dem Mehrheitswahlrecht und 40 % nach dem Verhältniswahlrecht gewählt werden (sog. Grabensystem). Gleichzeitig mit der Änderung des Wahlsystems wurden auch die Regelungen über die Durchführung des Wahlkampfs novelliert. Grundsätzlich durfte und darf die japanische Bevölkerung nicht aktiv bei einem Wahlkampf mitarbeiten, da die Zahl der Wahlkampfhelfer je Kandidat begrenzt ist. Aufgrund der Änderungen der Wahlkampfregelungen 1994 dürfen die Parteien nun nicht nur für ihre Listen, sondern auch zusätzlich zu den Wahlkampfhelfern des Bewerbers für ihre Kandidaten in den einzelnen Wahlkreisen Wahlkampf betreiben. Mit dieser Reform wurde außerdem ein Parteienfinanzierungssystem nach deutschem Muster eingeführt.

Nicht alle politischen Parteien werden jedoch von den Veränderungen erfasst. Vielmehr gilt die Neuregelung nur für Parteien, die bereits mehr als fünf Abgeordnete ins Parlament entsendet haben oder die bei der letzten Ober- oder Unterhauswahl mehr als 2 % der Wählerstimmen erhalten haben. In Japan entstand ein mit der Situation in Deutschland vergleichbares Wahlsystem, in dem trotz des Grundsatzes der Chancengleichheit eine unterschiedliche Behandlung von Parteien aufgrund ihrer Bedeutung möglich ist. In der JV ist aber die Partei – im Gegensatz zum GG, das den Parteien eine Sonderrolle einräumt – lediglich ein Verein (Art. 21 JV). Die JV gewährleistet die Chancengleichheit im demokratischen Prozess (Art. 14 JV). Trotzdem erklärte der OGH die Ungleichbehandlung der Kandidaten der „Parteien" und der anderen in den Wahlkampfregelungen für verfassungsgemäß. Zwar führe die Regelung zu einer beträchtlichen Ungleichbehandlung zwischen den Kandidaten, doch sei der gesetzgeberische Gestaltungsspielraum noch nicht überschritten, da die Regelung nicht willkürlich sei, sondern sich als Ausdruck einer rationalen Entscheidung verstehen lasse.[4] Wiederum verzichtete das Gericht darauf, einen gesetzgeberischen Akt ernsthaft inhaltlich zu prüfen. Auch die Parteienfinanzierung durch das neue Gesetz wurde nicht vom Gericht kontrolliert.[5] Obwohl die JV eine demokratische Ordnung etabliert, die auf den Begriffen „Jedermann" und „Verein", nicht aber auf dem der „Parteien" gründet, wurde so ein Parteienrechtssystem eingeführt, das etablierte Parteien privilegiert. Diese tiefgreifende Veränderung wurde ohne eine Änderung der Verfassung vorgenommen und auch nicht angemessen auf ihre verfassungsrechtliche Zulässigkeit geprüft.

Außerdem wurden in Japan wichtige Maßnahmen gegen organisierte Kriminalität gesetzlich getroffen. Das polizeiliche Abhören von Telefongesprächen wurde,

[4] Urteil des OGH vom 10.11.1999, Minshu 53, 1441. Fünf von 14 Richtern betrachteten die Ungleichbehandlungen als verfassungswidrig.

[5] Wähler in Osaka reichten eine Klage gegen den Staat ein, weil das Parteienfinanzierungsgesetz das politische Selbstbestimmungsrecht als Persönlichkeitsrecht der Kläger verletzt hätte. Das OG Osaka nahm diese Klage weder als Zivilprozess noch als Verwaltungsprozess an, erkannte auch nicht auf Staatshaftung, die in Japan in besonderem Prozess behandelt wird (Urteil des OG Osaka vom 19.6.1998).

im Gegensatz zu der Rechtsentwicklung in Deutschland, durch die Änderung der Strafprozessordnung und die Einführung des Gesetzes zum Abhören der Telekommunikation für die polizeiliche Ermittlung möglich gemacht. Der OGH erklärte diese Maßnahmen sogar vor Inkrafttreten der gesetzlichen Neuregelung in einem Beschluss anlässlich eines konkreten Falls für rechtmäßig. Das Abhören von Telefongesprächen sei eine Zwangsmaßnahme, die in das Geheimnis der Nachrichtenübermittlung und die Privatsphäre des Individuums eingreife. Es könne aber unter bestimmten Bedingungen als Ermittlungsmaßnahme verfassungsrechtlich zulässig sein. Die gesetzmäßigen Verfahren getroffene Maßnahme sei in einem Fall schwerer Kriminalität dann verfassungsrechtlich zulässig, wenn sie sich trotz sorgfältiger Prüfung der durch die Abhörmaßnahme beeinträchtigten Interessen der Betroffenen als unvermeidlich erweise. Voraussetzung dafür ist, dass ein hinreichender Verdacht gegen den Beschuldigten besteht, dass er ein Verbrechen begeht und dass es hinreichend wahrscheinlich ist, dass sich durch das Abhören der Telefongespräche Tatsachen über das Verbrechen ermitteln lassen. Darüber hinaus dürfen keine anderen Wege existieren, die entsprechenden Beweismittel zu erlangen. Der Überwachungsmaßnahme müsse – so die Auffassung des OGH – eigentlich eine richterliche Anordnung zugrunde liegen. Damals habe es jedoch noch keine gesetzliche Regelung über die schriftliche richterliche Anordnung speziell für das Abhören von Telefongesprächen gegeben. Die Maßnahme könne jedoch als allgemeine Zwangsnahme der Beweismittel nach der Strafprozessordnung auf Grundlage eines richterlichen Durchsuchungsbefehls gesetzmäßig durchgeführt werden.[6] Nach Auffassung des OGH war das polizeiliche Abhören von Telefongesprächen sogar ohne Gesetzesänderung möglich. Bemerkenswert an diesem Beschluss ist, dass das verfassungsrechtliche Verbot der Beeinträchtigung der Privatsphäre des Individuums (Art. 21 Abs. 2 und Art. 13) nicht als Regel sondern als Prinzip ausgelegt wurde, welches im Rahmen der Abwägungen nur einen Gesichtspunkt unter mehreren ausmacht. Weiterhin ist zu beachten, dass der verfassungsrechtliche Grundsatz des richterlichen Durchsuchungsbefehls (Art. 35) rein formell behandelt wurde. Im Gegensatz zur Entwicklung in Deutschland gab es in Japan keine Diskussionen darüber, ob für eine solche Umgestaltung des Rechts eine Verfassungsänderung erforderlich sei.

In einer weiteren Entscheidung, die das Kommunalwahlrecht von Ausländern betraf, unterstrich der OGH den großen Spielraum der Gesetzgebung. In dieser Entscheidung erklärte das Gericht den gesetzlichen Ausschluss von Ausländern bei der Kommunalwahl für verfassungsgemäß. In der JV wird das Wahlrecht dem Volk als eigenes Recht gewährleistet (Art. 15 Abs. 1). In den Gebietskörperschaften werden der Leiter, die Mitglieder der Abgeordnetenversammlung und andere gesetzlich bestimmte Inhaber von Ämtern von der Bevölkerung unmittelbar gewählt (Art. 93

---

[6] Beschluss des OGH vom 16.12.1999, Keishu 53, 1327. Einer von vier Richtern betrachtete die Ermittlung als rechtswidrig.

Abs. 2). Nach Auffassung des OGH betreffe die Bestimmung des Art. 15 Abs. 1 nur japanische Staatsbürger. Die Bevölkerung im Sinne des Art. 93 Abs. 2 beziehe sich auf die japanischen Staatsbürger, die in der Gebietskörperschaft ihre Wohnsitze haben. In einem obiter dictum räumte der OGH dem Gesetzgeber die Befugnis ein, den Ausländern das Kommunalwahlrecht zu gewähren.[7] Anders als das BVerfG sah er nicht die Notwendigkeit, hierzu die Verfassung zu ändern.[8]

Neben elementaren Transformationen der Rechtsordnung durch Gesetzesänderungen oder durch die Abschlüsse internationaler Verträge entwickelte sich in Japan folgende Praxis der Verfassungsorgane, die ebenfalls vom OGH toleriert wurde. Gemäß der JV wird das Unterhaus aufgelöst, wenn es einen Misstrauensantrag verabschiedet oder einen Vertrauensantrag ablehnt (Art. 69 JV). Der Tenno (der Kaiser) löst dann das Unterhaus auf Empfehlung und mit Zustimmung des Kabinetts auf (Art. 7 Nr. 3 JV). Anderweitige Möglichkeiten einer Auflösung sah die JV nicht vor. Das dritte Kabinett von Premierminister *Yoshida* jedoch löste das Unterhaus gemäß Art. 7 Nr. 3 JV auf. Ein Abgeordneter, der durch diese Auflösung sein Mandat verloren hatte, klagte gegen die Auflösung mit der Begründung, dass die JV einen solchen Weg der Auflösung nicht vorsehe. Der OGH vermied eine Prüfung der Verfassungsmäßigkeit dieser Auflösung, indem es die Auflösung des Unterhauses zum „acte de gouvernement" erklärte.[9] Durch diese Entscheidung wurde die politische Kraft und rechtliche Befugnis des Kabinetts erheblich verstärkt, da die Auflösung des Parlaments nunmehr in das Belieben des Kabinetts gestellt worden war. Auch diese grundlegende Wende in der gewaltengegliederten Staatsordnung Japans erfolgte ohne Änderung der Verfassung und mit der Billigung des OGH.[10]

Die obigen Beispiele zeigen in unterschiedlichen Varianten, dass sehr weitgehende Veränderungen der japanischen Rechtsordnung ohne die Notwendigkeit einer Verfassungsänderung möglich sind und auch in der Zukunft möglich sein werden, weil die Einhaltung der Verfassung durch den OGH nur sehr zurückhaltend kontrolliert wird. Trotz dieser Erfahrungen gab es in Japan Bestrebungen, die Verfassung zu ändern. Die stets regierende Partei in Japan, die LDP, strebt seit ihrer Gründung 1955 eine Totalrevision der Verfassung an. Sie erreichte aber nie die dafür erforderliche Zweidrittelmehrheit innerhalb des Parlaments (Art. 96 JV). Bis heute besitzen die politischen Kräfte, die eine solche Totalrevision ablehnen, mehr als ein Drittel der Sitze im Parlament. Aufgrund der geschilderten Entwicklungen

---

[7] Urteil des OGH vom 28.2.1995, Minshu 53, 639. Nach der Logik dieser Entscheidung könnte auch die gleichgeschlechtliche Ehe ohne eine Verfassungsänderung durch ein einfaches Gesetz eingeführt werden.

[8] BVerfGE 83, 37; BVerfGE 83, 60.

[9] Urteil des OGH vom 8.6.1960, Minshu 14, 1206.

[10] Die Auflösungen des Bundestages im Jahr 1972, 1982 und 2005 sowie die Entscheidungen des BVerfG (BVerfGE 62, 1; BVerfGE 114, 121) weisen sowohl Unterschiede als auch Parallelen zu den Vorgängen in Japan auf. Vergleichende Untersuchungen darüber könnten ein interessanter Forschungsansatz zur Verfassungsentwicklung und zur Funktion der Verfassungsgerichtsbarkeit sein.

ist es in Japan sehr viel schwieriger als in Deutschland, in einer rationalen Weise über den Sinn und die Notwendigkeit einer Verfassungsänderung zu debattieren. Die Verfassungsänderung war eben nie ein Instrument, um die japanische Rechtsordnung in einschneidender Weise zu verändern. Dafür genügte stets ein einfaches Parlamentsgesetz.

IV. Die wissenschaftliche Behandlung der Verfassungsänderung

Da es in der japanischen Praxis keine Verfassungsänderungen gab, behandelte die japanische Verfassungswissenschaft diese Thematik selten von einem praktischen Gesichtspunkt aus. Gewöhnlich wurde das Instrument der Verfassungsänderung mit der Verfassungsgebung verglichen oder im Zusammenhang mit den Grenzen der Verfassungsänderung behandelt, auf die ich später näher eingehen werde.

Nach der herrschenden Ansicht findet die verfassungsändernde Gewalt ihre Grundlage in der durch das souveräne Volk konstituierten positiven Verfassung, die auch die verfassungsändernde Gewalt (*pouvoir constitué*) reguliert. Die verfassungsgebende Gewalt (*pouvoir constituant*) hingegen steht außerhalb der Verfassung, welche erst von der verfassunggebenden Gewalt vom souveränen Volk konstituiert werde. Nach dieser Ansicht würden die verfassungsgebende Gewalt und die verfassungsändernde Gewalt von der Volkssouveränität ausgehen, sich allerdings auf verschiedene Dimensionen beziehen. Aus diesem Grund sollte auch jede Verfassungsänderung durch eine Volksabstimmung begleitet werden (Art. 96 Abs. 1 JV).[11]

Die Konzeption der herrschenden Meinung gründet auf der Lehre von *Toshiyoshi Miyazawa*. Kurz nach dem Zweiten Weltkrieg erörterte dieser – unter Einfluss der Lehren *Carl Schmitts* – das Verhältnis zwischen Verfassungsgebung, Verfassungsänderung und deren Grenzen. Seine Vorstellungen sind bis heute prägend geblieben. Lange Zeit fehlte eine gesetzliche Regelung des Verfahrens der für die Verfassungsänderung erforderlichen Volksabstimmung.[12] Eine kleine Gruppe von Wissenschaftlern hingegen kritisierte, dass es nie zu Verfassungsänderungen gekommen ist. Außerdem wurde bemängelt, dass das Verfahren der Volksabstimmungen nicht geregelt war. *Makoto Oishi* sprach mit Blick auf dieses Defizit und die von der herrschenden Ansicht anerkannten Grenzen der Verfassungsänderung von einem „gefangene[n] Volk“.[13] Doch selbst die kritische Lehre von *Oishi* aus den 1990er Jahren folgte in ihrem Ausgangspunkt der nach dem Zweiten Weltkrieg etablierten Lesart von Verfassung und Verfassungsänderung. Die japanische Verfassungsrechtswissenschaft behandelte die Verfassungsänderung meist rein theoretisch.

---

[11] *Nobuyoshi Ashibe/Kazuyuki Takahasi*, Kenpou (Verfassungsrecht), 6. Aufl., Tokio 2015, S. 397.

[12] Das Gesetz wurde erst 2007 verabschiedet und trat 2010 in Kraft.

[13] *Makoto Oishi*, Rikkenn-Minshusei (Konstitutionelle Demokratie), Tokio 1996, S. 172ff.

V. Alternativen zur Verfassungsänderung und verschiedene Auffassungen zur Verfassung

Die geschilderten Änderungen der Gesetze, die Verabschiedung neuer Gesetze, der Abschluss internationaler Verträge oder der Wandel der Verfassungspraxis fungierten als „Alternativen zur Verfassungsänderung".

Gleichwohl bedeutet dies nicht, dass die Verfassung in der japanischen Gesellschaft kein echtes Recht, sondern nur eine Idee oder ein bloßes Symbol darstellen würde. Dies lässt sich z. B. an der Institution des Legislationsbüros des Kabinetts[14] veranschaulichen. Das Büro hat die Aufgabe, die in den Kabinettssitzungen eingebrachten Entwürfe von Gesetzen, Verordnungen und Konventionen vorher auf ihre Recht- und Verfassungsmäßigkeit zu prüfen. Insbesondere in Verfassungsfragen bezieht das Büro immer wieder gegenüber dem Kabinett, dem Premierminister und den Ministern Stellung. Es leistet dem Kabinett Beistand, um die Einbringung von Gesetzentwürfen (Art. 72 JV) und die gewissenhafte Durchführung der Gesetze (Art. 73 Nr. 1 JV) rechtsstaatlich zu gewährleisten und stellt darüber hinaus sicher, dass die Minister ihrer Pflicht zur Achtung der Verfassung (Art. 99 JV) nachkommen. Bei der Prüfung der Entwürfe von Gesetzen und anderen Rechtssätzen steht die Prüfung der Verfassungsmäßigkeit an erster Stelle. Wenn es zu Meinungsverschiedenheiten zwischen Ministerien über die Auslegung der Verfassung oder die Durchführung von Gesetzen kommt, ist es Aufgabe des Legislationsbüros, die einheitliche Rechtsauffassung der Regierung festzulegen. Zwar fällt die Verfassungsauslegung eigentlich in die Domäne des OGH. Äußerungen des Legislationsbüros besitzen keine Bindungswirkung wie Gerichtsurteile. Der OGH jedoch ist auf die nachträgliche Entscheidung konkreter Fälle beschränkt, während die Regierung mit ihrer Verfassungsauslegung die Verwaltungstätigkeit für die Zukunft anleitet. Bei der Auslegung der Verfassung soll das Legislationsbüro sich an Wortlaut und Zweck der Verfassungsregelung halten, die Absicht des Entwerfenden berücksichtigen und dies mit den in früheren Regierungsdebatten zum Ausdruck gekommenen Anschauungen in Einklang bringen. Die Verfassungsauslegung des Legislationsbüros folgt einer inneren Logik, die sich an der Gleichartigkeit von Rechtsordnung und Rechtspraxis orientiert. Die klare fachliche Ausrichtung und Aufgabenstellung führt dazu, dass sich die Regierung nicht einfach über das Verständnis des Legislationsbüros hinwegsetzen sollte.[15]

Auch in der Praxis wird die Auffassung des Legislationsbüros von Regierungen beachtet. „Das Material der Regierung über das Verhältnis zwischen dem kollek-

---

[14] Das Legislationsbüro des Kabinetts wurde in den 1880er-Jahren nach dem Muster des Conseil d'État eingerichtet. Einige Funktionen, wie z. B. die der Verwaltungsgerichtsbarkeit, wurden später anderen Organen übertragen.

[15] *Osamu Tsuno* (ehemaliger Leiter des Legislationsbüros des Kabinetts), Aussage vor dem Teilausschuss zur Staatsorganisation der Enquete-Kommission der Verfassung im Unterhaus am 15.5.2003.

tiven Selbstverteidigungsrecht und der Verfassung"[16], das vom Legislationsbüro ausgefertigt wurde, gibt z. B. vor, dass der Art. 9 JV die Ausübung des kollektiven Selbstverteidigungsrechts verbietet. Alle früheren Regierungen hatten sich an diese Auslegung gehalten. Das Legislationsbüro zieht mit seinem Verständnis Grenzen für die Änderung der Rechtsordnung. Langfristig betrachtet hat dies zu einer Verlangsamung elementarer Rechtsänderungen geführt. Es lässt sich außerdem beobachten, dass vom Legislationsbüro geprüfte und gebilligte Gesetze vom OGH nur selten für verfassungswidrig erklärt wurden.

Diese große praktische Bedeutung, die der Auffassung des Legislationsbüros zukommt, verbunden mit seinem Fachwissen, wurde mitunter von der Politik kritisiert. Seit über 20 Jahren wird immer wieder ein „Primat der Politik" gefordert. In diesem Zusammenhang haben verschiedene politische Richtungen versucht, die Bedeutung des Legislationsbüros zu schmälern. Auch wurde die Auffassung vertreten, dass es dem Legislationsbüro als Beistandsorgan des Kabinetts unmöglich sei, bei der Auslegung der Verfassung politisch neutral zu bleiben, wenn ein Premierminister den starken und nachdrücklichen Wunsch habe, dass das Büro sein Verfassungsverständnis überdenke. Es müsse jedenfalls damit gerechnet werden, dass sich die Auffassung des Legislationsbüros in der Zukunft wandeln könnte. Denn das Büro ist letztlich ein bürokratischer Apparat, der seine Vorstellungen in intransparenter Weise aus sich schöpfen muss und in die Regierungstätigkeit eingebunden bleibt.

Der OGH hat nur in wenigen Fällen Streitigkeiten am Maßstab der Verfassung überprüft und auch nur sehr wenige Rechtssätze für verfassungswidrig erklärt. Nach seinem Selbstverständnis agiert er aber nicht aus Prinzip zurückhaltend. Es gibt kein verfassungsrechtliches Zurückhaltungsgebot gegenüber den übrigen Staatsgewalten, dem der OGH unterworfen ist. Folgende Gründe werden gewöhnlich für seine eher passive Haltung angeführt:[17] (1) Es gibt in Japan nur wenige Streitigkeiten mit verfassungsrechtlicher Relevanz. (2) Japan sei kein Bundesstaat, sodass keine Kompetenzkonflikte geschlichtet werden müssen. (3) In Japan hat es nur wenige politische Machtwechsel gegeben, sodass Einwände gegen wichtige politische Entscheidungen nur selten vor das Gericht gebracht werden. (4) In Japan prüft das Legislationsbüro des Kabinetts die Verfassungsmäßigkeit von Gesetzesentwürfen und sonstigen Regelungen sehr sorgfältig. (5) Der OGH ist als ordentliches Gericht durch die Vielzahl anhängiger Verfahren überlastet.

Der OGH war nicht immer so zurückhaltend wie heutzutage. So erklärte er in den 1960er Jahren zwar keine Gesetze für verfassungswidrig, aber er verstärkte den Grundrechtsschutz mit Hilfe des Instruments der verfassungskonformen Auslegung. Diese Entwicklung wurde Ende der 1960er Jahre durch die Personalpolitik

---

[16] Am 14.10.1972 wurde es dem Abrechnungsausschuss des Oberhauses vorgelegt.

[17] *Shigeru Yamaguchi* (ehemaliger Präsident des OGH), Aussage vor dem Teilausschuss zur Staatsorganisation der Enquete-Kommission der Verfassung im Unterhaus am 15.5.2003.

der LDP bei der Berufung der Richter zum OGH gemäß Art. 6 Abs. 2, 79 Abs. 1 JV gestoppt. In den letzten Jahren ist jedoch wieder Bewegung in die Rechtsprechung des OGH gekommen. So hat der OGH bei der Auslegung der Würde einer Einzelperson den gesellschaftlichen Anschauungswandel berücksichtigt.[18] Die Bereitschaft, seine Entscheidungen auf die „allgemein anerkannte Ansicht der Gesellschaft" zu stützen, ließ sich indes schon länger beobachten. Die Frage ist nur, ob die breite oder allgemeine Zustimmung des Volkes, die von Richtern erkannt wird, den entscheidenden Maßstab für das Verfassungsverständnis bilden sollte. Denn solche Anschauungen sind situativ und politisch. Sollte der OGH in der Zukunft seine verfassungsrechtliche Kontrolle intensivieren, müsste man ein solches Verfassungsverständnis als problematisch ansehen.

Die Verfassungsrechtswissenschaft steht dieser gegenwärtigen Praxis des OGH und seinem Verfassungsverständnis ablehnend gegenüber. In Japan lassen sich also deutliche Differenzen zwischen den Verfassungsverständnissen des Legislationsbüros des Kabinetts, der Richter des OGH und größerer Teile der Verfassungsrechtswissenschaft beobachten. Alle legen das Verfassungsrecht aus. Es fehlt aber an einer gemeinsamen Begründungsstruktur, wie sie sich im Rahmen der deutschen Rechtsdogmatik herausgebildet hat. Dies dürfte sich unter anderem darauf zurückführen lassen, dass Bürokraten, Richter und Wissenschaftler in Japan unterschiedlich ausgebildet werden. In Deutschland hingegen durchlaufen die unterschiedlichen Akteure mit Staatsprüfungen, Referendariat und Promotion die gleiche Ausbildung.

Die Prägekraft der Verfassungsverständnisse – die als Verfassungstheorien bezeichnet werden – ist immens.[19] Beim japanisch-deutschen Vergleich ist noch als ein weiterer Faktor, der das Verfassungsverständnis prägt, die sogenannte „öffentliche Meinung" zu betrachten. In Deutschland ist das Vertrauen der Bevölkerung in das GG sehr groß.[20] In den Medien treten verfassungsrechtliche Begriffe häufiger auf. In Japan ist der Konsens über die Verfassung nicht so groß. In Bezug auf mögliche Verfassungsänderungen hatte und hat aber die öffentliche Meinung unmittelbarere Bedeutung, weil die Verfassungsänderung eine Volksabstimmung voraussetzt (Art. 96 Abs. 1 JV). In Umfragen spricht sich die Mehrheit gegen die Änderung des Art. 9 JV aus. Dies gilt auch für die Teile der Bevölkerung, die Verfassungsänderungen nicht grundsätzlich ablehnen. Dies hat bisher auch die für die Verfassungsänderung erforderliche Zweidrittelmehrheit im Parlament verhindert und der Sicherheitspolitik der Regierungen einen gewissen Rahmen gesetzt.

Die „öffentliche Meinung" stellt sich nach *Hermann Heller* als die politische Meinung in rationaler Form dar. Diese relativ feste und dauernde „öffentliche Meinung" muss dabei von der fluktuierenden politischen „Tagesmeinung" unterschieden wer-

---

[18] Diese Tendenz wird im Vortrag von *Toru Mori*, in diesem Band, S. 3–26, treffend erläutert.

[19] S. den Vortrag von *Christian Bumke*, in diesem Band, S. 39–76.

[20] Nach der Allensbach-Analyse vertrauen etwa 87 % der Bevölkerung dem Grundgesetz (Frankfurter Allgemeine Zeitung, 20.08.2014, S. 8).

den. Die in Grundsätzen und Lehren verfestigte „öffentliche Meinung" stellt eines der wesentlichen Bindemittel der staatlichen Einheit dar. Durch Billigung oder Missbilligung sichert die „öffentliche Meinung" diejenigen Konventionen, welche die Grundlage der gesellschaftlichen Gemeinschaft und der staatlichen Einheit bilden. Die festen Grundsätze der „öffentlichen Meinung" bilden sich – *Hermann Heller* zufolge – zu jenen Rechtsgrundsätzen aus, die zum Teil positiviert werden und den Richtern als Interpretationsregeln dienen.[21] Bei der Auffassung, dass die JV, wie in Art. 9 JV niedergelegt, eine „Friedensverfassung" sei, handelt es sich nicht um einen Grundsatz in diesem Sinne. Denn diese Auffassung ist verbreitet, wird aber nicht unbedingt allgemein geteilt. Sie ist jedoch klar, von großer Überzeugung getragen und stabil. Im Unterschied zur bloßen „Tagesmeinung" besitzt diese verfestigte Auffassung eine starke Prägekraft für das Verfassungsverständnis.

VI. Grenzen von Verfassungsänderungen

In Japan gab es bisher keine Verfassungsänderungen, weshalb selten von den Grenzen der Verfassungsänderung die Rede ist. In Deutschland haben sich hingegen im Laufe der Verfassungsänderungen die Lehren über die Ewigkeitsklausel des Art. 79 Abs. 3 GG herausgebildet.

Über die Grenzen von Verfassungsänderungen wurde in Japan bei der Entstehung der Japanischen Verfassung diskutiert. Obwohl die JV eine neue Verfassung ist, die sich kategorial von der Meiji-Verfassung (MV) unterscheidet, entstand die JV im Wege einer Verfassungsänderung der Meiji-Verfassung. Nach der herrschenden Lehre vor dem Zweiten Weltkrieg durfte das Staatswesen Japans, d. h. der Grundsatz, dass der Tenno aufgrund des Willens der Götter Japan regiert, in seinen Grundfesten durch die Verfassungsänderung nicht geändert werden. Durch die Verfassungsänderung nach dem Zweiten Weltkrieg kam es zu einem Bruch mit der früheren Verfassungsordnung. *Toshiyoshi Miyazawa*, einer der führenden Verfassungsrechtswissenschaftler nach dem Zweiten Weltkrieg, beantwortete die daraus resultierenden Herausforderungen für das überkommene Verfassungsverständnis mit seiner Lehre der „Hachigatsu-Kakumei" (August-Revolution), die von ihm als „rechtswissenschaftliche Erklärung" bezeichnet wurde und auch auf große gesellschaftliche Resonanz stieß.

Miyazawa behauptete, dass die „Konpon-Tatemae" (der Sachgehalt der Ideologie) der Verfassung nicht durch eine Verfassungsänderung modifiziert werden kann. Die Konpon-Tatemae der Meiji-Verfassung sei, dass der Tenno aufgrund des Willens der Götter Japan regieren sollte. Die neue JV gründe hingegen auf dem Grundsatz der Volkssouveränität. Im August 1945 habe Japan die Potsdamer

---

[21] *Hermann Heller*, Staatslehre (1934), in: *ders.*, Gesammelte Schriften, 3. Bd., Staatslehre als politische Wissenschaft, 2. Aufl., Tübingen 1992, S. 277 ff.

Erklärung angenommen und bedingungslos kapituliert. Die Erklärung bestimmte, dass über die politische Form Japans der frei ausgedrückte Wille des japanischen Volkes entscheiden solle. Damit sei zugleich die Volkssouveränität zur Konpon-Tatemae erhoben worden. Die Annahme der Potsdamer Erklärung stelle deshalb eine „Revolution" dar, die die bisherige Verfassungsidee durch eine neue ersetzt habe. An diesem Umstand – Revolution und Bruch – vermöge zwar die „formelle" Fortgeltung der Meiji-Verfassung nichts zu ändern. Bestimmungen der Volkssouveränität können jedoch im Wege einer Verfassungsänderung der MV mit einer neuen „Konpon-Tatemae" in die JV eingeführt werden.[22]

Zur Begründung seiner Lehre bediente *Miyazawa* sich der Theorie der rechtlichen Revolution von *Hans Kelsen*.[23] Ergänzend zog er aber auch *Carl Schmitt* heran, um die Rolle des Volkes als Souveränitätssubjekt oder verfassungsgebende Gewalt zu begründen. Aufgrund der Gespräche mit *Tomoo Odaka*, dem führenden Rechtsphilosophen in dieser Zeit, über die Frage der Kontinuität zwischen MV und JV, setzte *Miyazawa* verstärkt auf die Bedeutung der verfassungsgebenden Gewalt als maßgebliche „rechtstheoretische" Erklärung seiner Lehre. Er definierte den Begriff der Souveränität als Macht, die das Wesen der Politik eines Staates letztlich bestimmt, und setzte sie mit der verfassungsgebenden Gewalt gleich. Auf „theoretisch unlautere"[24] Weise verband er die Anschauungen von *Kelsen* und *Schmitt* in seiner Lehre.[25]

Nach der Entstehung der JV wurden die Diskussionen über die Möglichkeiten und Grenzen von Verfassungsänderungen und den Gedanken der Volkssouveränität von der Lehre *Miyazawas* geprägt. Nach der herrschenden Lehre ist die mit der Abstimmung des Volkes einhergehende Verfassungsänderung Ausdruck der „institutionalisierten verfassungsgebenden Gewalt". Die Lehre verweist dabei auf die Bestimmung in der Präambel der JV, dass die Menschenrechte und die Volkssouveränität allgemeine Grundsätze der Menschheit sind, und dass alle Ver-

---

[22] *Toshiyosi Miyazawa*, Hachigatsu-Kakumei to Kokuminnshukenn-shugi (Augustrevolution und Volkssouveränitätsprinzip), in: Sekai-Bunka (Weltkultur), Tokio Mai 1946, S. 67 ff.

[23] *Hans Kelsen*, Allgemeine Staatslehre (Berlin 1925), Bad Homburg v. d. H. u. a. 1966, S. 127 f.; *Kenji Ishikawa*, Hachigatsu-kakumei 70 nenngo (August-Revolution 70 Jahre danach), in: Hourits-jihou (Rechtsjournal) Juli 2015, S. 82.

[24] *Ishikawa*, August-Revolution (Fn. 23), S. 85.

[25] Der Grund der Nebeneinanderstellung von *Kelsen* und *Schmitt* in *Miyazawa*, Augustrevolution (Fn. 22) könnte folgendermaßen erklärt werden: Die Lehre der rechtlichen Revolution von *Kelsen* gehört zu seiner „Allgemeinen Staatslehre", die als „Lehre von den möglichen Verfassungen" bezeichnet wurde. Sie galt für *Miyazawa*, der die Wendung eines „wirklichen konkreten Staates" (Japan), einer „positiven Verfassung" (JV) zu erörtern versuchte, als Meta-Theorie. Er brauchte eine Theorie, die trotz der weiteren Geltung der MV und der weiteren Existenz des Kaisertums die Wende der positiven Verfassung in Japan erklären kann. Anstatt selbst eine Erklärung, die als Konzept einer „Besonderen Staatslehre" hätte gelten können (vgl. *Kelsen*, Allgemeine Staatslehre [Fn. 23], S. 45 f.), zu entwickeln, zog *Miyazawa* die Lehre von *Schmitt* heran, die durch die Herstellung eines „systematischen Rahmens" „allgemeine Prinzipien" wie „manche Einzelfragen" zu klären versuchte (*Carl Schmitt*, Verfassungslehre [1928], Berlin 1954, S. XI).

fassungen, Gesetze, Verordnungen und Erlasse, die diesen Grundsätzen widersprechen, unwirksam seien. Die herrschende Lehre hat es jedoch versäumt, diesen sehr abstrakten und allgemeinen verfassungstheoretischen Grundsatz für das positive Verfassungsrecht der JV so zu konkretisieren, dass sich handhabbare Maßstäbe für Verfassungsänderungen daraus ergäben.[26]

Die Art und Weise des wissenschaftlichen Umgangs mit Verfassungsänderungen würde sich in Japan sicherlich verändern, wenn konkrete Verfassungsänderungen auf die Tagesordnung der Politik gesetzt würden. Die Grenzen der Verfassungsänderungen müssten dann im Wege der Verfassungsauslegung entfaltet werden. In der JV gibt es viele Ansatzpunkte, anhand derer die Grenzen der Änderungen erörtert werden können. Je nach den politischen Umständen könnte in diesem Zusammenhang auch über die Änderung der Bestimmung zur Verfassungsänderung nachgedacht werden.

VII. Fazit und Ausblick

Dolf Sternberger bezeichnet den modernen Verfassungsstaat als „ein kompliziertes Gebilde“, das von vielen, manchmal in gegensseitgem Spannungsverhältnis stehenden Elementen konstituiert wird.[27] Im modernen Verfassungsstaat sind aber nicht nur die prägenden Elemente und ihre Verhältnisse kompliziert. Auch die unterschiedlichen Auffassungen zur Verfassung sind mit verschiedenen Akteuren, Inhalten, Formen, Arten und Weisen, Abstraktionsniveaus usw. „recht kompliziert“[28]. Sie stehen nicht nur statisch nebeneinander, sondern bilden ein dynamisches Gleichgewicht, das Bestand und Fortbestand des Verfassungsstaates ermöglicht. Bei der Betrachtung der JV ist es besonders wichtig, diesen Gesichtspunkt zu bedenken. Denn dieses komplizierte Gebilde ist die Grundlage dieses Gleichgewichts, auf der sich in den letzten fast 70 Jahren die demokratische Rechtsstaatlichkeit in Japan entwickelt und entfaltet hat.

In den letzten 20 Jahren wurde das „Primat der Politik“ oder die „politische Führung“ betont und an der Bürokratie und dem bürokratischen Fachwissen harte Kritik geübt. In diesem Zusammenhang haben verschiedene politische Richtungen versucht, die Kraft des Legislationsbüros des Kabinetts abzuschwächen. Diese Tendenz hat sich in jüngerer Zeit zugespitzt. Als Leiter des Legislationsbüros wurden Personen ernannt, bei denen man davon ausgehen durfte, dass sie den Wünschen des Premierministers entgegenkommen würden. Die Auffassung des Legislationsbüros, die auf bürokratischem Fachwissen beruht und ein wichtiges Element des dynamischen Gleichgewichts bezüglich der Auffassungen zur Verfassung darstellt,

---

[26] *Ashibe/Takahasi*, Verfassungsrecht (Fn. 11), S. 397 f.

[27] *Dolf Sternberger*, Verfassungspatriotismus, Frankfurt am Main 1990, S. 28 f.

[28] *Sternberger*, Verfassungspatriotismus (Fn. 27), S. 24.

wurde dadurch geschwächt. Es könnte sein, dass sich dieser Prozess der Abschwächung sogar als irreversibel erweist.

Um die demokratische Rechtsstaatlichkeit Japans zu erhalten und fortzuentwickeln, ist es daher notwendig, andere Positionen zu stärken. Dabei wird man in erster Linie daran denken, das Selbstverständnis des OGH zu stärken, damit dieser intensiver als bislang die Wahrung der Verfassung kontrolliert und so die zurückgehende Kontrolle durch das Legislationsbüro kompensiert. Sicherlich sollte die Kontrolle weiterhin am Einzelfall anknüpfen. Doch sollte die Prüfung noch juristischer und systematischer werden.

Um die Rolle des OGH bei der Verfassungskontrolle zu stärken, muss sich die Verfassungsrechtswissenschaft mehr als bislang an der Praxis ausrichten und sich mit ihr beschäftigen. Nur so lässt sich eine gemeinsame Argumentationsbasis für Gerichte und Wissenschaft schaffen. Zu beachten ist aber, dass es in der japanischen Diskussion zur Verfassungsauslegung keine klare herrschende Auffassung gibt. Diese Vielfalt ist ein bewahrenswertes Gut. Die Wissenschaft sollte allerdings ihre verschiedenen Teilbereiche nicht nur inhaltlich, sondern auch methodisch bewusster entwickeln. Bei solch einem vielfältigen Meinungsspektrum ist es entscheidend, dass jeder Wissenschaftler und jede Wissenschaftlerin ihre Arbeiten durch Reflexionen und Selbstreflexionen begleitet.

In den letzten Jahren verstärkte sich, nicht nur in Japan, die Kritik am juristischen Expertentum.[29] Ohne ein solches Fachwissen kann jedoch keine moderne Verfassungsrechtsordnung bestehen. Angesichts der starken Kritik sind Offenheit, Pluralität und die Möglichkeit zur Selbstreflexion gefragt. Dadurch lässt sich die Qualität des Fachwissens erhöhen. Vergleichende Untersuchungen über die Verfassung in Japan und Deutschland dürften dabei zur weiteren reflexiven Öffnung des juristischen Fachdiskures beitragen.

[29] In der Tendenz in Japan könnte eine gewisse Parallelität mit der seit einigen Jahren in Deutschland zu beobachtenden demokratietheoretischen Sichtweise festgestellt werden, die die Übermacht des Bundesverfassungsgerichts als Politikersatz kritisiert.

Teil IV

Der Verfassungsänderungsentwurf der LDP

Zwischen Staatsabhängigkeit und Repräsentationsdefizit: Warum akzeptieren viele Japaner die anti-freiheitliche Verfassungsreform der LDP?*

Hiroshi Nishihara

I. Einleitung

Aus Sicht der vergleichenden Verfassungsdogmatik zeichnet sich Japan durch eine merkwürdige Mischung aus entwickelter Rechtsstaatlichkeit und politisch-bürokratischer Halbherzigkeit bei der Grundrechtsgewährleistung aus. Dabei nimmt die Japanische Verfassung von 1946 (JV) eine besondere Rolle ein. Formal gilt sie als Grundlage des gesamten Staatslebens, aber dies besagt nicht unbedingt, dass sie als Spielregel der politischen Auseinandersetzung verinnerlicht ist. Vielmehr ist sie selbst Gegenstand politischer Auseinandersetzung. Dass sie seit dem Inkrafttreten in keinem Artikel verändert wurde, ist eher Ausdruck ihrer instabilen – um nicht zu sagen tabuisierten – politischen Geltung denn ihrer Stabilität.

Ungefähr seit der Jahrtausendwende wird die Kritik an der Verfassung in der politischen Arena lauter. Das Wort gegen die geltende Form der Verfassung führt

* Der Beitrag ist die stark erweiterte Fassung des Vortrages, der im Rahmen des ersten Deutsch-Japanischen Verfassungsgesprächs am 14. September 2015 in Tokio gehalten wurde. Für sprachliche Korrekturen danke ich Frau *A. Demgen*.

die konservative Liberaldemokratische Partei (LDP), die, seitdem die JV gilt, fast durchgängig an der Macht war. Im Jahr 2000 richtete die LDP gemeinsam mit der Demokratischen Partei Japans (DPJ), der damals größten Oppositionspartei, eine Kommission in den beiden Häusern des Parlaments ein, die eine Verfassungsrevision diskutieren sollte.[1] Die LDP beschloss zuerst im Jahr 2005[2], dann erneut im Jahr 2012[3] einen Reformentwurf und forderte darin eine vollständige Revision der Verfassung, mit der die etablierte Struktur der freiheitlichen Demokratie in ihrer Gesamtheit infrage gestellt würde.[4]

Die Schwerpunktverlagerung in der japanischen Politik geschah vor dem Hintergrund einer Rezession, unter der die japanische Wirtschaft seit Anfang der 1990er-Jahre litt. Sicherlich spiegelt sich auch der Strukturwandel mancher westlicher Staaten nach den Terroranschlägen vom 11. September 2001 in New York und dem darauffolgenden „Krieg gegen den Terrorismus" in der japanischen Entwicklung wider. Vielleicht handelt es sich bei dem Reformvorhaben der LDP aber auch nur um das letzte Aufflackern der traditionell-asiatischen Staatsauffassung, der im globalisierten Japan eigentlich zum Scheitern verurteilt sein sollte. Sollten die demokratischen Kräfte in Japan die Verwirklichung der Pläne der LDP nicht verhindern können, ließen sich die Vorgänge in Japan als Sinnbild globalisierter Schwierigkeit von vernünftiger Staatsgouvernance im 21. Jahrhundert interpretieren.

Im Folgenden werden zuerst die Entstehung und der Interpretationswandel des Art. 9 JV dargestellt, der eigentlich die Wiederbewaffnung Japans verbietet (Abschnitt II). Art. 9 JV ist die Hauptursache des Unbehagens seitens der Verfassungskritiker und gleichzeitig der symbolische Kern der Verfassungsstaatlichkeit für die Verteidiger. Durch die Schilderung der historischen Entwicklung soll ein Überblick

---

[1] Die Änderung des am 4. August 1999 erlassenen Parlamentsgesetzes trat am 20. Januar 2000 in Kraft.

[2] *LDP* (Liberaldemokratische Partei), Shin-Kenpō Sōan (Entwurf der Neuen Verfassung), 22. November 2005.

[3] *LDP*, Nihonkoku-Kenpō Kaisei-Sōan (Entwurf der Veränderten Verfassung von Japan), 27. April 2012, in: Jiyū-Minshū Nr. 2508 vom 15. Mai 2012, S. 5–12 und unter <https://www.jimin.jp/policy/policy_topics/pdf/seisaku-109.pdf> (31.5.2015).

[4] So zielt die LDP darauf ab, das Staat-Bürger-Verhältnis dahingehend zu ändern, dass das Volk nicht nur als Subjekt der Grundrechte die Staatsgewalt beschränkt, sondern sich ebenso zur Aufgabe macht, gemäß der vorgeschriebenen Handlungsnormen zur Erfüllung der nationalen Interessen einen Beitrag zu leisten. Kritisch dazu *Hiroshi Nishihara*, Das staatlich aufgezwungene Nationalbewusstsein als Verfassungsproblem im Zeitalter der Globalisierung (Japan), Waseda Studies in Social Sciences 9 (2008), S. 17–24 m. w. N. Es ist zu bemerken, dass die DPJ-Opposition damals eine ähnliche Haltung zum Bedeutungswandel der Verfassung zeigte, vgl. *DPJ* (Demokratische Partei Japans), Kenpō-Teigen (Vorschläge über die Verfassung), 31. Oktober 2005 <http://www.dpj.or.jp/article/102276> (31.5.2015). Zu den hier nicht erwähnten Einzelvorschlägen im LDP-Entwurf 2005 vgl. *Toru Mori*, Ein rechtsvergleichender Kommentar über Verfassungsänderung – Japan aus der Sicht der deutschen Staatsrechtslehre, in: Rainer Wahl (Hrsg.), Verfassungsänderung, Verfassungswandel, Verfassungsinterpretation, Berlin 2008, S. 183–198; *Masanori Shiyake*, Zur Diskussion über die Verfassungsänderung in Japan, in: *ders.*, Verfassung und Religion in Japan, Baden-Baden 2011, S. 11–23 (18 ff.).

über die Konstellation des Verfassungsstreits gewonnen werden. Sodann gehe ich auf die Tragweite der Reform- bzw. Restaurationsvorschläge seitens der LDP (Abschnitt III) ein. Darauffolgend werden die Akzeptanz seitens der Bevölkerung und deren Gründe näher analysiert. Es wird auf die strukturellen Bedingungen im historischen Vergleich eingegangen und darüber hinaus werden einige spezifisch japanische Eigenheiten näher beleuchtet; in diesem Zusammenhang wird auch die im Sommer 2015 laut gewordene Kritik der Bevölkerung an der administrativen Neuinterpretation der Verfassung erörtert, die während der Vorbereitung der sogenannten Sicherheitsgesetze (Anzen hoshô kanren hôan) aufkam (Abschnitt IV). Zum Schluss wird die Bedeutung dieser Entwicklung im heutigen Zeitalter der Globalisierung, d. h. im Zusammenhang mit dem gegenwärtigen Funktionsverlust der nationalen Verfassungsstaaten, kurz erörtert (Abschnitt V).

II. Der Streit um die Pazifismusklausel (Art. 9 JV)

1. Die Entstehung des Art. 9 JV und der Selbstverteidigungskräfte[5]

Im Zentrum der Verfassungsdebatte stand und steht auch heute Art. 9 JV – die sog. Pazifismusklausel.

> Art. 9 JV: „(1) In aufrichtigem Streben nach einem auf Gerechtigkeit und Ordnung gegründeten internationalen Frieden verzichtet das japanische Volk für alle Zeiten auf den Krieg als ein souveränes Recht der Nation und die Androhung oder Ausübung von militärischer Gewalt als ein Mittel zur Regelung internationaler Streitigkeiten.
>
> (2) Zur Erreichung des Zwecks des Absatz[es] 1 werden Land-, See- und Luftstreitkräfte sowie andere Kriegsmittel nicht unterhalten. Ein Kriegführungsrecht des Staates wird nicht anerkannt."[6]

Ursprünglich entstand die Idee des Waffenverzichtes als Folge eines Kompromisses zwischen der damaligen japanischen Regierung und der US-amerikanischen Besatzungsmacht: Japan erkaufte sozusagen die Beibehaltung des Kaisertums – nunmehr aufs politisch neutrale Symbol reduziert – mit der Abschaffung der Streitkräfte.[7] Die kriegsverdrossene Bevölkerung hieß den Entwurf des Art. 9 JV willkommen,

---

[5] Um juristische Genauigkeit zu gewährleisten, habe ich für *Jieitai* auf die verbreitete Übersetzung „Selbstverteidigungsstreitkräfte" (z. B. *Kyoshi Igarashi*, Einführung in das japanische Recht, Darmstadt 1990, S. 22) verzichtet, weil die Organisation aufgrund des Art. 9 JV nicht „Streitkraft" genannt werden darf.

[6] Text nach der Übersetzung des Instituts des Japanischen Rechts der Fernuniversität in Hagen <http://www.fernuni-hagen.de/japanrecht/verfassung> (31.5.2015).

[7] Wer der ideelle Urheber des Waffenverzichtes war, ist noch umstritten. *Kijūrō Shidehara*, zuständiger Premierminister (Oktober 1945 bis Mai 1946) für den Regierungsentwurf der JV, berühmt sich Urheberschaft (*Kijūrō Shidehara*, Gaikō Gojūnen [50 Jahre Außenpolitik], Tokio 1951, S. 210), und auch der Oberkommandierende der Besatzungsmacht *Douglas MacArthur* unterstützt diese Position (*Douglas MacArthur*, Makkāsā Kaisōki [Memoiren], Tokio 1964, S. 164).

sodass der Grundsatz des Pazifismus seitdem als wesensentscheidendes Strukturelement der JV erachtet wird. Anfänglich ging auch die Regierung davon aus, dass Streitkräfte in jeglicher Form Art. 9 Abs. 2 JV verletzten und verfassungswidrig seien.[8] Durch die Institutionalisierung der Waffenlosigkeit erhoffte sich Japan die notwendige Legitimation, bei Konflikten friedensstiftend zu vermitteln und dadurch eine „ehrenvolle Stellung im Verband einer internationalen Gemeinschaft ein[zu]nehmen, die sich dafür einsetzt, den Frieden zu erhalten", wie es im 2. Abschnitt der Präambel der Verfassung heißt.

Diese friedensvolle Zeit dauerte jedoch nicht lange, da schon bald der Eiserne Vorhang fiel. Die Besatzungsmacht wurde auf die geopolitische Bedeutung Japans aufmerksam und veränderte ihre Haltung dahingehend, dass sie nun die Wiederbewaffnung verlangte. So änderte auch die japanische Regierung ihre Verfassungsinterpretation und behauptete, dass minimal bewaffnete Kräfte für die Selbstverteidigung nicht gegen Art. 9 Abs. 2 JV verstießen[9]. Damit wollte sie die Gründung der 75.000 Mann starken Nationalen Polizeireserve (*Keisatsu-Yobitai*: 10. August 1950), deren expansive Restrukturierung als Sicherheitskräfte (*Hoantai*: 15. Oktober 1952) und schließlich die Einrichtung der gegenwärtigen Selbstverteidigungskräfte (*Jieitai*: 1. Juli 1954) rechtfertigen – gegen die heftige, aber wirkungslose Kritik seitens der herrschenden Meinung in der Verfassungslehre.[10] Im Laufe des Kalten Krieges etablierte sich diese Interpretation. Der Oberste Gerichtshof übte Zurückhaltung und vermied es, die Frage nach der Verfassungsmäßigkeit der Selbstverteidigungskräfte zu stellen, geschweige denn zu beantworten.[11]

Die Beteiligung von *MacArthur* selbst lässt sich aber genauso nachweisen. Vgl. *Shoichi Koseki*, Shin-Kenpō no Tanjō (Geburt der neuen Verfassung), Tokio 1995, S. 131–136.

[8] In der Parlamentsdebatte über den Verfassungsentwurf erklärte Premierminister *Shigeru Yoshida*, dass der Verteidigungskrieg zwar nicht in Art. 9 Abs. 1 des Entwurfs verboten, aber durch die Abschaffung der Streitkräfte in Abs. 2 unmöglich gemacht würde (Antwort von *Yoshida* in der Plenarsitzung des Unterhauses in der 90. Reichsparlamentstagung am 26. Juni 1946).

[9] Die *Yoshida*-Regierung versuchte am Anfang, die Nationale Polizeireserve als Organisation zur Erhaltung der öffentlichen Sicherheit zu rechtfertigen (vgl. z. B. die Antwort von *Yoshida* in der Plenarsitzung des Unterhauses am 29. Juli 1950). Später, als nach der Umorganisierung die Sicherheitskräfte entstanden, veröffentlichte sie eine neue Interpretation. Nach dieser gilt als „Kriegsmittel" im Sinne des Art. 9 Abs. 2 JV eine Organisation mit der „sachlichen und personellen Ausstattung notwendig für die Führung eines modernen Kriegs", jedoch sei es „nicht verfassungswidrig, minimal bewaffnete Kräfte zu besitzen und diese zur Verteidigung gegen einen unmittelbaren Angriff einzusetzen" (Meinung des Legislativbüros des Kabinetts, 25. November 1952, zitiert in: Asahi Shinbun vom 26.11.1952, S. 1). Bei der Umorganisierung der Sicherheitskräfte zur *Jieitai* wurde die Interpretation nochmals verfeinert. Danach seien „Kriegsmittel" alle Kräfte, „die über das notwendige Minimum für die Selbstverteidigung hinausgehen" (Einheitliche Regierungsmeinung, vorgetragen am 22. Dezember 1954 im Haushaltausschuss des Unterhauses, zitiert in: Asahi Shinbun, Abendausgabe vom 22.12.1954, S. 1).

[10] Vgl. z. B. *Toshiyoshi Miyazawa*, Verfassungsrecht (Kempō), übersetzt und herausgegeben von Robert Heuser und Kazuaki Yamazaki, Köln 1986, S. 53 f.

[11] Der Antrag auf eine abstrakte Normenkontrolle durch mehrere Parlamentsabgeordnete gegen die Errichtung und Beibehaltung der Nationalen Polizeireserve wurde vom Obersten Gerichtshof

Die nunmehr an Bündnispolitik orientierte Besatzungsmacht hob das Berufsverbot für ehemalige Mitglieder des militärisch-totalitären Regimes auf (mit dem Inkrafttreten des US-japanischen Friedensvertrags am 28. April 1952), wodurch der konservative Flügel wieder an Einfluss gewann. Die wieder erstarkten Konservativen gründeten im Jahre 1955 die LDP, die sich in ihrem Programm die Verfassungsrevision (in den Worten der Partei: den Entwurf einer eigenen, d.h. ohne ausländische Bevormundung entworfenen Verfassung) zum Ziel setzte.[12]

Die erste politische Bestrebung zur Verfassungsrevision gab es also bereits Ende der 1950er-Jahre. Die Regierung rief eine Untersuchungskommission zur „Überprüfung der Japanischen Verfassung" als Beratungsorgan des Kabinetts ins Leben (Juni 1956).[13] Dieser Schritt wurde von der Bevölkerung heftig kritisiert und auch die Konservativen waren sich nicht einig, weil die wirtschaftlich-liberalen Gruppierungen in der LDP mehr Wert auf das Wirtschaftswachstum legten und eine Spaltung der Bevölkerung durch die Verfassungsfrage vermeiden wollten. Für sie war Art. 9 JV deswegen von Bedeutung, weil der die Begrenzung der Verteidigungskosten rechtfertigte und ermöglichte, mehr Ressourcen auf die Wirtschaftsförderung zu verwenden.[14] Als der wirtschaftlich-liberal eingestellte *Hayato Ikeda* das Amt des Premierministers nach dem zurückgetretenen militaristischen Reaktionär *Nobusuke Kishi* übernahm (14. Juli 1960) und den „Plan zur Verdoppelung des Volkseinkommens" kundgab (27. Dezember 1960), fand eine politische Wende statt. Der Abschlussbericht der Verfassungsuntersuchungskommission[15] beinhaltete daher Argumente sowohl für als auch gegen eine Revision. Politischen Widerhall fand die Publikation jedoch nicht, sodass die erste Welle der Verfassungsrevisionsbewegung damit endete.

---

abgelehnt aufgrund des Fehlens der gesetzmäßigen Klagebefugnis: OGH, Urteil vom 8. Oktober 1952, Minshū, Bd. 6, S. 783. Ein weiterer Fall: In *Hokkaidō* wurde der Waldschutz in einem Gebiet aufgehoben, damit dort Flugabwehrraketen stationiert werden konnten. Eine Anfechtungsklage gegen diese Aufhebung wurde ebenfalls abgelehnt aufgrund des fehlenden Klagerechts: OGH, Urteil vom 9. September 1982, Minshū, Bd. 36, S. 1679. Insgesamt gibt es keine einzige Entscheidung des Obersten Gerichtshofs, die die Verfassungsmäßigkeit der Selbstverteidigungskräfte zum Gegenstand hat. Über die Verfassungsmäßigkeit der Stationierung von US-amerikanischen Truppen in Japan wurde einmalig in dem Sinne entschieden, dass die Stationierung nicht evident verfassungswidrig sei und deswegen außerhalb der gerichtlichen Prüfungsbefugnis liege: OGH, Urteil vom 16. Dezember 1959, Minshū Bd. 13, S. 3225.

[12] Seitdem ist die LDP – entweder allein oder in Koalition mit einer oder mehreren kleineren Parteien – durchgehend an der politischen Führung, mit Ausnahme von kurzen Perioden zwischen 1993 und 1994 sowie 2009 und 2012.

[13] Die Kommission wurde gegründet durch ein Gesetz für die Kommission zur Untersuchung der Verfassung, erlassen am 11. Juni 1956.

[14] Diese wirtschaftsorientierte Haltung wird „*Yoshida*-Doktrin" genannt. Zu ihrer ideellen Struktur vgl. *Hideo Ōtake*, Adenauā to Yoshida Shigeru (Adenauer und Shigeru Yoshida), Tokio 1986.

[15] *Kenpō-Chōsakai* (Untersuchungskommission über die Verfassung: Kabinett), Hōkokusho (Abschlussbericht), Horitsu-Jiho 36 (1964), S. 1ff.

Die damaligen Entwicklungen führten eine sonderbare Stellung der Verfassung in der japanischen Politik herbei. Die gesellschaftliche Zustimmung zum ursprünglichen Art. 9 JV war immer sehr groß, dabei existiert er nur auf dem Papier. Politisch lebt hingegen ausschließlich der umgedeutete Art. 9 JV, der das Vorhandensein der Selbstverteidigungskräfte mit nunmehr 225.000 Mann (darunter mehr als 180.000 Unteroffiziere und Offiziere) und einem Jahresbudget von 4,8 Billionen Yen zulässt. Darüber hinaus ist die Tatsache nicht zu leugnen, dass sich Japan in der internationalen Politik unter dem Schirm der US-amerikanischen Atomwaffen versteckt. Die praktische Bedeutung des Art. 9 JV und die ursprünglich intendierte „ehrenhafte Stellung" sind nur ideell, aber nicht in der Wirklichkeit existent.

2. Die Kritik des „Heimatfriedens" und der „Beitrag zur internationalen Friedenssicherung"

Es waren die besonderen Umstände des Kalten Krieges, die diese Stellung der Selbstverteidigungskräfte rechtfertigten. Darüber hinaus versuchte man in den 1990er-Jahren, die *Jieitai* mit neuen friedensstiftenden Aufgaben auszustatten, um ihre Legitimation zu festigen. Am Golfkrieg 1991 konnte sich Japan nur finanziell (mit neun Milliarden US-Dollar), aber keineswegs militärisch beteiligen, was die Konservativen in Japan als Schande betrachteten. Daraufhin entzündete sich eine Diskussion über die verfassungsrechtlichen Möglichkeiten der Entsendung der Selbstverteidigungskräfte ins Ausland. Die LDP sah es als Notwendigkeit an, dass Japan zur Erhaltung des internationalen Friedens aktiv beitragen solle (Argumentation des internationalen Beitrags), und kritisierte die bisherige Situation als „Position, die sich mit dem Frieden im eigenen Land zufriedengibt" (Argumentation des Heimatfriedens).[16] Dagegen argumentierten die Opposition und die herrschende Meinung der Verfassungslehre, dass ein internationaler Beitrag nicht durch militärische, sondern besser und effektiver durch friedliche Mittel geleistet werden solle.[17]

Da die erste Position auf eine parlamentarische Mehrheit bauen konnte, wurden mehrere Kompromisse beschlossen, die es einerseits vermieden, die etablierte Verfassungsinterpretation in ihrem Kern anzutasten, die jedoch andererseits das stark eingeschränkte Tätigkeitsfeld der Selbstverteidigungskräfte, der Argumentation des internationalen Beitrags folgend, erweiterte. So wurde am 19. Juni 1992 das Gesetz zur Mitwirkung an den „Peace Keeping Operations" der Vereinten Nationen erlassen. Zum ersten Mal wurde der *Jieitai* erlaubt, im Ausland zu agieren, wo sie

[16] Hauptfigur dieser Argumentation war der Generalsekretär der LDP während des Golfkriegs, *Ichirō Ozawa* (vgl. *Ichiro Ozawa*, Nippon-Kaizō-Keikaku [Ein Plan für den Umbau Japans], Tokio 1993), der später als Oppositionspolitiker eine große Rolle spielte.

[17] Vgl. *Yoichi Higuchi*, ‚Kaikaku-ha'-teki, ‚Kokusai-ha'-teki Kaikenron to Sengo-Kenpōgaku (‚Reformistische' und ‚Internationalistische' Verfassungrevisionsargumente und Nachkriegsverfassungsdogmatik), Kenpō-mondai 5 (1994), S. 7; *Toshihiro Yamauchi*, Heiwa-Kenpo no Riron (Theorie der pazifistischen Verfassung), Tokio 1992, S. 311, 388–420.

zum Beispiel die Räumung von Land- und Seeminen vornahm. Nach wie vor gab es jedoch verschiedene Beschränkungen. So durften die Tätigkeiten der Truppen nur außerhalb der Kampfzonen stattfinden, ihre Ausrüstung durfte nicht über Handfeuerwaffen hinausgehen (§ 22) und die Benutzung der Waffen nur bei Notwehr erfolgen (§ 24 VI).

An der Schwelle zur Jahrtausendwende wurde das Tätigkeitsfeld der *Jieitai* nochmals erweitert. Im Jahre 2001 unterstützten die Selbstverteidigungskräfte die US-amerikanischen Truppen beim Krieg in Afghanistan, im Jahre 2003 war die *Jieitai* beim Irakkrieg dabei – jedes Mal ermöglicht durch neue Gesetze mit zeitlich beschränkter Geltung.[18] Dabei galten ähnliche Beschränkungen des Waffengebrauchs wie in den 1990er Jahren. Die Tätigkeiten der Truppe mussten weiterhin außerhalb der Kampfzonen erfolgen und wurden auf den Lebensmitteltransport und vergleichbare logistische Aufgaben beschränkt. Dies führte zu abstrusen Situationen. Ob auf dem Indischen Ozean oder im Irak, immer musste sich die *Jieitai* zurückziehen, wenn Gefechte in ihrer Nähe ausbrachen. Rettungsaktionen für alliierte Truppen beispielsweise waren ausgeschlossen.

Die beschriebenen Regelungen stellten immer Kompromisslösungen dar. Ausschlaggebend dafür war nicht eine politische Entscheidung über die Zukunft des japanischen Beitrages zur Friedenssicherung, sondern die Verfassungsinterpretation. Die etablierte Interpretation von Art. 9 JV lässt nur Kräfte zu, die im Rahmen des „notwendigen Minimums für die Selbstverteidigung" liegen. Wenn die *Jieitai* jedoch im Ausland Waffengewalt anwendet, übersteigt sie dieses Wesensmerkmal. Unter Beibehaltung der erwähnten Beschränkungen lässt sich wiederum die Politik des internationalen Beitrags nicht ausreichend verfolgen. Bei jedem neuen Gesetz setzte sich die LDP mit dem Legislativbüro des Kabinetts auseinander. Und dieses wies stets darauf hin, dass die Beseitigung der Beschränkungen angesichts der etablierten Interpretation von Art. 9 JV auf die Verfassungswidrigkeit hinausläuft.

Als die LDP nach dreijähriger Pause im Dezember 2012 die Macht zurückerlangte, bereitete sie einen neuen Anlauf vor, die etablierte Interpretation von Art. 9 JV zu beseitigen. Die argumentative Schlüsselphrase dabei war die Behauptung eines internationalen Rechts zur kollektiven Selbstverteidigung.[19] Premierminister *Shinzō Abe*, nicht zufällig Enkel von *Kishi*, bezeichnete seine Sicherheitspolitik als proaktiven Beitrag zum Frieden[20] und wollte sie in enger Zusammenarbeit mit den

[18] Diese waren das Besondere Maßnahmengesetz zur Reaktion auf den Terrorismus, erlassen am 2. November 2001 und abgelaufen am 1. November 2007, und das Besondere Maßnahmengesetz für Sicherheitserhaltungsaktivitäten im Irak, erlassen am 1. August 2003 und abgelaufen am 31. Juli 2009.

[19] Art. 51 UN-Charta gewährleistet das Recht zur individuellen oder kollektiven Selbstverteidigung. Mit Letzterem wird die „Nothilfe durch Drittstaaten zugunsten des angegriffenen Staates" legitimiert (vgl. *Torsten Stein/Christian von Buttlar*, Völkerrecht, 13. Aufl., München 2012, S. 281 ff.).

[20] Die Politik des „proaktiven Beitrags zum Frieden" wurde zuerst auf der internationalen Bühne bekannt gemacht, vgl. *Shinzō Abe*, Rede in der Generalversammlung der Vereinten Nationen

USA verwirklichen.[21] Kardinalpunkt für diese und andere internationale Kooperationen war die Nutzung von Waffen bei Operationen. So begründete die *Abe*-Regierung den „Kongress für die Rekonstruierung der rechtlichen Sicherheitsgrundlage“ als privates Beratungsorgan und ließ diesen im Abschlussbericht vorschlagen, dass die gängige Verfassungsinterpretation dahingehend verändert werden solle, dass die Ausübung des internationalen Rechts zur kollektiven Selbstverteidigung auch im System der japanischen Verfassung akzeptiert wird.[22]

Die gegenwärtige Strategie der LDP hat zwei Seiten. Einerseits arbeitet sie an einem eigenen Verfassungsentwurf und will eine komplette Revision verwirklichen. Andererseits versucht sie, die etablierten Verfassungsnormen zu untergraben. Durch Gesetzgebungen und Verwaltungspraktiken verwischt sie absichtlich die Grenze zwischen Verfassungskonformität und Verfassungswidrigkeit. Diese zweischneidige Strategie ist in sich widersprüchlich. Je wirkungsvoller die Aufhebung der Grenze gelingt, desto mehr nimmt die Notwendigkeit ab, die Verfassung zu ändern. Dennoch ist die Restrukturierung des Verfassungsstaats im Gang. Die LDP will die geglückte Neuinterpretation von Art. 9 JV mit einer neuen Verfassung krönen.

So gab es am 1. Juli 2014 eine Kabinettsentscheidung, die die Ausübung des Rechts zur kollektiven Selbstverteidigung betrifft. Dort heißt es:

> „Nicht nur im Fall eines bewaffneten Angriffs auf unseren Staat, sondern auch in dem Fall, dass ein militärischer Angriff auf einen anderen Staat stattfindet, mit dem Japan in einer engen Allianz steht, ist Waffengewalt im Sinne der traditionellen Verfassungsinterpretation zulässig; vorausgesetzt, durch den Angriff ist das Bestehen unseres Staates bedroht und es besteht eine offensichtliche Gefahr für Leben, Freiheit und Glück der Bevölkerung und es existieren keine anderen Mittel zur Sicherung unseres Staates und zum Schutz der Bevölkerung.“

Mit dieser Entscheidung wollte die Regierung von Premierminister *Abe* die Gesetzentwürfe vorbereiten, die die Verwendung der Waffengewalt durch die *Jieitai* in den oben genannten Fällen ermöglicht.[23] Als sogenannte „Sicherheitsgesetze“ (*Anzen hoshō kanren hōan*) wurden sie schließlich am 14. Mai 2015 dem Parlament vor-

am 26. September 2013 <http://japan.kantei.go.jp/96_abe/statement/201309/26generaldebate_e.html> (31.5.2015).

[21] Vgl. *Kokka-anzenhoshō-kaigi* (Rat für die Staatssicherheit), Beschluss: Kokka-anzenhoshō-senryaku ni tsuite (Über die Strategie für die Staatssicherheit), Kabinettsentscheidung vom 17. Dezember 2013 <http://www.cn.emb-japan.go.jp/fpolicy_j/nss_j.pdf> (31.5.2015).

[22] Vgl. *Anzenhoshō no Hōteki-kiban no Saikōchiku ni kansuru Kondankai* (Kongress für die Restrukturierung der rechtlichen Grundlagen der Sicherheit), Hokokusho (Abschlussbericht) 2014 <http://www.kantei.go.jp/jp/singi/anzenhosyou2/dai7/houkoku.pdf> (31.5.2015).

[23] Während der Gesetzesvorbereitung innerhalb der Koalition verlangen *Kōmeitō* (ursprünglich ein friedensorientierter Koalitionspartner der LDP) und das Verteidigungsministerium das Einbauen von klar definierten Begriffen in den Gesetzestext, während die LDP-Führung und das Außenministerium die Definition dem Ermessen des Premierministers überlassen wollten. Kritisiert wurde auch, dass der Entwurf Leib und Leben der Soldaten als bloßes Instrument der außenpolitischen Verhandlung betrachtete (Asahi Shinbun vom 12.5.2015, S. 4). Trotz dieser Kritik entschied sich die *Abe*-Regierung am 14. Mai 2015 für Gesetzestexte, die nur den Text der

gelegt, was zu einer heftigen Diskussion innerhalb und außerhalb dieses politischen Raumes führte. Die Debatte wird im Abschnitt IV, 3. genauer dargestellt.

Neben der Erweiterung des Tätigkeitsfelds der Selbstverteidigungskräfte lockerte die *Abe*-Regierung die Beschränkungen für Waffenexporte und versuchte, die japanische Wirtschaft durch Produktion und Export von Hightech-Waffen anzukurbeln. Auf dieser Basis ist die Regierung bestrebt, das Verhältnis zu den USA zu stärken und sich gleichzeitig als militärisch ausgestattete Wirtschaftsmacht darzustellen. Offiziell heißt es, dass Japan dadurch zur Sicherung des Weltfriedens beiträgt, aber tatsächlich ist nicht mehr der Weltfrieden gemeint, den Art. 9 JV ursprünglich durch Abschaffung des Militärs gewährleisten sollte.

III. Der Versuch der Totalrevision

Die Revision der JV war für die LDP viele Jahre ein nicht zu Ende geträumter Traum. In den 1990er-Jahren, als die japanische Gesellschaft nach der Periode der sogenannten *Bubble Economy* in einer langen Rezession stand und von depressiver Stimmung beherrscht wurde, fing die LDP wieder an, den Nationalstolz durch die Verfassungsfrage zu stärken.[24]

1. Die Sehnsucht nach kaiserlicher Ordnung

In den 1950er-Jahren wurde die Revisionsbewegung von jenen getragen, die unter dem alten Regime aufgewachsen waren und führende Positionen erlangt hatten. Gemäß dem kaiserlichen Erziehungsedikt von 1890 war jeder Bürger systematisch indoktriniert worden, sich als pflichtbewusster Untertan vor allen anderen privaten Belangen die Erhaltung und Weiterentwicklung des Kaiserreichs zum Ziel zu setzen. Auch in den 1950er Jahren war die Führungselite nicht frei von der Vorstellung einer „göttlichen Daseinskraft" des *Tennō* (Kaiser), die die Legitimität der Verfassung des Kaiserreichs Großjapan von 1889 begründet hatte.

---

genannten Kabinettsentscheidung wiederholen und kaum Beschränkungen für den Waffeneinsatz beinhalten, und legte dem Parlament insgesamt 11 Gesetzesentwürfe vor.

[24] Der erste Schritt war das Gesetz über die Nationalflagge und -hymne im Juni 1999, das den Weg für die patriotische Einflussnahme in den Schulen ebnen sollte. Dem folgt die Errichtung der Untersuchungskommission für die Verfassung im Parlament im Jahr 2000 und die Revision des Erziehungsgrundgesetzes im Dezember 2006 mit demselben Zweck. Dazu *Hiroshi Nishihara*, Nationalhymne als Problem des Rechts auf eine tolerante Schule in Japan, in: Claus Dieter Classen/Armin Dittmann/Frank Fechner/Ulrich M. Gassner/Michael Kilian (Hrsg.), „In einem vereinten Europa dem Frieden der Welt zu dienen …". Liber amicorum Thomas Oppermann, Berlin 2001, S. 795–814; *ders.*, Die Tragweite der Gewissensfreiheit angesichts der Nationalhymne und Nationalflagge, in: Bernd Schünemann/Jörg Paul Müller/Lothar Philipps (Hrsg.), Das Menschenbild im weltweiten Wandel der Grundrechte, Berlin 2002, S. 99–115; *ders.*, Nationalbewusstsein (Fn. 4), S. 17–24.

Vor diesem Hintergrund verwundert es nicht, dass die damaligen Eliten, die den Krieg und dann das nachkriegszeitliche Berufsverbot überlebten, das neue demokratische Regime als Unordnung empfanden. Sie stellten daher nicht nur Art. 9 JV, sondern das gesamte System der freiheitlichen Demokratie infrage. Befürworter der Revision in der Untersuchungskommission zur Überprüfung der Japanischen Verfassung traten auch für die Stellung des *Tennō* als Staatsoberhaupt ein.[25]

Der *Tennō* ist nach dem japanischen Mythos Nachkomme der Schöpfungsgötter, die vor etwa 2.600 Jahren auf die Erde hinabstiegen. Die Göttlichkeit wird in männlicher Linie vererbt. Historisch belegbar ist der *Tennō* spätestens seit dem 7. Jahrhundert an der Spitze der Macht des vereinigten Japans, aber dies bedeutet nicht unbedingt, dass er immer die Herrschaft ausübte. Oft galt er den herrschenden *Samurai*-Familien lediglich als geistige Legitimationsgrundlage. Deswegen ist seine jetzige Position als Symbol eigentlich nicht neu.

Art. 1 JV: „Der Kaiser ist das Symbol Japans und der Einheit des japanischen Volkes. Seine Stellung ist auf den Willen des japanischen Volkes gegründet, bei dem die Souveränität ruht.“[26]

Die Beibehaltung des Kaisertums war der Wunsch der japanischen Regierung am Anfang der Besatzung nach dem Ende des Zweiten Weltkriegs und die Besatzungsmacht wollte die Unruhe vermeiden, die bei der Abschaffung des Kaisertums befürchtet wurde.[27] Für den oben genannten Kompromiss, die Kombination von Kaisertum und Waffenverzicht, wurden die Weichen relativ früh gestellt. Dies machte es jedoch unmöglich, in der japanischen Bevölkerung die Frage nach der Kriegsverantwortung Japans zu stellen und offen zu beantworten. Schon am fünften Tag nach der Kriegsniederlage verlangte der erste Nachkriegspremier Prinz Naruhiko Higashikuni-no-miya in seiner Regierungserklärung nach einer „Buße durch die gesamte Bevölkerung“[28]. Damit relativierte er die Verantwortung der beteiligten Individuen und des Systems, eventuell des *Tennō* selbst. Die Legitimität der Tokioter Prozesse stand sowieso in der japanischen Gesellschaft auf wackligen Beinen, aber auch unabhängig davon wurde die Frage nach der kaiserlichen Verantwortung für den Krieg systematisch tabuisiert.

---

[25] Vgl. *Kenpō-Chōsakai*, Abschlussbericht (Fn. 15), S. 146–148.

[26] Modifizierte Wiedergabe der Übersetzung durch das Institut des Japanischen Rechts der Fernuniversität in Hagen <http://www.fernuni-hagen.de/japanrecht/verfassung/> (31.5.2015). Für „die Souveränität“ steht in der Originalübersetzung „die oberste Gewalt“.

[27] *MacArthur* war sich der Nützlichkeit des *Tennō* für die Besatzung und Demokratisierung Japans bewusst und widersetzte sich der Anklage des Kaisers als Kriegsverbrecher spätestens im Januar 1946, vgl. *Koseki*, Geburt (Fn. 7), S. 112. *John W. Dower* (Embracing Defeat, London 1999, S. 278) beschreibt, dass die U.S. Besatzungsmacht den *Tennō* wieder ins Zentrum ihrer neuen Demokratie stellte, was zum „verhaspelten“ (muddled) politischen Bewusstsein der damaligen Japaner führte.

[28] Rede von *Higashikuni-no-miya* in der Plenarsitzung des Unterhauses am 5. September 1945.

Als die alten konservativen Eliten vom Berufsverbot befreit wurden, gaben sie sich nicht mit dem Kompromiss zufrieden und betrachteten das Symbolkaisertum als eine von der Besatzungsmacht aufgezwungene Fessel für den *Tennō*. Daher verlangten sie die Stellung des Kaisers als Staatsoberhaupt, um damit seine Position als rechtliche Autorität sichtbar zu machen.[29] Es kam also nicht auf die politische Funktion des *Tennō* als solche an, sondern auf seine Überlegenheit gegenüber dem gesamten Volk.

Die verfassungsrechtliche Position des Bürgers hing eng damit zusammen. Die hierarchische Ordnung unter der Kaiserreichsverfassung war für die damaligen Eliten so natürlich, dass sie das gleichwertige Beteiligungsrecht jedes Bürgers nicht verstehen, geschweige denn akzeptieren konnten. Die Gewährleistung der Grundrechte des Einzelnen wurde dahingehend kritisiert, dass sie zu viel Wert auf den Freiheitsgedanken des 19. Jahrhunderts lege und die Bedeutung der sozialen Solidarität und des daraus folgenden Pflichtbewusstseins vernachlässige.[30] Bemerkenswert ist, dass die Konservativen in der Untersuchungskommission die Position des Einzelnen innerhalb der Reichsverfassung im Sinne eines Idealtypus verstanden. In dieser Wunschvorstellung galt die kaiserliche Souveränität als politisch neutrales Machtzentrum, das den Wohlstand der gesamten Bevölkerung sicherte. Innerhalb dieses Schutzauftrags galt der Einzelne nicht als mündiges Subjekt, das der Selbstbestimmung fähig war; der Einzelne wurde vielmehr als ‚Kleinkind des *Tennō*' konzipiert.[31] Aufgrund dieses Modells wurde auch in den 1950er-Jahren noch behauptet, dass das Individuum im neuen Wohlfahrtsstaat des späten 20. Jahrhunderts nicht einseitig im Sinne des unabhängigen Freiheitssubjekts zu verstehen sei, sondern gemeinschaftsbezogen auch als Träger der gemeinschaftlichen Pflichten.[32]

Im Endeffekt war die Trias von Wiederbewaffnung, dem Kaiser als Staatsoberhaupt und dem Bürger als Träger der gemeinschaftlichen Pflichten nicht besonders populär in der Bevölkerung, wie das Scheitern der Verfassungsrevision Anfang der 1960er-Jahre zum Ausdruck brachte. Ob sich das japanische Volk damit als politisch mündiger Träger der Souveränität bewiesen hat, kann jedoch bezweifelt werden. Wie dargestellt, lenkte der „Plan zur Verdoppelung des Volkseinkommens" die Aufmerksamkeit der Bevölkerung von der Verfassungsdebatte ab; damals galt das Motto „Reis ist wichtiger als die Verfassung"[33]. Vielleicht verlor die Bevölkerung dadurch wieder einmal die Gelegenheit, die freiheitlich-demokratische Ordnung für sich zu erkämpfen.

---

[29] Vgl. *Kenpō-Chōsakai*, Abschlussbericht (Fn. 15), S. 150 f.

[30] Vgl. *Kenpō-Chōsakai*, Abschlussbericht (Fn. 15), S. 170 f.

[31] Vgl. *Monbushō* (Ministerium für Erziehung, Wissenschaft und Kultur), Kokutai no Hongi (Wesen des Staatswesens), Tokio 1937, S. 29.

[32] Kritisch dazu *Yoichi Higuchi*, Kindai-kenpō ni totte no Ronri to Kachi (Die Logik und der Wert für die moderne Verfassung), Tokio 1994, S. 123–129; *Hiroshi Nishihara*, Funktion der sozialen Grundrechte im japanischen Verfassungssystem, ZaöRV 57 (1997), S. 856–867.

[33] Dieser Ausdruck stammt von einem Plakat auf dem Maitag-Marsch im Jahr 1946, zitiert nach: Asahi Shinbun vom 9.5.1946, S. 3.

2. Die konservative Trias in der Gegenwart und die kollektivistische Staatsauffassung

Geht es der LDP selbst im 21. Jahrhundert wirklich noch um die reaktionäre Trias? Die Antwort auf diese Frage fällt eindeutig positiv aus. Der LDP-Entwurf der Japanischen Verfassung vom 27. April 2012 bringt deutlich zum Ausdruck, dass es keine grundlegende Änderung in ihrer Zielsetzung gibt. Repräsentativ ist schon die Präambel:

„Der japanische Staat ist ein Staat, der eine lange Geschichte und einzigartige Kultur besitzt und über dem der Tennō als Symbol der Einigkeit des Volkes thront. Er wird gemäß der Volkssouveränität und auf Basis der Trennung von Gesetzgebung, Verwaltung und Rechtsprechung regiert.

Unser Staat überstand die Verwüstung durch den letzten großen Krieg und mehrere Naturkatastrophen und entwickelte sich so, dass er nun eine wichtige Stellung innerhalb der internationalen Gemeinschaft einnimmt. Dem Pazifismus folgend vertiefen wir unsere freundschaftlichen Beziehungen zu anderen Staaten und tragen zu Frieden und Prosperität in der Welt bei.

Das japanische Volk verteidigt seinen Staat und seine Heimat mit Stolz und Rückgrat, achtet fundamentale Menschenrechte, respektiert die Harmonie und gestaltet den Staat durch gegenseitige Hilfe innerhalb der Familie und der Gesellschaft. Wir legen Wert auf Freiheit und Ordnung, schützen unser schönes Land und die Natur, fördern Bildung und Technologie und verfolgen das Wachstum des Staates durch aktive Wirtschaftstätigkeiten.

Das japanische Volk gibt sich diese Verfassung, um seinen Nachkommen unsere wunderbare Tradition und diesen Staat zu erhalten."

Nimmt man diese Sätze ernst, erkennt man eine Staatsphilosophie, die den Staat als einen über das Leben des Bürgers hinausgehenden Organismus versteht. Es zählt nur das Ganze als Substanz. Der jeweilige Bürger hat nur insoweit Bedeutung, als er das Staatsleben zur nächsten Generation weiterträgt und kulturell zum Gedeihen des Ganzen beiträgt. Diese Vorstellung erinnert an das genannte kaiserliche Erziehungsedikt von 1890, durch das alle Untertanen von der kaiserlichen Familie als Repräsentanten des ewigen Ganzen in den Dienst genommen wurden.[34]

Angesichts dieser kollektivistischen Grundhaltung verwundert es nicht, dass der LDP-Verfassungsentwurf exzessive Beschränkungen von allen Grundrechten vorsieht. Art. 13 JV garantiert gegenwärtig das Recht auf Leben, Freiheit und Glück, „soweit es nicht dem öffentlichen Wohl zuwiderläuft". Die LDP und ihre Sympathisanten kritisieren diese Formulierung und wünschen sich konkretere Begriffe wie „dem öffentlichen Interesse" oder „der öffentlichen Sicherheit",[35] was

---

[34] Interessanterweise wird die „überindividuelle Auffassung" vom Staat, d. h. der totale Staat, in der Rechtsphilosophie *Gustav Radbruchs* mit einem japanischen Beispiel aus den 1940er-Jahren veranschaulicht. In diesem hat ein japanischer Offizier die Wahl zwischen dem Gehorsam gegenüber einem kaiserlichen Befehl und dem Leben eines Kindes. Seine Antwort: „Kinder werden neu geboren, aber ein nicht ausgeführter Befehl des Kaisers bringt unauslöschliche Schande". Vgl. *Gustav Radbruch*, Rechtsphilosophie, herausgegeben von Erik Wolf und Hans-Peter Schneider, 8. Aufl., Stuttgart 1950, S. 147, Anm. 1.

[35] Vgl. *Kenpō-Chōsakai*, Abschlussbericht (Fn. 15), S. 174f.

im LDP-Entwurf auch verwirklicht wurde (Art. 13 des Entwurfs). Dieser geringfügige Unterschied kann riesige Veränderungen mit sich bringen, weil bei der Definition des „öffentlichen Interesses“ dem demokratisch legitimierten Gesetzgeber absolute Prärogative, mindestens Überlegenheit gegenüber der gerichtlichen Verfassungsauslegung zustehen könnte. Schrankenlos gewährleistete Grundrechte wie das Recht auf freie Meinungsäußerung stehen im LDP-Entwurf unter dem Vorbehalt „des öffentlichen Interesses und der öffentlichen Ordnung“. Damit ist zu befürchten, dass Kritik gegen getroffene Mehrheitsentscheidungen als Störung der öffentlichen Ordnung erachtet und verboten wird.

Art. 21 LDP-Entwurf: „(1) Die Freiheit der Versammlung und der Vereinsbildung sowie die Freiheit der Rede, der Veröffentlichung und anderer Gedankenäußerungen werden gewährleistet. [unverändert]

(2) Ungeachtet des oben stehenden Absatzes werden Tätigkeiten nicht erlaubt, die sich das Verletzen des öffentlichen Interesses und der öffentlichen Ordnung zum Ziel setzen, genauso wie das Gründen eines Vereins zu demselben Zweck.

(3) Eine Zensur darf nicht ausgeübt werden. Das Geheimnis der Nachrichtenübermittlung ist unverletzlich.“ [Detailkorrektur vom geltenden Art. 21 Abs. 2 JV ohne Sinnveränderung]

Durch Beibehaltung mancher geltender Bestimmungen versucht der Entwurf, einen harmlosen Eindruck zu erwecken. Es ist jedoch bei der genauen Lektüre sofort erkennbar, dass er wichtige Grundsätze der Verfassungsstaatlichkeit einfach aus den Angeln hebt. Im Ausnahmezustand werden Grundrechte durch Anordnungen mit Gesetzeskraft eingeschränkt (Art. 99 Abs. 1 LDP-Entwurf), und der Bürger ist verpflichtet, administrativen Anweisungen zu gehorchen, die im Ausnahmezustand das Leben, den Körper oder das Eigentum des Volkes schützen (Art. 99 Abs. 3 LDP-Entwurf).

In Bezug auf Art. 9 JV werden im neuen Art. 9-2 die Landesverteidigungstruppen gegründet:

Art. 9-2 LDP-Entwurf: „(1) Um Friede und Unabhängigkeit unseres Staates sowie seine Sicherheit und die des Volkes sicherzustellen, werden die Landesverteidigungstruppen gegründet, deren oberster Befehlshaber der Premierminister ist.

(2) Der Einsatz der Landesverteidigungstruppen bedarf gemäß der gesetzlichen Bestimmungen der Zustimmung des Parlaments und muss dessen Anordnungen folgen.

(3) Die Landesverteidigungstruppen können sich, neben den in Absatz 1 bestimmten Aufgaben, mit Tätigkeiten beschäftigen, die in einer internationalen Zusammenarbeit wahrgenommen werden, um Frieden und Sicherheit der internationalen Gemeinschaft zu gewährleisten sowie die öffentliche Ordnung oder das Leben und die Freiheit des Volkes zu schützen [...].“

Zwar werden Bestimmungen über den Friedensgrundsatz in Art. 9 Abs. 1 JV formell aufrechterhalten, aber die materiellen Beschränkungen zu den nun aufgestellten Landesverteidigungstruppen werden fast völlig beseitigt, sodass ihr

Tätigkeitsfeld praktisch keinen verfassungsrechtlichen Einschränkungen unterworfen ist.

3. Verbreitung der Reformbefürworter und die Selbstzensur der Massenmedien

Es ist klar, dass der LDP-Entwurf Japans Verfassungsstaat völlig auf den Kopf stellen will. Umso erstaunlicher scheint es, dass dieser *Coup d'Etat* in einer entwickelten Demokratie von einer etablierten Partei angestrebt wird, die die absolute Mehrheit im Unterhaus (291 von 475 Sitzen) und beinahe die Mehrheit im Oberhaus (115 von 242 Sitzen) besitzt. Mit der Zweidrittelmehrheit im Unter- und Oberhaus gewinnt sie die Befugnis, einen Entwurf zur Volksabstimmung vorzulegen.

Es ist aber nicht nur die LDP, die gegenwärtig die Verfassungsrevision fordert.[36] Der Koalitionspartner *Kōmeitō* steht zwar grundsätzlich hinter der JV, schließt aber ihre Ergänzungsbedürftigkeit nicht aus, wie etwa durch die Einführung einer Bestimmung, die das Recht auf die angemessene natürliche Lebensgrundlage gewährleistet.[37] Die führende Oppositionspartei, die DPJ, ist sich in der Verfassungsfrage nicht einig. Die Mehrheit der DPJ-Abgeordneten befürwortet die Teilnahme der japanischen Truppen an Aktionen der Vereinten Nationen, die die kollektive Sicherheit gewährleisten sollen, und die Änderung des Art. 9 JV zu diesem Zweck.[38] Auch in Bezug auf das Staat-Bürger-Verhältnis vertritt die Partei eine Position, nach der die Verfassung auch eine „Erklärung des Volksgeistes oder Volkswillens" beinhalten soll. Auch die DPJ will also die Indienstnahme des Einzelnen durch verfassungsrechtlich erklärte Zielformeln ins Spiel bringen.[39] Ob sie damit wirklich etwas anderes verfolgt als die konservative Trias der LDP, kann mit Recht bezweifelt werden.

Im Parlament werden die Verfassungsverteidiger nur durch die Sozialdemokratische Partei Japans (SPJ), die Kommunistische Partei Japans (KPJ) und eine kleine Gruppierung repräsentiert, deren Sitze zusammengerechnet zwei Prozent im Unterhaus (10 von 475 Sitzen) und fünf Prozent (14 von 242 Sitzen) im Oberhaus betragen. Diese Zahl entspricht jedoch nicht den Verhältnissen innerhalb der gesamten Bevölkerung. Diese zeigt sich gespalten. Nach Meinungsumfragen sind Stimmen für und gegen die Verfassungsrevision fast gleich stark: 51 zu 46 Prozent in der Befragung der *Yomiuri Shinbun*,[40] 43 zu 48 Prozent in der Befragung der *Asahi Shinbun*.[41] Auf jeden Fall gibt es viele Reformgegner, aber sie halten sich eher zurück und vermeiden es, ihr politisches Ziel in Form eines Reformvorschlags aus-

[36] Zu den hier nicht behandelten Entwürfen und Vorschlägen vgl. *Shiyake*, Verfassungsänderung (Fn. 4), S. 16–17, 22.

[37] Vgl. Mainichi Shinbun vom 20.5.2015.

[38] Vgl. *DPJ*, Vorschläge (Fn. 4), S. 15.

[39] Vgl. *DPJ*, Vorschläge (Fn. 4), S. 1.

[40] Vgl. Yomiuri Shinbun vom 22.3.2015.

[41] Vgl. Asahi Shinbun vom 1.5.2015.

zudrücken, weil sie so die Legitimationsgrundlage der JV aushöhlen und dadurch der Argumentation der LDP eine Grundlage bieten könnten. Entsprechend wurde in den letzten 60 Jahren – und wird auch heute noch – einseitig gekämpft: Die LDP und ähnliche konservative Gruppierungen greifen an und alle anderen Kräfte verteidigen. So kann es natürlich keinen Gewinn für den pazifistisch-demokratischen Flügel geben; der Kampf endet im besten Fall unentschieden.

Über diese zahlenmäßigen Verhältnisse, insbesondere im Parlament, hinaus gibt es Umstände, die die Verwirklichung der Verfassungsrevision realistisch erscheinen lassen: Kritik an den Reformplänen wird in letzter Zeit immer schwieriger innerhalb der Massenmedien. Zwar ist von einer Unterdrückung der Meinungsäußerung durch den Staat noch keine Spur, aber Zeitungsverlage sowie öffentliche und private Fernsehanstalten stellen freiwillig den kritischen Stimmen immer weniger Platz zur Verfügung, sodass Nachrichtenkonsumenten einseitig von den Befürwortern der Verfassungsrevision beeinflusst werden.

Zum Teil ist dies eine Folge der oben genannten Verwischung der Grenzen durch die *Abe*-Regierung. Ein Beispiel dafür ist die politische Haltung von NHK (*Nippon Hōsō Kyōkai*), der öffentlichen Rundfunkgesellschaft. Dieser Sender ist nicht staatlich, sondern eine durch die Rundfunkgebühr finanzierte, relativ staatsunabhängige öffentliche Anstalt.[42] Dennoch versucht *Abe* durch die Personalpolitik bei der Besetzung des Betriebsausschusses von NHK, Einfluss zu nehmen, und schickte einen Parteifreund in den Vorstand.[43] Da es bereits Fälle gab, bei denen der Vorsitzende in den Programminhalt eingriff,[44] verbreitete sich Vorsicht und Zurückhaltung unter den Programmdirektoren von NHK.

---

[42] NHK zeigt jedoch manchmal wenig Widerstandskraft gegenüber politischem Druck, weil der Sender eine parlamentarische Zustimmung für sein Programmbudget braucht. Es gab zudem einen Fall, in dem ein Dokumentarfilm nach einer gemeinsamen Sitzung vom Programmdirektor mit *Abe*, damals stellvertretender Kabinettsgeneralsekretär, vor der Ausstrahlung inhaltlich modifiziert wurde – beide Parteien verneinen allerdings politischen Druck. Angesichts der Tatsache, dass die Finanz- und Führungsabteilungen von NHK in engem Kontakt mit der Regierung und der Regierungspartei stehen, veröffentlichte die Kommission für rundfunkethische Überprüfung der BPO (Broadcasting Ethics & Program Improvement Organization) einen Beschluss und warnte darin, dass innerhalb der NHK die Unabhängigkeit der Programmdirektoren von den Finanz- und Führungsabteilungen sichergestellt werden solle, vgl. *BPO* (Broadcasting Ethics & Program Improvement Organization), Beschluss: Meinungen zu NHK Erziehungskanal, „ETV 2001 Serie: Wie wird Krieg verurteilt?“, getroffen am 28. April 2009, S. 25 f. – abrufbar unter: <http://www.bpo.gr.jp/wordpress/wp-content/themes/codex/pdf/kensyo/determination/2009/05/dec/0.pdf> (31.5.2015).

[43] Der NHK-Vorsitzende *Katsuto Momii* erklärte in seiner Antrittsrede am 25. Januar 2014, dass der öffentliche Sender „Japans Position klar ausdrücken muss“ und „nicht ‚links‘ sagen darf, wenn die Regierung ‚rechts‘ sagt“, Asahi Shinbun vom 26.1.2014, S. 1, 3. Nach drei Tagen entschuldigte er sich vor dem Parlament, dass er seine private Meinung zu diesem und anderen Punkten in der Eigenschaft des NHK-Vorsitzenden öffentlich geäußert hatte, vgl. Asahi Shinbun vom 1.2.2014, S. 1. Der Betriebsausschuss von NHK erteilte ihm wiederholt eine schriftliche Verwarnung, vgl. Asahi Shinbun vom 26.2.2014, S. 1.

[44] Vgl. *BPO*, NHK Erziehungskanal (Fn. 42), S. 16.

Obwohl die Regierung überhaupt keine Kontrollmöglichkeiten gegenüber Zeitungen und nur wenige gegenüber Privatsendern besitzt, kommt Ähnliches auch bei diesen Unternehmen vor. Privatsender sind gesetzlich zur politischen Neutralität und Meinungsvielfalt verpflichtet.[45] Es sind keine gesetzlichen Sanktionen vorgesehen, aber die Nachrichtenproduzenten sind anfällig für politischen Druck, weil die Regierung bei gesetzeswidriger Programmgestaltung im schlimmsten Fall dem Unternehmen die Lizenz entziehen kann. Neutralität bedeutet natürlich im korrekten Wortsinn, dass Befürwortern und Kritikern die gleiche Präsenz zugesichert wird. Jedoch wird der Begriff des Politischen in der japanischen Gesellschaft dahingehend neu definiert, dass die Durchführung der Regierungsarbeit nicht als Politik verstanden wird, sodass ausschließlich die Opposition politische Meinung äußert, wohingegen die Regierung immer authentische Informationen vermittelt.[46]

Im Zeitalter des Internets, in dem die Bedeutung der Fernsehanstalten abnimmt, beharren die Privatsender auf staatlich gewährten Privilegien und leisten Gehorsam. „In der Armut begeht man Dummheiten", wie es in einer japanischen Redewendung heißt (*hin sureba don suru*). Für große Zeitungsfirmen gilt Ähnliches. Sie sind eigentlich vom staatlichen Einfluss unabhängig, aber die Marktsituation ist für sie so kritisch, dass sie vor einem Boykottaufruf durch die LDP und ihre Freunde große Angst haben. Darüber hinaus bemühen sie sich um ein gutes Verhältnis zur Regierung, um wichtige Informationsquellen sicherzustellen: „In Armut begeht man Dummheiten".

IV. Gleichgültigkeit der Bevölkerung gegenüber der Revision und ihre Gründe

Mit dem Hinweis auf die Marktsituation kommen wir schließlich der Einstellung der Nachrichtenkonsumenten näher. Die Selbstzensur der Massenmedien ist nur dann marktökonomisch naheliegend, wenn sich die Bevölkerung mehr auf die Öffentlichkeitsarbeit der Regierung verlässt als auf die kritische Analyse durch die Medien. Trifft dies auf Japan zu, liegt dies sicherlich daran, dass die Medien selbst inhaltsarme Aussagen von führenden Politikern unkritisch verbreiten. Dennoch

[45] § 4 Abs. 1 des Rundfunkgesetzes in Japan lautet: „Der Rundfunkbetrieb muss bei der Gestaltung der Rundfunkprogramme folgende Bestimmungen beachten:
1. dass sie der öffentlichen Sicherheit und den guten Sitten nicht zuwiderlaufen,
2. dass sie politisch neutral sind,
3. dass Nachrichten sachgemäß sind und
4. dass bei Meinungsverschiedenheiten Streitpunkte aus möglichst vielen Perspektiven dargestellt werden."

[46] Dieses Verständnis der politischen Neutralität stammt aus der beamtenrechtlichen Praxis und Rechtsprechung, z. B. gilt die Teilnahme eines Richters an einer regierungskritischen Versammlung als eine verbotene politische Tätigkeit, die in der Vergangenheit auch schon sanktioniert wurde, vgl. OGH, Beschluss vom 1. Dezember 1998, Minshū, Bd. 52, S. 1761.

muss es für die Tatsache, dass sich kritische Bemerkungen gegenüber der Regierung und der Politik insgesamt schlechter verkaufen, eine Ursache in der Haltung der Konsumenten geben. Warum lässt sich die Bevölkerung von den konservativen Kräften ohne sichtbaren Widerstand manipulieren?

Die *Abe*-Regierung verwischt zwar einige Grenzen, führt jedoch keine konkrete Grundrechtsverletzung herbei. Es wurde bisher noch niemand wegen Kritik an der Regierung verhaftet.[47] Die Widerstandlosigkeit beruht also größtenteils auf freiwilligem Unterlassen. Ohne Zustimmung der Mehrheit der Bevölkerung kann die Zurückhaltung der Massenmedien dieses Niveau nicht erreichen.

1. Vergleich mit dem Untergang der Weimarer Reichsverfassung

Diese Aktionslosigkeit beim Untergang der Demokratie erinnert an einen historischen Vorläufer: den Zerfall der Weimarer Republik. Es war die deutsche Bevölkerung selbst, die letztlich *Adolf Hitler* zum Führer und Reichskanzler wählte und ihm den Weg zum Ermächtigungsgesetz frei machte. Natürlich gibt es viele Unterschiede zwischen Japan heute und Deutschland damals. Die NSDAP war lange eine kleine Oppositionspartei, wodurch die Verwendung von gewalttätigen Mitteln wie dem Einsatz der SA leichter fiel. Dennoch sind bedeutungsvolle Gemeinsamkeiten festzustellen.

(1) Sowohl die Weimarer Reichsverfassung (WRV) als auch die JV basieren auf dem autoritären System des Scheinkonstitutionalismus preußischer Prägung. Beim Entwurf der kaiserlichen Verfassung nahm Japan die Preußische Verfassung von 1850 zum Vorbild. Dies gründete sich auf die ähnliche Einstellung zur Verfassung. Als ‚verspätete Nationen' in der imperialistischen Ära brauchten sowohl Preußen als auch Japan erstens eine formelle Verfassung, zweitens ein gewisses Maß an Machtkonzentration, um zügig Reformen von oben durchzuführen.[48] Dies führte zur Etablierung von Kaiser- bzw. Königtum mit autoritärem Charakter.

(2) Sowohl für das Deutschland im Jahre 1919 als auch das Japan im Jahre 1946 war eine Kriegslage ein die Verfassungsstrukturen vorentscheidendes Moment. In Deutschland spielte die Revolution eine gewisse Rolle, aber wegen der Kriegsreparationen blieb die Niederlage im Ersten Weltkrieg für das zeitgeschichtliche Bewusstsein des deutschen Volkes ausschlaggebend.

(3) Bei der Konzipierung des Grundrechtssystems hoben beide Staaten die Bedeutung der sozialen Grundrechte hervor. Freiheitsrechte waren zwar wichtige Komponenten, aber sie wurden als Ideal vergangener Zeiten betrachtet und durch

---

[47] Abgesehen von einem Jugendlichen, der auf der Außenwand einer öffentlichen Toilette mit dicker Farbe die Worte „Nie wieder Krieg!" schrieb und wegen Sachbeschädigung zu 14 Monaten Gefängnis auf Bewährung – überraschend streng – verurteilt wurde, vgl. OGH, Urteil vom 17. Januar 2006, Keishū, Bd. 60, Heft 1, S. 29.

[48] Vgl. *Sung-Soo Kim/Hiroshi Nishihara*, Vom paternalistischen zum Partnerschaftlichen Rechtsstaat. Entwicklungen im öffentlichen Recht Koreas und Japans an der Schwelle zum 21. Jahrhundert, Baden-Baden 2000, S. 15–16.

sozialstaatliche Rechte ergänzt und relativiert. Zur Relativierung trug zudem auch die Verfassungsinterpretation bei. In Japan wurde beispielsweise die Einklagbarkeit des Rechts auf Leben abgelehnt und stattdessen im Sinne eines Programmsatzes ausgelegt, der alle Staatsorgane zur effektiven Wirtschafts- und Sozialpolitik politisch und moralisch, aber nicht rechtlich verpflichtete.[49] Dadurch verlor der Not leidende Einzelne die Subjektstellung gegenüber dem Staat und verwandelte sich zu einem Gegenstand der staatlichen Fürsorge,[50] was an die Struktur der alten Reichsverfassung erinnert.

(4) Damit eng zusammenhängend zielten die Grundrechte nicht unmittelbar auf die Verstärkung der Demokratie im Sinne der freien Willensbildung des Volkes ab, sondern trugen zur Gründung eines Systems bei, in dem Grundrechte in erster Linie ein Mittel zur Erfüllung der Privatinteressen waren. Diese Ausrichtung auf das Privatinteresse war gemeinsamer Nenner von allen sozialen Schichten. *Franz Neumann* berichtet in seiner Untersuchung über die nationalsozialistische Herrschaftsstruktur in seinem Buch „Behemoth. Struktur und Praxis des Nationalsozialismus 1933–1944", wie das Industriebürgertum der parlamentarischen Demokratie ohne Engagement begegnete und nur sein imperialistisches Interesse verfolgte.[51] *Neumann* stellt außerdem dar, dass die führende Schicht im Staatsapparat und insbesondere in der Verwaltung und Rechtsprechung die Weimarer Verfassung verachtete und im Sinne einer autoritären Herrschaftsstruktur dem Volk gegenüberstand.[52] Dasselbe Phänomen lässt sich auch in Japan feststellen, wie z. B. die gerichtliche Zurückhaltung gegenüber der Klärung politisch bedeutungsvoller Fragen[53] belegt.

(5) Demokratie konnte beide Male nicht oder nur teilweise die gewünschte Integrationswirkung entfalten. Die Erscheinungsformen waren in den beiden Ländern völlig anders. Die Betonung des Privatinteresses führte in der Weimarer Republik zum kompromisslosen Gegensatz von partikulären Interessen, was die Bildung einer entscheidungsfähigen Regierung hemmte. In dieser Situation untersuchte *Carl Schmitt* die „geistesgeschichtliche Lage" des damaligen Parlamentarismus und erklärte, dass das Parlament „seine bisherige Grundlage und seinen Sinn verloren hat"[54]. Im Gegensatz dazu konnte die LDP durch ihre Kombination von Wachstumspolitik und agrarpolitischem Ausgleich die große Mehrheit der Bevölkerung auf ihre Seite ziehen und so eine allzu stabile Regierung bilden.[55] Jedoch haben Weimar und Japan gemeinsam, dass es der Bevölkerung nicht gelungen ist, einen

---

[49] Vgl. *Miyazawa*, Verfassungsrecht (Fn. 10), S. 110; *Teruya Abe/Masanori Shiyake*, Die Entwicklung des japanischen Verfassungsrechts von 1965–1976, JöR 26 (1977), S. 595–630 (626).

[50] Vgl. *Nishihara*, Funktion (Fn. 32), S. 862.

[51] Vgl. *Franz Neumann*, Behemoth. The Structure and Practice of National Socialism, 1933–1944, 2. Aufl., New York 1966, S. 169.

[52] Vgl. *Neumann*, Behemoth (Fn. 51), S. 27.

[53] Vgl. dazu die in Fn. 11 genannte Rechtsprechungen.

[54] *Carl Schmitt*, Die geistesgeschichtliche Lage des heutigen Parlamentarismus, München 1923, S. 63.

[55] Vgl. *Kim/Nishihara*, Partnerschaftlicher Rechtsstaat (Fn. 48), S. 25–27.

politischen Prozess ins Rollen zu bringen, der die Einbeziehung eines engagierten basisdemokratischen Diskurses in die politische Entscheidungsfindung ermöglicht.

2. Defizite bei der Demokratisierung in Japan und ihre Nachwirkungen

Warum hat man in Japan von den Erfahrungen der Deutschen nichts gelernt? Was hätte Japan anders machen können, um den gleichen Fehler zu vermeiden?

Am Ende der Weimarer Republik hat die Mehrheit der Bevölkerung die freiheitliche Demokratie mit ihren eigenen Händen zerstört. *Erich Fromm*, ein jüdischer Psychologe aus Frankfurt, bezeichnet diesen Vorgang als „Furcht vor der Freiheit" und analysiert, dass eine einzelne Person ihre Freiheit eher als Belastung empfand und Rettung in einem autoritären System suchte.[56] Vielleicht ist dies auch heute in Japan der Fall. Warum empfanden die Deutschen damals und die Japaner heute die Freiheit als Belastung?

Ein Grund für diese Einstellung liegt m. E. im Prozess der Demokratisierung in der japanischen Nachkriegszeit, der den weiteren Ablauf schicksalhaft belastete. Es war eine Demokratisierung von oben, die nur halbwegs ihr Ziel erreichte.

Im Jahr 1947 wurde das Erziehungsgrundgesetz als Grundlage des demokratischen Unterrichtswesens erlassen. Das Ziel war, die Wirkung des kaiserlichen Erziehungsedikts von 1890 zu vernichten und die Neuorientierung der demokratischen Bildung zu verwirklichen. So bestimmte § 1 EGG, dass das Ziel der Erziehung die Vervollkommnung der Persönlichkeit ist, und wollte zum Ausdruck bringen, dass die Erziehung unter dem alten Edikt insoweit falsch war, als dort Kinder nicht als zu achtende Persönlichkeiten, sondern ausschließlich in ihrer Brauchbarkeit als Diener und Instrumente für die kaiserliche Familie betrachtet wurden. Das EGG versuchte, der traditionellen und zentral gesteuerten Planung der Unterrichtsinhalte entgegenzuwirken. Dabei verzichtete es jedoch darauf, das Erziehungsrecht der Eltern anzuerkennen, weil es damals für die „Umorientierung des Geistes der Japaner zur Demokratie" als wichtiger galt, den Einfluss der zur Kaisertreue erzogenen Eltern zu reduzieren. Dadurch wurde den Kindern das Verständnis der Demokratie und für demokratisches Verhalten im Klassenzimmer vom Lehrer, also praktisch von der sozialen Elite, vermittelt. Dieses Verständnis zu hinterfragen und ein eigenes Konzept der demokratischen Struktur zu entwerfen, war Schülern nicht erlaubt.

Kein Wunder, dass so die autoritäre Gesellschaftsstruktur die Nachkriegsreform überlebte und die freie politische Willensbildung unterdrückte.[57] Da die LDP im

---

[56] *Erich Fromm*, Escape from Freedom, New York 1941.

[57] Verallgemeinert führt *Dower* die verkürzte Demokratisierung auf die „schizophrene Grundhaltung" der amerikanischen Besatzungsmacht zurück, in der eine Vision der extremen Demokratisierung mit der autoritären Herrschaft Hand in Hand ging, vgl. *Dower*, Defeat (Fn. 27), S. 26–27. Dies rechtfertigte natürlich nicht die Mittäterschaft der damaligen japanischen Intellektuellen und der Regierung.

21. Jahrhundert die Indoktrination der Schüler auf die gemeinschaftsbezogene Moralität hin verstärken wollte, wurde das EGG im Jahre 2006 unter der ersten *Abe*-Regierung geändert. Jetzt enthält es Bestimmungen, die beispielsweise die Förderung des Patriotismus als verbindliches Ziel aller Erziehungsprozesse begreifen.[58] Dieses Gesetz, das die Grenze der Gedanken- und Gewissensfreiheit (Art. 19 JV) der Schüler verwischt, wurde bisher kaum umgesetzt, zumal nach der Einführung des neuen EGG ein Machtwechsel zur DPJ stattfand. Seit *Abe* erneut an der Macht ist, versucht die LDP jedoch, die gesetzlichen Grundsätze mit Leben zu füllen. Eine Entwicklung, die die Dominanz der Regierungsmeinung im Unterricht verstärken könnte.

Wenn die freiheitliche Demokratie der japanischen Bevölkerung nicht die Möglichkeit bietet, am kollektiven Prozess der Problemlösung teilzunehmen, ist die Flucht ins Private fast eine zwangsläufige Folge. Daraus entwickelt sich keine innere Verbindung zum Staat, die auch nicht ersatzweise durch die Indoktrination von Patriotismus hergestellt werden kann. Stattdessen entsteht die sogenannte „Die-da-oben-sollen-sich-kümmern-Demokratie" (*omakase-minshushugi*), in der der Bürger von der Schwierigkeit der Problemlösung befreit wird und sich nur darüber Gedanken machen muss, wem die Problemlösung anvertraut werden kann.[59]

Diese Einstellung zur Demokratie setzt jedoch voraus, dass Entscheidungen im politischen Raum eine gewisse Qualität aufweisen, die durch internalisierte Mechanismen der Kontrolle „von denen da oben" sichergestellt wird. Die intensive Beteiligung der Ministerien und ihrer beratenden Organe an der Entstehung von Gesetzentwürfen sorgte bis vor Kurzem für einen gewissen Grad an legislativer Rationalität. Wenn Parlamentsmitglieder bei der Gesetzgebung die Initiative ergreifen, ist diese jedoch nicht immer garantiert.[60] Die emotional geprägte Argumentationsweise der Abgeordneten nimmt nun Einfluss auf das Gesetzgebungsverfahren, wie beispielsweise die erzwungene Meinungsänderung des Legislativbüros des Kabinetts auf Druck des Parteipräsidiums in der Frage des kollektiven Selbstverteidigungsrechts zeigt.[61] Die gegenwärtige Krise wurzelt darin, dass seit dem Schei-

---

[58] Vgl. *Nishihara*, Nationalbewusstsein (Fn. 4), S. 18–20.

[59] Vgl. *Makoto Sataka*, Saraba Omakase-Minshushugi (Weg mit der ‚Die-da-oben-sollen-sich-kümmern-Demokratie'), Tokio 1997.

[60] Gesetzentwürfe werden dem Parlament vom Kabinett oder von Parlamentsabgeordneten vorgelegt. Bei erstgenannten prüft das Legislativbüro des Kabinetts die Systemkonformität des Gesetzentwurfs ganz streng vor der Vorlage, während bei den letzteren die Legislativbüros des Ober- und Unterhauses, die personell schwächer ausgestattet sind, die Prüfung übernehmen. Zur Tatsache, dass die Gesetze auf Initiativen der Parlamentsmitglieder in der letzten Zeit stark zunehmen und einige davon systemwidrig und daher problematisch sind, vgl. *Masashi Kawasaki*, Rippō ni okeru Hō, Seisaku, Seiji no Kōsaku to sono ‚Shitsu' o meguru Taiō no Arikata (Die Verkoppelung von Recht, Politik und dem Politischen in der Gesetzgebung sowie der Weg zur ‚Qualität' derselben), in: Makoto Ida/Yoshihiro Matsubara (Hrsg.), Rippō-Jissen no Henkaku (Die Reform der Gesetzgebungspraxis), Kyoto 2014, S. 42–72 (42 f.).

[61] Noch vor der politisch motivierten Ernennung des NHK-Präsidenten wurde der Leiter des

tern des Machtwechsels von 2009 bis 2012 und der Zersplitterung der DPJ keine wirkungsvolle Qualitätskontrolle innerhalb des politischen Raums existiert. Der Verfassungsentwurf der LDP ist eine Folge davon, dass die zahlenmäßig stärkere Partei ihre Ressentiments einfach aussprechen kann.

3. Debatte um die Verfassungsstaatlichkeit im Sommer 2015 – eine Trendwende?

Obwohl sich seit Dezember 2012 die Verfassungskrise verschärft und die DPJ funktionsunfähig in sicherheits- und verfassungspolitischen Fragen zersplittert ist, hat sich im Sommer 2015 etwas verändert. In der letzten Phase der Parlamentsdebatte um die erwähnten Sicherheitsgesetze nahm die Kritik aus der Bevölkerung plötzlich zu. Es sammelten sich täglich hunderte und tausende Demonstranten vor dem Parlamentsgebäude – ein Phänomen, das zum letzten Mal in der Studenten- und Friedensbewegung um 1968 zu sehen war und seitdem von der politischen Szene in Japan so gut wie verschwunden ist. Die Demonstrationen und Proteste ergaben sich eher spontan und unorganisiert,[62] sodass es fraglich bleibt, ob eine alternative politische Kraft daraus erwachsen wird. Dennoch bedeutet diese Entwicklung, dass Protestpotenzial in der Bevölkerung vorhanden ist und unter bestimmten Bedingungen – trotz der vorherrschenden Apathie – erwacht.

Im Fokus der Kritik standen die Zweifel an der Verfassungsmäßigkeit der Sicherheitsgesetze. Am 4. Juni wurden drei Verfassungsrechtler von der Verfassungskommission des Unterhauses (*Shūgiin Kenpō-Shinsakai*) eingeladen. Dabei erklärten alle drei Gutachter einstimmig die Entwürfe als verfassungswidrig, selbst *Yasuo Hasebe*, der von der LDP einbestellt wurde. Die Einstimmigkeit brachte zum Ausdruck, dass es sich bei der Beurteilung als verfassungswidrig nicht um eine politisch motivierte Entscheidung handelte, sondern um eine Analyse, die auf wissenschaftlicher Fachkenntnis fußt.[63]

Legislativbüros des Kabinetts durch einen Diplomaten ersetzt. Zum ersten Mal seit 70 Jahren kam eine Person ohne Amtserfahrung auf diesen Posten.

[62] Im Zentrum stand eine kleine Gruppe von christlichen Studenten, SEALDs (Students Emergency Action for Liberal Democracy), die sich nicht um eine feste Organisation oder Hierarchie bemüht. Darin liegt der größte Unterschied zur Studentenbewegung in den 1960er-Jahren.

[63] Daraufhin erwiderte der Chefsekretär des Kabinetts, *Yoshihide Suga*, dass viele Verfassungsrechtler zu finden seien, die die Entwürfe als verfassungsgemäß erachten. Trotzdem konnte er in den darauffolgenden Tagen, als er in der Parlamentsdebatte nach den Namen der „vielen" gefragt wurde, nur drei davon nennen (Antwort von *Suga* in Sitzung des Ausschusses des Unterhauses für nationale und internationale Sicherheit am 10. Juni 2015). TV Asahi, eine private Fernsehanstalt, befragte 198 Fachspezialisten (Autoren des Sammelbands *Yasuo Hasebe/Kenji Ishikawa/Jōji Shishido* [Hrsg.], Kenpō Hanrei Hyakusen, Bd. I und II, 6. Aufl., Tokio 2013) nach ihrer Meinung zu den Gesetzentwürfen. Das Ergebnis: 127 Befragte hielten die Sicherheitsgesetze für verfassungswidrig, 19 weitere stuften die Verfassungsmäßigkeit als zweifelhaft ein, und nur drei Personen erachteten das Vorhaben als verfassungsgemäß, vgl. *TV-Asahi*, Meinungsumfrage durchgeführt zwischen dem 6. und 12. Juni 2015, abrufbar unter: <http://www.tv-asahi.co.jp/hst/info/enquete/> (31.8.2015).

Weite Teile der Öffentlichkeit thematisierten daraufhin, dass die Regierungspartei die verfassungsändernde Gewalt usurpieren wolle. Art. 96 Abs. 1 JV bestimmt, dass die Verfassung nur durch eine Volksabstimmung geändert werden kann, die dem vom Parlament aufgrund einer Zwei-Drittel-Mehrheit im Ober- und Unterhaus vorgeschlagenen Änderungsvorschlag zustimmt.[64] Wenn jedoch ein Gesetz, das nach bestehender juristischer Interpretation einem tragenden Grundprinzip der Verfassung zuwiderläuft, einfach durch eine Neuauslegung als verfassungsrechtlich unbedenklich gelten kann, bedeutet dies, dass der Inhalt der Verfassung durch den politischen Willen der Parlamentsmehrheit beliebig bestimmt werden kann. Die Verfassung wird dadurch bedeutungslos, da sie politische Willkür nicht verhindern kann.[65] Es geht bei der Debatte um die Sicherheitsgesetze im Kern also um die Verfassungsstaatlichkeit Japans. Das haben auch die Demonstranten verstanden, die durch ihre Proteste versuchen, Druck gegenüber der Regierungspartei aufzubauen, um einen leichtfertigen Umgang mit der Verfassung zu verhindern.

Eine solche Diskussion um eine „Verfassungsänderung durch Neuinterpretation" erlebte die japanische Gesellschaft schon einmal, nämlich als die Regierung bei der Gründung der Nationalen Polizeireserve (1950) und der Sicherheitskräfte (1952) ihre bisherige Auslegung von Art. 9 Abs. 2 JV veränderte. Damals behielt ein großer Teil der Verfassungslehre die ursprüngliche Auslegung bei und erachtete die neu gegründeten Organisationen als verfassungswidrig. Inzwischen ist die Regierungsinterpretation in der Bevölkerung jedoch weit verbreitet. Sicherlich auch aufgrund der fleißigen Öffentlichkeitsarbeit der Regierung, die hervorhob, dass ein Angriff auf Japan von einem Nachbarland jederzeit denkbar und Waffenverzicht im wört-

[64] Art. 96 Abs. 1 der JV lautet: „Eine Änderung dieser Verfassung bedarf der Initiative des Parlaments mit Zustimmung von mindestens zwei Dritteln aller Mitglieder in jedem Hause; die Änderung ist dem Volk vorzuschlagen und bedarf dessen Zustimmung. Für die Zustimmung des Volkes ist erforderlich, dass bei einer besonderen Volksabstimmung oder bei einer vom Parlament bestimmten Wahl mehr als die Hälfte der abgegebenen Stimmen die Verfassungsänderung befürworten."

[65] Dieser Gedankengang setzt voraus, dass die gerichtliche Kontrolle über die Verfassungsmäßigkeit der Gesetze nicht richtig funktioniert. Solch eine Situation ist in Deutschland unrealistisch angesichts der aktiven Spruchpraxis des Bundesverfassungsgerichts. In Japan jedoch ist dies möglich, weil der Oberste Gerichtshof seine Prüfungsbefugnis sehr zurückhaltend ausübt und unter Umständen verfassungsrechtliche Fragen in einem Rechtsstreit wegen aktuellem Politikbezug dem gesetzgeberischen und administrativen Ermessen überlässt. Der OGH verfolgt hier eine Spielart der „political-question"-Doktrin, vgl. OGH, Urteil vom 16. Dezember 1959, Minshū, Bd. 13, S. 3225. Freilich zieht die japanische Höchstinstanz diese Doktrin schon lange nicht mehr heran. Dennoch ist es nicht zu erwarten, dass der Oberste Gerichtshof die Grundlage seiner Prüfungsbefugnis extensiv interpretiert und so etwas wie eine Popularklage auf Feststellung der Verfassungswidrigkeit der Sicherheitsgesetze akzeptiert. Dies bedeutet, dass die Verfassungsmäßigkeit erst dann Gegenstand der gerichtlichen Überprüfung wird, wenn durch die Anwendung der Gesetze jemand in seinem Recht verletzt wird – z. B. wenn ein Mitglied der Selbstverteidigungskraft gegen seinen Willen zum Waffeneinsatz gezwungen wird. Dann aber ist ein Zeitpunkt erreicht, in dem die Notlage eine vernünftige Entscheidung eventuell erschwert.

lichen Sinne unrealistisch sei. In dieser Hinsicht liegt die herrschende Meinung in der Verfassungslehre weit entfernt von der der Öffentlichkeit.

Aus diesem Grund verzichteten viele Verfassungsrechtler im Sommer 2015 darauf, die Bevölkerung von ihrer traditionellen, pazifistischen Verfassungsinterpretation zu überzeugen. Stattdessen kritisierten sie die Gesetzentwürfe wegen ihrer Verfassungswidrigkeit, die auch aufgrund der feststehenden Regierungsinterpretation erkennbar ist.[66] Auf diese Weise wurde versucht, die Bevölkerung auf die Verfassungswidrigkeit aufmerksam zu machen, ohne dabei das Konfliktthema der grundsätzlichen Nicht-Anerkennung der Selbstverteidigungskräfte seitens der Rechtswissenschaft zur Sprache zu bringen. Genau genommen enthielt diese Strategie jedoch einen Widerspruch in sich, weil sie sich auf die Autorität der Regierungsinterpretation stützte, die seit der Kabinettsentscheidung vom 1. Juli 2014 eine andere Auslegung verfolgte.

Eine jüngere Strömung in der Verfassungslehre geht davon aus, dass Art. 9 JV grundsätzlich militärische Mittel für die Selbstverteidigung zulässt und nur die darüber hinausgehende Ausübung des kollektiven Selbstverteidigungsrechts verbietet. Seit den 1990er-Jahren versuchten Wissenschaftler, die dieser Auffassung waren, die Regierungsinterpretation seit der Wiederbewaffnung Japans verfassungstheoretisch zu legitimieren und weitere Erweiterungen der militärischen Aktivitäten unter verfassungsrechtliche Kontrolle zu stellen. Repräsentativ für diese Position vertrat und vertritt *Hasebe* die These, dass gänzlicher Waffenverzicht unter den heutigen Bedingungen in einem Verfassungssystem nicht denkbar sei, in dem der Staat zum Schutz von Leben, Körper und Eigentum der Bevölkerung verpflichtet ist.[67] Die Kardinalfrage bestand für diese Strömung im Sommer 2015 in der Unterscheidung zwischen dem individuellen und kollektiven Selbstverteidigungsrecht. Nach *Hasebe* und seinen Anhängern ist die Ausübung des Rechts auf kollektive Selbstverteidigung verfassungswidrig. Da die Regierung militärische Aktionen nicht im gesamten Umfang des kollektiven Selbstverteidigungsrechts legitimiert, sondern nur im Falle einer schweren Gefährdung der nationalen Sicherheit, ist die Position *Hasebes* anfällig für Kritik. Das so definierte Tätigkeitsfeld der Selbst-

---

[66] Neben repäsentativen Beiträgen wie *Ichiro Urata*, Shūdanteki-Jieiken Yōnin no Konkyoron to Jieitaihō/Buryokukōgekijitaihō-Kaiseian (Wie die Anerkennung des kollektiven Selbstverteidigungsrechts und die Reformentwürfe des Selbstverteidigungskräftegesetz und des Waffenangriffsfallgesetz begründet werden), in: Hideki Mori (Hrsg.), Anpo-kanrenhō Sōhihan (Kritik der gesamten Sicherheitsgesetze), Tokio 2015, S. 23 ff.; *Asaho Mizushima*, Shūdanteki Jieiken (Das kollektive Selbstverteidigungsrecht), Tokio 2015, S. 51 ff. ist vor allem den Mahnruf von Verfassungsrechtlern gegen die Entwürfe der Sicherheitsgesetze von 2. Juni 2015 „Anpo-kanren-hōan ni hantai shi sono haian o motomeru seimei" zu nennen, den 235 Fachleute unterschrieben haben. Der Mahnruf ist abrufbar unter: <http://anpohousei.blog.fc2.com/blog-entry-1.html> (31.8.2015), auch zitiert in: Tokio Shinbun vom 11. Juni 2015.

[67] Vgl. *Yasuo Hasebe*, Kenpō (Verfassungsrecht), 1. Aufl., Tokio 1996, S. 66–69, 72–74; *ders.*, Kenpō to heiwa o toinaosu (Revision der Frage nach der Verfassung und dem Frieden), Tokio 2004, S. 171–174.

verteidigungskräfte könnte nämlich durchaus noch unter die Definition der von *Hasebe* anerkannten staatlichen Schutzpflicht fallen.

Es ist also immer wieder von Verfassungswidrigkeit die Rede, aber es gibt noch keinen Konsens darüber, inwiefern und aus welchem Grund die Gesetzentwürfe verfassungswidrig sind. Nach der politisch motivierten und außergewöhnlich langen Ausweitung der Sitzungsperiode bis Ende September[68] stimmte die Plenarsitzung des Oberhauses gegen zwei Uhr nachts am 19. September den Entwürfen der Sicherheitsgesetze zu. Wie die Ereignisse im Sommer 2015 den weiteren Gang der von der LDP verfolgten Verfassungsrevision beeinflussen, ist schwerlich vorherzusagen. Vielleicht ist sich die Bevölkerung erneut der Bedeutung der Verfassung bewusst geworden. Vielleicht hat die Mehrheit das Vertrauen in die Verfassung verloren. In der letzten Phase der parlamentarischen Debatte bat ein Repräsentant der Opposition die Bevölkerung um Entschuldigung, dass er einen scheinbar legalen Verfassungsbruch trotz seines Amts nicht verhindern konnte.[69] Diese Rede brachte nochmals zum Ausdruck, dass im Endeffekt nur der Wille der Bevölkerung die bestehende Interpretation einer Verfassung verbindlich aufrechterhalten beziehungsweise wiederherstellen kann.

V. Ausblick

Bei der Begründung der Sicherheitsgesetze wies die Regierung wiederholt auf die veränderte Sicherheitslage (gemeint sind u. a. die militärische Expansion Chinas und die Situation des Kriegs gegen den Terrorismus) hin. Ob die Situation ein echtes Risiko darstellt oder nur vorgeschoben wird, muss sicherheitspolitisch diskutiert werden. Vor allem ist es notwendig, über die weitere Richtung der Sicherheits- bzw. Friedenspolitik zu sprechen.

Abgesehen davon ist es jedoch insgesamt schwierig, eine Zukunftsperspektive in der Verfassungspolitik der LDP zu erkennen. Die Berufung der LDP auf den Nationalstolz trägt wenig zur Verbesserung des Lebensstandards bei und verdeckt eher die eigentlichen Probleme. In der Tat liegen viele davon vor der Tür. Die Ursache

[68] Die planmäßige Sitzung wird in jedem Januar einberufen (§ 2 Parlamentsgesetz). Die Sitzungsperiode beträgt 150 Tage (§ 10 Parlamentsgesetz). Normalerweise wird die planmäßige Sitzung von 150 auf 200 Tage, d. h. bis Mitte Juni oder bis Anfang August, verlängert, je nach der vorgesehenen Tagesordnung. Im Jahr 2015 wurde die planmäßige Sitzung um 245 Tage bis Ende September verlängert – ein neuer Rekord. Dafür verzichtete die Regierung auf die Einberufung der außerplanmäßigen Sitzung, die normalerweise im Herbst stattfindet, obwohl die Opposition die Einberufung verlangte und Art. 53 der Verfassung die Regierung dazu verpflichtet, wenn mehr als ein Viertel der Abgeordneten von einem der beiden Häuser dies verlangt. Die Regierung wies zur Begründung auf diplomatische Pläne des Premierministers hin, aber es ist fraglich, ob dies die Verfassungswidrigkeit begründet.

[69] Vgl. *Yukio Edano* (DPJ), Rede zur Begründung des Misstrauensantrags gegen Premierminister *Abe* in der Plenarsitzung des Oberhauses am 18. September 2015.

der 30-jährigen Rezession der japanischen Wirtschaft ist die Steuerungsunfähigkeit der japanischen Wirtschaftsbürokratie, die ihrerseits durch die Globalisierung bedingt ist[70]. Die Bevölkerung ist den grenzüberschreitenden Einflüssen des weltwirtschaftlichen Prozesses ausgeliefert, was sich inländisch als Vergrößerung der Kluft zwischen Arm und Reich darstellt. In einem Zeitalter, in dem sogenannte *Trickle-Down*-Effekte nicht mehr funktionieren, d.h. die Unterstützung der wirtschaftlich Stärkeren nicht zur Verbesserung der inländischen Arbeitsmarktsituation führt, ist es schwierig für den Staatsapparat, die Vormundschaftsrolle gegenüber der Bevölkerung einzunehmen. In der Krise steckt also die Problemlösungskapazität der staatlichen Organe und des Parlamentarismus; also der souveräne Nationalstaat an sich.

Dennoch kann gegenwärtig nur der Staat zur Verwirklichung des demokratischen Willens der Bevölkerung beitragen. Da die Globalisierung eine Vergrößerung des Betroffenenkreises mit sich bringt und dies die Vermittlung des demokratischen Willens schwieriger macht, ist die allgemeine Verbreitung der „Die-da-oben-sollen-sich-kümmern-Demokratie" zu befürchten. Dabei zeigt sich am Beispiel Japans, dass diese Entwicklung sehr leicht auf den Qualitätsverlust der Politik hinausläuft.

Die japanische Bevölkerung ist stolz darauf, dass sie durch Art. 9 JV einen möglichen Weg zum ewigen Frieden gezeigt und in den letzten 70 Jahren keinen Bürger im Krieg verloren und keinen Menschen im Krieg ermordet hat. Auch im Zeitalter der Globalisierung braucht die Weltgesellschaft Mechanismen, durch die die Meinung der Bevölkerung in die Entscheidungsfindung einfließen kann. Die Bürger müssen sich an der Diskussion darüber beteiligen können, welche Normen und Rechte die weitere Entwicklung der Globalisierung entscheidend prägen sollen. Ob Japan in der nahen Zukunft die Verfassungskrise übersteht und wieder zur Diskussion mit der Allgemeinheit zurückkehrt oder doch als verlorene Demokratie ins Abseits der Weltgeschichte gerät, bleibt abzuwarten. Um dieser gefährlichen Tendenz weltweit entgegenzuwirken, kann man nur vor Ort, auf der nationalen und lokalen Ebene, die Effizienz der demokratischen Willensbildung steigern und ihre Qualität verbessern.

(Text abgeschlossen am 31. März 2016)

[70] *Kim / Nishihara*, Partnerschaftlicher Rechtsstaat (Fn. 48), S. 27.

Kommentar zum Vortrag von Hiroshi Nishihara*

Christian Waldhoff

Ich möchte den Vortrag von Herrn Kollegen *Nishihara* zum Anlass nehmen – meiner Rolle als Kommentator entsprechend –, drei Bemerkungen zur Diskussion beizutragen: 1. Zur Problematik einer nur sehr erschwert änderbaren Verfassung; 2. zum Streitgegenstand selbst sowie 3. zur Problematik historischer Vergleiche in unserem Kontext.

Gestatten Sie mir aber zunächst eine Vorbemerkung, sehe ich mich doch einem gewissen Zwiespalt ausgesetzt: Ich bin mir der Problematik sehr bewusst, in einem aktuellen und heftigen politischen wie verfassungsrechtlichen Streit in Japan als Ausländer und damit als Gast Stellung zu nehmen, versteht man Verfassungen als politische Entscheidungen der politischen Selbstorganisation eines Volkes[1]. Jenseits der reinen Textfassung geht es bei einem vergleichenden Blick auf fremde Verfassungsordnungen letztlich um Kulturvergleichung – der Rechtskultur und der politischen Kultur[2]. Deshalb werde ich pointierte Stellungnahmen mehr oder weniger vermeiden, sondern versuchen, Beobachtungen aus auswärtiger Perspektive und zwar aus der Perspektive eines ausländischen Wissenschaftlers zu machen. Folgerichtig fallen meine Beobachtungen zurückhaltender aus, als diejenigen meines geschätzten Kollegen *Nishihara.* Andernfalls würde man der Unsitte internationalistisch agierender Menschenrechtsaktivisten verfallen, jede ausländische Rechtsentwicklung an einem vermeintlich übergeordneten, in Wirklichkeit jedoch brüchigen und legitimatorisch zweifelhaften Maßstab zu messen, den abgestreiften politischen Imperialismus durch eine scheinbar wissenschaftliche Intervention zu ersetzen. Gleichwohl möchte ich – und hier funktioniert die Tagungsregie wunderbar – eher einen Gegenakzent setzen.

* Die Vortragsform wurde beibehalten.

[1] Vgl. *Carl Schmitt*, Verfassungslehre, München und Leipzig 1. Aufl., 1928, S. 20 ff.

[2] *Rainer Wahl*, Verfassungsvergleichung als Kulturvergleichung, in: Dietrich Murswiek (Hrsg.), Festschrift für Helmut Quaritsch, Berlin 2000, S. 163, speziell auf Japan bezogen S. 176 ff.; zur Entwicklung der Verfassungsstaatlichkeit in Japan *Hisao Kuriki,* Der Verfassungsstaat in den ostasiatischen Traditionen, insbesondere am Beispiel von Japan, in: Martin Morlok (Hrsg.), Die Welt des Verfassungsstaates, Baden-Baden 2000, S. 175 ff.

1. Verfassungen entscheiden selbst darüber, wie sie geändert werden[3]. Diese Normen gehören zur verfassten Gewalt[4]. Die verfassunggebende Gewalt ist demgegenüber nicht normierbar und rechtlich nicht gebunden, auf jeden Fall nicht an das Völkerrecht[5]. Die bisherige Diskussion auf dieser Konferenz hat gezeigt, dass die Grenze nicht stets klar ist; diese Frage spielte eine gewisse Rolle bei den Projekten der LDP. Wenn ich es richtig überblicke, ist die Änderungsfrequenz einer Verfassung unmittelbares Resultat des Änderungsmodus[6]. Der Änderungsmodus soll einen Ausgleich zwischen Stabilität und Flexibilität herstellen und dient damit der Wahrung der Funktionen der Verfassung[7]. Das bedeutet zugleich, dass Änderungen in der sozio-ökonomischen oder politischen Wirklichkeit für die Frage der Änderungsfrequenz nicht sonderlich entscheidend zu sein scheinen[8]. Andernfalls ließe sich kaum erklären, dass die schweizerische Bundesverfassung teilweise mehrmals in einem Jahr geändert wird, die US-amerikanische Verfassung sehr selten[9] und die japanische Verfassung von 1946 noch nie: Der soziale, ökonomische oder politische Veränderungsdruck in den drei Gemeinwesen dürfte sich in den letzten 60 Jahren nicht derart gravierend unterschieden haben, dass es sich in derart krassen Unterschieden der Änderungsfrequenz niederschlüge. Jährliche Änderungen und das Einsickern tagesaktueller, letztlich verfassungsunwürdiger Inhalte bedrohen die sich im Vorrang der Verfassung niederschlagende Funktion als Maßstab von Dauer

---

[3] Vgl. aus dem deutschen Schrifttum etwa *Christian Winterhoff*, Verfassung – Verfassunggebung – Verfassungsänderung, Tübingen 2007; *Jochen Rozek*, Verfassungsrevision, in: Josef Isensee/Paul Kirchhof (Hrsg.), Handbuch des Staatsrechts der Bundesrepublik Deutschland, Bd. 12, 3. Aufl., Heidelberg 2014, § 257, jeweils mit umfangreichen weiteren Nachweisen.

[4] *Rozek*, Verfassungsrevision (Fn. 3), Rdnr. 2f.

[5] Näher *Christian Waldhoff*, Die Entstehung des Verfassungsgesetzes, in: Otto Depenheuer/Christoph Grabenwarter (Hrsg.), Verfassungstheorie, Tübingen 2010, § 8 Rdnr. 18ff.

[6] Vgl. etwa *Brun-Otto Bryde*, Verfassungsentwicklung, Baden-Baden 1982, S. 221ff.; *Rozek*, Verfassungsrevision (Fn. 3), Rdnr. 26ff.

[7] *Peter Badura*, Verfassungsänderung, Verfassungswandel, Verfassungsgewohnheitsrecht, in: Josef Isensee/Paul Kirchhof (Hrsg.), Handbuch des Staatsrechts der Bundesrepublik Deutschland, Bd. 12, 3. Aufl., Heidelberg 2014, § 270 Rdnr. 4f.

[8] Zur Verfassungsentwicklung durch Verfassungsänderungen in Deutschland *Hasso Hofmann*, Die Entwicklung des Grundgesetzes von 1949 bis 1990, in: Josef Isensee/Paul Kirchhof (Hrsg.), Handbuch des Staatsrechts der Bundesrepublik Deutschland, Bd. 1, 3. Aufl., Heidelberg 2003, § 9; *Hartmut Bauer*, Die Verfassungsentwicklung des wiedervereinten Deutschlands, ebd., § 14.

[9] Bisher 27 Änderungen in Form sog. amendments; zur Verfassungsänderung und Verfassungsentwicklung im US-amerikanischen Verfassungsrecht *Akhil Reed Amar*, America's Constitution. A Biography, New York 2005, S. 285ff.; *Edward S. Corwin/Mary L. Ramsey*, Constitutional Law of Constitutional Amendment, 26 Notre Dame Law Review 185 (1951). Vgl. auch *Bruce Ackerman*, We The People 2. Transformations, Cambridge (Mass.) u.a. 1998, S. 71ff.

und Stabilität[10]. Man könnte es auch so ausdrücken: Neben einem positiven gibt es auch einen negativen Verfassungsvorbehalt[11].

Ein besonderes Problem stellt es dar, wenn sich Verfassungen nur sehr schwer ändern lassen, denn Änderungsbedürfnisse entstehen regelmäßig und sind im Grundsatz auch legitim[12]. Wie kaum anders zu erwarten, werden dann Ersatzkonstruktionen auf den Plan gerufen. Wiederum zugespitzt: Eine Verfassung, die ihre Anpassung letztlich verhindert, verliert genauso ihre Funktion, wie diejenige, deren Änderung sich in keiner Weise von der einer „motorisierten" Gesetzgebung unterscheidet[13]. Hier erscheint mir eine weitere Unterscheidung wichtig: Ist die Änderung erschwert oder quasi unmöglich, kommt es hinsichtlich der Funktionserhaltung der Verfassung auch noch darauf an, wie detailgenau ihre Normierungen erfolgen. Besteht der Text aus Leerformeln, Generalklauseln oder Prinzipien, sinkt das Änderungsbedürfnis bei Änderung der Verhältnisse, da entsprechende Ziele interpretatorisch aufgefangen werden können. Mit dieser Akzentuierung möchte ich dem Referenten daher darin zustimmen, dass die ausbleibende Änderung der japanischen Verfassung seit ihrem Inkrafttreten 1946 eher ein Zeichen der Schwäche, als der Stärke, eher ein Indikator für geringe als für hohe politische Relevanz der Verfassung darstellt. Die Rigidität der japanischen Verfassung hinsichtlich ihrer Änderungsmöglichkeit hat denn auch zu verstärkten interpretatorischen Bemühungen geführt; hinsichtlich Art. 9 JV gilt das nicht erst für die Gegenwart, sondern auch für die Phase der Aufstellung von Selbstverteidigungsstreitkräften[14].

Der Entwurf einer neuen Verfassung der LDP wäre in diesem Setting unter der Überschrift „Totalrevision"[15], nicht als Ausübung verfassunggebender Gewalt ein-

---

[10] *Meinhard Hilf*, Die sprachliche Struktur der Verfassung, in: Josef Isensee/Paul Kirchhof (Hrsg.), Handbuch des Staatsrechts der Bundesrepublik Deutschland, Bd. 12, 3. Aufl., Heidelberg 2014, § 262 Rdnr. 28.

[11] Dazu *Christian Waldhoff*, Der positive und der negative Verfassungsvorbehalt, Baden-Baden 2016.

[12] Zum Spannungsverhältnis zwischen Stabilität und Flexibilität der Verfassung *Rozek*, Verfassungsrevision (Fn. 3), Rdnr. 5 f.; zur historischen Dimension der nicht änderbaren Verfassung *Bryde*, Verfassungsentwicklung (Fn. 6), S. 49 ff.; insofern zur japanischen Dimension *Nozomu Shimizu*, Die Entwicklung der japanischen Verfassung seit 1946, in: Hans Peter Marutschke (Hrsg.), Beiträge zur japanischen Verfassungsgeschichte, Köln 2011, S. 177 ff.

[13] Diese Argumentation für den Fall, dass ein Vorrang der Verfassung ausgeprägt ist; andernfalls – etwa im konstitutionellen deutschen Staatsrecht des 19. Jh. – sind diese Abgrenzungen weitgehend irrelevant.

[14] Ausführlich *Reinhard Neumann*, Änderung und Wandlung der Japanischen Verfassung, Köln u. a. 1982, S. 13 ff.

[15] Der Begriff stammt aus dem schweizerischen Staatsrecht, vgl. nur *François Bellanger*, Révision totale et partielle de la Constitution fédérale, in: Daniel Thürer/Jean-François Aubert/Georg Müller (Hrsg.), Verfassungsrecht der Schweiz, Zürich 2001, § 79; die Kategorie wird neuerdings auch zur Ausdeutung des problematischen Art. 146 GG herangezogen, vgl. *Martin Heckel*, Die Legitimation des Grundgesetzes durch das deutsche Volk, in: Josef Isensee/Paul Kirchhof (Hrsg.), Handbuch des Staatsrechts der Bundesrepublik Deutschland, Bd. 8, 1. Aufl., Heidelberg 1995,

zuordnen[16]. Das stellt einen Wandel zur ursprünglichen Programmatik der Partei dar[17]. Die Grundentscheidungen der Verfassung bleiben erhalten, werden – hier nehme ich eine Formulierung aus der Dogmatik und Rechtsprechung zur deutschen sog. Ewigkeitsgarantie des Art. 79 Abs. 3 GG auf – „systemgerecht modifiziert“[18]. Das mag einem politisch passen oder nicht. Das Problem, das wir diskutieren, wird dadurch verschärft, dass mit Art. 9 JV – seiner Änderung oder seiner erweiternden Interpretation – eine Art „Identitätsnorm“[19] der japanischen Verfassung betroffen ist, die gleichzeitig eher technisch formuliert ist[20].

Der zunächst eingeschlagene Weg einer erweiternden Interpretation der umstrittenen Norm ist vor dem Hintergrund der im internationalen Vergleich nur äußerst schwer zu ändernden Verfassung (Kombination zweier Sicherungsmechanismen: Qualifizierte Mehrheiten in beiden Häusern des japanischen Parlaments und Volksabstimmung, Art. 96 JV) mehr oder weniger zwangsläufig[21]. Auch hier ist die Parallele zur deutschen Situation interessant[22]. Als es bereits zu Beginn der

---

§ 197 Rdnr. 114 ff.; *Josef Isensee*, Schlußbestimmung des Grundgesetzes: Artikel 146, ebd., Bd. 12, 3. Aufl., Heidelberg 2014, § 258 Rdnr. 72.

16 Zur auf den *Abbé Sieyès* zurückgehenden Unterscheidung statt vieler nur *Waldhoff*, Entstehung des Verfassungsgesetzes (Fn. 5), Rdnr. 12 f.

17 Die LDP hatte von Anfang an als zentrale programmatische Forderung eine Revision der Verfassung von 1946 in ihrem Programm, vgl. *Neumann*, Änderung (Fn. 14), S. 13 ff.; zur neueren Änderungsdebatte etwa *Masanori Shiyake*, Zur Diskussion über die Verfassungsänderung in Japan, in: ders., Verfassung und Religion in Japan, Baden-Baden 2011, S. 11 ff.

18 BVerfGE 30, 1 (24 f.) – erstes Abhörurteil; zur Rechtsprechung *Matthias Herdegen*, in: Theodor Maunz/Günter Dürig, Grundgesetz. Kommentar, Loseblattsammlung, Art. 79 Abs. 3 Rdnr. 62 (Stand der Kommentierung: 52. Ergänzungslieferung Mai 2008).

19 Zur Frage der „Verfassungsidentität“, die in Deutschland vornehmlich im Kontext mit europäischen Integrationsprozessen diskutiert wird, vgl. zuletzt *Christoph Schönberger*, Identitäterä, JöR 63 (2015), S. 41 ff.; *Dominique Rousseau*, Die Verfassungsidentität – Schutzschirm für die nationale Identität oder Teil des europäischen Sterns?, ebd., S. 91 ff.; *Michael Goldhammer*, Die Achtung der nationalen Identität durch die Europäische Union, ebd., S. 105 ff.; *Christian Walter/Markus Vordermayer*, Verfassungsidentität als Instrument richterlicher Selbstbeschränkung in transnationalen Integrationsprozessen, ebd., S. 129 ff.

20 Als „Hauptprinzip“ bezeichnet bei *Wilhelm Röhl*, Die japanische Verfassung, Frankfurt am Main u. a. 1963, S. 82, als Verfassungsprinzip („fundamental principle of the japanese constitution“) charakterisiert bei *Shigenori Matsui*, The Constitution of Japan, Oxford u. a. 2011, S. 29 f.; zur weitgehenden Einzigartigkeit ebd., S. 233 ff.; vgl. demgegenüber den Überblick zu verfassungsrechtlichen Pazifismusklauseln bei *Klaus Schlichtmann*, Artikel 9 im Normkontext der Staatsverfassungen – Souveränitätsbeschränkung und Kriegsverhütung im 20. Jahrhundert, in: Werner Schaumann (Hrsg.), Gewollt oder Geworden? Planung, Zufall, natürliche Entwicklung in Japan, München 1996; zur Entstehungsgeschichte und zum Hintergrund von Art. 9 JV *David Nelso Rowe*, The New Japanese Constitution II, Far Eastern Survey 16 (1947), S. 30 (32 f.); *Röhl*, a. a. O., S. 57 ff. sowie *Koseki Shoichi*, The Birth of Japan's Postwar Constitution, Boulder (Colo.) 1997, S. 192 ff.

21 So insbesondere auch die Zentralthese von *Neumann*, Änderung (Fn. 14); *Shiyake*, Diskussion (Fn. 17), S. 13 ff., weist darauf hin, dass eine weitere Folge die Verlagerung zahlreicher Reformen auf einfachgesetzliche Ebene ist.

22 Vgl. etwa auch *Klaus Schlichtmann*, The Constitutional Abolition of War in Japan, in: Detlef Kantowsky/Alois Graf Waldburg-Zeil (Hrsg.), Internationales Asienforum 32 (2001), S. 123 ff.

1950er Jahre angesichts der Verschärfung des Kalten Krieges und des Ausbruchs der Koreakrise zur Frage der deutschen Wiederbewaffnung kam, entstand unter dem nachmals verwendeten Schlagwort vom „Kampf um den Wehrbeitrag"[23] eine ausführliche und erbitterte verfassungsrechtliche Diskussion darüber, ob die Aufstellung von Streitkräften unter einem Verfassungsvorbehalt stehe oder nicht[24]. Das Problem löste sich dadurch, dass nach dem Scheitern des Projekts einer Europäischen Verteidigungsgemeinschaft (EVG) das Grundgesetz ausdrücklich entsprechend ergänzt wurde[25]. Als es seit den 1990er Jahren zu vermehrtem Druck der Verbündeten auf Deutschland kam, sich an militärischen Auslandseinsätzen zu beteiligen, wurden die diese Situation subjektiv-historisch sicher nicht ins Auge fassenden Normen des Grundgesetzes zwar großzügig, aber immer noch lege artis interpretiert, zugleich aber durch die Rechtsprechung des Bundesverfassungsgerichts mit Sicherungsmechanismen versehen[26]. Insbesondere die Figur des „Parlamentsheeres", d. h. die strikte Bindung von Auslandseinsätzen der Bundeswehr an eine parlamentarische Zustimmung, ist hier zu nennen. Zudem ist die Einbindung in internationale Missionen zentral. Das Verbot des Angriffskrieges (Art. 26) und das Grundrecht auf Kriegsdienstverweigerung (Art. 4 Abs. 3) standen von Anfang an im Grundgesetz.

2. Neben einigen Akzentverschiebungen in der Präambel der japanischen Verfassung – auf die ich hier nicht eingehen kann[27] – wird im LDP-Verfassungsentwurf vor allem der allgemeine Grundrechtsartikel 13 diskutiert[28]. Es geht um die Einschränkbarkeit von Grundrechten. Der bisherige Einschränkungsgrund des „öffentlichen Wohls" soll ersetzt werden durch „öffentliches Interesse" und „öffentliche Sicherheit". Letzteres versteht sich von selbst und bleibt daher außer Betracht. Die Befürchtungen der Kritiker gehen dahin, dass damit dem Parlament mehr Gewicht als der Gerichtsbarkeit bei der Konkretisierung und damit der Abwägung im Rahmen der Rechtfertigung von Grundrechtseingriffen eingeräumt wird. Aus der Sicht eines Landes mit übermächtiger Verfassungsgerichtsbarkeit kann ich darin zunächst kaum einen Skandal erkennen, bin mir aber natürlich bewusst, dass Verfassungskontrolle in Japan anders vonstatten geht als in Deutsch-

---

[23] Vgl. etwa *Hans-Peter Schwarz*, Die Ära Adenauer, Stuttgart 1981, S. 119 ff.; *Ulrich Herbert*, Geschichte Deutschlands im 20. Jahrhundert, München 2014, S. 635 ff.

[24] Vgl. etwa *Albert Bleckmann*, Der Verfassungsvorbehalt, JR 1978, S. 221 ff.; *Josef Isensee*, Vorbehalt der Verfassung, in: Josef Isensee (Hrsg.) Festschrift für Walter Leisner, Berlin 1999, S. 359 ff.

[25] 4. Gesetz zur Änderung des Grundgesetzes vom 26. März 1954, BGBl. I S. 45, sowie 7. Gesetz zur Änderung des Grundgesetzes vom 19. März 1956, BGBl. I S. 111; dazu *Hofmann*, Entwicklung (Fn. 8), Rdnr. 44 ff.

[26] Grundlegend BVerfGE 90, 286; insgesamt *Bardo Fassbender*, Militärische Einsätze der Bundeswehr, in: Josef Isensee/Paul Kirchhof (Hrsg.), Handbuch des Staatsrechts der Bundesrepublik Deutschland, Bd. 11, 3. Aufl., Heidelberg 2013, § 244 Rdnr. 47 ff.

[27] Zu der älteren Diskussion über eine Änderung der Präambel *Neumann*, Änderung (Fn. 14), S. 131 f.

[28] Zur bisherigen Fassung etwa *Matsui*, Constitution (Fn. 20), S. 166 ff.; zu Änderungsdiskussionen aus den 1950er Jahren *Neumann*, Änderung (Fn. 14), S. 125 ff.

land. Rein sprachlich fällt es zudem schwer, weitreichende Konsequenzen aus der Unterscheidung zwischen „öffentlichem Wohl" (gemeint ist das Gemeinwohl) und „öffentlichem Interesse" zu ziehen. Für die deutsche Situation kann festgehalten werden, dass die Unterschiede in der Einschränkbarkeit von vorbehaltlos gewährleisteten Grundrechten und solchen, die unter Gesetzesvorbehalt stehen, in der Tendenz überschätzt wird.

3. Für nicht unproblematisch halte ich historische Vergleiche über die Wirkungen von Verfassungen und die Bedingungen von Demokratisierung nach Abschüttelung eines autoritären (Japan) oder totalitären Regimes (Deutschland). Vergleichspunkt müsste auf deutscher Seite das Grundgesetz und nicht, wie in Publikationen von Herrn *Nishihara*, die Weimarer Reichsverfassung sein. Für Deutschland waren hier die günstigere Struktur des Parteiensystems sowie insgesamt – trotz der gewaltigen Kriegszerstörungen – wohl bessere äußere Bedingungen entscheidend. Die Weimarer Verfassung hat in den letzten 30 Jahren in der wissenschaftlichen Bewertung eine bemerkenswerte Popularität erhalten, erscheint heute doch recht klar, dass die nationalsozialistische Machtergreifung ihren Hauptgrund nicht in einer verfehlten Verfassung besaß[29]. Das hieße – wieder einmal – die Wirkkraft von Verfassungen zu überschätzen. Nach 1945 war die verfassungspolitische Ausgangslage in Japan und in Deutschland insofern ähnlich, als die Grundentscheidungen der Verfassungen mehr oder weniger von Siegermächten vorgegeben wurden[30]: Für Deutschland in den sog. Frankfurter Dokumenten[31], in denen das demokratische Legitimationsprinzip, die Bundesstaatlichkeit, die Rechtsstaatlichkeit, die Existenz von Grundrechten mehr oder weniger explizit als Leitlinien für die dann in deutsche Hand gegebene Verfassunggebung vorgegeben waren[32]. Daraus Legitimitätsdefizite des Grundgesetzes konstruieren, wie es in gewissen Kreisen in den 1960er oder 1970er Jahren üblich war[33], ist heute kein Thema mehr, denn selbst wenn man die Verfassunggebung punktuell-dezisionistisch deutet, hat sich deren Legitimität kontinuierlich zu bewähren.

---

[29] Vgl. nur *Christoph Gusy*, Weimar – die wehrlose Republik? Tübingen 1991; *Heinrich August Winkler*, Weimar 1918–1933, München 1993, S. 595 ff. (614); tendenziell anderes Narrativ noch in BVerfGE 5, 85 (138) – KPD-Urteil.

[30] Zur Entstehungsgeschichte der japanischen Verfassung von 1946 *Robert E. Ward*, The Origins of the present Japanese Constitution, The American Political Science Review 50 (1956), S. 980 ff.; *Röhl*, Verfassung (Fn. 20), S. 13 ff. sowie insgesamt *Shoichi*, Birth (Fn. 20).

[31] Abgedruckt bei Michael F. Feldkamp (Hrsg.), Die Entstehung des Grundgesetzes für die Bundesrepublik Deutschland, Stuttgart 1999, S. 54 ff.

[32] *Reinhard Mußgnug*, Zustandekommen des Grundgesetzes und Entstehen der Bundesrepublik Deutschland, in: Josef Isensee/Paul Kirchhof (Hrsg.), Handbuch des Staatsrechts der Bundesrepublik Deutschland, Bd. 1, 3. Aufl., Heidelberg 2003, § 8 Rdnr. 1, 22 ff.

[33] Vgl. nur *Martin Kriele*, Legitimitätsprobleme der Bundesrepublik, München 1977; *Josef Isensee*, Legitimation des Grundgesetzes, in: ders./Paul Kirchhof (Hrsg.), Handbuch des Staatsrechts der Bundesrepublik Deutschland, Bd. 12, 3. Aufl., Heidelberg 2014, § 254, Rdnr. 7, 26 ff.

Teil V

Notwendigkeit und Bedeutung einer Verfassungsänderung am Beispiel von Art. 10, 13 und 16 GG

Notwendigkeit und Bedeutung einer Verfassungsänderung am Beispiel von Art. 10, 13 und 16 GG

Christian Hillgruber

I. Einleitung

Verfassungsänderungen gehören in Deutschland zur „rechtspolitischen Normalität".[1] In sechsundsechzig Jahren Geltung des Grundgesetzes sind insgesamt 60 Änderungsgesetze in Kraft getreten, die ihrerseits in der Regel mehrere Artikel des Grundgesetzes geändert haben und daher in der Summe ein Vielfaches an Änderungen bewirkt haben, seien es Ergänzungen, Modifikationen oder Streichungen. Der eindeutige Schwerpunkt bei den Revisionsgegenständen liegt auf der bundesstaatlichen Kompetenzverteilung: „Die Geschichte der Verfassungsänderungen ist wesentlich die Geschichte der Veränderungen des Verhältnisses von Bund und Ländern"[2], vor allem bei den Gesetzgebungs- und Verwaltungszuständigkeiten sowie im Bereich der Finanzverfassung.[3]

---

[1] *J. Masing*, Zwischen Kontinuität und Diskontinuität: Die Verfassungsänderung, in: Der Staat 44 (2005), S. 1. Es kann dahin stehen, ob dies darauf beruht, dass das Verfassungsänderungsverfahren in Deutschland als ein nur hinsichtlich der Mehrheitserfordernisse (Art. 79 Abs. 2 GG) modifiziertes Gesetzgebungsverfahren ausgestaltet ist, wie *H. Dreier*, Gilt das Grundgesetz ewig?, München 2008, S. 43 f. meint; die Einigkeit unter den großen politischen Parteien, die dafür notwendig ist, dürfte jedenfalls, anders als *Dreier* meint, keinesfalls leicht herzustellen sein.

[2] *G. Robbers*, Die Änderungen des Grundgesetzes, in: JuS 1989, 1325, 1330.

[3] *J. Masing*, Zwischen Kontinuität und Diskontinuität: Die Verfassungsänderung, in: Der Staat 44 (2005), S. 1, 15 führt dies darauf zurück, dass hier weithin „nichtinterpretationsfähige Strukturen vorgegeben" sind, „die durch die Entwicklung der politischen oder wirtschaftlichen Verhältnisse fragwürdig oder – etwa im Blick auf internationale Einbindungen – ergänzungsbedürftig werden."

Dagegen haben die in den I. Abschnitt des Grundgesetzes aufgenommenen Grundrechtsbestimmungen bemerkenswert selten explizite Änderungen erfahren[4], und zwar sowohl vor[5] wie auch nach der Wiedervereinigung 1990[6]. Aus diesem Umstand abzuleiten, dass bei den Grundrechten des Grundgesetzes alles beim Alten geblieben sei, wäre nun allerdings offensichtlich unzutreffend.

Vielmehr ist zwischenzeitlich ein ganz erheblicher Bedeutungswandel der Grundrechte bei weithin unverändert gebliebenem Verfassungstext eingetreten. Er hat sich jedoch nahezu vollständig durch eine gegenüber dem Ausgangsverständnis von 1949 veränderte Grundrechtsinterpretation entfaltet und ist vor allem durch den „Hüter" des Grundgesetzes, das BVerfG, in dessen Rechtsprechung ins Werk gesetzt worden.[7]

Der verfassungsändernde Gesetzgeber dagegen hat – von der Schaffung eines einzigen zusätzlichen Diskriminierungsverbots (wegen Behinderung, Art. 3 Abs. 3 S. 2 GG) und der Erstreckung des geschlechtsbezogenen Gleichberechtigungsgebots auf die gesellschaftliche Wirklichkeit (Art. 3 Abs. 2 S. 2 GG)[8] abgesehen –

[4] Dies konstatiert auch *M. Brenner*, Möglichkeiten und Grenzen grundrechtsbezogener Verfassungsänderungen, dargestellt anhand der Neuregelung des Asylrechts, in: Der Staat 32 (1993), S. 493, der dies v.a. auf „die Entwicklungsoffenheit des Grundrechtskatalogs aufgrund seiner durchweg knappen, daher einer sich an der Fortentwicklung der Gesellschaft orientierenden Auslegung zugänglichen und insoweit als glücklich gewählt zu bezeichnenden Formulierungen" zurückführt.

[5] Von 1949 bis 1990 sind nur die Art. 1 Abs. 3, 9 Abs. 3, 10, 11, 12, 19 Abs. 4 GG geändert sowie die Art. 12a und 17a GG eingefügt worden; substantiell waren dabei nur die zusammenhängenden Änderungen der Art. 10 und 19 Abs. 4 GG.

[6] Übersicht über die Aktivitäten des verfassungsändernden Gesetzgebers in sachlich-gegenständlicher Hinsicht bis 1997 *A. Bauer/M. Jestaedt*, Das Grundgesetz im Wortlaut, Heidelberg 1997, S. 86f. Seit 1990 sind lediglich die Art. 3, 12a, 13 und 16 GG geändert sowie Art. 16a GG eingefügt worden; die Änderung des Art. 18 GG besteht nur in der durch die Auslagerung des Asylrechts aus Art. 16 Abs. 2 S. 2 GG und dessen Neuregelung in Art. 16a GG erforderlich werdenden Änderung des den Artikel angebenden Klammerzusatzes hinter „Asylrecht".

Textlich gänzlich unverändert geblieben sind die Art. 1 Abs. 1 u. 2, Art. 2, Art. 4–8, Art. 14f., 17 und 19 Abs. 1–3 GG; in der Substanz auch Art. 1 Abs. 3, 11, 12 und 18 GG.

[7] Dies gilt in erster Linie für die Ausweitung des Gewährleistungsgehalts der Grundrechte durch Entdeckung neuer Grundrechtsdimensionen (etwa: mittelbare Drittwirkung im Privatrecht; Schutzpflichten) sowie durch „neue" und extensive Auslegung der Schutzbereiche der Einzelgrundrechte. Beispielhaft sei insoweit nur auf das – in Übereinstimmung mit dem Willen des Verfassunggebers und damit subjektiv-historisch korrekt – als Garantie allgemeiner Verhaltensfreiheit verstandene Grundrecht auf freie Entfaltung der Persönlichkeit und auf das als Kombinationsgrundrecht aus Art. 2 Abs. 1 i.V.m. Art. 1 Abs. 1 GG entwickelte allgemeine Persönlichkeitsrecht verwiesen, das seinerseits zum dogmatischen Ausgangspunkt zahlreicher weiterer, zu eigenständigen Grundrechten mutierter Konkretisierungen geworden ist.

[8] Worin überwiegend nur eine Staatszielbestimmung erblickt wird; siehe nur *R. Scholz*, in: Maunz/Dürig, GG, Kommentar, München, Art. 3 Abs. 2 (Stand: Oktober 1996), Rn. 60–62; für ein subjektives (Grund-)Recht auf nicht näher spezifizierte staatliche Durchsetzungs- und Fördermaßnahmen dagegen *Jarass/Pieroth*, GG, Kommentar, München ^{13}2014, Art. 3 Rn. 91.

keine Veranlassung gesehen, den Grundrechtsschutz auszuweiten[9] oder auch nur verfassungsgerichtlich dekretierte Erweiterungen durch Textänderungen nachzuvollziehen und einzuhegen, „klarstellend oder systematisierend zu verankern und damit wieder ein Mindestmaß an steuerndem Einfluss auf die Verfassungsrechtsprechung zu nehmen"[10].

Bei einer Erweiterung der grundrechtlichen Schutzbereiche müssen mit einer gewissen Notwendigkeit auch die Einschränkungsmöglichkeiten „mitwachsen", d. h. entsprechend ausgeweitet werden, soll mehr individuelle Freiheit nicht zugleich die Freiheit der anderen ungebührlich verkürzen oder sozialschädlich werden.[11]

Das Bewusstsein für diese Notwendigkeit war beim Bundesverfassungsgericht in den ersten beiden Jahrzehnten seiner Judikatur durchaus vorhanden.[12] Das BVerfG flankierte insbesondere die von ihm betriebene Ausweitung des Schutzes durch prima facie einschränkungslos garantierte Grundrechte auf konfliktträchtiges Sozialverhalten[13] mit einem parallelen Ausbau verfassungsunmittelbar legitimierter Einschränkungsmöglichkeiten und machte sie damit allgemein akzeptabel.

---

[9] Durch die Ersetzung des Wortes „Verwaltung" durch „vollziehende Gewalt" sollte lediglich klargestellt werden, dass auch die vom Bund aufzustellenden Streitkräfte (Art. 87a GG) an die Grundrechte gebunden sein sollten, wobei in erster Linie an die Grundrechtsbindung gegenüber den Soldaten gedacht war.

[10] So – bezogen auf die bundesverfassungsgerichtliche Fortentwicklung des Schutzes privater Kommunikation – *W. Durner*, in: Maunz/Dürig, Grundgesetz, Kommentar, München, Art. 10 (Stand: Januar 2010), Rn. 5.

[11] So erkannte der verfassungsändernde Gesetzgeber von 1956 nicht nur die Bindung der Streitkräfte an die Grundrechte der Soldaten mit der Änderung des Art. 1 Abs. 3 GG an, sondern erweiterte zugleich mit Art. 17a GG die Möglichkeiten der Einschränkung bestimmter Grundrechte im militärischen Sonderstatus.

[12] Drei Beispiele dafür seien hier angeführt: Wenn das BVerfG seit dem Elfes-Urteil in Art. 2 Abs. 1 GG in weitest denkbarer Auslegung ein allgemeines Freiheitsrecht gewährleistet sah, so verstand es andererseits auch die Schranke der „verfassungsmäßigen Ordnung" denkbar weit als die gesamte verfassungsgemäße Rechtsordnung (BVerfGE 6, 32, 36f., 37–41). Art. 12 Abs. 1 GG behandelte das BVerfG als ein einheitliches Grundrecht der „Berufsfreiheit" und bezog den Regelungsvorbehalt des Satzes 2 dem Grunde nach nicht nur auf die Berufsausübung, sondern auch auf die dem Wortlaut der Bestimmung nach scheinbar einschränkungslos garantierte Berufswahl (BVerfGE 7, 377, 402); die zulässige Eingriffsintensität bestimmte es sodann nach der berühmten Drei-Stufen-Theorie. Auf diese Weise wollte es die „praktische Schwierigkeit" lösen, die darin liege, „das grundsätzlich freie wirtschaftspolitische, sozialpolitische und berufspolitische Ermessen, das dem Gesetzgeber gewahrt bleiben muß, mit dem Freiheitsschutz, auf den der einzelne Bürger gerade auch dem Gesetzgeber gegenüber einen verfassungsrechtlichen Anspruch hat, zu vereinen" (BVerfGE 7, 377, 400). Schließlich nahm das BVerfG an, gesetzesvorbehaltlos gewährleistete Grundrechte könnten verfassungsimmanent eingeschränkt werden; kollidierende Grundrechte Dritter und andere mit Verfassungsrang ausgestattete Rechtswerte seien „mit Rücksicht auf die Einheit der Verfassung und die von ihr geschützte gesamte Wertordnung ausnahmsweise imstande, auch uneinschränkbare Grundrechte in einzelnen Beziehungen zu begrenzen" (so erstmals BVerfGE 28, 243, 261).

[13] Die Ausdehnung des Schutzbereichs des Art. 4 Abs. 1 GG auf eine allgemeine Freiheit religiös motivierten Verhaltens oder der Kunstfreiheit nach Art. 5 Abs. 3 GG auf den sog. Wirkbereich wird in Teilen des Schrifttums mittlerweile kritisch gesehen und stattdessen eine engere, von

II. Art. 10 Abs. 2 S. 2, 19 Abs. 4 S. 3 GG – notwendige Verfassungsänderungen?

Ende der 60er Jahre sollte sich aber für den verfassungsändernden Gesetzgeber erstmals die (vermeintliche) Notwendigkeit ergeben, zu weitergehenden als den bis dahin vorgesehenen Freiheitseinschränkungen zu ermächtigen.

1963 war aufgedeckt worden, dass der Verfassungsschutz, dem es damals an gesetzlich eingeräumten eigenen Befugnissen zur Durchbrechung des Brief-, Post- und Fernmeldegeheimnisses fehlte[14], seit 1956 die Alliierten in bestimmten Bedarfsfällen veranlasst hatte, unter Inanspruchnahme ihrer Vorbehaltsrechte den Post-, Telefon- und Fernschreibverkehr zu überwachen und das Material sodann zur Auswertung zu überlassen, und zwar auch in Fällen, in denen keine alliierten Sicherheitsinteressen involviert waren und daher die Vorbehaltsrechte diese extrakonstitutionelle Praxis nicht deckten. Darin lag zweifelsohne ein Verstoß gegen Art. 10 Abs. 1 GG und es bestand Einigkeit, dass diesem verfassungswidrigen Zustand durch eine gesetzliche Regelung entsprechender Eingriffsbefugnisse des Bundesamtes für Verfassungsschutz bei gleichzeitiger Ablösung der insoweit noch bestehenden alliierten Vorbehaltsrechte abgeholfen werden sollte.[15]

Die Erforderlichkeit einer entsprechenden gesetzlichen Ermächtigung der Geheimdienste war dabei ebenso unumstritten wie die Notwendigkeit der Geheimhaltung der Überwachungsmaßnahmen. Ebenso bestand Konsens darüber, dass vermieden werden müsse, dass ein Betroffener „durch Gebrauch eines Rechtsbehelfs sich darüber Gewissheit verschaffen kann, ob er überwacht wird". Insoweit hielt man einen (vorübergehenden) Ausschluss des Rechtswegs[16] für unvermeidlich.[17] Anstelle des auszuschließenden Rechtswegs sollte als rechtsstaatliches Substitut eine parlamentarische Kontrolle solcher Überwachungsmaßnahmen durch eine weisungsfreie, in ihrer Amtsführung unabhängige Kommission etabliert werden.[18]

---

vornherein konfliktvermeidende Auslegung des Schutzbereichs favorisiert; siehe dazu nur *C. Hillgruber*, Grundrechtsschranken, HStR IX, § 201 Rn. 16ff. m. w. N. sowie *Pieroth/Schlink/Kingreen/Poscher*, Grundrechte Staatsrecht II, Heidelberg [30]2014, § 6 V 1 Rn. 343 m. w. N.

[14] Siehe das Gesetz über die Zusammenarbeit des Bundes und der Länder in Angelegenheiten des Verfassungsschutzes vom 27.9.1950, BGBl. I S. 682.

[15] Siehe dazu die Beratung des Bundestages über den Schriftlichen Bericht des in dieser Angelegenheit eingesetzten Untersuchungsausschusses (BT-Drucks. IV, 1544, IV/2170), Sten. Berichte, 4. WP., 124. Sitzung vom 29.4.1964, S. 5991ff.

[16] Dagegen sollte die Verfassungsbeschwerde nicht ausgeschlossen werden; siehe Schriftlicher Bericht des Rechtsausschusses (12. Ausschuss), Drucks. V/2930, II., zu § 9, S. 3.

[17] Begründung des Regierungsentwurfs eines Gesetzes zur Beschränkung des Brief-, Post- und Fernmeldegeheimnisses (Gesetz zu Artikel 10 GG) (G 10), BT-Drucks. V/1880, unter I.6.b), S. 8.

[18] Siehe die Begründung des Regierungsentwurfs eines Gesetzes zur Beschränkung des Brief-, Post- und Fernmeldegeheimnisses (Gesetz zu Artikel 10 GG) (G 10), BT-Drucks. V/1880, unter I.1. und I.6.b, S. 6, 8.

Zur zweifelsfreien verfassungsrechtlichen Absicherung des Ausführungsgesetzes zu Art. 10 GG sollten auch die Art. 10 und 19 GG entsprechend geändert werden.[19] Der durch das Siebzehnte Gesetz zur Ergänzung des Grundgesetzes im Rahmen der Notstandsverfassung in das Grundgesetz eingefügte Art. 10 Abs. 2 S. 2 GG erlaubt den gesetzlichen Ausschluss der Mitteilung eines Eingriffs in das Brief-, Post- und Fernmeldegeheimnis an den Betroffenen sowie die Ersetzung des Rechtswegs durch eine Nachprüfung der Überwachungsmaßnahme seitens von der Volksvertretung bestellter Organe und Hilfsorgane, sofern die Beschränkung dem Schutz der freiheitlichen demokratischen Grundordnung oder des Bestandes des Bundes oder eines Landes dient.

Nicht der nun ausdrücklich legitimierte Überwachungszweck des Verfassungs- und Staatsschutzes schuf neue Beschränkungsmöglichkeiten, sondern allein die Tatsache, dass der Betroffene davon nicht in Kenntnis gesetzt werden musste.[20] Aber bedurfte es insoweit tatsächlich „der Statuierung einer ausdrücklichen Ausnahme von einer bis dahin im Grundgesetz nirgends explizit erwähnten Mitteilungspflicht“[21]? Sollte eine geheime Überwachung des Brief- und Fernmeldeverkehrs bis 1968 tatsächlich verfassungsrechtlich verboten und nicht bereits nach Art. 10 S. 2 GG a.F. auf gesetzlicher Grundlage möglich gewesen sein? Eine solche Annahme liegt eher fern. Dass im Geheimen verfolgten verfassungsfeindlichen Bestrebungen in der Regel nur durch ihrerseits geheime Überwachungsmaßnahmen wirksam begegnet werden kann[22], dürfte jedenfalls auch schon dem Verfassunggeber von 1949 bewusst gewesen sein.[23]

---

[19] Vgl. Begründung des Regierungsentwurfs eines Gesetzes zur Ergänzung des Grundgesetzes, BT-Drucks. V/1879, Besonderer Teil, zu § 1 Nr. 1 (Art. 10), S. 17f.

[20] So auch BVerfGE 30, 1, 18.

[21] *W. Durner*, in: Maunz/Dürig, Grundgesetz, Kommentar, München, Art. 10 (Stand: Januar 2010), Rn. 166.

[22] Siehe Begründung des Regierungsentwurfs eines Gesetzes zur Ergänzung des Grundgesetzes, BT-Drucks. V/1879, Besonderer Teil, zu § 1 Nr. 1 (Art. 10), S. 17 und BVerfGE 30, 1, 19: „Selbst die nachträgliche Offenlegung einer Überwachungsmaßnahme und ihre nachträgliche Erörterung in einem gerichtlichen Verfahren kann für die verfassungsfeindlichen Kräfte Anhaltspunkte für die Arbeitsweise und das konkrete Beobachtungsfeld des Verfassungsschutzes und zur Identifizierung bisher unbekannt gewesener Angehöriger des Verfassungsschutzes liefern und dadurch dessen Wirksamkeit in hohem Maße beeinträchtigen. Die Befugnis, den Betroffenen von einer Abhörmaßnahme nicht in Kenntnis zu setzen und ihre Überprüfung an eine Stelle, die kein Gericht ist, zu verweisen, dient also der Effektivität des Verfassungsschutzes und macht eigentlich das Abhören und Briefeöffnen erst sinnvoll.“

[23] Jedenfalls hat der Verfassunggeber von 1949 in Art. 18 GG die Verwirkung des Grundrechts aus Art. 10 GG für den Fall des Missbrauchs zum Zweck des Kampfes gegen die freiheitliche demokratische Grundordnung vorgesehen. Vgl. nunmehr BVerfGE 125, 260, 336f. – Vorratsdatenspeicherung: „Eine Verwendung der Daten ohne Wissen des Betroffenen ist verfassungsrechtlich nur dann zulässig, wenn andernfalls der Zweck der Untersuchung, dem der Datenabruf dient, vereitelt wird. Für die Gefahrenabwehr und die Wahrnehmung der Aufgaben der Nachrichtendienste darf der Gesetzgeber dies grundsätzlich annehmen.“

Ohne Kenntnis von der Überwachung ist dem Betroffenen allerdings die Inanspruchnahme gerichtlichen Rechtsschutzes zur Verteidigung seines Rechts auf vertrauliche Kommunikation sowie die Durchsetzung etwaiger Löschungs- und Berichtigungsansprüche hinsichtlich erfasster persönlicher (Kommunikations-)Daten tatsächlich unmöglich.[24] Insofern lässt sich eine prinzipielle Benachrichtigungspflicht des Staates als verfahrensrechtliche Ausprägung der grundrechtlichen Gewährleistung des Art. 10 Abs. 1 GG selbst begreifen sowie der Rechtsschutzgarantie des Art. 19 Abs. 4 S. 1 GG als Vorwirkung entnehmen.[25]

Eine Einschränkung der grundsätzlichen Mitteilungspflicht im Fall der Notwendigkeit einer nachrichtendienstlichen Überwachung[26] ließ sich indes bereits auf den einfachen Gesetzesvorbehalt des vormaligen Art. 10 S. 2 GG stützen.[27]

---

[24] BVerfGE 100, 313, 361; 109, 279, 363; 118, 168, 197 f., 207 f.; 120, 351, 361; 125, 260, 335; 129, 208, 251. Er kann sich gegen den Eingriff frühestens dann mit rechtlichen Mitteln wehren, wenn er bereits vollzogen ist, und auch das nur, wenn er über die Maßnahme informiert wird oder auf andere Weise Kenntnis davon erlangt.

[25] So bereits die Begründung des Regierungsentwurfs eines Gesetzes zur Ergänzung des Grundgesetzes, BT-Drucks. V/1879, Besonderer Teil, zu § 1 Nr. 1 (Art. 10), S. 17: „Dieses Grundrecht kann nicht voll ausgeschöpft werden, wenn nicht zugleich gewährleistet ist, daß Eingriffe der öffentlichen Gewalt dem Betroffenen bekanntgegeben werden. Vieles spricht demnach dafür, ein Recht des Betroffenen auf eine solche Unterrichtung als Bestandteil des ihm durch Art. 19 Abs. 4 Satz 1 GG gewährleisteten Rechtsschutzes anzusehen." Ferner BVerfGE 65, 1, 70; 100, 313, 361; 118, 168, 207 f. Siehe auch BVerfGE 125, 260, 336 f. zur Verwendung erhobener Daten für Zwecke der Gefahrenabwehr oder Aufgaben der Nachrichtendienste.

[26] Gewiss kommt heimlichen Eingriffen in das Brief-, Post- und Fernmeldegeheimnis wie nachrichtendienstlichen Überwachungsmaßnahmen ein in der Abwägung zu veranschlagendes höheres Eingriffsgewicht zu als offenen (BVerfGE 107, 299, 321; 115, 320, 353; 118, 168, 197 f.; 124, 43, 62). Hier kann daher unter Verhältnismäßigkeitsgesichtspunkten eine Beschränkung auf den Schutz von Rechtsgütern von ganz erheblicher Bedeutung geboten sein. Doch das ist bei dem in Art. 10 Abs. 2 S. 2 GG in Rede stehenden Schutz der freiheitlich-demokratischen Grundordnung sowie des Bestandes von Bund und Ländern, also beim Verfassungs- und Staatsschutz, offensichtlich der Fall.

[27] Das BVerfG erkennt jedenfalls in seiner jüngeren Rechtsprechung an, dass es schon im Rahmen dieses Gesetzesvorbehalts zulässig sein kann, die Bekanntgabe einzuschränken, soweit eine solche dazu führen würde, dass der Überwachungszweck nicht erreicht werden kann. Je nach den Umständen des Einzelfalls könne es genügen, den Betroffenen später von dem Eingriff zu benachrichtigen; siehe BVerfGE 100, 313, 361. Insofern geht die Ermächtigung des Art. 10 Abs. 2 S. 2 GG zum Ausschluss der Benachrichtigung und des Rechtswegs gar nicht weiter: Auch sie steht unter dem ungeschriebenen, sich aus dem Verhältnismäßigkeitsgrundsatz ergebenden, konditionalen wie temporalen Vorbehalt, dass von diesen Restriktionen nur Gebrauch gemacht werden darf, sofern und solange sie erforderlich sind. Auch im Anwendungsbereich des Art. 10 Abs. 2 S. 2 GG ist eine nachträgliche Benachrichtigung und die ex-post-Eröffnung des Rechtswegs geboten, sobald eine damit verbundene Gefährdung des Zwecks der Überwachungsmaßnahme und ihrer Schutzgüter ausgeschlossen werden kann. So BVerfGE 30, 1, LS 2, 21; 100, 313, 397 ff. in verfassungskonformer, einschränkender Auslegung. Auch *W. Durner*, in: Maunz/Dürig, Grundgesetz, Kommentar, München, Art. 10 (Stand: Januar 2010), Rn. 163 konstatiert, dass hier „die Grenzen zwischen den Eingriffsmöglichkeiten nach Satz 1 und 2 [verschwimmen]"; ein „genereller Verzicht auf die Mitteilung" soll sich aber nur auf Art. 10 Abs. 2 S. 2 GG stützen können. Siehe ferner Rn. 166: „Im Rahmen der Schranken des Satzes 1 kann dieser Mitteilungs-

Verfassungsrechtlich zweifelhaft konnte allein der damit einhergehende Ausschluss der Möglichkeit gerichtlichen Rechtsschutzes sein.[28] Sollte auch der Betroffene, der auf andere Weise als durch amtliche Mitteilung erfahren hatte oder auch nur vermutete, dass er überwacht wurde bzw. würde, keinen gerichtlichen Rechtsschutz erlangen können[29], musste der Rechtsweg zur Absicherung der Heimlichkeit in der Tat auch von Rechts wegen ausgeschlossen werden.[30] Ließ sich dies mit Art. 19 Abs. 4 S. 1 GG vereinbaren?

Soweit und solange das Unterbleiben der Benachrichtigung des Betroffenen auf der Grundlage des Gesetzesvorbehaltes, unter dem Art. 10 GG seit jeher stand, mit diesem Grundrecht zu vereinbaren ist, also kein grundrechtliches Heimlichkeitsverbot besteht, kann auch die dazu komplementäre Rechtsweggarantie des Art. 19 Abs. 4 S. 1 GG, die der gerichtlichen Durchsetzung einer materiellen

---

anspruch jedenfalls nicht dauerhaft eingeschränkt werden". Das kann aber, wie gesehen, auch nach Satz 2 nicht geschehen.

[28] Der erste Entwurf eines Gesetzes zur Änderung des Grundgesetzes hatte noch einen präventiven Richtervorbehalt vorgesehen; siehe den Regierungsentwurf eines Gesetzes zur Änderung des Grundgesetzes (Artikel 10) nebst Begründung, BT-Drucks. IV/2633, S. 2, 4 und wollte auf diese Weise vorverlagerten gleichwertigen Rechtsschutz garantieren: „Das Fehlen eines rechtlichen Gehörs wird nämlich wettgemacht dadurch, daß der überprüfende Richter, anders als in einem normalen gerichtlichen Verfahren in Anbetracht der dort bestehenden Zeugnis-, Auskunfts- und Aktenvorlageverweigerungsrechte in die Lage versetzt wird, vor Erlass oder Bestätigung der Beschränkungsanordnung alle geheimen Unterlagen der Sicherheitsbehörden zu prüfen und zu würdigen." Gemäß § 4 Abs. 1 G-10-Entwurf (siehe Entwurf eines Gesetzes zur Beschränkung des Brief-, Post- und Fernmeldegeheimnisses [Gesetz zu Artikel 10 Grundgesetz (G 10), BT-Drucks. IV/2634, S. 3] sollte die Zuständigkeit zur Anordnung bei einem Senatspräsidenten des Bundesgerichtshofs liegen. Der Vorschlag stieß allerdings insoweit auf Widerstand sowohl des Bundesgerichtshofs, der diese undankbare Aufgabe nicht übernehmen wollte (siehe Bundesinnenminister *Benda*, Verhandlungen des Deutschen Bundestags, Sten. Ber., 5. WP., 174. Sitzung vom 15.5.1968, S. 9313, 9324 D), wie auch der Länder(innenminister), die die Anordnung dem politisch verantwortlichen Minister vorbehalten wollten, weil es sich dabei um genuin politische Maßnahmen handle, die sich einer „echten" richterlichen Entscheidung entzögen. Der verfassungsändernde Gesetzgeber von 1968 hat daher von dieser Lösung Abstand genommen. Siehe Begründung des Regierungsentwurfs eines Gesetzes zur Ergänzung des Grundgesetzes, BT-Drucks. V/1879, Besonderer Teil, zu § 1 Nr. 1 (Art. 10), S. 18. Selbst mit einem Richtervorbehalt hätte man jedoch nicht die Anforderungen der Rechtsweggarantie des Art. 19 Abs. 4 S. 1 GG erfüllt. Ein etwaiger präventiver Richtervorbehalt substituiert nicht den Rechtsweg.

[29] Dementsprechend formuliert § 13 Artikel 10-Gesetz (G-10), dass gegen die Anordnung von Beschränkungsmaßnahmen nach den §§ 3 und 5 Abs. 1 Satz 3 Nr. 1 G-10 und ihren Vollzug der Rechtsweg vor der Mitteilung an den Betroffenen „nicht zulässig" ist.

[30] Sofern die Inanspruchnahme gerichtlichen Rechtsschutzes unterbleibt, weil der Betroffene von der geheimen Überwachungsmaßnahme keine Kenntnis hat, steht eine *faktische* Einschränkung der Rechtsschutzgarantie in Rede. Siehe dazu BVerfGE 30, 1, 16: „Der Rechtsweg ist praktisch bereits ausgeschlossen, wenn die Maßnahme, die nach dem Stand der modernen Technik so vorgenommen werden kann, daß der Betroffene davon nichts merkt, weder vorher noch nachher mitgeteilt wird." Ebenso Sondervotum BVerfGE 30, 1, 33, 36: „Wenn von der Möglichkeit, Eingriffe in das Brief-, Post- und Fernmeldegeheimnis geheim zu halten, Gebrauch gemacht wird, so ist praktisch der Rechtsweg ausgeschlossen; der Betroffene kann ihn nicht beschreiten, weil er nicht weiß, was vorgeht."

(Grund-)Rechtsposition dient, diese voraussetzt und nicht selbst begründet, nicht verletzt sein. Erst ab dem Zeitpunkt, in dem die Mitteilung unbedingt zu erfolgen hat, weil dies ohne Gefährdung des Zwecks der Eingriffsmaßnahme möglich ist, muss auch gerichtlicher Rechtsschutz zwingend gewährt werden. Bis dahin tritt der effektive Grundrechtsschutz durch effektiven gerichtlichen Rechtsschutz gegenüber den Erfordernissen effektiven Verfassungsschutzes zurück.[31] Eine – möglicherweise beabsichtigte, die Materialien sind insoweit nicht ganz eindeutig[32] – noch weitergehende zeitliche Zurückdrängung des nachträglichen gerichtlichen Rechtsschutzes, gar sein völliger Ausschluss, wäre allerdings in der Tat mit der Garantie des Art. 19 Abs. 4 S. 1 GG unvereinbar gewesen.

Der Gesetzgeber von 1968 war jedenfalls im Zweifel über die Verfassungsmäßigkeit seines Vorhabens und hat daher verständlicherweise ein Bedürfnis für eine es absichernde Verfassungsänderung gesehen.[33]

Die Verfassungsänderung wurde Teil der sog. Notstandsverfassung und geriet dadurch in den Strudel einer heftigen politischen Auseinandersetzung. Die geplante Notstandsverfassung, ein Stück nachgeholte Verfassunggebung, mit der insbesondere die insoweit noch fortbestehenden Vorbehaltsrechte der Alliierten

---

[31] BVerfGE 30, 1, 19f.: „Im vorliegenden Zusammenhang ist von besonderer Bedeutung, daß die Verfassung der Bundesrepublik Deutschland sich für die ‚streitbare Demokratie' entschieden hat. Sie nimmt einen Mißbrauch der Grundrechte zum Kampf gegen die freiheitliche Ordnung nicht hin (BVerfGE 28, 36 [48]). Verfassungsfeinde sollen nicht unter Berufung auf Freiheiten, die das Grundgesetz gewährt und unter ihrem Schutz die Verfassungsordnung oder den Bestand des Staates gefährden, beeinträchtigen oder zerstören dürfen (vgl. Art. 9 Abs. 2, Art. 18, Art. 21 GG). Für die Aufgabe des Verfassungsschutzes sieht das Grundgesetz ausdrücklich eine eigene Institution vor, das Verfassungsschutzamt (vgl. Art. 73 Ziff. 10, Art. 87 Abs. 1 GG). Es kann nicht der Sinn der Verfassung sein, zwar den verfassungsmäßigen obersten Organen im Staat eine Aufgabe zu stellen und für diesen Zweck ein besonderes Amt vorzusehen, aber den verfassungsmäßigen Organen und dem Amt die Mittel vorzuenthalten, die zur Erfüllung ihres Verfassungsauftrags nötig sind."

[32] Für die Annahme, dass die verfassungsändernde Mehrheit zur dauerhaften Geheimhaltung der durchgeführten Überwachungsmaßnahmen und damit zum dauerhaften Ausschluss des Rechtswegs mit Art. 10 Abs. 2 S. 2, 19 Abs. 4 S. 3 GG ermächtigen wollte, sprechen die Ablehnung eines Änderungsantrags der FDP-Fraktion in der zweiten Lesung und die dafür angegebenen Gründe (vgl. Verhandlungen des Deutschen Bundestags, Sten. Ber., 5. WP., 174. Sitzung vom 15.5.1968, S. 9313, 9316 C-9333C) sowie die Inanspruchnahme dieser Ermächtigung durch § 5 Abs. 5 G-10, der auch dann, „wenn die Überprüfung keine Anhaltspunkte für einen Verdacht erbracht hat", keine nachträgliche Benachrichtigung vorsieht, „um nicht Gefahr zu laufen, einen potentiellen Täter vorzeitig zu warnen" (so die Begründung im Schriftlichen Bericht des Rechtsausschusses [12. Ausschuss], Drucks. V/2930, II., zu § 9, S. 3).

[33] Begründung des Regierungsentwurfs eines Gesetzes zur Ergänzung des Grundgesetzes, BT-Drucks. V/1879, Besonderer Teil, zu § 1 Nr. 1 (Art. 10), S. 17: „Es mag dahingestellt bleiben, inwieweit schon nach geltendem Verfassungsrecht auf Grund entsprechender gesetzlicher Vorschriften eine Geheimhaltung derartiger Überwachungsmaßnahmen zulässig wäre und auch mittels eines gerichtlichen Verfahrens keine Offenlegung erzwungen werden könnte. Um jeden Zweifel hieran auszuschließen, erscheint es jedenfalls geboten, im Grundgesetz eine ausdrückliche Regelung dieser Fragen zu treffen."

abgelöst werden sollten[34], wurde von der radikalen Linken, die sich in der außerparlamentarischen Opposition (APO) zusammenfand, als Versuch gedeutet, die Demokratie des Grundgesetzes auf scheinlegalem Weg in eine faschistoide Notstandsdiktatur zu verwandeln. Die Notstandsverfassung, an der man allenfalls ihren rechtsstaatlichen Perfektionismus kritisieren kann, der bezweifeln lässt, ob mit ihrer Hilfe ein wirklicher Notstand überwunden werden kann, wurde allen Ernstes mit dem Ermächtigungsgesetz von 1933 gleichgesetzt. Von dem Alarmismus und der sich ausbreitenden Hysterie ließen sich auch Bürgerliche anstecken.

Gegen die Verfassungsänderung und einzelne Bestimmungen des Ausführungsgesetzes[35] wurde das BVerfG angerufen, von der Hessischen Landesregierung und Bürgern. In seinem flammenden Plädoyer vor dem BVerfG sah *Günter Dürig* mit dieser Verfassungsänderung – die Notstandsverfassung als solche bejahte er entschieden – die Grundfesten der Verfassungsordnung in Frage gestellt.[36] *Dürig* wandte sich „gegen das Vorziehen der geheimen und rechtsschutzlosen Überwachung in die verfassungsrechtliche Normallage"[37] und sah darin einen das ganze Grundgesetz korrumpierenden Angriff auf die Menschenwürde[38]: „Denn auch hier bei Art. 10 II neuer Fassung wird der Mensch wie eine Sache behandelt, die einer geheimen Bestandsaufnahme, Registrierung, Erfassung seiner personalen Kommunikation dient."[39]

Die Entscheidung des BVerfG nahm *Dürigs* Argumentation aber den Wind aus den Segeln. Die von *Dürig* als „nachträgliche Entgiftung"[40] geforderte Nachholung der Benachrichtigung sah auch der Senat „in den Fällen, in denen eine Gefährdung des Zweckes der Überwachungsmaßnahme und eine Gefährdung des Schutzes der freiheitlichen demokratischen Grundordnung oder des Bestandes oder der Siche-

[34] Bundesinnenminister *Hermann Höcherl* hatte 1965 von der „Wiederherstellung des Hausrechts" gesprochen; Verhandlungen des Deutschen Bundestags, Sten. Ber., 4. WP, 192. Sitzung vom 24.6.1965, S. 9739 C.

[35] Gesetz zur Beschränkung des Brief-, Post- und Fernmeldegeheimnisses (Gesetz zu Artikel 10 Grundgesetz) (G-10) vom 13. August 1968 (BGBl. I S. 949).

[36] *G. Dürig*, Zur Bedeutung und Tragweite des Art. 79 Abs. 3 des Grundgesetzes (ein Plädoyer), in: Festgabe Th. Maunz, München 1971, S. 41, 44, nochmals S. 51: „Wenn das hält, was wir als verfassungswidrige Verfassungsnorm rügen, dann hält dem verfassungsändernden Gesetzgeber gegenüber überhaupt nichts mehr, trotz Art. 79 III. Dann kann in Zukunft der verfassungsändernde Gesetzgeber die von Art. 79 III geschützten Staatsfundamentalnormen, die die Qualität des Grundgesetzes ausmachen, ändern, ohne dass Sie ihn stoppen können".

[37] Ebd., S. 46.

[38] Ebd., S. 45, 48: „Man kann mit den Menschen, die unter dem Grundgesetz leben, nicht so verfahren, daß man ihnen [...] kein individuelles Rechtsschutzverfahren gibt. Das geht nicht einmal bei Kriminellen. [...] Eine Methode des Verfassungsschutzes, die den Menschen überhaupt nicht als Subjekt eines Verfahrens zur Kenntnis nimmt, die den Menschen einfach technologisch als Wahrnehmungsmaschine in Dienst stellt, widerspricht dieser obersten Achtungs- und Schutzverpflichtung unseres Rechts."

[39] Ebd., S. 49.

[40] Ebd., S. 50.

rung des Bundes oder eines Landes ausgeschlossen werden kann"[41], als erforderlich an und las diese Beschränkung der Ermächtigung des Art. 10 Abs. 2 S. 2 GG, die nachträglich zu gewährenden gerichtlichen Rechtsschutz ermöglicht, aufgrund des verfassungsänderungsfesten Rechtsstaatsprinzips in diese Vorschrift hinein. Die *Dürig*'sche Objektformel zur Feststellung einer Menschenwürdeverletzung wies es dagegen recht schroff als zur Bestimmung der äußersten Grenze staatlichen Umgangs mit dem Individuum unzulänglich zurück.[42] Die Ersetzung des Rechtswegs durch eine anderweitige Rechtskontrolle verletze nicht die Menschenwürde. Zwar verlange die Rücksicht auf die Subjektqualität des Menschen normalerweise, dass er nicht nur Träger subjektiver Rechte ist, sondern auch zur Verteidigung und Durchsetzung seiner Rechte den Prozessweg beschreiten und vor Gericht seine Sache vertreten könne, in diesem Sinne also Gerichtsschutz genieße. Es gebe aber seit je Ausnahmen von dieser Regel, die die Menschenwürde nicht kränkten. Die an die Stelle des Rechtswegs tretende anderweitige Rechtskontrolle verhindere, dass der Betroffene der Willkür der Behörden ausgeliefert werde.[43]

So hielt die Verfassungsänderung der verfassungsgerichtlichen Überprüfung am Maßstab des Art. 79 Abs. 3 GG stand, mit tatkräftiger interpretatorischer Hilfe des Gerichts, das sich eifrig, nach Ansicht des Sondervotums[44] übereifrig, um eine verfassungskonforme restriktive Lesart bemüht hatte.

III. Der Asylkompromiss

Art. 16 Abs. 2 S. 2 GG garantierte seit 1949 ohne jede Einschränkung[45] das Asylrecht für politisch Verfolgte. Die Garantie war zum einen die Antwort der Väter

[41] BVerfGE 30, 1, 21.

[42] BVerfGE 30, 1, 25 f.: „Allgemeine Formeln wie die, der Mensch dürfe nicht zum bloßen Objekt der Staatsgewalt herabgewürdigt werden, können lediglich die Richtung andeuten, in der Fälle der Verletzung der Menschenwürde gefunden werden können. Der Mensch ist nicht selten bloßes Objekt nicht nur der Verhältnisse und der gesellschaftlichen Entwicklung, sondern auch des Rechts, insofern er ohne Rücksicht auf seine Interessen sich fügen muß. Eine Verletzung der Menschenwürde kann darin allein nicht gefunden werden." Der Senat machte sich allerdings mit seiner anschließenden, fragwürdigen Subjektivierung des Menschenwürdeverletzungstatbestands angreifbar: „Hinzukommen muß, daß er einer Behandlung ausgesetzt wird, die seine Subjektqualität prinzipiell in Frage stellt, oder daß in der Behandlung im konkreten Fall eine willkürliche Mißachtung der Würde des Menschen liegt. Die Behandlung des Menschen durch die öffentliche Hand, die das Gesetz vollzieht, muß also, wenn sie die Menschenwürde berühren soll, Ausdruck der Verachtung des Wertes, der dem Menschen kraft seines Personseins zukommt, also in diesem Sinne eine ‚verächtliche Behandlung' sein." Dagegen mit Recht sehr kritisch Sondervotum BVerfGE 30, 1, 33, 39 f.

[43] BVerfGE 30, 1, 27.

[44] Sondervotum *Gregor Geller, Fabian v. Schlabrendorff, Hans Georg Rupp*, BVerfGE 30, 1, 33, 34–38.

[45] *Hermann von Mangoldt* hatte in der 23. Sitzung des Ausschusses für Grundsatzfragen vom 19.11.1948 (Der Parlamentarische Rat. Akten und Protokolle, Bd. 5/2, 1993, S. 603–620, 612)

und Mütter des Grundgesetzes auf die Erfahrung bereitwilliger Aufnahme vom NS-Regime Verfolgter in einigen europäischen Nachbarstaaten und vor allem in den USA, für die man dankbar war, und zum anderen auf ihre Zurückweisung an der Grenze, namentlich der Schweiz – eine Praxis, die man für die Bundesrepublik Deutschland durch verfassungsrechtliche Selbstverpflichtung kategorisch ausschließen wollte. Dieses generöse Versprechen[46] war im Zeitpunkt seiner Abgabe allerdings auch wohlfeil. Niemand rechnete mit einem größeren Andrang; wer wollte schon in einem Land Zuflucht suchen, das durch den Krieg verwüstet und durch die begangenen ungeheuren Verbrechen moralisch vollständig diskreditiert war?

Das aber sollte sich grundlegend ändern. Die Bundesrepublik Deutschland, wirtschaftlich prosperierend und politisch längst eine stabile Demokratie, wurde auch für Asylsuchende und Flüchtlinge zum gelobten Land. Die Zahl der Asylbewerber, die 1972 gerade einmal gut 5.000 betragen hatte, stieg seit Ende der 1980er Jahre kontinuierlich an und erreichte 1992, nicht zuletzt aufgrund zahlreicher Bürgerkriegsflüchtlinge aus dem zerfallenden Jugoslawien, einen Höchststand von mehr als 430.000.[47] Die Ausgaben für Flüchtlinge verdoppelten sich. Das für die Durchführung der Asylanerkennungsverfahren zuständige Bundesamt war mit der Bearbeitung der Vielzahl der Asylanträge, die Kommunen mit der Unterbringung und Versorgung völlig überfordert. Die sich angesichts der außerordentlich niedrigen Anerkennungsquote (unter 5 %)[48] an die zumeist erfolgende Ablehnung der Asylanträge anschließenden Gerichtsverfahren dauerten sehr lange und führten auch dann, wenn die Asylbegehren rechtskräftig abgelehnt wurden, häufig aufgrund rechtlicher oder faktischer Hindernisse nicht zu Abschiebungen, nicht selten – nach einer Folge von sog. Kettenduldungen – sogar zu dem von den Asylbewerbern erstrebten permanenten aufenthaltsrechtlichen Status.[49] Darüber machte sich in der Bevölkerung, die eine massenhafte missbräuchliche Inanspruchnahme des politisch

---

ausdrücklich betont: „Nimmt man eine solche Beschränkung auf, dann kann die Polizei an der Grenze machen, was sie will. Es ist dann erst eine Prüfung notwendig, ob die verfassungsmäßigen Voraussetzungen des Asylrechts vorliegen oder nicht. Diese Prüfung liegt in Händen der Grenzpolizei. Damit wird das Asylrecht vollkommen unwirksam."

[46] *Carlo Schmid* machte in der ersten Lesung im Hauptausschuss (18. Sitzung vom 4.1.1948, Der Parlamentarische Rat. Akten und Protokolle, Bd. 14/1, 1993, S. 532–552, 540) geltend, Asylgewährung sei „immer eine Frage der Generosität, und wenn man generös sein will, muß man riskieren, sich gegebenenfalls in der Person geirrt zu haben".

[47] Angaben des Statistischen Bundesamtes. Es muss allerdings berücksichtigt werden, dass in der letztgenannten Zahl auch Asylbewerber erfasst wurden, die nicht neu in die Bundesrepublik eingereist waren, sondern lediglich einen Asylfolgeantrag gestellt hatten.

[48] Berücksichtigt man allerdings auch anderweitige Fluchtgründe als politische Verfolgung, soweit sie ebenfalls einen humanitären völkerrechtlichen Schutzstandard begründen (Eigenschaft als Flüchtling im Sinne der Genfer Flüchtlingskonvention gemäß § 3 Abs. 1 AsylVfG; subsidiärer Schutz nach § 4 Abs. 1 AsylVfG; Abschiebungsschutz), liegt die „Gesamtschutzquote" deutlich höher, 2014 bei 31,5 %. Siehe BAMF: „Das Bundesamt in Zahlen 2014" – Modul Asyl vom 10.4.2015.

[49] *A. Randelzhofer*, in: Maunz/Dürig, Grundgesetz, Kommentar, München, Art. 16a (Stand: März 2007), Rn. 6.

Verfolgten vorbehaltenen Asylrechts durch wirtschaftlich motivierte Flüchtlinge[50] argwöhnte, zunehmend Unmut breit, der sich teilweise in offener Fremdenfeindlichkeit und sogar in Gewalttätigkeiten bis hin zu Morden und Mordversuchen artikulierte und zum Aufkommen rechter Protestparteien wie der „Republikaner" führte. Die Stimmung war explosiv[51], und politisch wuchs der Druck, durch Grundgesetzänderung die Zahl derjenigen, die in Deutschland Asyl nachsuchen konnten, drastisch zu reduzieren, um eine weitere politische Radikalisierung zu verhindern.

Schon machte das Wort vom „Staatsnotstand" (Bundeskanzler *Helmut Kohl*) und von der „Unregierbarkeit" die Runde.[52] Um diesen wirklichen oder vermeintlichen Notstand zu beheben, sollte die Verfassung geändert werden. Die Notwendigkeit dazu ergab sich aus Sicht der Befürworter daraus, dass allein die Stellung eines Asylantrags zu einem unmittelbar aus Art. 16 Abs. 2 S. 2 GG a.F. folgenden Recht auf Einreise und einem vorläufigen – bis zum Abschluss des Asylverfahrens bestehenden – Bleiberecht führte.[53]

Pläne, die Verfassung zu ändern, um so die Möglichkeit, in Deutschland Asyl zu beantragen, einzuschränken[54], stießen allerdings politisch auch auf heftigen

---

[50] *K. J. Bade*, Zur Karriere und Funktion abschätziger Begriffe in der deutschen Asylpolitik, APuZ 65 (2015), S. 3–8 (3, 6 f.) erklärt den Begriff „Wirtschaftsflüchtling" schlicht für denunziatorisch. Das ist unzutreffend. Er bringt lediglich zum Ausdruck, dass in diesem Fall wirtschaftliche und soziale Beweggründe, der Wunsch nach einem besseren Leben, das Begehren, in Deutschland Aufenthalt nehmen zu können, begründen. Das ist verständlich, hat aber eben nichts mit dem Asylrecht i. S. d. Art. 16 Abs. 2 S. 2 GG a.F., Art. 16a Abs. GG n.F. zu tun. Wenn *Bade* sodann beklagt, dass es für diese Flüchtlinge „keine andere Zuwanderungsmöglichkeit [...] als diesen Weg durch ein Asylverfahren" gegeben habe (a. a. O., S. 7), so verkennt er, dass alle Staaten über die Zulassung von Arbeitsmigration nach anderen Kriterien entscheiden als über die Gewährung von Schutz vor politischer Verfolgung, nämlich nicht nach humanitären, sondern nach eigennützigen, und insofern ihren eigenen wirtschaftlichen Vorteil, nicht den der potentiellen Zuwanderer im Sinn haben, es sei denn, dieser deckt sich mit ersterem.

[51] Siehe dazu, wenn auch mit anderer Akzentuierung, *V. Gaserow*, Asylkompromiss von 1992. Lichterketten und SPD-Asylanten, zeit online vom 6.12.2012: „Aus einem Zusammenspiel von realer Überforderung, bürokratischem Chaos und fremdenfeindlicher Ressentiments war Anfang der neunziger Jahre, kurz nach der Wiedervereinigung, mittels politischer Instrumentalisierung und medialer Skandalisierung ein explosives Gemisch entstanden."

[52] Siehe dazu Der Spiegel 45/1992 vom 2.11.1992, S. 18 f., 24 ff.: „Das ist der Staatsstreich" und „Tips zum Verfassungsbruch"; *K. J. Bade*, Zur Karriere und Funktion abschätziger Begriffe in der deutschen Asylpolitik, APuZ 65 (2015), S. 3–8 (3, 5).

[53] *A. Randelzhofer*, in: Maunz/Dürig, Grundgesetz, Kommentar, München, Art. 16a (Stand: März 2007), Rn. 6; dort auch zu den Folgewirkungen. Siehe ferner BT-Drucks. 12/4152, S. 3. BVerfGE 56, 216, 238 erklärte es für mit Art. 16 Abs. 2 Satz 2 GG a.F. nicht vereinbar, „daß die Ausländerbehörden ihrerseits gegen Asylsuchende vor Durchführung des Anerkennungsverfahrens aufenthaltsbeendende Maßnahmen ergreifen und dabei Asylbegehren als offensichtlich rechtsmißbräuchlich außer acht lassen."

[54] Die rechtspolitischen Vorschläge reichten von einem einfachen bzw. qualifizierten Gesetzesvorbehalt, unter den das Grundrecht auf Asyl zu stellen sei, bis zur Umwandlung desselben in eine bloß institutionelle Garantie ohne subjektives Recht bis zu dessen vollständiger Abschaffung; Überblick über und Bewertung der Änderungsvorschläge bei *A. Randelzhofer*, in: Maunz/Dürig, Grundgesetz, München, Kommentar, Art. 16a (Stand: März 2007), Rn. 8–11.

Widerstand. Die Debatte um die Änderung des Asylrechts sollte eine der schärfsten, polemischsten und folgenreichsten Auseinandersetzungen in der deutschen Nachkriegsgeschichte werden.[55] Hunderttausende demonstrierten für ein „Hände weg vom Asylgrundrecht".[56] Nach der sog. „Petersburger Wende" der SPD verständigten sich allerdings schließlich CDU/CSU, SPD und FDP auf den sog. Asylkompromiss, der eine Verfassungsänderung einschloss. Die äußeren Umstände des Vollzugs hatten den Charakter eines Ausnahmezustands: Als die dritte Lesung und Abstimmung im Deutschen Bundestag am 26. Mai 1993 anstand, glich das Regierungsviertel in Bonn einer Festung. Unter Missachtung der Bannmeile umzingelten etwa 10.000 Demonstranten das Bundeshaus. Viele Abgeordnete konnten den Plenarsaal nur durch Hubschrauber oder über anlegende Rheinschiffe erreichen. Nach zwölfstündiger Debatte erreichte das verfassungsändernde Gesetz schließlich die erforderliche Zweidrittelmehrheit. Die mit Wirkung zum 1. Juni 1993 in Kraft getretene Verfassungsänderung erschien „den einen als rettende Reform, den anderen als das Ende des grundgesetzlich verbrieften Asylrechts".[57]

Tatsächlich kam es zu einer weitreichenden Beschränkung der Möglichkeit der Geltendmachung des Asylrechts in Deutschland, indem bestimmte Staaten bei Erfüllung bestimmter Voraussetzungen – verfassungsunmittelbar oder durch Gesetz, zu dessen Erlass die Verfassungsänderung ermächtigt – zu sicheren Drittstaaten bzw. sicheren Herkunftsstaaten deklariert werden (Art. 16a Abs. 2 u. 3 GG).[58]

---

[55] *U. Herbert*, Geschichte der Ausländerpolitik in Deutschland, München 2001, S. 299.

[56] Das von 5.000 Personen unterzeichnete Hamburger Manifest warnte die SPD, daran mitzuwirken: „Wenn es so etwas wie eine Aura der Verfassung gibt, dann ist es das deutsche Asylrecht des Artikels 16 Grundgesetz, das einzige Grundrecht, das sich nach den weltweiten Verheerungen der Nazis an alle politisch verfolgten Weltbürger wendet." Diese Verfassungsnorm als Reaktion auf rechtsradikalen Terror zu opfern, sei schändlich. Zitiert nach: *V. Gaserow*, Asylkompromiss von 1992. Lichterketten und SPD-Asylanten, zeit online vom 6.12.2012.

[57] *K. J. Bade*, Zur Karriere und Funktion abschätziger Begriffe in der deutschen Asylpolitik, APuZ 65 (2015), S. 3–8 (3, 5). *E. Franßen*, DVBl. 1993, 300 bezeichnete den neuen Art. 16a GG denn auch als „Grundrechtsverhinderungsvorschrift".

[58] Art. 16a Abs. 2 S. 1 GG n.F. erklärt die Mitgliedstaaten der Europäischen Gemeinschaften (jetzt: Europäischen Union) zu sog. sicheren Drittstaaten, in die von dort kommende Asylbewerber unverzüglich zurückgewiesen werden können, und ermächtigt den Gesetzgeber, weitere Staaten, in denen die Anwendung der Genfer Flüchtlingskonvention und der EMRK sichergestellt ist, zu solchen Drittstaaten zu erklären. Damit wird der aus einem sicheren Drittstaat einreisende Ausländer aus dem persönlichen Geltungsbereich des Grundrechts auf Asyl ausgeschlossen, was aber nur deklaratorische Bedeutung hat (siehe sogleich im Text). Sind die Asylbewerber aus einem solchen sicheren Drittstaat eingereist, können aufenthaltsbeendende Maßnahmen unabhängig von einem hiergegen eingelegten Rechtsbehelf vollzogen werden.

Gemäß Art. 16a Abs. 3 GG können zudem gesetzlich sog. sichere Herkunftsstaaten identifiziert werden, in denen aufgrund der Rechtslage und der tatsächlichen Situation angenommen werden kann, dass dort weder politische Verfolgung noch unmenschliche oder erniedrigende Bestrafung oder Behandlung stattfindet. Diese Vermutung der Nichtverfolgung kann nur durch substantiierten gegenteiligen Tatsachenvortrag entkräftet werden. Das BVerfG deutet Art. 16a Abs. 3 GG als eine Beschränkung lediglich des verfahrensbezogenen Gewährleistungsinhalts des Asylgrundrechts, nicht seines personellen Geltungsbereichs; BVerfGE 94, 115, 132f.

Materiellrechtlich stellen diese Änderungen wohl gar keine wirkliche Einschränkung des Asylrechts dar; denn die Schutzlosigkeit des Asylsuchenden ist ein ungeschriebenes Tatbestandsmerkmal des grundrechtlichen Asylrechts.[59] Wer bereits in einem Drittstaat, in den er zunächst eingereist ist, verfolgungssicher war und ist, kann darauf verwiesen werden, dort Asyl zu beantragen; wer aus einem sicheren Herkunftsstaat kommt, erleidet gar keine politische Verfolgung. In beiden Fällen bedarf es keiner Asylgewährung durch die Bundesrepublik Deutschland.[60] Soweit die (verfassungs-)gesetzliche Festlegung sicherer Drittstaaten gemäß Art. 16a Abs. 1 S. 1 u. 2 GG allerdings eine nicht in Frage zu stellende Richtigkeitsgewähr für sich in Anspruch nimmt, also auch bei einer einmal tatsächlich gegebenen Schutzbedürftigkeit kein Asylrecht mehr beansprucht werden kann[61], wird tatsächlich

In den Fällen des Art. 16a Abs. 3 GG sowie anderen Fällen, in denen das Asylbegehren offensichtlich unbegründet erscheint, kann nach Art. 16a Abs. 4 GG vorläufiger Rechtsschutz gegen die Vollziehung aufenthaltsbeendender Maßnahmen nur unter besonderen Voraussetzungen erlangt werden. Schließlich ermächtigt die völkerrechtliche Öffnungsklausel des Art. 16a Abs. 5 GG zum Abschluss völkerrechtlicher Abkommen, die abgrenzende Zuständigkeitsregelungen für die Prüfung von Asylbegehren einschließlich der gegenseitigen Anerkennung von Asylentscheidungen und aufenthaltsbeendenden Maßnahmen treffen; damit wird eine über die Drittstaatenregelung hinausgehende, weitere Zurückdrängung bzw. Überlagerung des deutschen Asylgrundrechts kraft völkerrechtlich begründeter, abweichender internationaler Zuständigkeit ermöglicht (Schengener Durchführungsabkommen von 1990; Dubliner Übereinkommen von 1990, abgelöst durch die Verordnung Nr. 343/2003 vom 18.2.2003 [ABl. Nr. L 50 vom 25.2.2003, S. 1ff.] zur Festlegung der Kriterien und Verfahren zur Bestimmung des Mitgliedstaates, der für die Prüfung eines von einem Drittstaatsangehörigen in einem Mitgliedstaat gestellten Asylantrags zuständig ist [Dublin II], an deren Stelle sodann die Verordnung [EU] Nr. 604/2013 des Europäischen Parlaments und des Rates vom 26. Juni 2013 [ABl. EU Nr. L 180 vom 29.6.2013, S. 31ff.] zur Festlegung der Kriterien und Verfahren zur Bestimmung des Mitgliedstaats, der für die Prüfung eines von einem Drittstaatsangehörigen oder Staatenlosen in einem Mitgliedstaat gestellten Antrags auf internationalen Schutz zuständig ist [Dublin III], getreten ist). Hinsichtlich des Verhältnisses zu den anderen Mitgliedstaaten der EU wird Art. 16a Abs. 5 GG daher mittlerweile durch europarechtliche Harmonisierung überlagert.

[59] BVerwGE 81, 164, 167; 101, 328, 335 – sog. Subsidiarität des Asylrechts. *A. Randelzhofer*, in: Maunz/Dürig, Grundgesetz, Kommentar, München, Art. 16a Abs. 1 (Stand: März 2007), Rn. 108f. Im Ergebnis ebenso *M. Brenner*, Möglichkeiten und Grenzen grundrechtsbezogener Verfassungsänderungen, dargestellt anhand der Neuregelung des Asylrechts, in: Der Staat 32 (1993), S. 493, 513–517; auf die dort angestellte Prüfung am Maßstab des Art. 79 Abs. 3 i.V.m. Art. 1 Abs. 1 GG kommt es m.E. aber gar nicht mehr an.

[60] Nicht zu übersehen ist allerdings, dass die Bundesrepublik ausschließlich von als sicher klassifizierten Staaten umgeben ist, insofern alle Asylbewerber, die auf dem Landweg einzureisen versuchen, sofort zurückgewiesen werden können. Von der Anlandung an Nord- und Ostseeküste abgesehen, kann daher eine Einreise von Asylsuchenden ohne vorherigen Aufenthalt in einem sicheren Drittstaat fortan nur noch auf dem Luftweg erfolgen; hierzu wurde ein besonderes, abgekürztes Rechtsschutzverfahren geschaffen (sog. Flughafenverfahren; siehe § 18a AsylVfG), das im Transitbereich des Frankfurter Flughafens durchgeführt wird, um abgelehnte Asylbewerber sofort, ohne vorherige Einreise ins Bundesgebiet, direkt zurückschicken zu können.

[61] Verfassungsprozessuale Unangreifbarkeit nimmt *G. Lübbe-Wolff*, Das Asylgrundrecht nach den Entscheidungen des Bundesverfassungsgerichts vom 14. Mai 1996, DVBl. 1996, 825, 828f. an; A.A. *M. Brenner*, Möglichkeiten und Grenzen grundrechtsbezogener Verfassungsänderungen,

ein vor der Verfassungsänderung bestehendes Asylrecht aufgehoben, und soweit die Nichtverfolgung bei Einreise aus einem sicheren Herkunftsstaat widerleglich vermutet wird (siehe Art. 16a Abs. 3 S. 1 u. 2 GG) ein solches Recht immerhin in seiner Geltendmachung erschwert.

Die eigentliche, substantielle Veränderung aber liegt in der Einschränkung des vorläufigen Rechtsschutzes gegen aufenthaltsbeendende Maßnahmen.[62] Der Ausländer muss folglich in der Regel sein Asylbegehren vom Ausland aus weiter verfolgen. Während Art. 16a Abs. 4 GG lediglich eine durch Aufstellung qualifizierter Anforderungen an die Gewährung vorläufigen gerichtlichen Rechtsschutzes erfolgende Ausgestaltung desselben darstellt[63], wie sie auch in anderen Fällen anzutreffen ist, schränkt Art. 16a Abs. 2 S. 3 GG prima facie das Gebot effektiven gerichtlichen Rechtsschutzes (Art. 19 Abs. 4 S. 1 GG) ein[64]. Dabei ist aber zu berücksichtigen, dass die Verfahrensregelungen nur die Konsequenz aus dem Umstand ziehen, dass in den fraglichen Konstellationen dem Betroffenen das geltend gemachte Asylrecht von Verfassungs wegen schon gar nicht zusteht.[65]

---

dargestellt anhand der Neuregelung des Asylrechts, in: Der Staat 32 (1993), S. 493, 519f.; offengelassen bei *A. Randelzhofer*, in: Maunz/Dürig, Grundgesetz, Kommentar, München, Art. 16a Abs. 2 (Stand: März 2007), Rn. 3. Der EuGH hat in den verbundenen Rechtssachen C-411/10 und C-493/10 – N. S. (C-411/10) gegen Secretary of State for the Home Department und M. E. (C-493/10), A. S. M., M. T., K. P., E. H. gegen Refugee Applications Commissioner, Minister for Justice, Equality and Law Reform – mit Urteil vom 21.12.2011 entschieden, dass eine Anwendung der Verordnung (EG) Nr. 343/2003 des Rates vom 18. Februar 2003 zur Festlegung der Kriterien und Verfahren zur Bestimmung des Mitgliedstaats, der für die Prüfung eines von einem Drittstaatsangehörigen in einem Mitgliedstaat gestellten Asylantrags zuständig ist (ABl. L 50, S. 1), auf der Grundlage einer unwiderlegbaren Vermutung, dass die Grundrechte des Asylbewerbers in dem für die Entscheidung über seinen Antrag normalerweise zuständigen Mitgliedstaat beachtet werden, mit der Pflicht der Mitgliedstaaten zu grundrechtskonformer Auslegung und Anwendung der Verordnung Nr. 343/2003 unvereinbar ist (Rn. 99) und dass es den Mitgliedstaaten einschließlich der nationalen Gerichte obliegt, einen Asylbewerber nicht an den „zuständigen Mitgliedstaat" im Sinne der Verordnung Nr. 343/2003 zu überstellen, wenn ihnen nicht unbekannt sein kann, dass die systemischen Mängel des Asylverfahrens und der Aufnahmebedingungen für Asylbewerber in diesem Mitgliedstaat ernsthafte und durch Tatsachen bestätigte Gründe für die Annahme darstellen, dass der Antragsteller tatsächlich Gefahr läuft, einer unmenschlichen oder erniedrigenden Behandlung im Sinne dieser Bestimmung ausgesetzt zu werden (Rn. 106). Die verfassungsrechtliche Zulässigkeit der Überstellung Asylsuchender in einen anderen EU-Mitgliedstaat, dessen Asylsystem überfordert ist, blieb in BVerfGE 128, 224, 226 offen.

[62] Diese können entweder bei Einreise aus einem sicheren Drittstaat – ohne Rücksicht auf die Einlegung eines Rechtsbehelfs, d.h. mangels eines Suspensiveffekts – sofort vollzogen werden (Art. 16a Abs. 2 S. 3 GG) oder werden – bei unmittelbarer, nicht über einen sicheren Drittstaat führender Einreise aus einem sicheren Herkunftsstaat sowie in anderen Fällen, in denen das Asylbegehren (in Deutschland) offensichtlich unbegründet ist – nur bei ernstlichen Zweifeln an ihrer Rechtmäßigkeit ausgesetzt (Art. 16a Abs. 4 GG).

[63] A.A. *A. Randelzhofer*, in: Maunz/Dürig, Grundgesetz, Kommentar, München, Art. 16a Abs. 3 (Stand: März 2007), Rn. 168.

[64] So *A. Randelzhofer*, in: Maunz/Dürig, Grundgesetz, Kommentar, München, Art. 16a Abs. 2 (Stand: März 2007), Rn. 81f.

[65] Ebenso *M. Brenner*, Möglichkeiten und Grenzen grundrechtsbezogener Verfassungsänderun-

Das Bundesverfassungsgericht bestätigte bei einer im Rahmen von Verfassungsbeschwerden durchgeführten Inzidentkontrolle die Verfassungskonformität des neuen Art. 16a GG mit knapper Begründung und ohne jede Einschränkung. Der verfassungsändernde Gesetzgeber sei auch in der Gestaltung und Veränderung von Grundrechten, soweit nicht die Grenzen des Art. 79 Abs. 3 GG berührt sind, rechtlich frei und gebe dem Bundesverfassungsgericht den Maßstab vor.[66] Das Asylgrundrecht gehöre nicht zum Gewährleistungsinhalt von Art. 1 Abs. 1 GG. Sei der verfassungsändernde Gesetzgeber aber nicht daran gehindert, das Asylgrundrecht als solches aufzuheben, ergebe sich ohne weiteres, dass die Regelung des Art. 16a GG sich innerhalb der Grenzen einer zulässigen Verfassungsänderung halte.[67]

Die Verfassungsänderung erreichte ihr Ziel[68]: Die Zahl der Asylsuchenden ging in den Folgejahren stark zurück (auf unter 20.000 im Jahr 2007)[69]; gleichzeitig stieg die Zahl der Anerkennungen, Indiz dafür, dass unter ihnen nun mehr wirklich politisch Verfolgte sind. Der Aufstieg rechtsradikaler Parteien konnte gestoppt werden; die Gemüter beruhigten sich. Wahrscheinlich ist sogar erst durch den so bewirkten Stopp ungesteuerter Einwanderung unter dem Deckmantel des Asyls eine weitgehend rationale Debatte über gesteuerte Zuwanderung im wohlverstandenen Eigeninteresse Deutschlands möglich geworden[70] und hat damit gerade diese

gen, dargestellt anhand der Neuregelung des Asylrechts, in: Der Staat 32 (1993), S. 493, 522–524. Das BVerfG (E 94, 49, 96, 104) verneinte einen Verstoß gegen das Rechtsstaatsprinzip mit der Begründung, dass der sofortigen Rückschiebung des Ausländers in den Drittstaat eine „normative Vergewisserung" über die Sicherstellung der Anwendung der Genfer Flüchtlingskonvention und der Europäischen Menschenrechtskonvention in dem Drittstaat vorangegangen ist. Insoweit kritisch *A. Randelzhofer*, in: Maunz/Dürig, Grundgesetz, Kommentar, München, Art. 16a Abs. 2 (Stand: März 2007), Rn. 82. Aber schon unter Geltung des Art. 16 Abs. 2 S. 2 GG a.F. hatte das BVerfG insoweit zu Recht keine Bedenken; siehe BVerfGE 56, 216, 236 f.: „Da es der humanitären Zielsetzung des Asylrechts entspricht, dem Asylbewerber möglichst schnell Klarheit über seine Asylberechtigung zu verschaffen, wäre es grundsätzlich mit Art. 16 Abs. 2 Satz 2 GG vereinbar, für bestimmte Fallgruppen eindeutig aussichtsloser Asylanträge durch Gesetz die Zuständigkeit zur Prüfung und Entscheidung den Ausländerbehörden zu übertragen und diese zu ermächtigen, bei der Ablehnung eines derartigen Asylbegehrens sogleich aufenthaltsbeendende Anordnungen zu erlassen."

[66] BVerfGE 94, 49, LS 1 b, 85.

[67] BVerfGE 94, 49, 103 f. Siehe ferner BVerfGE 94, 115, 148 (Art. 16a Abs. 3 GG); 94, 166, 195 (Art. 16a Abs. 4 GG).

[68] Aus heutiger Perspektive (2015) wird man wohl einschränkend formulieren müssen: für gut 20 Jahre.

[69] Seitdem ist die Zahl der Asylsuchenden aber wieder deutlich, zuletzt ganz erheblich gestiegen. Für das Jahr 2015 rechnet die Bundesregierung mit bis zu 800.000 neuen Asylanträgen; siehe Spiegel online vom 19.08.2015: Flüchtlingsprognose 2015, abrufbar unter: <http://www.spiegel.de/politik/deutschland/fluechtlinge-bundesregierung-rechnet-mit-bis-zu-800-000-in-2015-a-1048910.html>. Das hat seinen Grund vor allem in einer stark angeschwollenen Fluchtbewegung aus Afrika, den vielen Bürgerkriegsflüchtlingen aus Syrien sowie zahlreichen Wirtschaftsflüchtlingen vom Balkan sowie einem faktischen Zusammenbruch des EU-Asylverteilungssystems.

[70] Entsprechende Andeutung bei *V. Gaserow*, Asylkompromiss von 1992. Lichterketten und SPD-Asylanten, zeit online vom 6.12.2012.

Verfassungsänderung, wenn auch möglicherweise entgegen der Intention ihrer Initianten, den Abschied von dem Selbstverständnis Deutschlands als Nichteinwanderungsland eingeleitet.

IV. Die Wohnraumüberwachung

Seit den 1990er Jahren rangen die politischen Parteien um erfolgversprechende Methoden der Bekämpfung der sich ausbreitenden organisierten Kriminalität. „Aus der zunehmenden Bedrohung von Bürgern und Staat" wurde das „dringende Erfordernis" abgeleitet, „über die bisherigen Strafverfolgungsmaßnahmen hinaus auch den Einsatz technischer Mittel zum Abhören und Aufzeichnen des gesprochenen Wortes in Wohnungen zuzulassen".[71]

Damit stellte sich die Frage, ob die akustische und optische Wohnraumüberwachung allein durch Änderung und/oder Ergänzung des einfachen Rechts – insbesondere der Polizeigesetze der Länder und der Strafprozessordnung – als Instrument der präventiven wie repressiven Verbrechensbekämpfung eingeführt werden konnte oder ob es dafür einer zu weitergehenden Eingriffen in die räumliche Privatsphäre ermächtigenden Änderung des Art. 13 GG bedurfte.[72]

Tatsächlich sahen die meisten Landespolizeigesetze bereits seit Anfang der 1990er Jahre entsprechende Befugnisse zum Zwecke der Gefahrenabwehr vor[73]; Art. 13 Abs. 3 GG a.F. wurde insoweit allgemein als zureichende verfassungsrechtliche Eingriffsgrundlage angesehen. Dagegen sollte die Wohnraumüberwachung zum Zweck der Aufklärung und Verfolgung bereits begangener Straftaten nach vorherrschender Auffassung dadurch nicht gedeckt sein. Es ist durchaus zweifelhaft, ob Art. 13 Abs. 3 GG a.F. diese strikte Unterscheidung zwischen Gefahrenabwehr und Strafverfolgung zugrunde lag und Eingriffe in die Wohnungsfreiheit zu Strafverfolgungszwecken ungeachtet der mit der Strafverfolgung verbundenen general- wie spezialpräventiven Zielsetzung kategorisch ausschließen wollte. Namentlich die Formulierung „zur *Verhütung* dringender Gefahren für die öffentliche Sicherheit und Ordnung" spricht eher für eine Einbeziehung von Maßnahmen vorbeugender Verbrechensbekämpfung im Vorfeld konkreter, gefahrbegründen-

---

[71] Begründung des Entwurfs eines Gesetzes zur Änderung des Grundgesetzes (Art. 13 GG), BT-Drucks. 13/8650, A. Allgemeiner Teil, S. 4.

[72] Nach Art. 13 Abs. 3 GG a.F. = Art. 13 Abs. 7 GG n.F. dürfen Eingriffe und Beschränkungen im übrigen (d.h. abgesehen von Durchsuchungen gemäß Abs. 2; C.H.) nur zur Abwehr einer gemeinen Gefahr oder einer Lebensgefahr für einzelne Personen, auf Grund eines Gesetzes auch zur Verhütung dringender Gefahren für die öffentliche Sicherheit und Ordnung, insbesondere zur Behebung der Raumnot, zur Bekämpfung von Seuchengefahr oder zum Schutze gefährdeter Jugendlicher vorgenommen werden.

[73] Nachweise bei *H.-J. Papier*, in: Maunz/Dürig, Grundgesetz, Kommentar, München, Art. 13 (Stand: März 2014), Rn. 48 Fn. 4.

der Rechtsgutsbedrohungen in den Katalog der danach zulässigen Eingriffe und Beschränkungen des Grundrechts. Insoweit ließ sich jedenfalls argumentieren, dass insbesondere bei Erscheinungsformen der organisierten Kriminalität die Verfolgung begangener Straftaten auch der Verhinderung künftiger Straftaten und damit – als Maßnahme mit Doppelnatur – zugleich der Gefahrenabwehr im weiteren Sinne dient.[74]

Doch konnte sich diese Ansicht[75] nicht durchsetzen, und so hielt der verfassungsändernde Gesetzgeber hinsichtlich primär repressiv motivierter Wohnraumüberwachung die Schaffung einer zusätzlichen expliziten verfassungsrechtlichen Eingriffsermächtigung für erforderlich. Sie fiel mit Rücksicht auf die anerkannte Bedeutung des Grundrechts auf Unverletzlichkeit der Wohnung und die angenommene Schwere des Grundrechtseingriffs außerordentlich restriktiv aus.[76]

Zudem wurde die schon nach bis dahin geltendem Verfassungsrecht unstreitig mögliche, präventivpolizeiliche technische Wohnraumüberwachung mit einer abschließenden, den Rückgriff auf die Beschränkungsmöglichkeiten nach Absatz 7 (= Absatz 3 a.F.) sperrenden Spezialregelung[77] auf dringende Gefahren für die öffentliche Sicherheit eingeschränkt und ebenfalls von einer richterlichen Anordnung abhängig gemacht. Insofern liegt daher gar keine Erweiterung zulässiger Grundrechtseingriffe, sondern ganz im Gegenteil eine Einschränkung derselben durch Verschärfung der Eingriffsvoraussetzungen vor.[78]

---

[74] Siehe zu diesem Argument auch *H.-J. Papier*, in: Maunz/Dürig, Grundgesetz, Kommentar, München, Art. 13 (Stand: März 2014), Rn. 48, der dies selbst kritisch sieht.

[75] Vgl. *R. Krüger*, Verdeckte Ermittlungen im Strafverfahren und die Unverletzlichkeit der Wohnung, ZRP 1993, 124, 126.

[76] Mit Art. 13 Abs. 3 GG n.F. wird lediglich zum Zweck der Verfolgung besonderer schwerer Straftaten bei entsprechendem tatsachenbasiertem Verdacht zum Einsatz technischer Mittel zur akustischen Überwachung von Wohnungen, in denen sich der Beschuldigte vermutlich aufhält, ermächtigt, sofern die Erforschung des Sachverhalts auf andere Weise unverhältnismäßig erschwert oder aussichtslos wäre. Die Ergreifung dieser Verfolgungsmaßnahme wird zeitlich befristet und an die Voraussetzung eines qualifizierten Richtervorbehalts geknüpft (siehe Abs. 3 S. 2 u. 3).

[77] Begründung des Entwurfs eines Gesetzes zur Änderung des Grundgesetzes (Art. 13 GG), BT-Drucks. 13/8650, B. Besonderer Teil, S. 5.

[78] Siehe dazu näher *H.-J. Papier*, in: Maunz/Dürig, Grundgesetz, Kommentar, München, Art. 13 (Stand: März 2014), Rn. 84–89, der teilweise anderer Ansicht ist, weil er mit Blick auf den Grundsatz der Verhältnismäßigkeit davon ausgeht, dass auch vor der Verfassungsänderung nur eine präventivpolizeiliche Wohnraumüberwachung zur Abwehr konkreter Gefahren für ganz bedeutsame Rechtsgüter für zulässig erachtet werden konnte. Jedenfalls der Richtervorbehalt dürfte sich indes kaum ohne weiteres aus dem Verhältnismäßigkeitsprinzip ableiten lassen; so aber die Entscheidung des BVerfG zur Online-Durchsuchung zu dem dort entwickelten neuen Grundrecht auf Vertraulichkeit und Integrität informationstechnischer Systeme, BVerfGE 120, 274, 331ff. – gesetzliche Ermächtigung einer Landesverfassungsschutzbehörde zum heimlichen Beobachten des Internet sowie zum heimlichen Zugriff auf informationstechnische Systeme; dazu *W. Durner*, in: Maunz/Dürig, Grundgesetz, Kommentar, München, Art. 10 (Stand: Januar 2010), Rn. 153f.

Die rechtsstaatlich skrupulöse[79], von CDU/CSU sowie Teilen der FDP und SPD getragene, 1998 ins Werk gesetzte Verfassungsänderung[80] war politisch gleichwohl heftig umstritten; die Gegner bezeichneten die technische Wohnraumüberwachung, um sie als Element staatlicher Totalüberwachung nach Art von *George Orwells* „Big brother is watching you" zu diskreditieren, als sog. „Großen Lauschangriff". Sie argwöhnten einen dadurch bewirkten Verlust des letzten Rückzugsgebiets privater Existenz und damit das Ende der Privatsphäre, der freien Entfaltung der Persönlichkeit, ja der Menschenwürde.[81]

Liberale Kritiker wie die ehemalige Justizministerin *Sabine Leutheusser-Schnarrenberger* sowie die früheren Innenminister *Gerhard Baum* und *Burkhard Hirsch* erhoben Verfassungsbeschwerde gegen die Verfassungsänderung.[82]

Das BVerfG bestätigte mit seiner Entscheidung vom 3. März 2004[83] zwar die Vereinbarkeit von Art. 13 Abs. 3 GG mit Art. 79 Abs. 3 GG, schränkte die Ermächtigung des Art. 13 Abs. 3 GG aber dahin ein, dass sie nur den Erlass von Gesetzesnormen erlaube, die ihrerseits hinreichend sicherstellten, dass die Menschenwürde auch im Einzelfall nicht verletzt wird[84], was nach Auffassung des BVerfG nicht in

---

[79] Für die mit technischen Mitteln vorgenommene Wohnungsüberwachung zur ausschließlichen Eigensicherung verdeckt ermittelnder Personen (V-Leute) trifft Art. 13 Abs. 5 GG eine Sonderregelung, nach der eine solchem Zweck dienende Überwachung statt durch einen Richter auch durch eine andere gesetzlich bestimmte Stelle angeordnet werden kann. Die Verwertung dabei erlangter Erkenntnisse über dritte Personen soll nur zum Zweck der Strafverfolgung oder der Gefahrenabwehr und nur dann zulässig sein, wenn zuvor die Rechtmäßigkeit der Maßnahme richterlich festgestellt ist. Schließlich statuiert Abs. 6 eine Berichtspflicht der Bundesregierung und der Landesregierungen über die nach Art. 13 Abs. 3–5 GG durchgeführten technischen Wohnungsüberwachungen, auf deren Grundlage eine bereichsspezifische und effektive parlamentarische Kontrolle ausgeübt werden kann.

[80] Durch das Gesetz zur Änderung des Grundgesetzes (Art. 13) vom 26. März 1998 (BGBl. I S. 610).

[81] Diese verfassungsrechtliche Bewertung vermag angesichts der bereits nach Art. 13 Abs. 3 GG a.F. zulässigen Wohnraumüberwachung zum Zweck der nicht weiter eingegrenzten Gefahrenabwehr kaum zu überzeugen. Vor diesem Hintergrund ist aber auch die Annahme, Abhörmaßnahmen in Wohnräumen zum Zweck der Verfolgung besonders schwerer Straftaten könnten schlechterdings keine Einschränkung der räumlichen Privatsphäre rechtfertigen, abwegig; denn auch sie dient als Mittel dem Schutz hochrangiger Rechtsgüter. Siehe dazu auch BVerfGE 109, 279, 315 f.: „Die Aufklärung solcher Straftaten erschöpft sich regelmäßig nicht in der Möglichkeit der Erhebung der öffentlichen Anklage, einer Verurteilung und der Vollstreckung der Strafe. Wird das vom verfassungsändernden Gesetzgeber ausweislich der Gesetzesmaterialien angestrebte Ziel erreicht, in den Kernbereich solcher Organisierten Kriminalität einzudringen und die Aufhellung ihrer Strukturen zu ermöglichen, besteht die Chance, dass dies mittelbar zugleich der Verhütung von weiteren Straftaten dient." Zur vorherigen rechtspolitischen Diskussion eingehend *H.-J. Papier*, in: Maunz/Dürig, Grundgesetz, Kommentar, München, Art. 13 (Stand: März 2014), Rn. 51–53 mit zahlreichen Nachweisen.

[82] Die Verfassungsbeschwerden richteten sich auch gegen das von der Ermächtigung des Art. 13 Abs. 3 GG n.F. Gebrauch machende Gesetz zur Verbesserung der Bekämpfung der Organisierten Kriminalität vom 4. Mai 1998, BGBl. I S. 845.

[83] BVerfGE 109, 279.

[84] BVerfGE 109, 279, 309, 311.

jeder Hinsicht gewährleistet war, weswegen die einschlägigen Bestimmungen der StPO für teilweise mit dem Grundgesetz unvereinbar erklärt wurden.

Die akustische Wohnraumüberwachung zu Strafverfolgungszwecken verstoße gegen die Menschenwürde, wenn der Kernbereich privater Lebensgestaltung nicht respektiert werde. Die Privatwohnung sei als „letztes Refugium“ ein Mittel zur Wahrung der Menschenwürde. Dies verlange zwar nicht einen absoluten Schutz der Räume der Privatwohnung, wohl aber absoluten Schutz des Verhaltens in diesen Räumen, soweit es sich als individuelle Entfaltung im Kernbereich privater Lebensgestaltung darstelle.[85] Deshalb müsse die Überwachung in Situationen von vornherein unterbleiben, in denen Anhaltspunkte für ein Eindringen in diesen Kernbereich bestünden. Führe die akustische Wohnraumüberwachung im Übrigen unerwartet zur Erhebung von absolut geschützten Informationen, müsse sie abgebrochen und die Aufzeichnungen gelöscht werden; jede Verwendung im Rahmen der Strafverfolgung erhobener absolut geschützter Daten sei ausgeschlossen.

Die Problematik besteht indes darin, dass sich der um der Menschenwürde willen unantastbare Kernbereich privater Lebensgestaltung kaum abstrakt-generell umschreiben, sondern nur einzelfallbezogen bestimmen lässt.[86] Daher lässt sich Gewissheit über die Zuordnung zum Bereich des Höchstpersönlichen oder zum ausforschbaren Sozialbereich regelmäßig erst mit und bei der Erhebung der Information erlangen.[87]

---

[85] BVerfGE 109, 279, 314.

[86] BVerfGE 109, 279, 314: „Ob ein Sachverhalt dem unantastbaren Kernbereich zuzuordnen ist, hängt davon ab, ob er nach seinem Inhalt höchstpersönlichen Charakters ist, also auch in welcher Art und Intensität er aus sich heraus die Sphäre anderer oder Belange der Gemeinschaft berührt [...]. Maßgebend sind die Besonderheiten des jeweiligen Falles [...]. Entscheidend ist, ob eine Situation gegeben ist, in der auf Grund von konkreten Hinweisen oder typischerweise und ohne gegenteilige tatsächliche Anhaltspunkte im Einzelfall der unantastbare Kernbereich privater Lebensgestaltung betroffen wird.“ Das BVerfG nennt als Beispiele „Äußerungen innerster Gefühle“ oder „Ausdrucksformen der Sexualität“ (ebd., S. 315). Diese können allerdings auch strafbar sein (Straftaten gegen die sexuelle Selbstbestimmung). Selbst die Intimsphäre innerhalb der räumlichen Privatsphäre kann daher für den Staat kein absolutes Tabu sein.

Siehe auch BVerfGE 109, 279, 319f.: „Ein Abhören des nichtöffentlich gesprochenen Wortes in Wohnungen hat zur Vermeidung von Eingriffen in den Kernbereich privater Lebensgestaltung zu unterbleiben, wenn sich jemand allein oder ausschließlich mit Personen in der Wohnung aufhält, zu denen er in einem besonderen, den Kernbereich betreffenden Vertrauensverhältnis steht – etwa mit Familienangehörigen oder sonstigen engsten Vertrauten – und es keine konkreten Anhaltspunkte gibt, dass die zu erwartenden Gespräche nach ihrem Inhalt einen unmittelbaren Bezug zu Straftaten aufweisen. Zwar gehören nicht sämtliche Gespräche, die ein Einzelner mit seinen engsten Vertrauten in der Wohnung führt, zum Kernbereich privater Lebensgestaltung. Im Interesse der Effektivität des Schutzes der Menschenwürde spricht aber eine Vermutung dafür. Abhörmaßnahmen sind ausgeschlossen, wenn es wahrscheinlich ist, dass mit ihnen absolut geschützte Gespräche erfasst werden.“

[87] Das BVerfG (E 109, 279, 320) folgert daraus: „Der Schutz des Kernbereichs privater Lebensgestaltung fordert, dass vor Maßnahmen akustischer Wohnraumüberwachung tatsächliche Anhaltspunkte gegeben sind, aus denen zumindest in typisierender Weise geschlossen werden kann, dass das Gespräch nicht den Bereich des Höchstpersönlichen betrifft. Die Ermittlungsmaßnahme

Das BVerfG forderte deshalb, dass die Strafverfolgungsbehörden vor Beginn einer Überwachungsmaßnahme im Rahmen einer von ihnen vorzunehmenden Prognose mögliche Indikatoren für kernbereichsrelevante Handlungen in der zu überwachenden Wohnung beachten. Dies sei „auch praktisch möglich".[88] Praktiker beurteilten das anders.[89]

Tatsächlich ist die Zahl der von Gerichten angeordneten akustischen Wohnraumüberwachungen im Sinne des Art. 13 Abs. 3 GG n.F. nach der Entscheidung des Verfassungsgerichts auf unter 10 pro Jahr abgesunken. Die Zahl lag aber auch zuvor bei lediglich etwa 30 pro Jahr. Diese niedrige Zahl wurde je nach politischem Standpunkt unterschiedlich interpretiert. Während sie für die Befürworter der Regelung als Beleg dafür angesehen wurde, dass von der perhorreszierten flächendeckenden akustischen Wohnraumüberwachung keine Rede sein könne, argumentierten die Kritiker, die relativ niedrige Zahl der Überwachungen zeige, dass diese Maßnahme gar nicht, wie von ihren Befürwortern behauptet, zur Bekämpfung der organisierten Kriminalität wirklich erforderlich sei, ihr geringer Nutzen den schwerwiegenden Grundrechtseingriff daher auch nicht zu rechtfertigen vermöge.

Der Gesetzgeber besserte pflichtgemäß nach.[90] Es stellt sich die Frage, ob sich für das, was das BVerfG davon letztlich übrig gelassen hat[91], überhaupt das ganze kräftezehrende Unternehmen einer Verfassungsänderung gelohnt hat. Die Abwägungsentscheidung, die der verfassungsändernde Gesetzgeber zur Lösung des Konflikts zwischen grundrechtlicher Freiheit und kollektiver Sicherheit getroffen hatte, wurde jedenfalls vom BVerfG mit dem kategorialen Argument der Unantastbarkeit der Menschenwürde partiell konterkariert.[92] Die Vagheit der dazu entwickelten Maßstäbe indiziert allerdings, dass hier in Wirklichkeit nicht eherne

muss dort unterbleiben, wo das Abhören des nichtöffentlich gesprochenen Wortes in Wohnungen mit Wahrscheinlichkeit zu einer Kernbereichsverletzung führen wird."

88 BVerfGE 109, 279, 320.

89 Zur Kritik und Gegenkritik siehe *H.-J. Papier*, in: Maunz/Dürig, Grundgesetz, Kommentar, München, Art. 13 (Stand: März 2014), Rn. 61 a.E.

90 Gesetz zur Umsetzung des Urteils des Bundesverfassungsgerichts vom 3. März 2004 (akustische Wohnraumüberwachung) vom 24.6.2005, BGBl. I S. 1841.

91 Man wird dem Sondervotum der Richterinnen *Renate Jaeger* und *Christine Hohmann-Dennhardt* (BVerfGE 109, 279, 385, 389) in der Feststellung zustimmen müssen, „dass die vom Verfassungsgesetzgeber vorgenommene Verfassungsänderung inhaltlich weit zurückgenommen wird".

92 Das ganze Konzept eines vermeintlich absolut geschützten, unantastbaren Kernbereichs privater Lebensgestaltung, in den einzugreifen selbst überwiegende Interessen der Allgemeinheit nicht rechtfertigen können sollen (BVerfGE 109, 279, 313, 314), muss überdacht werden (siehe Fn. 86 a.E.); gegen die Abwägungsfestigkeit eines angeblichen Kernbereichs auch *M. Baldus*, JZ 2008, 218, 224 ff. Zudem stellt sich die Frage, wie Art. 13 Abs. 3 GG a.F. = Abs. 7 n.F. angesichts der behaupteten Konkretisierung der Menschenwürdegarantie durch Art. 13 Abs. 1 GG (BVerfGE 109, 279, 313) überhaupt noch gerechtfertigt werden kann. Der Verfassunggeber von 1949 hat offensichtlich angesichts der von ihm in weitem Umfang eröffneten Beschränkbarkeit das Grundrecht auf Unverletzlichkeit anders, weniger stark gewichtet, als dies das BVerfG mittlerweile tut. Das Verfassungsgericht korrigiert mithin nicht allein den verfassungsändernden Gesetzgeber, sondern auch den ursprünglichen Verfassunggeber.

rechtsstaatliche Grundsätze verteidigt, sondern lediglich andere sicherheitspolitische Wertungen an die Stelle derjenigen des (verfassungsändernden) Gesetzgebers gesetzt worden sind. Damit aber überschreitet das BVerfG die ihm durch Art. 79 Abs. 3 GG vermittelte Kontrollkompetenz.

V. Resümee

Grundrechte sind in der Geschichte der Bundesrepublik Deutschland nur äußerst selten Gegenstand von Verfassungsänderungen gewesen. Dem verfassungsändernden Gesetzgeber fiel dabei in erster Linie die undankbare Aufgabe zu, die Möglichkeit von Beschränkungen grundrechtlicher Freiheit zu erweitern bzw. den gerichtlichen Rechtsschutz gegen Freiheitsbeschränkungen zu restringieren. Es verwundert daher nicht, dass die hier vorgestellten Grundgesetzänderungen jeweils zum Gegenstand erbittert geführter Auseinandersetzungen über ihre politische Notwendigkeit und ihre bestrittene Verfassungskonformität geworden sind. Ihre Gegner argwöhnten jeweils, dass damit Staatsfundamentalnormen außer Kraft gesetzt würden, ein Angriff auf die Menschenwürde erfolge und das Ende der Rechtsstaatlichkeit der Bundesrepublik Deutschland unmittelbar bevorstehe. Die darin liegende maßlose Übertreibung war nicht zuletzt dem eingeschränkten Prüfungsmaßstab des Art. 79 Abs. 3 GG geschuldet; nur so konnte verfassungswidriges Verfassungsrecht konstruiert und nach einer sich abzeichnenden politischen Niederlage noch das BVerfG auf den Plan gerufen werden. Die Durchsetzung der Verfassungsänderungen war daher in allen drei Fällen ein politischer Kraftakt sondergleichen.

Ob die Verfassungsänderungen für die geplanten gesetzlichen Freiheitsbeschränkungen verfassungsrechtlich wirklich zwingend erforderlich waren oder nicht auch das bis dato geltende Verfassungsrecht sie abgedeckt hätte, lässt sich selbst im Rückblick nicht stets eindeutig entscheiden; der Gesetzgeber wollte jedenfalls verständlicherweise das – auch politisch ein Fiasko darstellende – Verdikt der Verfassungswidrigkeit nicht riskieren.

Die Änderungen bzw. Ergänzungen des Grundgesetzes in Art. 13 Abs. 3–6 GG sowie Art. 16a GG sind nicht zuletzt wegen ihres, so der verbreitete Tenor, eher einem Gesetz denn der Verfassung angemessenen Wort- und Detailreichtums kritisiert worden. Die damit verbundene Beschränkung des Gesetzgebers auf die bloße Aufgabe des Verfassungsvollzugs sei verfassungspolitisch ebenso verfehlt wie ihr rechtstechnischer Stil unästhetisch.[93] Der Kern des Problems liegt andernorts. Der Konkretisierungsgrad der verfassungsändernden Regelungen ist zum einen dem Umstand geschuldet, dass die Opposition die (behauptete oder reale) Notwendig-

[93] *J. Masing*, Zwischen Kontinuität und Diskontinuität: Die Verfassungsänderung, in: Der Staat 44 (2005), S. 1, 14 Fn. 57 bezeichnet Art. 16a GG gar als eine „einer Verfassung unwürdige Norm".

keit der Verfassungsänderung und ihr damit verbundenes Mitbestimmungsrecht dazu nutzt, den einmal gefundenen politischen Kompromiss in toto verfassungsfest zu machen[94], weil die einfachgesetzlichen Ausführungsbestimmungen von ihr inhaltlich nicht mehr maßgeblich beeinflusst werden können.[95] Vor allem aber kann und darf die Veränderung einer Grundrechtsbestimmung nicht mehr so kurz und dunkel wie ihre Ursprungsfassung ausfallen, will der verfassungsändernde Gesetzgeber den Versuch unternehmen, dem Interpretationsherrschaft ausübenden Bundesverfassungsgericht unhintergehbare Vorgaben zu machen. Ob dieses Unternehmen letztlich überhaupt gelingen kann, steht auf einem anderen Blatt; denn auch die Verfassungsänderung selbst unterliegt der, wenn auch eingeschränkten, verfassungsrechtlichen Kontrolle durch das BVerfG[96], die wiederum als – einschränkende – Auslegung daherkommt, der auch der verfassungsändernde Gesetzgeber letztlich nichts entgegenzusetzen hat.[97]

Gegen alle drei Verfassungsänderungen wurde das BVerfG angerufen, das im Ergebnis stets einen Verstoß gegen die unveränderlichen Gewährleistungsgehalte des Grundgesetzes verneinte. Den Asylkompromiss trug das BVerfG vollumfäng-

---

[94] Siehe dazu auch *H.-J. Papier*, in: Maunz/Dürig, Grundgesetz, Kommentar, München, Art. 13 (Stand: März 2014), Rn. 65. Insoweit beruht die Detailliertheit nicht zuletzt darauf, dass nach Art. 79 Abs. 2 GG das Verfahren der Verfassungsänderung in der Hand der mit qualifizierten Mehrheiten entscheidenden Gesetzgebungskörperschaften liegt, folglich die „Entscheidung von Eliten" darstellt und „in die Strukturen der Parteienstaatlichkeit" eingebunden ist; siehe dazu *J. Masing*, Zwischen Kontinuität und Diskontinuität: Die Verfassungsänderung, in: Der Staat 44 (2005), S. 1, 10 f. Verfassungsänderung werde so „zu einem Element qualifizierter Rechtsgestaltung und gerät in Gefahr, ihren Sondercharakter zu verlieren. Sie gleitet ab in Technizität". Siehe auch ebd., S. 15.

[95] Etwas anderes gilt nur bei Zustimmungsbedürftigkeit dieser Gesetze und einem von der Opposition beherrschten Bundesrat.

[96] Siehe zu Ex- und Intensität dieses Prüfungsmaßstabs BVerfGE 94, 49, 102 f. (in der Sache ebenso BVerfGE 84, 90, 120 f.; 109, 279, 310): „Art. 79 Abs. 3 GG verbietet Verfassungsänderungen, durch welche die in Art. 1 und 20 GG niedergelegten Grundsätze berührt werden. Dazu gehört nicht nur der in Art. 1 Abs. 1 GG verankerte Grundsatz der Achtung und des Schutzes der Menschenwürde. Auch das in Art. 1 Abs. 2 GG enthaltene Bekenntnis zu unverletzlichen und unveräußerlichen Menschenrechten als Grundlage der menschlichen Gemeinschaft, des Friedens und der Gerechtigkeit erlangt insoweit Bedeutung; in Verbindung mit der in Art. 1 Abs. 3 GG enthaltenen Verweisung auf die nachfolgenden Grundrechte sind deren Verbürgungen insoweit einer Einschränkung grundsätzlich entzogen, als sie zur Aufrechterhaltung einer dem Art. 1 Abs. 1 und 2 GG entsprechenden Ordnung unverzichtbar sind. Ebenso sind grundlegende Elemente des Rechts- und des Sozialstaatsprinzips, die in Art. 20 Abs. 1 und 3 GG zum Ausdruck kommen, zu achten. Bei alledem verlangt Art. 79 Abs. 3 GG allerdings nur, daß die genannten Grundsätze nicht berührt werden. Er hindert den verfassungsändernden Gesetzgeber dagegen nicht, die positivrechtliche Ausprägung dieser Grundsätze aus sachgerechten Gründen zu modifizieren." Ferner *M. Brenner*, Möglichkeiten und Grenzen grundrechtsbezogener Verfassungsänderungen, dargestellt anhand der Neuregelung des Asylrechts, in: Der Staat 32 (1993), S. 493.

[97] Siehe dazu auch *J. Masing*, Zwischen Kontinuität und Diskontinuität: Die Verfassungsänderung, in: Der Staat 44 (2005), S. 1, 14: „Wenn die Verfassungsauslegung in erheblichem Umfang in die Hände von Richtern gelegt wird, begibt man sich einer diesbezüglichen Verfügbarkeit weitgehend."

lich mit; diese ausländerpolitische Weichenstellung zu korrigieren, traute sich das Gericht ganz offensichtlich nicht.[98] In den beiden anderen Fällen (Art. 10 und 13 GG) nahm das BVerfG dagegen zugleich mit der Bestätigung der Verfassungskonformität unter Berufung auf das nach dem Grundgesetz schlechthin Unveränderliche (Art. 79 Abs. 3 GG) interpretatorische Restriktionen vor[99] und wies so auch den verfassungsändernden Gesetzgeber in die Schranken. Auf diese Weise vermied das BVerfG einen offenen Konflikt mit dem verfassungsändernden Gesetzgeber und behielt doch das letzte Wort, indem es die grundrechtsbeschränkenden Verfassungsänderungen auf das ihm mit Blick auf die verfassungsrechtlichen Fundamentalgewährleistungen noch erträglich erscheinende Maß an Grundrechtsbegrenzung zurechtstutzte.

Damit trug es zweifelsohne zum politischen Ausgleich und zur inneren Befriedung bei. Die Hitzigkeit des politischen Kampfes um die Verfassungsänderungen wich juridischer Mäßigung. Verfassungsgerichtlich abgesegnet und zugleich begrenzt wurden die Verfassungsänderungen sodann weithin akzeptiert, auch von ihren ursprünglich erbitterten Gegnern. Der verfassungsrechtliche Preis, der dafür zu zahlen ist, ist allerdings hoch: die partielle Entmachtung nicht nur des Gesetzgebers, sondern auch des verfassungsändernden Gesetzgebers.[100]

---

98 BVerfGE 94, 49, 103 ließ offen, was Gewährleistungsinhalt des Art. 1 Abs. 1 GG ist und welche Folgerungen sich daraus für die deutsche Staatsgewalt ergeben; dies sei „eigenständig zu bestimmen".

99 Zur methodischen Kritik siehe die Sondervoten BVerfGE 30, 1, 33 ff. und 109, 279, 382, 386 ff.

100 Es ist letztlich der Preis, der für eine Verfassungsgerichtsbarkeit mit umfassender Kontrollkompetenz zu zahlen ist. Wer ihn nicht zu bezahlen bereit ist, muss die Zuständigkeiten des BVerfG beschneiden.

Verfassungsänderung und Verfassungsgerichtsbarkeit – Kommentar zum Referat von Christian Hillgruber

Nobuhiko Kawamata

I. Einleitung

Während das Grundgesetz in Deutschland mehrfach im Wege einer formellen Verfassungstextänderung revidiert worden ist, hat die Japanische Verfassung (JV) seit ihrem Inkrafttreten am 3. Mai 1947 keine formellen Änderungen erfahren. Die bisherigen Versuche, den Text der Japanischen Verfassung im dafür vorgesehenen Verfahren zu ändern, bezogen sich alle auf die sogenannte Pazifismusklausel in Art. 9 JV.[1] Reformiert werden sollten insbesondere der in Art. 9 Abs. 1 JV normierte Kriegsverzicht sowie das Verbot des Kriegsmittelunterhalts in Art. 9 Abs. 2 S. 1 JV. Die die Reformen auch heute noch anstrebende Liberaldemokratische Partei (LDP), die zumeist die Regierung stellte und auch heute wieder stellt, konnte in der anhaltend geführten Debatte um die Sicherheitspolitik des Landes gegen die Stimmen der jeweiligen Oppositionsparteien, die davon ausgehen, dass die Japa-

[1] Art. 9 JV lautet: „(1) In aufrichtigem Streben nach einem auf Gerechtigkeit und Ordnung gegründeten internationalen Frieden verzichtet das japanische Volk für alle Zeiten auf den Krieg als ein souveränes Recht der Nation und die Androhung oder Ausübung von militärischer Gewalt als Mittel zur Beilegung internationaler Streitigkeiten.

(2) Um den Zweck des Absatzes 1 zu erreichen, werden keine Land-, See- und Luftstreitkräfte oder sonstige Kriegsmittel unterhalten. Ein Kriegsführungsrecht des Staates wird nicht anerkannt."

Hier und im Folgenden wird der Text der Japanischen Verfassung in der bei Ulrich Eisenhardt/ Hans Georg Leser/Masasuke Ishibe/Tamotsu Isomura/Zentaro Kitagawa/Junichi Murakami/ Hans-Peter Marutschke (Hrsg.), Japanische Entscheidungen zum Verfassungsrecht in deutscher Sprache, Köln/Berlin/Bonn/München 1998, S. 533–554 publizierten Übersetzung zugrunde gelegt.

nische Verfassung überhaupt nicht entsprechend geändert werden dürfe, nicht die notwendige Mehrheit gewinnen.[2]

Folgt man der herrschenden Meinung in der verfassungsrechtlichen Literatur und der Ansicht der Opposition, so wurde Art. 9 JV faktisch aber gleichwohl zweimal geändert. Dem liegt die Annahme zugrunde, die Einrichtung der sogenannten Selbstverteidigungsstreitkräfte (*Jieitai*) sei mit Art. 9 JV nicht zu vereinbaren. Eine erste faktische Änderung der Verfassung sei demnach erfolgt, als im Jahre 1952 die Sicherheitskräfte (*Hoantai*) und im Jahre 1954 die Selbstverteidigungsstreitkräfte eingerichtet wurden. Die damalige Regierung ging in den Begründungen ihrer Entscheidungen davon aus, Art. 9 Abs. 2 S. 1 JV untersage zwar die Wiederbewaffnung mit „Kriegsmitteln", nicht aber die Aufrüstung zum Zwecke individueller Selbstverteidigung („selbstverteidigende Kampftätigkeit"). Eine zweite Verfassungsänderung sei mit den am 29. März 2016 in Kraft getretenen Gesetzen, die auf einen Kabinettsbeschluss vom 1. Juli 2014 zurückgehen, umgesetzt worden, da diese die Zuständigkeit der Sicherheitsstreitkräfte auch für die kollektive Selbstverteidigung vorsehen.[3] In keinem der beiden Fälle erfolgte das in Art. 96 JV[4] vorgesehene formelle Verfassungsänderungsverfahren, sondern die Verfassungsänderungen vollzogen sich im Wege der auf eine entsprechende Verfassungsauslegung durch die Regierung gestützten Gesetzgebung. Dieses Phänomen bzw. diese politische Methode wird „*Kaishaku-kaiken*" genannt: Verfassungsänderung durch Verfassungsauslegung.[5] Subjekt der Verfassungsauslegung ist in den so bezeichneten Fällen die Regierung, die über die Mehrheit im Parlament die Gesetzgebung zu steuern vermag. Bisher hat es der Oberste Gerichtshof vermieden, über die Verfassungsmäßigkeit eines der so entstandenen Gesetze zu erkennen, obwohl er in mehreren Verfahren dazu Gelegenheit hatte.[6] Erst mit der die Gesetzgebung bestätigenden Rechtsprechung

---

[2] Der politische Hintergrund erklärt auch das Zögern der japanischen Staatsrechtslehre, die Diskussion um die Möglichkeit und Zulässigkeit von Verfassungsänderungen auf andere Vorschriften der Japanischen Verfassung auszudehnen.

[3] Eingehend zur historischen Entwicklung: *Hiroshi Nishihara*, Zwischen Staatsabhängigkeit und Repräsentationsdefizit. Warum akzeptieren viele Japaner die anti-freiheitliche Verfassungsreform der LDP?, in diesem Band, S. 115–139.

[4] Art. 96 JV lautet: „(1) Eine Änderung dieser Verfassung bedarf der Initiative des Parlaments mit Zustimmung von mindestens zwei Dritteln aller Mitglieder in jedem Hause; die Änderung ist dem Volk vorzuschlagen und bedarf dessen Zustimmung. Für die Zustimmung des Volkes ist erforderlich, daß bei einer besonderen Volksabstimmung oder bei einer vom Parlament bestimmten Wahl mehr als die Hälfte der abgegebenen Stimmen die Verfassungsänderung befürworten.

(2) Liegt die Zustimmung zu der Verfassungsänderung gemäß Abs. 1 vor, so verkündet der Kaiser im Namen des Volkes unverzüglich die Änderung als einen Bestandteil dieser Verfassung."

[5] „*Kaishaku*" bedeutet im Deutschen Auslegung, „*Kaiken*" Verfassungsänderung. Der Begriff ist auch in der verfassungsrechtlichen Literatur zu finden, wo er mehr metaphorisch als technisch das Phänomen einer Verfassungsänderung durch Verfassungsauslegung bezeichnet. In kritisch-politischer Absicht wird der Begriff auch von der politischen Opposition verwendet, weshalb die LDP ihn zurückweist.

[6] Eines der bekanntesten Verfahren ist der sogenannte Sunagawa-Fall, OGH, Großer Senat, Urteil vom 16. Dezember 1959, Keishu, Bd. 34, Nr. 11, S. 3225. Der Oberste Gerichtshof hatte

des Obersten Gerichtshofes erlangt das Verfassungsverständnis der Regierung eine Wirkmacht, die jener einer formellen Verfassungsänderung gleichkommt.[7] An der Verfassungswidrigkeit auch der das vorhergehende verfassungswidrige Staatshandeln nur bestätigenden Rechtsprechung ändert das, legt man die herrschende Meinung im Schrifttum zugrunde, indes nichts. Das Konzept des „*Kaishaku-kaiken*" dient der Beschreibung eines verfassungswidrigen Phänomens, nicht der Rechtfertigung.[8]

II. Verfassungsänderung und Verfassungsauslegung

Verfassungsänderung beginnt dort, wo Verfassungsauslegung aufhört. Die Verfassungsänderung kann eine „Reaktion auf die Grenzen der Auslegung"[9] sein. Auch die Beispiele im Referat von Prof. *Hillgruber* belegen das eindrücklich. Es muss hier folglich auch um Verfassungsauslegung gehen, wenn die Grenzen der Auslegung den Bedarf nach Verfassungsänderung bestimmen. Dabei sind unvermeidlich Überlegungen zur Auslegungsmethode anzustellen, insoweit die Verfassung auch Gesetz ist. Eine Auslegung, die nach allgemeinen methodischen Kriterien die Grenzen der Gesetzesauslegung überschreitet, überschreitet auch die Grenzen der Verfassungsauslegung.

---

darin über die Vereinbarkeit der Stationierung amerikanischer Streitkräfte in Japan, die durch Umsetzungsgesetze zum Japanisch-Amerikanischen Sicherheitsvertrag zugelassen worden war, mit Art. 9 JV zu entscheiden. Der OGH führte zur Reichweite seiner Prüfungsbefugnis Folgendes aus: „Nun hat der Japanisch-Amerikanische Sicherheitsvertrag, wie gesagt, einen höchstpolitischen Charakter in dem Sinne, daß er von äußerster Wichtigkeit für die Grundlage des Fortbestandes Japans als souveräner Staat ist, und deshalb ist die Entscheidung darüber, ob der Inhalt des Vertrages verfassungswidrig ist oder nicht, untrennbar verbunden mit dem im freien Ermessen der vertragsschließenden Regierung und des Parlaments stehenden Urteil. Die rechtliche Beurteilung der Verfassungsmäßigkeit eines solchen Vertrages ist daher prinzipiell nicht geeignet, der Überprüfung durch ein ordentliches Gericht mit rein juristischer Aufgabe unterworfen zu werden. Ein solches Urteil liegt außerhalb der Prüfungskompetenz des ordentlichen Gerichts, solange ein solcher Vertrag nicht auf den ersten Blick offensichtlich verfassungswidrig und nichtig ist." – Übersetzung bei Eisenhardt u. a., Japanische Entscheidungen (Fn. 1), S. 492–511 (501 f.). Weitere Fälle schildert *Nishihara*, Staatsabhängigkeit (Fn. 3).

[7] „*Kaishaku-kaiken*" lässt sich danach als ein 3-phasiger Vorgang beschreiben: Die Regierung verändert ihr inhaltliches Verfassungsverständnis (1), dem die Gesetzgebung entspricht (2) und die vom Obersten Gerichtshof bestätigt wird (3).

[8] Entscheidend ist an dieser Stelle auch, dass der Oberste Gerichtshof durch die Bestätigung der jeweiligen Gesetze zwar die verfassungswidrige Auslegungsänderung der Regierung bestätigen und dieser damit zu Wirkungen verhelfen kann, die jenen einer formellen Verfassungsänderung entsprechen. Die gerichtliche Bestätigung ermangelt aber in normativer Hinsicht der demokratischen Legitimation einer formellen Verfassungstextänderung. Die Rechtsprechung des Obersten Gerichtshofs ist daher verfassungswidrig.

[9] *Toshiyuki Munesue*, Kenpou kaisei youkenron no tsushyuhen – kinji no doitsu no giron wo fumaete (Zu den Voraussetzungen der Verfassungsänderung – mit Blick auf die gegenwärtige Literatur in Deutschland), Reference 2013, S. 7 ff. (10).

Die Grundlage und Folie der inhaltlichen Auseinandersetzung um die Auslegung von Art. 9 JV zwischen der Regierung einerseits und der Opposition sowie der herrschenden Meinung in der Literatur andererseits bildet daher auch einen methodischen Gegensatz. In den genannten Fällen legt die Regierung Art. 9 JV unter Nichtbeachtung der vom Verfassungsgesetzgeber getroffenen Grundentscheidung und unabhängig vom Wortlaut aus. Sie argumentiert, ein souveräner Staat habe naturgemäß das Recht auf Selbstverteidigung. Es gelte: „Der Staat darf sich allem widmen, was seine Unabhängigkeit und seine Sicherheit garantiert, wenn und soweit der Staat selbständig ist. Das ist von Art. 9 JV nicht verboten“[10]. Methodisch liegt dieser Argumentation die Annahme zugrunde, der zutreffende Begriff des Selbstverteidigungsrechts gehe einem Verständnis des Verfassungstexts voraus und dieser könne und solle nur im Lichte des abstrakten Konzepts ausgelegt werden. Auch wenn entstehungsgeschichtlich der Text der Japanischen Verfassung aus einem begrifflichen Repertoire geschöpft wurde, das sich in der Verfassungsentwicklung des modernen Europas unter besonderer Berücksichtigung der Menschenrechte entwickelt hat, ist es methodisch im Allgemeinen nicht zulässig, den Text der Verfassung prima facie zurückzustellen. Zu fragen ist vielmehr andersherum, wie sich der Wortlaut der Verfassung und der darin zum Ausdruck kommende Wille des Verfassungsgesetzgebers zu den allgemeinen Begriffen verhalten; mit anderen Worten: ob der Wortlaut des Art. 9 JV eine Auslegung erlaubt, die im Sinne eines allgemeinen Selbstverteidigungsrechts Maßnahmen zum Schutz der nationalen Unabhängigkeit und der Garantie der nationalen Sicherheit umfasst.

Selbstverständlich lässt auch die Regierung bei der Auslegung den Wortlaut des Art. 9 JV nicht vollständig außer Acht. Das zeigt die begriffliche Abgrenzung für zulässig gehaltener Mittel „selbstverteidigender Kampffähigkeit“ von klar unzulässigen „Kriegsmitteln“. Abgesehen davon, dass es sich hierbei wohl eher um ein Wortspiel handelt – das, nebenbei gesagt, auch der Übersetzung einige Schwierigkeiten bereitet –, wird diese Unterscheidung in der Öffentlichkeit und in der Wissenschaft stark kritisiert mit dem Argument, sie überschreite die Grenzen der Auslegung. Der japanische Verfassungsgesetzgeber habe mit dem Wort „Kriegsmittel“ jegliche militärische Aufrüstung, unabhängig von ihrer Bezeichnung, verbieten wollen. Sogar in der LDP gibt es Gruppen, die eine formelle Verfassungsänderung mit dem Ziel anstreben, die Einrichtung der *Jieitai* und die gesamte Sicherheitspolitik verfassungsrechtlich zu legitimieren. Darin zeigt sich: Die Regierung legt die Verfassung so aus, als sei die Einrichtung der *Jieitai* mit ihr vereinbart, sieht aber gleichzeitig das Erfordernis einer diesbezüglichen Verfassungsänderung.

Die herrschende Meinung in der Literatur und die Opposition ziehen dagegen bei der Auslegung Meinungen, Äußerungen etc. von Abgeordneten und anderen

---

[10] So der japanische Premierminister *Yoshida Shigeru* im Budgetausschuss des Oberhauses in der Sitzung am 6. März 1952, Sitzungsprotokoll, S. 24. In der Sitzung wurde die Verfassungsmäßigkeit der Sicherheitskräfte (*Hoantai*) kontrovers diskutiert.

Beteiligten, die an der Verfassungsgesetzgebung mitgewirkt haben, heran und gehen von der Grundentscheidung und dem Willen der Verfassungsväter aus. Nur sie legen damit eigentlich den Verfassungstext aus. Beispielhaft kann das an den Ausführungen des führenden Verfassungsrechtlers *Nobuyoshi Ashibe* zur sogenannten „Ashida-Ergänzung"[11], die den im Text des Art. 9 Abs. 2 JV enthaltenen Verweis auf den Zweck des ersten Absatzes betraf, gezeigt werden. Von der Regierung wurde diese Textstelle zur Begründung der Verfassungsmäßigkeit der Einführung der *Jieitai* herangezogen. *Ashibe* schreibt dazu:

> „Herr Ashida äußerte im Vorsitzendenbericht des Verfassungsausschusses im Unterhaus, die Ergänzung sei eingeführt worden, um ‚klar zu stellen, dass die mit den Regelungen des Kriegsverzichts und des Unterhaltsverbots von Kriegsmitteln verbundene Absicht allein die Ermöglichung des Weltfriedens ist'. Auch der damalige Premierminister Shidehara bestätigte: ‚Um des internationalen Friedens willen hat Japan keine Kriegsmittel'. Erst nachdem das Parlament diese Aussagen zur Kenntnis genommen hatte, stimmte es dem Entwurf der japanischen Verfassung zu. Die 10 Jahre nach der Verfassunggebung geäußerten anderslautenden Aussagen Ashidas und die Absichten einiger Mitglieder der Besatzungsbehörde haben auf den so zum Ausdruck kommenden *Willen des Verfassungsgesetzgebers* keinen Einfluss."[12]

Es muss allerdings auch hinzugefügt werden, dass die Methodik der Verfassungsauslegung in der japanischen verfassungsrechtswissenschaftlichen Literatur nicht so bewusst reflektiert wird. Hier unterscheidet sich der japanische Diskurs vom Diskussionsstand in Deutschland, wo die Auslegungsmethoden (der Rechtsprechung) in Rechtsprechung und Literatur kommentiert und eingehend diskutiert werden, wie sich im Sondervotum der Entscheidung zur sogenannten Rügeverkümmerung[13] und im Mehrheitsvotum zur sogenannten Dreiteilung[14], die als „Trendwende"[15] des Bundesverfassungsgerichts beschrieben wurden, zeigt. Wie bereits festgestellt, legt die Mehrheit in der japanischen Literatur jedenfalls Art. 9 JV[16] mit Bezug auf die Grundentscheidung und den Willen des Verfassungsgesetzgebers aus.

---

[11] Der Passus „um den Zweck des Absatzes 1 zu erreichen" wurde in Art. 9 Abs. 2 des Verfassungsentwurfs erst auf Antrag *Ashida Hitoshis* hinzugefügt. Erst zehn Jahre später äußerte *Ashida* dazu, es sei die Absicht seines Antrags gewesen, eine zukünftige Wiederbewaffnung zu ermöglichen.

[12] *Nobuyoshi Ashibe*, Kenpougaku I (Verfassungslehre I), Tokio 1992, S. 260. Hervorhebung nicht im Original.

[13] BVerfGE 122, 248 (282–301 und 302–303).

[14] BVerfGE 128, 193.

[15] *Bernd Rüthers*, Die heimliche Revolution vom Rechtsstaat zum Richterstaat. Verfassung und Methoden, ein Essay, Tübingen 2014, S. 95; auch *Nobuhiko Kawamata*, Kenpo igi to kenpo no kihanryoku (Die Urteilsverfassungsbeschwerde und die normative Kraft der Verfassung), in: Koji Tonami/Tsuyoshi Hatajiri (Hrsg.), Koza Kenpo no kihanryoku. Dai-2-kan: Kenpo no kihanryoku to kenpo saiban (Die normative Kraft der Verfassung. Bd. 2: Die normative Kraft der Verfassung und Verfassungsgerichtsbarkeit), Tokio 2013, S. 285–318 (294 ff.).

[16] Bei der Interpretation anderer Vorschriften werden auch in der Literatur unterschiedliche Methoden herangezogen.

III. Gesetzgebung statt Verfassungsänderung

Am Phänomen *Kaishaku-kaiken* kann beschrieben werden, wie Gesetze dem Verfassungsverständnis der Regierung entsprechend erlassen und, obwohl ihre Verfassungswidrigkeit in der Literatur und der Öffentlichkeit einhellig betont wird, mit faktisch verfassungsändernder Wirkung vom OGH bestätigt werden. Anders ausgedrückt: Der Gesetzgeber kann im Wege der einfachen Gesetzgebung und ohne eine formelle Verfassungstextänderung die gleichwohl faktisch verfassungsändernde Politik der Regierung umsetzen – dank der regierungsfreundlichen Rechtsprechung des OGH.

Weitere Beispiele dafür finden sich auch im Bereich der Grundrechte. Ich schildere im Folgenden nur zwei Fälle: die Notfestnahme ohne Haftbefehl und die polizeiliche Abhörung telefonischer Gespräche.

Nach Art. 33 JV darf niemand ohne richterlichen Haftbefehl festgenommen werden, es sei denn, die Person ist auf frischer Tat ertappt worden.[17] § 210 der Strafprozessordnung erlaubt gleichwohl der Staatsanwaltschaft und der Polizei auch eine sogenannte Notfestnahme ohne Haftbefehl. Voraussetzung der Zulässigkeit ist ein hinreichender Tatverdacht einer Tat, die mit einer Freiheitsstrafe über drei Jahren oder Todesstrafe geahndet wird, die Dringlichkeit der Festnahme und die Unmöglichkeit, zeitig einen richterlichen Haftbefehl zu erhalten. Obwohl die Verfassung ausdrücklich nur zwei Typen der Festnahme kennt, hat der Gesetzgeber daneben die weitere Möglichkeit der Festnahme ohne Haftbefehl geschaffen. Der OGH hat die Verfassungswidrigkeit des § 210 der Strafprozessordnung nahezu ohne Begründung verneint.[18] Die Ansichten dazu in der rechtswissenschaftlichen Literatur lassen sich grob in drei Gruppen einteilen. Eine erste Gruppe hält die Notfestnahme für verfassungswidrig. Nach einer zweiten Ansicht ist die Regelung nicht verfassungswidrig, weil die festnehmende Stelle verpflichtet sei, die Erlangung eines richterlichen Haftbefehls unverzüglich nachzuholen. Dadurch werde der verfassungsrechtlich vorgeschriebene Richtervorbehalt noch gewahrt. Auch die dritte Gruppe geht von der Verfassungsmäßigkeit der Regelung aus mit dem Argument, wegen des Tatbestandserfordernisses der zeitlichen Unmöglichkeit könne § 210 der Strafprozessordnung noch unter die verfassungsrechtliche Ausnahme der „frischen Tat" subsumiert werden. Die Mehrheit in der Literatur neigt der zweiten Ansicht zu, auch die Annahme der Verfassungswidrigkeit wird aber noch vertreten. Vollkommen klar ist indes, dass die von der Verfassungsmäßigkeit ausgehenden Ansichten mit ihrer Argumentation die Grenzen der methodisch zulässigen Verfassungsauslegung berühren. Auch hier lässt sich beobachten, dass, um die verfassungsrecht-

---

[17] Art. 33 JV lautet: „Niemand darf, es sei denn auf frischer Tat, festgenommen werden, wenn nicht ein zuständiger Justizbeamter einen schriftlichen Befehl dazu erteilt hat, in dem die strafbare Handlung, die den Grund der Festnahme bildet, genannt ist."

[18] OGH, Großer Senat, Urteil vom 14. Dezember 1952, Keishu, Bd. 9, Nr. 13, S. 2760.

lichen Bedenken zu beseitigen, eine Verfassungsänderung erforderlich ist – oder eine Änderung der Strafprozessordnung.

Im Jahre 1999 wurde das Gesetz über die Telekommunikationsüberwachung zum Zwecke der Strafverfolgung erlassen. Noch im selben Jahr entschied der OGH, dass die polizeiliche Abhörung telefonischer Gespräche nach richterlicher Anordnung des „Augenscheins“ unter bestimmten Bedingungen mit der Verfassung vereinbar sei, auch wenn die Abhörung als Zwangsmaßnahme in die Privatsphäre und das Fernmeldegeheimnis eingreife.[19] Die im Verfahren gegenständliche Abhörmaßnahme war vor Inkrafttreten des Gesetzes und damit ohne ausdrückliche gesetzliche Ermächtigungsgrundlage vorgenommen worden. In der Sache konnten die Erwägungen des OGH aber auf das neue Gesetz übertragen werden. Dagegen wird in der Literatur die Verfassungswidrigkeit des damaligen Einzelfalles und des Gesetzes betont.[20] Auch in diesem Fall wäre eine Verfassungsänderung angezeigt gewesen. Ein positives Abgrenzungsbeispiel sind insofern die formellen Änderungen der Art. 10 und 13 des deutschen Grundgesetzes.

IV. Verfassungsentwicklung und -änderung durch Auslegung

Prof. *Hillgruber* hat in seinem Referat gezeigt, dass die wenigen formellen Änderungen des Grundrechtsteils des Grundgesetzes mit zwei Ausnahmen eine Einschränkung der Reichweite des Grundrechtsschutzes darstellten. Es sei das Bundesverfassungsgericht, das den Grundrechtsschutz stetig ausweitet. Diese Ausweitung sei wünschenswert und stelle in der Sache eine mit der gesellschaftlichen Entwicklung Schritt haltende und insofern notwendige Verfassungsentwicklung dar.[21] Die Verfassungsentwicklung durch die Rechtsprechung sei eine Verfassungsentwicklung durch gerichtliche Verfassungsauslegung. Die Grenzen der Verfassungsauslegung stellten daher zugleich die Grenzen der Verfassungsentwicklung dar. Eine die methodischen Grenzen überschreitende Auslegung sei, ungeachtet ihrer ethisch-politischen Qualität, keine Verfassungsentwicklung, sondern eine materielle Verfassungsänderung.

Um nun auch in Bezug auf den Bereich der Grundrechte das Verhältnis von Auslegungsgrenzen und Verfassungsänderung zu erörtern – Art. 9 JV ist dem Bereich des Staatsorganisationsrechts zuzuordnen –, möchte ich das Beispiel der verfassungsrechtlichen Bewertung gleichgeschlechtlicher Lebenspartnerschaften auf-

---

[19] OGH, Dritter Kleiner Senat, Beschluss vom 16. Dezember 1999, Keishu, Bd. 53, Nr. 9, S. 1327.

[20] In der strafprozessrechtswissenschaftlichen Literatur wird zudem auf gesetzesrechtlicher Ebene diskutiert, ob die Abhörmaßnahmen überhaupt als „Augenschein“ qualifiziert werden durften.

[21] Der Begriff der „Verfassungsentwicklung“ hat, wie *Christian Bumke*, in diesem Band, S. 39–76, und *Hayashi*, in diesem Band, S. 77–86, gezeigt haben, viele Bedeutungen. Hier wird unter Verfassungsentwicklung eine Verfassungsfortbildung innerhalb der methodischen Grenzen der Auslegung verstanden.

greifen. Art. 24 JV lautet: „Die Ehe entsteht allein durch den übereinstimmenden Willen beider Geschlchter"[22]. Auch in Deutschland diskutiert man anlässlich der die Lebenspartnerschaft konstituierenden und ausgestaltenden Gesetzgebung und der diese bestätigenden Rechtsprechung des Bundesverfassungsgerichts, ob der Begriff der „Ehe" in Art. 6 Abs. 1 GG auch gleichgeschlechtliche Paare umfasst.[23] Kritiker der Rechtsprechung führen an, nach dem Willen des Verfassungsgebers sei „Ehe" eine „dauernde Lebensgemeinschaft von Mann und Frau"[24] und damit „*in der Wertung der Verfassungsgeber* gegenüber gleichgeschlechtlichen Lebensgemeinschaften etwas grundlegend Verschiedenes"[25]. Angesichts des ungleich klareren Wortlauts des Art. 24 Abs. 1 JV muss diese Kritik unter der Japanischen Verfassung erst recht gelten. Es ist nicht zu verkennen, dass gesellschaftlicher Wandel ein Motor eines gleichschreitenden Verfassungswandels sein kann. Die rechtliche Gleichstellung der gleichgeschlechtlichen Lebensgemeinschaft mit der Ehe überschreitet jedoch die vom Verfassungsgeber einem solchen Wandel gezogenen Grenzen. Obwohl eine solche Gleichstellung wünschenswert wäre, kann daher die gleichgeschlechtliche Lebensgemeinschaft nicht unter Art. 24 Abs. 1 JV subsumiert werden, da dessen eindeutiger Wortlaut („Mann und Frau") das ausschließt. Wir sehen hier ein Beispiel für politischen Bedarf nach einer formellen Verfassungsänderung.

V. Verfassungsänderung und Verfassungsgerichtsbarkeit

Die drei Fälle von Verfassungsänderung, die Prof. *Hillgruber* in seinem Referat genauer beschreibt, sind sämtlich Gegenstand einer Prüfung durch das Bundesverfassungsgericht geworden. Es hat den Anschein, als sei es in Deutschland unstreitig und weithin anerkannt, dass auch ein verfassungsänderndes Gesetz Gegenstand einer Prüfung durch das Bundesverfassungsgericht sein kann. Das aber bedeutet faktisch, dass das Verfahren der Verfassungsänderung nicht, wie es Art. 79 GG nahelegt, mit den entsprechenden Beschlussfassungen in Bundestag und Bundesrat, sondern erst nach einer Bestätigung durch das Bundesverfassungsgericht vollständig abgeschlossen ist. Das gilt umso mehr, weil ein verfassungsänderndes Gesetz nicht bloß vom eng umgrenzten Kreis der im Rahmen einer abstrakten Normen-

[22] Im von der Besatzungsbehörde in englischer Sprache verfassten Urentwurf der Japanischen Verfassung, der in einer Übersetzung die Grundlage der Verfassungsentstehung bildete, wurde der Ausdruck „both sexes" verwendet.

[23] Dazu statt vieler *Martin Nettesheim*, in diesem Band, S. 219–238, und *Mitsuhiro Matsubara*, in diesem Band, S. 239–247.

[24] Antrag der CDU/CSU vom 24.11.1948, Drucks. Nr. 302; Nachweis in: Deutscher Bundestag/Bundesarchiv (Hrsg.), Der Parlamentarische Rat. Akten und Protokolle, Bd. 5/2, 1993, Dok. Nr. 31, S. 634 Fn. 28, 642; wie vorstehend zitiert bei *Christian Hillgruber*, Ohne rechtes Maß? Eine Kritik der Rechtsprechung des Bundesverfassungsgerichts nach 60 Jahren, JZ 66 (2011), S. 861–871 (865).

[25] *Rüthers*, Revolution (Fn. 15), S. 119 – Hervorhebung im Original.

kontrolle Antragsberechtigten, sondern potenziell auch von „Jedermann" mit einer Verfassungsbeschwerde angreifbar ist. Prof. *Hillgruber* spricht diesbezüglich von einer „partiellen Entmachtung"[26] des verfassungsändernden Gesetzgebers. Damit ist der Sachverhalt zurückhaltend beschrieben – um nicht zu sagen: japanisch.

Bei der Prüfung verfassungsändernder Gesetze hat das Bundesverfassungsgericht aber auch immer wieder die Grenzen der Verfassungsauslegung aufgezeigt. Die Grenzen der Verfassungsauslegung korrespondieren den Grenzen der an den (verfassungsändernden) Gesetzgeber adressierten Regelungsermächtigung und sind daher auch für diesen von nicht zu überschätzender Bedeutung. Ein Verfassungsgericht sieht sich vor die Aufgabe gestellt, die Reichweite der durch die Verfassung eingeräumten gesetzgeberischen Gestaltungsmöglichkeiten klar zu umreißen. Ein Verfassungsgericht kann so den Gesetzgeber auf die Notwendigkeit einer formellen Verfassungsänderung hinweisen. Das Bundesverfassungsgericht stellt sich dieser Aufgabe, wie Prof. *Hillgruber* gezeigt hat, insbesondere bei der Prüfung verfassungsändernder Gesetze mutig (und erfüllt sie).

Die Mehrheit in der japanischen Literatur verneint eine Kompetenz des Obersten Gerichtshofs zur Prüfung verfassungsändernder Gesetze mit Verweis auf die Volksbeteiligung im Verfahren der Verfassungsänderung gem. Art. 96 JV.[27] Verfassungsänderungen werden nach der Japanischen Verfassung somit unmittelbar durch den Souverän legitimiert. In demokratischer Hinsicht wäre es inakzeptabel, den in der Verfassungsänderung enthaltenen Volkswillen einer verfassungsgerichtlichen Prüfung zu unterstellen. Dieser Unterschied zur deutschen Rechtslage lässt die Vermutung zu, die Anerkennung der verfassungsgerichtlichen Prüfung verfassungsändernder Gesetze durch das Bundesverfassungsgericht habe damit zu tun, dass eine Beteiligung des Volks an der Verfassungsänderung im Grundgesetz nicht vorgesehen ist.

Kaishaku-kaiken beschreibt materielle Verfassungsänderungen ohne formelle Verfassungs(text)änderungen. Diese kommen vermittels einfacher Gesetzgebung zustande allein aufgrund eines veränderten Verfassungsverständnisses der Regierung. Das Volk hat dabei keine Stimme. Formal gleicht *Kaishaku-kaiken* somit dem im Grundgesetz vorgesehenen Verfahren der Verfassungsänderung. Es ist in Parallele zu den Prüfungskompetenzen des Bundesverfassungsgerichts nur folgerichtig, dass auch der japanische Oberste Gerichtshof nach Art. 81 JV[28] die Möglichkeit hat, einfache Gesetze auf ihre Verfassungsmäßigkeit zu überprüfen,

---

[26] *Christian Hillgruber*, Notwendigkeit und Bedeutung einer Verfassungsänderung am Beispiel von Art. 10, 13 und 16 GG, in diesem Band, S. 149–172.

[27] Vgl. *Tatsro Kudo*, Kenpo kaisei no ikenshinsa (Die gerichtliche Überprüfung von Verfassungsänderungen), in: *ders.*, Kenpo-gaku kenkyu (Abhandlungen zur Verfassungslehre), Tokio 2009, S. 196ff. (208).

[28] Art. 81 JV lautet: „Der Oberste Gerichtshof ist das Gericht letzter Instanz mit der Befugnis, über die Verfassungsmäßigkeit aller Gesetze, Verordnungen, Bestimmungen und Hoheitsakte zu entscheiden."

auch wenn sie materiell eine Verfassungsänderung darstellen. Trotzdem hat sich der Oberste Gerichtshof bisher gescheut, diese Möglichkeit wahrzunehmen. Dass der Text der Japanischen Verfassung bis heute keine Änderungen erfahren hat, ist auch darauf zurückzuführen, dass der Oberste Gerichtshof die ihm gestellte Aufgabe, dem Gesetzgeber die Grenzen der Verfassung(sauslegung) aufzuzeigen, bis heute nicht vollständig[29] erfüllt hat.

VI. Schluss

Nach *Masing* und *Munesue* sind zwei Typen der Verfassungsänderung zu unterscheiden. Technische Verfassungsänderungen einerseits, die unter Wahrung der Kontinuität der Verfassung eine Anpassung an gesellschaftlichen und technischen Wandel darstellen, und jene Verfassungsänderungen andererseits, die den grundlegenden Wertentscheidungen des Verfassunggebers neue mit den ursprünglichen Grundentscheidungen des Verfassunggebers vereinbare[30] Wertentscheidungen hinzufügen.[31] In demokratischer Hinsicht sei bei den zuletzt genannten weitreichenden Verfassungsänderungen eine Beteiligung des Volkes wünschenswert. Legt man diese Ansicht zugrunde, so ist auch in den genannten Fällen von *Kaishaku-kaiken* die Forderung nach einer Volksbeteiligung begründet. Denn durch *Kaishaku-kaiken* werden grundlegend neue verfassungsrechtliche Wertentscheidungen getroffen und umgesetzt. Es muss daher vom Obersten Gerichtshof gefordert werden, dass er in seinen Entscheidungen der Regierung und dem Gesetzgeber die verfassungsrechtlichen Grenzen aufzeigt.

---

[29] In einem Fall hat der Oberste Gerichtshof seine Aufgabe doch erfüllt. So sehen die Wahlgesetze vor, dass zunächst jeder Wahlkreis über einen Sitz des Parlaments entscheidet und anschließend – weil die Zahl der Wahlkreise nicht der des Parlaments entspricht – die größten Wahlkreise „einen Sitz extra" zugerechnet bekommen („Hitori-Betsuwaka-Houshiki"). Der Oberste Gerichtshof hat in einem Verfahren entschieden, dass diese Gestaltung des Wahlrechts gegen die verfassungsrechtliche Vorgabe der Gleichheit der Wahl verstößt und somit verfassungswidrig ist (OGH, Großer Senat, Urteil vom 23. März 2011, Minshu, Bd. 65, Nr. 2, S. 755). Bei dieser Entscheidung handelte es sich aber um eine sogenannte Appellentscheidung, mit der der Oberste Gerichtshof weder die betroffenen Wahlvorgänge noch das Wahlgesetz für nichtig erklären konnte. Die Entscheidung blieb dann auch wirkungslos: Der Gesetzgeber hat das Wahlrecht bis heute noch nicht entsprechend grundlegend geändert.

[30] Bei einer Kollision würden die so gezogenen Grenzen der Verfassungsänderung überschritten.

[31] *Munesue*, Verfassungsänderung (Fn. 9), S. 12; vgl. auch eher vorsichtig andeutend *Johannes Masing*, Zwischen Kontinuität und Diskontinuität: Die Verfassungsänderung, in: Der Staat 44 (2005), S. 1–17 (12).

Teil VI

Verfassungsinterpretation und Verfassungswandel

Verfassungsinterpretation und Verfassungswandel

Yuhiko Miyake

I. Einleitung

In den verfassungsrechtlichen Debatten in Deutschland und Japan scheint der Begriff der „Verfassungsinterpretation" – hier gleichzusetzen mit „Verfassungsauslegung" – einen Bereich von Fragestellungen und Forschungsgegenständen gleichermaßen präzise zu bezeichnen. Es geht dabei um das Verhältnis von Verfassungstext und Verfassungsnorm. Diese Klarheit fehlt, wenn die Reichweite und die Bedeutung des „Verfassungswandels" verhandelt werden. In beiden Ländern wird unter diesen Begriffen jeweils ganz Verschiedenes gefasst und in beiden Ländern begegnet das Konzept zugleich einer breiten theoretischen Skepsis. Bevor das Verhältnis von Verfassungsinterpretation und Verfassungswandel untersucht werden kann, ist daher zunächst der Begriff des Verfassungswandels genau zu bestimmen. Im Zentrum der japanischen Diskussion um diesen Begriff steht die Problematik des Art. 9 Japanische Verfassung (JV).[1] Darauf wird im Folgenden Bezug genommen.

---

[1] Art. 9 JV lautet: „(1) In aufrichtigem Streben nach einem auf Gerechtigkeit und Ordnung gegründeten internationalen Frieden verzichtet das japanische Volk für alle Zeiten auf den Krieg als ein souveränes Recht der Nation und die Androhung oder Ausübung von militärischer Gewalt als Mittel zur Beilegung internationaler Streitigkeiten.

(2) Um den Zweck des Absatzes 1 zu erreichen, werden keine Land-, See- und Luftstreitkräfte oder sonstige Kriegsmittel unterhalten. Ein Kriegsführungsrecht des Staates wird nicht anerkannt."

Hier und im Folgenden wird der Text der Japanischen Verfassung in der bei Ulrich Eisenhardt/Hans Georg Leser/Masasuke Ishibe/Tamotsu Isomura/Zentaro Kitagawa/Junichi Murakami/Hans-Peter Marutschke (Hrsg.), Japanische Entscheidungen zum Verfassungsrecht in deutscher Sprache, Köln/Berlin/Bonn/München 1998, S. 533–554 publizierten Übersetzung zugrunde gelegt.

II. Verfassungswandel als verfassungstheoretisches Problem

1. *Verfassungswandel als Verfassungsrechtswandel*

Deutsche Aufsätze, die das Phänomen des Verfassungswandels behandeln, beginnen normalerweise mit einem Verweis auf die Begriffsdefinitionen von *Paul Laband* und *Georg Jellinek*.[2] *Laband* versteht unter Verfassungswandel eine Veränderung des wirklichen Verfassungszustandes eines Staates ohne eine Abänderung des Wortlauts des Verfassungsgesetzes bzw. der in der Verfassungsurkunde formulierten Regeln. Exemplarisch behandelt *Laband* wichtige Veränderungen des Verfassungszustandes des Deutschen Reiches und stellt heraus, dass diese keinen Niederschlag in der Verfassungsurkunde fanden.[3] Bei *Jellinek* werden als Verfassungswandel durch tatsächliche Umstände verursachte Veränderungen der Verfassung verstanden, die den Verfassungstext formell unverändert bestehen lassen. Unerheblich ist dabei, ob diese Veränderungen bewusst und absichtlich herbeigeführt werden.[4] Blendet man die Unterschiede einmal aus, die auch den unterschiedlichen positiv-rechtlichen Kontexten der jeweiligen Theorien geschuldet sind, so kann in Anlehnung an die aktuellere Lehrbuchliteratur[5] zum Staatsrecht der gemeinsame Kern der Begriffe vom Verfassungswandel wie folgt umschrieben werden: Der Begriff bezeichnet das Phänomen, dass einem unveränderten Verfassungstext ein neuer Sinn zuwächst und ihm neue Bedeutungen zugewiesen werden. Was im Einzelnen Inhalt des Verfassungswandels ist bzw. welche Inhalte einer Verfassung einem solchen Wandel unterworfen sind, muss mit Bezug auf das jeweilige Verfassungsrecht bestimmt werden.

---

[2] Vgl. beispielhaft *Konrad Hesse*, Grenzen der Verfassungswandlung (1973), in: *ders.*, Ausgewählte Schriften, Heidelberg 1984, S. 28–44 (31); *Wilfried Fiedler*, Sozialer Wandel, Verfassungswandel, Rechtsprechung, Freiburg 1972, S. 254–294; *Heinrich Amadeus Wolff*, Ungeschriebenes Verfassungsrecht unter dem Grundgesetz, Tübingen 2000, S. 79–114.

[3] Vgl. *Paul Laband*, Die Wandlungen der deutschen Reichsverfassung. Vortrag gehalten in der Gehe-Stiftung zu Dresden am 16. März 1895, Dresden 1895, S. 2 f.

[4] Vgl. *Georg Jellinek*, Verfassungsänderung und Verfassungswandlung, Berlin 1906, S. 2; vgl. dazu *Heinrich Amadeus Wolff*, Verfassungswandel und ungeschriebenes Verfassungsrecht im Werke Georg Jellineks, in: Stanley L. Paulson/Martin Schulte (Hrsg.), Georg Jellinek. Beiträge zu Leben und Werk, Tübingen 2000, S. 133–153; *Christoph Schönberger*, Das Parlament im Anstaltsstaat, Frankfurt am Main 1997, S. 282–300.

Schon 1907 wurde der Aufsatz *Jellineks* von seinem japanischen Schüler und dem Begründer der modernen japanischen Staatsrechtslehre *Tatsukichi Minobe* untersucht und teilweise übersetzt. Siehe *Tatsukichi Minobe*, Kenpo no Henko to Kenpo no Hensen (Verfassungsänderung und Verfassungswandlung), Kokka gakkai Zasshi (Journal of the Association of Political and Social Sciences) 21 (1907), S. 103 ff.; *Georg Jellinek*, Jinken-Sengen-Ron hoka Sanpen (Die Erklärung der Menschen- und Bürgerrechte und drei andere Aufsätze), Tokio 1929, S. 185–225.

[5] Vgl. *Martin Morlok/Lothar Michael*, Staatsorganisationsrecht, 2. Aufl., Baden-Baden 2015, Rn. 89; *Uwe Volkmann*, Grundzüge einer Verfassungslehre der Bundesrepublik Deutschland, Tübingen 2013, S. 141.

Diese Begriffsbestimmung wird in jüngerer Zeit sowohl aus rechtstheoretischer als auch aus rechtsdogmatischer Perspektive in Frage gestellt. Normativ wird argumentiert: Sehe die Verfassung zum Zwecke der Anpassung der Verfassung an veränderte gesellschaftliche Wirklichkeiten ein formelles Verfahren der Verfassungsänderung vor, sei für einen diesen Verfahrensanforderungen enthobenen Verfassungswandel kein Raum. Eine Umgehung beispielsweise der Regelungen des Art. 79 Grundgesetz müsse zum Verlust der Steuerungskraft des Grundgesetzes führen und auch den bleibenden Inhalt der Verfassung undeutlich werden lassen. Vor diesem Hintergrund sei der Verfassungswandel als ein pathologisches Phänomen zu bezeichnen.[6] Aus theoretischer Perspektive wird zu bedenken gegeben, eine klare Abgrenzung des Verfassungswandels von der notwendig kontext-sensiblen Verfassungsauslegung sei kaum zu leisten und es sei vielmehr fraglich, ob nicht beide dasselbe bezeichnen. Unter dem Grundgesetz sei Protagonist eines möglichen Verfassungswandels das Bundesverfassungsgericht, dessen Entscheidungen sich auch als Ergebnisse gerichtlicher Verfassungsauslegung adäquat beschreiben ließen.[7] Die Spannungslage zwischen Verfassungsrecht und politisch-gesellschaftlicher Wirklichkeit, so die Kritik, könne daher nur mit der Unterscheidung von Verfassungsänderungen und Verfassungsauslegung hinreichend genau verarbeitet werden. Dazu passt, dass schon bei *Jellinek* der Verfassungswandel als Problem der Rechtsquellenlehre qualifiziert wurde.

2. Verfassungswandel in Japan

Die japanische Literatur schließt an die deutsche Diskussion zum Begriff des Verfassungswandels an und macht sich insbesondere den kritischen Gedanken zu Eigen, dass zwischen Verfassungsauslegung und Verfassungswandel kein Unterschied bestehe, sondern der Verfassungswandel vielmehr durch und in Verfassungsauslegung vollzogen werde. Auch in Japan beginnen die Aufsätze zum Thema aber mit den Begriffsbestimmungen *Labands* und *Jellineks*, unterscheiden eine (rechts-)soziologische von einer (rechts-)dogmatischen Dimension des Begriffs

[6] Vgl. *Andreas Voßkuhle*, Gibt es und wozu nutzt eine Lehre vom Verfassungswandel?, Der Staat 43 (2004), S. 450–459 (455 f.); *Matthias Jestaedt*, Verfassungsgerichtspositivismus, in: Otto Depenheuer (Hrsg.), Nomos und Ethos. Hommage an Josef Isensee zum 65. Geburtstag von seinen Schülern, Berlin 2002, S. 183–228 (192 ff.); *ders.*, Herr und Hüter der Verfassung als Akteure des Verfassungswandels. Betrachtungen aus Anlass von 60 Jahren Grundgesetz, in: Helmut Neuhaus (Hrsg.), 60 Jahre Bundesrepublik Deutschland, Erlangen 2010, S. 35–99 (39 ff.).

[7] Vgl. *Konrad Hesse*, Grundzüge des Verfassungsrechts der Bundesrepublik Deutschland, 19. Aufl., Heidelberg 1994, S. 15 f.; *Volkmann*, Grundzüge (Fn. 5), S. 141; auch *Christian Hillgruber*, Verfassungsrecht zwischen normativem Anspruch und politischer Wirklichkeit, VVDStRL 66 (2008), S. 7–56 (12 f., 45 f.); *ders.*, Verfassungsinterpretation, in: Otto Depenheuer/Christoph Grabenwarter (Hrsg.), Verfassungstheorie, Tübingen 2010, S. 505–534 (512 ff.); *ders.*, Der Staat des Grundgesetzes – nur „bedingt abwehrbereit"?, JZ 2007, S. 209–218 (210 f.); *ders.*, Ohne rechtes Maß? Eine Kritik der Rechtsprechung des Bundesverfassungsgerichts nach 60 Jahren, JZ 2011, S. 861–871 (865 f.).

und nehmen letztere scharf in die Kritik, weil gerade die dogmatische Verarbeitung des Verfassungswandels häufig eine Relativierung der Normativität der Verfassung bedeute.[8] In einem staatsrechtlichen Lehrbuch wird die Lehre vom Verfassungswandel wie folgt erläutert: Trotz eines unveränderten Verfassungstextes könne die Verfassung durch die Praxis der Staatsorgane einen inhaltlichen Wandel erfahren und, solange der Widerspruch zwischen Verfassungsnorm und Verfassungswirklichkeit nicht zu groß werde, habe diese Praxis die gleichen rechtlichen Wirkungen wie eine formelle Änderung des Verfassungstextes.[9] Berücksichtigen muss man bei der Einschätzung dieser Lehre die positivistischen Tendenzen in der japanischen Staatsrechtslehre, die auf der Grundlage einer strikten Unterscheidung von Norm und Tatsache der Annahme eines normativ relevanten Verfassungswandels hohe Hürden setzt. Denn mit einer strikten Unterscheidung von Norm und Tatsache ist ein so beschriebener Verfassungswandel kaum zu vereinbaren. Auch in Japan begegnet die Lehre vom Verfassungswandel daher ernsthaften Bedenken, weniger allerdings als in Deutschland aus rechtstheoretischer als vielmehr aus rechtsdogmatischer und rechtspolitischer Perspektive.

Denn die Ablehnung der Lehre vom Verfassungswandel durch die Rechtswissenschaft hat in Japan eine klar fassbare politische Stoßrichtung, weil sie in der Politik selbst insbesondere von der Regierung herangezogen werden könnte, um die Sicherheitspolitik verfassungsrechtlich zu rechtfertigen. Auch nachdem im Jahre 1954 die Wiederbewaffnung Japans mit der Gründung der Selbstverteidigungsstreitkräfte vollzogen worden war, blieb deren verfassungsrechtliche Zulässigkeit fragwürdig. Die Regierung versuchte, die Wiederbewaffnung mit akrobatisch zu nennender Verfassungsauslegung zu begründen: Zwar verbiete Art. 9 Abs. 2 JV den Unterhalt jeglicher Kriegsmittel, die Einrichtung von Verteidigungskräften ausschließlich zur Ausübung des völker- und naturrechtlich anerkannten Selbstverteidigungsrechts könne darunter aber nicht subsumiert werden.[10] Gleichwohl versucht die Regierungspartei LDP seither die Zweifel an einer solchen Verfassungsauslegung durch eine Verfassungsänderung zu beseitigen, was ihr mangels der dafür notwendigen Zweidrittelmehrheit[11] bisher nicht gelungen ist. Vor diesem

[8] Vgl. *Toshiyuki Kawazoe*, Kenpo-Hensen no Hoteki-Seikaku (Die rechtliche Natur des Verfassungswandels) (1953), in: *ders.*, Kenpo-Hosho no Riron (Die Theorie der Verfassungsgarantien), Tokio 1982, S. 51–56; *Akimichi Iwama*, Kenpo-Haki no Gainen (Der Begriff der Verfassungsdurchbrechung), Tokio 2002, S. 141–144; *Masahiro Akasaka*, Kenpo-Hensen to Rikken-Kokka (Der Verfassungswandel und die Verfassungsstaatlichkeit), Tokio 2008, S. 365–440.

[9] Vgl. *Nobuyoshi Ashibe/Kazuyuki Takahashi*, Kenpo (Verfassungsrecht), 6. Aufl., Tokio 2015, S. 399.

[10] Vgl. *Ashibe/Takahashi*, Verfassungsrecht (Fn. 9), S. 60–63.

[11] Art. 96 JV: „(1) Eine Änderung dieser Verfassung bedarf der Initiative des Parlaments mit Zustimmung von mindestens zwei Dritteln aller Mitglieder in jedem Hause; die Änderung ist dem Volk vorzuschlagen und bedarf dessen Zustimmung. Für die Zustimmung des Volkes ist erforderlich, daß bei einer besonderen Volksabstimmung oder bei einer vom Parlament bestimmten Wahl mehr als die Hälfte der abgegebenen Stimmen die Verfassungsänderung befürworten.

Hintergrund stellt die Lehre vom Verfassungswandel eine verfassungsrechtliche Rückversicherung dar, um die Einführung der Selbstverteidigungsstreitkräfte oder auch die militärische Kooperation mit den USA zu begründen. Einer der Theoretiker, die sich diese politische Argumentation über die Lehre vom Verfassungswandel auch aus wissenschaftlicher Perspektive zu Eigen machten, war Anfang der 1980er Jahre *Kiminobu Hashimoto*. Er stützte die Annahme eines Bedeutungswandels des Art. 9 JV auf die Unmöglichkeit, in der modernen globalisierten Welt ohne Kriegsmittel bestehen zu können, auf die internationale Verantwortung Japans und auf die positive Haltung der japanischen Bevölkerung zur Einführung der Selbstverteidigungsstreitkräfte.[12] Diese Argumentation begegnete und begegnet jedoch heftiger wissenschaftlicher Kritik: Die Verfassung verliere durch die Berücksichtigung eines faktischen Bedeutungswandels an normativer Kraft, der eigentliche Sinn einer Verfassungsnorm dürfe nicht durch eine die Grenzen der Auslegung in methodischer Hinsicht überschreitende Interpretation missachtet werden und, wenn überhaupt, sei einzig der Oberste Gerichtshof und nicht die öffentliche Meinung als Vollender eines Verfassungswandels anzuerkennen.[13]

3. *Verfassungswandel als Wandel des Sinnzusammenhangs*

Aus theoretischer Perspektive ist indes schon die Gleichsetzung von Verfassungsauslegung und Verfassungswandel zu hinterfragen. Die Gleichsetzung berücksichtige nicht, so die Kritiker, dass Verfassungsauslegung die Untersuchung, Weiterentwicklung und Anwendung von etwas Vorgegebenem bezeichne, während das Konzept des Verfassungswandels das freie Fließen des politischen Prozesses erfassen solle und damit die Vorstellung eines Vorgegebenen überhaupt negiere. Gegenstand der Kritik ist dabei insbesondere die von *Rudolf Smend* begründete Integrationslehre. Werde diese normativ gewendet, bedeute das einen Verzicht auf die Wahrung der strikten wissenschaftlichen Auslegungsgrundsätze zu Gunsten einer reflexiv operierenden Interpretation.[14] In Japan basiert die Kritik auf der bereits erwähnten positivistischen Trennung von Norm und Tatsache, die sich auch als Folge einer *Kelsen*-Renaissance beschreiben lässt.[15]

---

(2) Liegt die Zustimmung zu der Verfassungsänderung gemäß Abs. 1 vor, so verkündet der Kaiser im Namen des Volkes unverzüglich die Änderung als einen Bestandteil dieser Verfassung."

[12] Vgl. *Kiminobu Hashimoto*, Nihonkoku-Kenpo (Die Japanische Verfassung), 2. Aufl., Tokio 1988, S. 438–440.

[13] Vgl. *Osamu Ishimura*, Rikken-Kokka no Jitsugen (Die Verwirklichung des Verfassungsstaates), Tokio 2006, S. 58 f.

[14] Vgl. *Fiedler*, Sozialer Wandel (Fn. 2), S. 35–37; *Ernst-Wolfgang Böckenförde*, Anmerkungen zum Begriff Verfassungswandel, in: *ders.*, Staat, Nation, Europa. Studien zur Staatslehre, Verfassungstheorie und Rechtsphilosophie, Frankfurt am Main 1999, S. 141–156 (155 f.).

[15] Vgl. dazu *Atsushi Takada*, Der Einfluss von Hans Kelsen auf die japanische Verfassungsrechtswissenschaft nach dem Zweiten Weltkrieg in: Wilhelm Brauneder/Kazuhiro Takii (Hrsg.), Die

Es sei allerdings angemerkt, dass eine derartige normative Wendung der Integrationslehre auf einer so auch von *Smend* niemals vertretenen Vermischung von umfassender Staats- und positiver Staatsrechtslehre beruht. Über *Smends* Vorstellung vom Verfassungswandel selbst wird wenig publiziert. *Smend* selbst hat kein eigenständiges Werk diesem Begriff gewidmet und belässt es auch im Übrigen insoweit bei Andeutungen. Eine Ausnahme bilden nur seine Kritik der Lehre *Jellineks* und die dogmatischen Skizzen, die im Folgenden kurz umrissen werden sollen.

Die Lehre *Jellineks* wird von *Smend* aus zwei Gründen verworfen. Obgleich die Analysen der tatsächlichen politischen Vorgänge bei *Jellinek* zutreffend seien, begehe dieser einen grundlegenden Fehler, wenn er von einer „normativen Kraft des Faktischen" spricht. Zum einen sei der Verfassungswandel eigentlich kein Beispiel für das allgemeine Problem der Spannung zwischen Sein und Sollen, denn schon die Voraussetzung einer strikten Unterscheidung von Norm und Tatsache sei zu hinterfragen. Zum anderen sei das Problem des Verfassungswandels kein Problem der Rechtsquellenlehre, sondern der spezifischen Substanz des Staates.[16] Dazu gelangt *Smend* über die Grundannahmen oder -elemente seiner Theorie: die sogenannte geisteswissenschaftliche Methode und seine Vorstellung vom Status der Verfassungslehre. Danach seien Normen als der Zeit nicht unterworfene geistige Idealität nicht in isolierender Abgrenzung von der zeitgebundenen Realität, sondern nur in dialektischer Verschränkung mit der Wirklichkeit der Tatsachen zu begreifen.[17] Gegenstand einer richtig verstandenen Verfassungslehre sei zudem nicht das einzelne Verfassungsgesetz, sondern die Verfassung als Grundordnung des Staates – Verfassungslehre sei nicht Rechtsdogmatik, sondern die Metatheorie der Rechtsdogmatik.[18]

österreichischen Einflüsse auf die Modernisierung des japanischen Rechts, Frankfurt am Main/Berlin/Bern/Bruxelles/New York/Oxford/Wien 2007, S. 41–56.

[16] Vgl. *Rudolf Smend*, Verfassung und Verfassungsrecht (1928), in: *ders.*, Staatsrechtliche Abhandlungen und andere Aufsätze, 3. Aufl., Berlin 1994, S. 119–276 (188).

[17] Vgl. *Smend*, Verfassung (Fn. 16), S. 138 f., 188 f. *Smend* beschreibt die Struktur der geistigen Wirklichkeit von Staat und Verfassung eingehend. Die Annahme einer Dialektik von Idealität und Realität, Wert und Tatsache, Sollen und Sein liegt auch der geisteswissenschaftlichen Philosophie *Wilhelm Diltheys*, der phänomenologischen Pädagogik *Theodor Litts* und der wirklichkeitswissenschaftlichen Staatslehre *Hermann Hellers* zugrunde. Vgl. *Wilhelm Dilthey*, Gesammelte Schriften, Bd. 7: Der Aufbau der geschichtlichen Welt in den Geisteswissenschaften, 8. Aufl., Göttingen 1992, S. 117–119, 141–145, 153–160; *Theodor Litt*, Eine Neugestaltung der Pädagogik (1918), in: ders., Pädagogik und Kultur. Kleine pädagogische Schriften 1918–1926, Bad Heilbrunn 1965, S. 7–11; *ders.*, Pädagogik, in: *Wilhelm Dilthey/Alois Riehl/Wilhelm Wundt/Hermann Ebbinghaus/Rudolf Eucken/Bruno Bauch/Theodor Litt/Moritz Geiger/Traugott Konstantin Oesterreich*, Systematische Philosophie, 3. Aufl., Berlin und Leipzig 1921, S. 276–310 (282 ff.); *Hermann Heller*, Staatslehre (1934), in: *ders.*, Gesammelte Schriften, Bd. 2: Recht, Staat, Macht, Leiden 1971, S. 79–395 (162–166).

[18] Vgl. *Smend*, Verfassung (Fn. 16), S. 119. Vgl. auch *Manfred Friedrich*, Einleitung, in: *ders.*, Verfassung. Beiträge zur Verfassungstheorie, Darmstadt 1978, S. 1–11; *Martin Morlok*, Was heißt und zu welchem Ende studiert man Verfassungstheorie?, Berlin 1988; *Hans Michael Heinig*, Der Sozialstaat im Dienst der Freiheit. Zur Formel vom „sozialen" Staat in Art. 20 Abs. 1 GG, Tübingen

Smend plädiert daher für eine in seinem Sinne aufgeklärte Bestimmung des Verfassungswandels. In Anwendung der geisteswissenschaftlichen Methode beschreibe der Verfassungswandel just die Dialektik von Normativität und Faktizität und im Rahmen einer Verfassungslehre sei nur der Wandel der Verfassung als Ganzes zu verstehen. Änderten sich die im Verfassungsrecht vorausgesetzten aber nicht selbst regulierten Elemente der gesellschaftlichen Wirklichkeit, dann müsse das in der Folge auch auf das interne Rang- und Gewichtsverhältnis der Normen und Institute des Verfassungsrechts durchgreifen. Als Integrationssystem beschrieben hat das Verfassungsrecht so eine sich stetig ändernde Aufgabe zu erfüllen und diese optimal zu lösen, indem über eine interne Veränderung der Rangverhältnisse der Normen untereinander der auf äußere Verwirklichung angewiesene Sinnzusammenhang der Verfassung getragen wird.[19] *Smend* verdeutlicht das an den Beispielen der Reichsaufsicht und des Wahlrechts. Nicht die einzelnen Vorschriften als solche änderten sich, sondern das Verhältnis des Reiches zu den Ländern erfahre einen substanziellen Wandel und der Parlamentarismus verliere seine integrierende Kraft zu Gunsten des Verwaltungsstaatsgedankens.[20] Verfassungswandel sei eben nicht ein Wandel einzelner verfassungsrechtlicher Bestimmungen, sondern die Dynamik der Verfassung im Ganzen, die Dynamik also eines juristischen Sinnzusammenhangs.[21]

2008, S. 76–85; *Matthias Jestaedt*, Die Verfassung hinter der Verfassung. Eine Standortbestimmung der Verfassungstheorie, Paderborn/München/Wien/Zürich 2009; *ders.*, Verfassungstheorie als Disziplin, in: Depenheuer/Grabenwarter, Verfassungstheorie (Fn. 7), S. 4–56; *Christoph Grabenwarter*, Verfassungstheorie, in: Hanno Kube/Rudolf Mellinghoff/Gerd Morgenthaler/Ulrich Palm/Thomas Puhl/Christian Seiler (Hrsg.), Leitgedanken des Rechts. Paul Kirchhof zum 70. Geburtstag, Bd. 1: Staat und Verfassung, Heidelberg 2013, 137–147; *Paul Kirchhof*, Verfassung, Theorie und Dogmatik, in: Josef Isensee/ders. (Hrsg.), Handbuch des Staatsrechts der Bundesrepublik Deutschland, Bd. 12: Normativität und Schutz der Verfassung, 3. Aufl., Heidelberg 2014, S. 693–759 (723 ff.); *Uwe Volkmann*, Rechts-Produktion oder: wie die Theorie der Verfassung ihren Inhalt bestimmt, Der Staat 54 (2015), S. 35–62.

[19] Vgl. *Smend*, Verfassung (Fn. 16), S. 241 f.; *Dau-Lin Hsü*, Die Verfassungswandlung, Berlin 1932, S. 173. An früherer Stelle nennt *Smend* den hinter dem geschriebenen Verfassungsrecht stehenden Sinnzusammenhang das ungeschriebene Verfassungsrecht, vgl. *Rudolf Smend*, Ungeschriebenes Verfassungsrecht im monarchischen Bundesstaat, in: *ders.*, Abhandlungen (Fn. 16), S. 39–59 (53).

[20] Vgl. *Smend*, Verfassung (Fn. 16), S. 238–242; *Hsü*, Verfassungswandlung (Fn. 19), S. 173.

[21] Vgl. *Smend*, Verfassung (Fn. 16), S. 235 f. Anlässlich der Wiederbewaffnung der Bundesrepublik Deutschland thematisierte *Smend* die Frage der Notwendigkeit einer Verfassungsänderung wegen einer Verschiebung innerhalb der konstitutionellen Gewichtsverteilung zwischen Verfassungsorganen des Bundes und der Länder. Den Begriff des Verfassungswandels erwähnte er dabei nicht, vgl. *Rudolf Smend*, Gutachtliche Äußerungen zur Frage der Erforderlichkeit einer Änderung des Grundgesetzes für die Bundesrepublik Deutschland als Voraussetzung des deutschen Wehrbeitrages zur Europäischen Verteidigungsgemeinschaft, in: Institut für Staatslehre und Politik Mainz (Hrsg.), Der Kampf um den Wehrbeitrag, Bd. 1: Die Feststellungsklage, München 1952, S. 148–155 (154 f.).

III. Verfassungswandel als Wandel der Teilverfassungen

1. Verfassungswandel der Art. 87e und 87f GG sowie Art. 140 GG

Eine durch die theoretischen Reflexionen angeregte Neubestimmung des Verfassungswandels sollte von konkreten verfassungsrechtlichen Beispielen ausgehen, die im Folgenden vorgestellt werden.

In den 1990er Jahren wurde das Grundgesetz um Art. 87e und Art. 87f ergänzt, um die Privatisierung der Eisenbahn, der Post und der Telekommunikation weiterzuführen. Neben der Ergänzung des Textkörpers des Grundgesetzes kam darin ein Wandel des verfassungsrechtlichen Sinnzusammenhangs zum Ausdruck. *Johannes Masing* hat dargelegt, dass mit den genannten Reformen das Grundgesetz erstmals auf das ökonomische Prinzip der Markwirtschaft festgelegt und der bis dato geltende Gedanke der wirtschaftspolitischen Neutralität aufgegeben wurde.[22] Dagegen argumentieren allerdings auch kritische Stimmen in der Literatur, die Einführung der Reformklauseln weise keinen über die jeweilige Regelung hinausgehenden Gehalt auf und könne daher nicht als allgemeiner Wandel betrachtet werden.[23]

Als Beispiel der gegenseitigen Beeinflussung von Verfassungs(rechts)auslegung und Verfassungswandel sei zudem die Inkorporierung der sogenannten Kirchenklauseln der Weimarer Reichsverfassung in das Grundgesetz genannt. Seit der Inkorporierung in das Grundgesetz durch Art. 140 GG werden die Art. 136–139 und 141 WRV ganz anders ausgelegt als in der Zwischenkriegszeit. Das im historischen Kontext der 1920er Jahre sehr liberale Staatskirchenrecht mit seiner Betonung der allgemeinen Freiheits- und Gleichheitsrechte auch für die Religionen und Religionsgemeinschaften sah sich in den 1950er Jahren mit einer Kirche konfrontiert, die den Zusammenhang von kirchlicher Ordnung und christlichem Glauben in der Barmer Theologischen Erklärung im Jahre 1934 (rechts-)theologisch selbst ganz neu bestimmt hatte. Während das ältere Kulturkampf-Denken der Kirchen die politische Freiheit vom Staat betont hatte, forderte das neue Kirchenkampf-Denken zugleich innere Unabhängigkeit und aktives gesellschaftliches Engagement[24] – und stellte

---

[22] Vgl. *Johannes Masing*, Post und Telekommunikation, in: Josef Isensee/Paul Kirchhof (Hrsg.), Handbuch des Staatsrechts der Bundesrepublik Deutschland, Bd. 4: Aufgaben des Staates, 3. Aufl., Heidelberg 2006, S. 811–841 (829f.); *ders.*, Grundstrukturen eines Regulierungsverwaltungsrechts, Die Verwaltung 36 (2003), S. 1–32 (4–7).

[23] Vgl. *Matthias Knauff*, Der Gewährleistungsstaat. Reform der Daseinsvorsorge – eine rechtswissenschaftliche Untersuchung unter besonderer Berücksichtigung des ÖPNV, Berlin 2004, S. 235–249.

[24] Vgl. *Rudolf Smend*, Staat und Kirche nach dem Bonner Grundgesetz (1951), in: *ders.*, Abhandlungen (Fn. 16), S. 411–422; *Axel Freiherr von Campenhausen*, Der heutige Verfassungsstaat und die Religion, in: Joseph Listl/Dietrich Pirson (Hrsg.), Handbuch des Staatskirchenrechts der Bundesrepublik Deutschland, Bd. 1, 2. Aufl., Berlin 1994, S. 47–84 (55ff.); *ders.*, Literaturübersicht zum Kirchenrecht und Staatskirchenrecht (Zweiter Teil), in: *ders.*, Gesammelte Schriften, Tübingen 1995, S. 538–580 (544); *Christoph Link*, Kirchliche Rechtsgeschichte, 2. Aufl., München 2010, S. 228–233.

damit selbst den sogenannten Öffentlichkeitsanspruch.[25] Auch heute wird über einen Wandel des Staatskirchenrechts hin zu einem Religions- oder Religionsverfassungsrecht diskutiert.[26] Auch hier finden sich Beispiele für den Bedeutungswandel einzelner Verfassungsbestimmungen, die einem Wandel der (Religions-)Verfassung als Sinnzusammenhang folgen und ihm Ausdruck verleihen.

Ein weiteres Feld beispielhaften Verfassungswandels ist die Sicherheitspolitik bzw. die „Sicherheitsverfassung". *Ralf Poscher* hat dargelegt, dass mit dem internationalisierten Terrorismus und der verstärkten organisierten Kriminalität nicht nur die äußere, sondern auch die innere Sicherheitspolitik tiefgehende Veränderung erfahren habe. So sei die Sicherheitspolitik internationalisiert und auf nationaler Ebene zentralisiert worden. Zugleich hätten die vormals strengen Unterscheidungen von Polizei und Geheimdienst auf der einen sowie Polizei und Militär auf der anderen Seite Relativierungen erfahren. Diese Dynamik stelle für die verfassungsrechtliche Dogmatik und die Rechtsprechung des Bundesverfassungsgerichts eine Herausforderung dar. So sei in der grundrechtlichen Systematik der Eingriffsbegriff für abstrakt-generelle Maßnahmen geöffnet und der Grundsatz der Verhältnismäßigkeit um den der Operationalisierbarkeit ergänzt worden. Die Aufwertung des Sicherheitsrechts zu einem „Sicherheitsverfassungsrecht" könne zu einer Erosion der ursprünglich föderalistisch und gewaltenteilig geprägten Struktur der politischen Verfassung führen.[27] Hier zeigt sich der Verfassungswandel in einem tiefgreifenden Strukturwandel der Sicherheitspolitik.

---

[25] Vgl. *Rudolf Smend*, Zum Problem des Öffentlichen und der Öffentlichkeit (1954), in: *ders.*, Abhandlungen (Fn. 16), S. 462–474; *ders.*, Der Niedersächsische Kirchenvertrag und das heutige deutsche Staatskirchenrecht, JZ 1956, S. 50–53; *Klaus Schlaich*, Der Öffentlichkeitsauftrag der Kirchen, in: Joseph Listl/Dietrich Pirson (Hrsg.), Handbuch des Staatskirchenrechts der Bundesrepublik Deutschland, Bd. 2, 2. Aufl., Berlin 1995, S. 131–180; *Götz Klostermann*, Der Öffentlichkeitsauftrag der Kirchen – Rechtsgrundlagen im kirchlichen und staatlichen Recht. Eine Untersuchung zum öffentlichen Wirken der evangelischen Kirchen in der Bundesrepublik Deutschland, Tübingen 2000.

[26] Vgl. *Stefan Korioth*, Vom institutionellen Staatskirchenrecht zum grundrechtlichen Religionsverfassungsrecht? Chancen und Gefahren eines Bedeutungswandels des Art. 140 GG, in: Michael Brenner/Peter M. Huber/Markus Möstl (Hrsg.), Der Staat des Grundgesetzes – Kontinuität und Wandel. Festschrift für Peter Badura zum siebzigsten Geburtstag, Tübingen 2004, S. 727–747; im Ganzen *Hans Michael Heinig/Christian Walter* (Hrsg.), Staatskirchenrecht oder Religionsverfassungsrecht? Ein begriffspolitischer Grundsatzstreit, Tübingen 2007; außerdem *Christian Waldhoff*, Die Zukunft des Staatskirchenrechts, in: Burkhard Kämper/Hans-Werner Thönnes (Hrsg.), Die Verfassungsordnung für Religion und Kirche, in: Anfechtung und Bewährung, Essener Gespräche zum Thema Staat und Kirche 42, Münster 2008, S. 55–101 (80ff.); *Martin Heckel*, Die Zukunftsfähigkeit des deutschen „Staatskirchenrechts" oder „Religionsverfassungsrechts"?, AöR 134 (2009), S. 309–390.

[27] Vgl. *Ralf Poscher*, Sicherheitsverfassungsrecht im Wandel, in: Thomas Vesting/Stefan Korioth (Hrsg.), Der Eigenwert des Verfassungsrechts. Was bleibt von der Verfassung nach der Globalisierung?, Tübingen 2011, S. 245–262 (260f.); *ders.*, Menschenwürde und Kernbereichsschutz. Von den Gefahren einer Verräumlichung des Grundrechtsdenkens, JZ 64 (2009), S. 269–277 (269f.); *Steffen Tanneberger*, Die Sicherheitsverfassung. Eine systematische Darstellung der Rechtspre-

Auch wenn die dargestellten Beispiele die durch *Smend* geprägte Vorstellung von einem Wandel des Sinnzusammenhangs auf den ersten Blick erhellen mögen, weil in beiden Fällen der Wandel des Sinnzusammenhangs einem formellen Normwandel korrespondiert,[28] fordern sie doch zugleich die Frage heraus, was unter dem Wandel des „Sinnzusammenhangs" der Wirtschafts-, der Religions- oder der Sicherheitsverfassung genau zu verstehen ist, oder zunächst: wie die Wirtschafts-, die Religions- oder die Sicherheitsverfassung sich unabhängig von den jeweiligen verfassungsrechtlichen Normen beschreiben lassen.

Der *Smend*-Schüler *Herbert Krüger* definierte einst die Wirtschaftsverfassung als „die verfasste Wirtschaft". Damit meinte er das Wirtschaften einer Gruppe zu einer bestimmten Zeit auf einem umgrenzten Raum mit gewisser Gleichmäßigkeit, Stetigkeit und Regelmäßigkeit, das sich an allgemein anerkannten und durch Gewohnheiten ausgebildeten Maßstäben und Konventionen orientiert.[29] Die Wirtschaftsverfassung ist danach die Ordnung, in der die Menschen nach wirtschaftlichen Gesetzmäßigkeiten zum jeweils eigenen Nutzen miteinander konkurrieren.[30] In

chung des Bundesverfassungsgerichts. Zugleich ein Beitrag zu einer induktiven Methodenlehre, Tübingen 2014.

[28] Um einen weiteren Bereich anzuführen, ließe sich daher auch der jüngst beobachtete Grundrechtswandel als Verfassungswandel beschreiben. Vgl. dazu *Lothar Michael/Martin Morlok*, Grundrechte, 4. Aufl., Baden-Baden 2014, Rn. 32–34; *Axel Freiherr von Campenhausen*, Verfassungsgarantie und sozialer Wandel – Das Beispiel von Ehe und Familie, in: *ders.*, Schriften (Fn. 24), S. 327–370 (365 ff.); *Christoph Möllers*, Religiöse Freiheit als Gefahr?, VVDStRL 68 (2009), S. 47–93 (73 f.); *Michael Germann*, Dynamische Grundrechtsdogmatik von Ehe und Familie?, VVDStRL 73 (2014), S. 257–295 (287 ff.).

[29] Vgl. *Herbert Krüger*, Allgemeine Staatslehre, Stuttgart 1964, S. 567; *ders.*, Von der reinen Marktwirtschaft zur gemischten Wirtschaftsverfassung, Hamburg/Berlin/Frankfurt am Main 1966, S. 15; *ders.*, Verfassung (1961), in: *ders.*, Staat, Wirtschaft, Völkergemeinschaft, Frankfurt am Main/Berlin 1970, S. 160–176 (164).

[30] Vgl. *Herbert Krüger*, Der Staatsgedanke in der Wettbewerbsgesellschaft, in: Welchen Sinn hat es, diesem Staat zu dienen?, Schriftenreihe des Deutschen Beamtenbundes Bd. 33, Bad Godesberg 1964, S. 31–43 (34 ff.); *ders.*, Unsicherheit der Staatsidee und Sicherheit von Wirtschaft und Gesellschaft, in: Verwaltung im modernen Staat. Staat und Wirtschaft, Berliner Beamtentage 1965, Berlin 1966, S. 7–18.

Krügers Verständnis der Wirtschaftsverfassung unterscheidet sich deutlich von der heutigen Lehre. Er beschränkt sich nicht wie diese darauf, den Begriff als Inbegriff aller die Wirtschaft betreffenden Verfassungsnormen zu verstehen, sondern fasst mit ihm die vorrechtlichen Strukturen und Denkweisen wirtschaftlichen Lebens. Vgl. *Peter Badura*, Staatsziele und Garantien der Wirtschaftsverfassung in Deutschland und Europa, in: Joachim Burmeister (Hrsg.), Verfassungsstaatlichkeit. Festschrift für Klaus Stern zum 65. Geburtstag, München 1997, S. 409–420; *ders.*, Wirtschaftsverfassung und Wirtschaftsverwaltung, 4. Aufl., Tübingen 2011, S. 8, 12–14; *Oliver Lepsius*, Verfassungsrechtlicher Rahmen der Regulierung, in: Michael Fehling/Matthias Ruffert (Hrsg.), Regulierungsrecht, Tübingen 2010, S. 143–211 (194 ff.); *ders.*, Der Eigenwert der Verfassung im Wirtschaftsrecht, in: Vesting/Korioth, Eigenwert (Fn. 27), S. 149–186 (175 ff.); *Meinrad Dreher*, Wirtschaftsverfassung und Wirtschaftsrecht, JZ 69 (2014), S. 185–190.

Zudem hebt *Krüger* beständig die Konflikte zwischen Wirtschaftsverfassung und politischer demokratischer Verfassung hervor. In der heutigen Theorie wird vor dem Hintergrund der politischen Ordnung der Europäischen Union hingegen der wesentliche Zusammenhang der wirt-

Analogie zu dieser Bestimmung kann auch eine Definition der Religionsverfassung versucht werden. Die Religionsverfassung ist danach die verfasste Gemeinschaft, in deren Rahmen von den Gläubigen „das Evangelium rein gepredigt und die heiligen Sakramente laut des Evangeliums gereicht werden“ [31]. Entscheidend ist, dass in diesen Begriffsbestimmungen die jeweiligen Eigengesetzlichkeiten einzelner Gesellschaftsbereiche beschrieben werden. Diese sind vom politischen Gesamtzusammenhang, aus dem heraus die politische Verfassung eines Staates entsteht, zu unterscheiden. Da sie aber einen Teil des allgemeinen Sinnzusammenhangs der Verfassung bilden, können sie mit *Krüger* als Teilverfassungen bezeichnet werden.

2. Verfassungswandel des Art. 9 JV

Was sind nun die Konsequenzen der vorhergegangenen Untersuchung zum Begriff des Verfassungswandels für den Umgang mit Art. 9 JV?

Die japanische Liberaldemokratische Partei (LDP) bemüht sich seit 1952 darum, die unter US-Besatzung entstandene Japanische Verfassung durch einen Akt *erneuter* und international unabhängiger Verfassunggebung zu bestätigen und teilweise zu ändern. Dieses Bemühen begegnet steter Kritik, da die mutmaßlich vorrangig intendierte Relativierung der Kriegsverzichtsklausel des Art. 9 JV für mit den Grundsätzen des Konstitutionalismus unvereinbar gehalten wird.[32] Der Kritik geht es also gar nicht primär um die Frage erneuter Verfassunggebung, sondern vielmehr allgemein um die Erhaltung bestimmter Verfassungsinhalte und im Besonderen um die Wahrung eines strikten Kriegsverzichts, wie er in strenger Auslegung dem Art. 9 JV zugeschrieben werden kann. Diese Inhalte sehen die Kritiker durch die Vorschläge der LDP, den Verfassungstext zu ändern, genauso bedroht wie durch Veränderungen bei der Auslegung der Verfassungsbestimmungen. In praktisch-politischer Hinsicht konnte diese Kritik bisher nicht durchdringen. Die

---

schaftlichen Ordnung der Union, die geprägt ist durch die Grundfreiheiten und das Streben nach einem gemeinsamen Binnenmarkt, mit der Verwirklichung der politischen Verfassung der Union als Demokratie betont. Indes ist auch dort die wirtschaftliche Freiheit durch sozialstaatliche Prinzipien wie die der Gewährleistungsverantwortung überformt und beschränkt. Vgl. dazu *Matthias Ruffert*, Zur Leistungsfähigkeit der Wirtschaftsverfassung, AöR 143 (2009), S. 197–239; *ders.*, Völkerrechtliche Impulse und Rahmen des Europäischen Verfassungsrechts, in: Fehling/ders., Regulierungsrecht (Fn. 30), S. 95–142 (98 f.).

[31] Art. 7 Confessio Augustana, in angepasster Orthographie zitiert nach: Irene Dingel (Hrsg.), Die Bekenntnisschriften der Evangelisch-Lutherischen Kirche, Vollständige Neuedition Göttingen 2014, S. 102; vgl. auch *Martin Honecker*, Evangelisches Kirchenrecht. Eine Einführung in die theologischen Grundlagen, Göttingen 2009, S. 56; *Hans Michael Heinig*, Dienstgemeinschaft, in: ders./ Hendrik Munsonius, 100 Begriffe aus dem Staatskirchenrecht, 2. Aufl., Tübingen 2015, S. 32–36; *Hendrik Munsonius*, Evangelisches Kirchenrecht. Grundlagen und Grundzüge, Tübingen 2015, S. 12–14, 141f., 177–179.

[32] Vgl. *Shojiro Sakaguchi*, Major constitutional developments in Japan in the first decade of the twenty-first century, in: Albert H. Y. Chen (Hrsg.), Constitutionalism in Asia in the Early Twenty-First Century, Cambridge 2014, S. 52–75.

Gesetzgebung weist vielmehr eine gegensätzliche Tendenz auf. Schon im Jahr 1954 erfolgte die Wiederbewaffnung Japans – jedenfalls in einem materiellen Sinne. 1991 wurden erstmals japanische Verteidigungskräfte für die UN-Friedenstruppen zur Verfügung gestellt, im Jahr 2007 wurde das bisherige Verteidigungsamt zu einem Verteidigungsministerium aufgestockt und mit einem Kabinettsbeschluss aus dem Jahr 2014 anerkannte die Regierung erstmals ein kollektives staatliches Selbstverteidigungsrecht unter der Japanischen Verfassung. Letzteres stellt eine Umkehrung des seit 1972 durch die Regierung vertretenen Verfassungsverständnisses dar, das sich auch schon nur deshalb durchsetzen konnte, weil der Oberste Gerichtshof die Möglichkeiten, es zu widerlegen, nicht nutzte. In der Sache steht die Wehrpolitik der LDP damit vor ihrer Verwirklichung – ganz ohne formelle Verfassungsänderung.

Verfassungstheoretisch ist hier auf der einen Seite eine Veränderung der Verfassung durch die Gesetzgebung und die damit einhergehende veränderte Verfassungsauslegung beschreibbar. Im Falle der Wiederbewaffnung könnte man auf der anderen Seite noch weiter gehen und sagen: hier hat die militärische Form menschlichen Denkens Einzug in den die Verfassung tragenden Sinnzusammenhang gehalten. Aufgabe eines Militärs ist es in der Regel, die staatliche Ordnung vor Angriffen durch ausländische Mächte zu schützen.[33] Damit die Verteidigung auch im überraschenden Angriffsfall wirksam sein kann, ist Grundlage der Funktionsfähigkeit einer Militärorganisation der Unterhalt ständig zu erneuernder Ausrüstung mit Schutzgerät und vor allem Waffen. Die Einrichtung einer Militärorganisation impliziert danach aber auch eine spezifische innere Ordnung des Militärs und rechnet mit der Möglichkeit eines potenziell vernichtenden Einsatzes gegen feindliche Streitkräfte. Wer eine Wehrverfassung im Wege der Verfassungsänderung oder der einfachen Gesetzgebung schafft, muss daher das militärische Denken, die Eigengesetzlichkeit militärischer Organisation, gleichfalls akzeptieren. In einer demokratisch verfassten Gemeinschaft bedeutet das in einem gewissen auch psychologischen Sinne eine Identifikation der Gemeinschaft mit dem militärischen Denken. Die dargestellte Kritik an der Politik der aktuellen Regierung aber kann sich daher nicht auf die von der LDP angestrebten Änderungen des Verfassungstextes und den Umgang mit Art. 9 JV allein konzentrieren. Sie muss den Sinnzusammenhang der Verfassung, die Verfassung als Ganzes und damit das

---

[33] Vgl. dazu *Wolfgang Martens*, Grundgesetz und Wehrverfassung, Hamburg 1961, S. 101–104; *Krüger*, Staatslehre (Fn. 29), S. 929–932; *Tade Matthias Spranger*, Wehrverfassung im Wandel. Reformvorschläge und Reformbedarf, Baden-Baden 2003; *Joachim Wieland*, Die Entwicklung der Wehrverfassung, in: Rainer Wahl (Hrsg.), Verfassungsänderung, Verfassungswandel, Verfassungsinterpretation. Vorträge bei deutsch-japanischen Symposien in Tokio 2004 und Freiburg 2005, Berlin 2008, S. 165–172; *Christof Gramm*, Die Bundeswehr in der neuen Sicherheitsarchitektur, Die Verwaltung 41 (2008), S. 375–404; *Heinrich Amadeus Wolff*, Die Wehrverfassung als Beispiel eigener Souveränitätsbeschränkung, in: Hans-Christof Kraus/ders. (Hrsg.), Souveränitätsprobleme der Neuzeit. Freundesgabe für Helmut Quaritsch anlässlich seines 80. Geburtstages, Berlin 2010, S. 149–185.

in der Gesellschaft anerkannte militärische Denken selbst zum Gegenstand ihrer Kritik machen.

Ist die Wehrverfassung damit auch als Problem der Verfassung als Sinnzusammenhang ausgemacht, stellt sich die Frage nach der jeweiligen Vereinbarkeit einer Wehrverfassung mit den Staatsformen, die gleichfalls ein wesentliches Element der Verfassung als Sinnzusammenhang darstellen. So konnte *Johannes Heckel* während der Nazi-Diktatur einen wesentlichen Einfluss der Organisation der Wehrkräfte und ihres Geistes auf das Verfassungsleben feststellen und die Verankerung der Wehrmacht im Sinnzusammenhang der Verfassung wie folgt beschreiben: Die Wehrmacht sei ein Teil der deutschen Freiheit und Ehre, im Rahmen der Wehrpflicht diene der Einzelne dem Ganzen und das Volk werde durch die und in der Wehrmacht körperlich und seelisch gebildet.[34] Damit wurde ein Extrembeispiel geschildert. Auch in jüngerer Zeit wird in der Staatsrechtslehre aber argumentiert, die Beteiligung der Bundeswehr an der Sicherung des internationalen Friedens könne einer Verbreitung des naiven Glaubens vorbeugen, die eigene Freiheit sei ohne militärische Verantwortung im Ausland zu haben.[35] Während *Heckel* die nicht weiter überraschende Vereinbarkeit einer Wehrverfassung mit der politischen Form der Diktatur feststellt, wird also auch für eine Vereinbarkeit mit der Demokratie argumentiert.

Ist aber die politische Form der Demokratie mit den Inhalten einer Wehrverfassung vereinbar? Die demokratische Staatsverfassung basiert auf dem Gedanken der Toleranz abweichender Meinungen, die politische Deliberation in einem offenen und ideal endlosen Prozess erst denkbar macht. Die demokratische Staatsverfassung setzt die Bildung der Bürgerinnen und Bürger zu freien und vernünftigen Teilnehmern an diesem Diskurs voraus.[36] Kann aber der für die Demokratie wesentliche Geist der Vernunft mit der rohen Leidenschaft, auf die eine Wehrverfassung baut, übereinkommen? Verträgt sich die Ethik der gegenseitigen Anerkennung mit dem kriegerischen Gesetz der gegenseitigen Vernichtung? Ist die Struktur der

[34] Vgl. *Johannes Heckel*, Wehrverfassung und Wehrrecht des Großdeutschen Reiches, Bd. 1: Gestalt und Recht der Wehrmacht. Der Waffendienst, Hamburg 1939, S. 54–58; dazu auch *Gisela Emling*, Johannes Heckel. Leben und Wirken (1889–1963), Frankfurt am Main/Berlin/Bern/Wien 2011, S. 113–117. Zur historischen Einordnung des Zusammenhangs von Heeresverfassung und politischer Verfassung vgl. *Ernst Rudolf Huber*, Heer und Staat in der deutschen Geschichte, 2. Aufl., Hamburg 1943, S. 7–11; dazu auch *Ralf Walkenhaus*, Konservatives Staatsdenken. Eine wissenssoziologische Studie zu Ernst Rudolf Huber, Berlin 1997, S. 256–260.

[35] Vgl. *Eckart Klein*, Von der Spaltung zur Einigung Europas, in: Detlef Merten/Hans-Jürgen Papier (Hrsg.), Handbuch der Grundrechte in Deutschland und Europa, Bd. 1: Entwicklung und Grundlagen, Heidelberg 2004, S. 201–268 (241); *Hans Hugo Klein*, Das Grundgesetz der Bundesrepublik Deutschland – Kontinuität und Wandel, in: Jörn Ipsen/Edzard Schmidt-Jortzig (Hrsg.), Recht, Staat, Gemeinwohl. Festschrift für Dietrich Rauschning, Köln/Berlin/Bonn/München 2001, S. 5–26.

[36] Vgl. *Krüger*, Staatsgedanke (Fn. 30), S. 34–37; *ders.*, Die öffentlichen Massenmedien als notwendige Ergänzung der privaten Massenmedien. Rechtsgutachtliche Untersuchung, Frankfurt am Main/Berlin 1965, S. 35.

freiheitlichen Demokratie mit dem Denken des Militarismus vereinbar? Einen Zugang zur Analyse dieser Fragen bietet die von *Krüger* entwickelte Unterscheidung von Teilverfassungen wie der Wirtschafts-, Religions- oder Wehrverfassung auf der einen Seite und der Gesamtverfassung auf der anderen Seite. Im hier zu behandelnden Fall stößt man scheinbar auf die Existenz einer nicht-demokratischen Teilverfassung im Rahmen einer demokratischen Gesamtverfassung. Die Frage ist also, ob und wie ein solcher Konflikt von Teil- und Gesamtverfassung zu beschreiben und wie er zu bewerten ist.

3. Grenzen des Verfassungswandels

Liegt der Verdacht einer Kollision von Teilverfassungen und Gesamtverfassung wie hier auf der Hand, so ist es die Aufgabe der Verfassungsrechtswissenschaft, Theorieangebote zu entwickeln, um den Einfluss der Teilverfassung auf die Gesamtverfassung zu begrenzen und eine Kollision zu Lasten der Gesamtverfassung zu verhindern. *Konrad Hesse* hat versucht, ein solches Angebot zu entwickeln. Dabei geht er von der Integrationslehre aus und wendet diese aber in einem rechtspositivistischen Sinne. Denn Teile des Sinnes der Verfassung selbst sind nach *Konrad Hesse* nicht bloß die Lebensnotwendigkeiten des Staates; vielmehr eigne der Verfassung selbst auch eine rationalisierende, stabilisierende und faktische Macht vor allem begrenzende Funktion. Die diese immanente Funktion der Verfassung missachtende reine Integrationslehre ist in seinen Augen daher auch nicht geeignet, den durch das Phänomen des Verfassungswandels aufgeworfenen Problemen zu begegnen. Es sei vielmehr der Gedanke der strikten Bindung an den Verfassungstext allein, der dieser Dimension der Verfassung gerecht werde. Der Verzicht auf die strikte Bindung an den Wortlaut der Verfassung bedeute keine Aufgabe der rationalisierenden Funktion der Verfassung. Es ist damit nach *Konrad Hesse* der Text der Verfassung, der die Grenzen eines verfassungsrechtlich zulässigen Verfassungswandels markiert.[37]

Hsü Dau-Lin, der nicht nur als Schüler *Rudolf Smends* für sich beanspruchen kann, die Lehre seines Lehrers und deren Implikationen besonders gründlich und umfassend verstanden und bearbeitet zu haben, zeigt auf, dass die Vorstellung eines Verfassungs(rechts)wandels dazu führt, Grenzen der Dynamik innerhalb eines Verfassungssystems und innerhalb eines definierten Sinnzusammenhanges nicht mehr anerkennen zu können. Selbst ein Wandel der Staatsform von einer Monarchie zur Republik sei bei formeller Kontinuität eines Verfassungstextes theoretisch denkbar. Die einzige Grenze sei einem so verstandenen Verfassungswandel durch eine Revo-

---

[37] Vgl. *Hesse*, Grundzüge (Fn. 7), S. 15–19. Der Gedanke des positiven Rechts als einer Grenze des Verfassungswandels enthält eine Warnung vor dem Ausspielen der vermeintlichen Legitimität der Verfassung gegenüber der Legalität des Verfassungsgesetzes. Vgl. dazu *Christian Waldhoff*, Entstehung des Verfassungsgesetzes, in: Depenheuer/Grabenwarter, Verfassungstheorie (Fn. 7), S. 289–348 (295 ff.).

lution gezogen. Diese lasse sich dann aber nicht mehr juristisch, sondern lediglich als faktische Beseitigung eines Textes verstehen.[38]

Noch radikaler ist der Blick *Herbert Krügers* auf die Dinge. Er lehnt die Existenz von Teilverfassungen, die der politischen Staatsverfassung widersprechen, im Ganzen ab.[39] Grund dafür ist für ihn, dass die formelle Verfassung, der Verfassungstext, primär der politischen Verfassung als Ausdruck und Medium der politischen Form der Demokratie zu geben sei, in der freie und gleiche Bürger die notwendigen Fragen des Gemeinwohls gemeinsam zu beantworten suchen. Deshalb ist die formelle Verfassung der Beweis des Vorranges der politischen Verfassung in klarer Abgrenzung zu den verschiedenen Teilverfassungen. Um die Selbständigkeit einer bürgerlichen politischen Ethik und damit letztlich die sittliche Freiheit der menschlichen Person zu schützen, müssen mit der Neutralität gegenüber oder der Nicht-Identifikation mit den Teilverfassungen deren undemokratische Eigengesetzlichkeiten aus der politischen Gesamtverfassung ausgetrieben werden. Bei *Krüger* ist es somit nicht die Form des Verfassungstextes, sondern die Reinheit der politischen Verfassung, die dem Verfassungswandel Grenzen zieht.

IV. Zusammenfassung

Das Gesagte kann auf die folgenden Thesen verdichtet werden:

Der Verfassungswandel ist nicht ein Wandel einzelner Bestimmungen des Verfassungsrechts, sondern ein Wandel des Sinnzusammenhangs der Verfassung als Ganzes, der die Grundlage der einzelnen Verfassungsbestimmungen bildet. Verfassungswandel ist damit kein Phänomen allein des Verfassungsrechts, sondern der Verfassung in einem weiten Sinne. Der Verfassungswandel findet damit auf einer anderen Ebene statt als Verfassungsänderung und Verfassungsauslegung.

Verfassung und Verfassungsrecht stehen aber in einem Verhältnis gegenseitiger Beeinflussung. So können Änderungen des Verfassungsrechts durch formelle Verfassungsänderung oder Verfassungsauslegung auf die Verfassung als Sinnzusam-

---

[38] Vgl. *Hsü*, Verfassungswandlung (Fn. 19), S. 176–180. Dazu, dass auch schon bei *Jellinek* ein Wandel der Staatsform als Verfassungswandel beschreibbar ist, vgl. *Schönberger*, Anstaltsstaat (Fn. 4), S. 183–215.

[39] Vgl. *Herbert Krüger*, Subkonstitutionelle Verfassungen, DÖV 29 (1976), S. 613–624 (617 f.). Anders als *Krüger* versteht die Literatur unter Teilverfassungen in einem rechtsdogmatischen Sinne meist die Summe bestimmter sachlich abgegrenzter Verfassungsnormen oder die Verfassungen der Mitgliedstaaten der Europäischen Union in Abgrenzung zur Verfassung der Union selbst. Vgl. dazu *Rainer Wahl*, Der Vorrang der Verfassung (1982), in: *ders.*, Verfassungsstaat, Europäisierung, Internationalisierung, Frankfurt am Main 2003, S. 121–160 (149 ff.); *Ingolf Pernice*, Europäisches und nationales Verfassungsrecht, VVDStRL 60 (2001), S. 148–193 (163 ff.); *Matthias Ruffert*, Vorrang der Verfassung und Eigenständigkeit des Privatrechts, Tübingen 2001, S. 39 f.; *Peter Häberle*, Europäische Verfassungslehre, 7. Aufl., Baden-Baden 2011, S. 220–231; *ders.*, Integrationskraft der Verfassung, in: FS Kirchhof I (Fn. 18), S. 159–168 (166 ff.).

menhang durchgreifen. Um diesen Durchgriff zu verhindern oder zu begrenzen, müssen Teilverfassungen wie die Wehr-, Wirtschafts- oder Betriebsverfassung, die über starke Eigengesetzlichkeiten verfügen, verhindert werden.

Die Kritik der japanischen Verfassungsrechtslehre an der Praxis des Art. 9 JV greift zu kurz, weil sie nur einen Wandel des Verfassungsrechts beschreibt. Im Zusammenhang mit der japanischen Sicherheits- und Verteidigungspolitik ist indes ein Wandel der Verfassung im materiellen Sinne zu beschreiben, der bisher von der Wissenschaft zu Unrecht nicht behandelt wird. Herausgefordert wird durch das Phänomen des Verfassungswandels nicht eine Verfassungsrechtslehre, sondern eine Verfassungslehre im eigentlichen Sinne.

Verfassungswandel – Eine sprachtheoretische Erläuterung

Ralf Poscher

Kann es sein, dass sich die Bedeutung einer Verfassung im Laufe der Zeit verändert? Könnte sich die Bedeutung des allgemeinen Gleichheitssatzes in der Art gewandelt haben, dass er ursprünglich die unterschiedliche Behandlung aufgrund der sexuellen Orientierung – sogar bis hin zur Kriminalisierung der Homosexualität – als verfassungsgemäß und heute grundsätzlich als verfassungswidrig ausweist? Seit dem Konstitutionalismus[1] ist die Frage des Verfassungswandels ein beständiger Topos in der deutschen verfassungsrechtlichen Diskussion.[2] Angesichts dieser historischen Tiefe verwundert es nicht, dass unter dem Begriff des Verfassungswandels ganz unterschiedliche Phänomene verhandelt worden sind, ohne dass sich die

---

[1] *Paul Laband*, Die Wandlungen der deutschen Reichsverfassung, Dresden 1895; *Georg Jellinek*, Verfassungsänderung und Verfassungswandlung, Berlin 1906.

[2] Aus neuerer Zeit *Brun-Otto Bryde*, Verfassungsentwicklung, Baden-Baden 1982; *Christine Kulwicki*, Verfassungswandel, Frankfurt am Main/Berlin/Bern/Wien u. a. 2011; *Lothar Michael*, Die verfassungswandelnde Gewalt, in: Rechtswissenschaft 5 (2014), 426; *Geraldina González de la Vega*, Verfassungswandel als Dynamische Verfassungsinterpretation, in: Ulfrid Neumann/Klaus Günther/Lorenz Schulz (Hrsg.), Law, Science, Technology, Stuttgart und Baden-Baden 2013, 008 / 2012 Series A, S. 1 sowie die Beiträge in *Christoph Hönnige/Sascha Kneip/Astrid Lorenz* (Hrsg.), Verfassungswandel im Mehrebenensystem, Wiesbaden 2011 und in Rainer Wahl (Hrsg.), Verfassungsänderung, Verfassungswandel, Verfassungsinterpretation, Berlin 2008, insbesondere *Andreas Voßkuhle*, Gibt es und wozu nutzt eine Lehre vom Verfassungswandel?, ebd., S. 201; *Thomas Würtenberger*, Verfassungsänderung und Verfassungswandel, ebd., S. 54.

Diskussion dieser Pluralität immer ganz bewusst war. Dadurch wurde der Begriff des Verfassungswandels schillernd, was manche Autoren dazu gebracht hat, ihn allenfalls noch als einen heuristischen Begriff zu empfehlen.[3] Die nachstehenden Überlegungen gehen hingegen davon aus, dass es ein spezifisches bedeutungstheoretisches Phänomen des Verfassungswandels gibt, das den Kern der Diskussionen ausmacht und dessen Besonderheit eine theoretische Rekonstruktion sinnvoll erscheinen lässt. Die Faszination, die von der Vorstellung des Verfassungswandels ausgeht, bezieht sich im Kern auf unsere merkwürdig gegenläufigen Intuitionen im Hinblick auf Entwicklungen des Verfassungsrechts, bei denen einerseits die ursprüngliche Bedeutung eines verfassungsrechtlichen Begriffs oder einer Klausel sich nicht verändert hat; andererseits aber die verfassungsrechtliche Bewertung bestimmter Sachverhalte einem Wandel unterliegt. Es ist dieses scheinbar perplexe Phänomen, dem der Beitrag nachgehen will.

Dazu muss zunächst diese Art des Verfassungswandels von anderen Phänomenen unterschieden werden, die mit dem Begriff des Verfassungswandels in Verbindung gebracht worden sind (I.). In einem zweiten Teil werden dann die sprachtheoretischen Grundlagen aufgezeigt, die erklären können, wie die spezifische Art des Verfassungswandels, dem der Beitrag gilt, rekonstruiert werden kann (II.). Der Beitrag schließt mit einem kurzen Resümee, das noch einmal zusammenfasst, welche Konsequenzen sich aus der Rekonstruktion für die Verfassungsinterpretation ergeben (III.).

I. Der Begriff des Verfassungswandels

1. Bedeutung versus Bedeutsamkeit

In seiner Kritik an der Hermeneutik *Hans-Georg Gadamers* hat *Emilio Betti* zu Recht darauf hingewiesen, dass *Gadamer* durch die Ambiguität des deutschen Begriffs der Bedeutung dazu verleitet wurde, Bedeutung und Bedeutsamkeit zu verwechseln, indem er seine Hermeneutik u. a. auf den Gedanken stützte, dass Texte ihre Bedeutung über die Zeit dadurch änderten, dass sie für Leser verschiedener Zeiten eine andere Bedeutsamkeit haben.[4] Ein Wandel in der Bedeutsamkeit eines Textes kann hingegen gänzlich unabhängig von einem Wandel in der Bedeutung eines Textes sein. So wird etwa unter dem Grundgesetz die verfassungstatsächliche Rolle des Bundesrates als Mittel der Parteien der Opposition zur Beeinflussung oder auch Blockade von Gesetzgebungsprojekten der Bundestagsmehrheit mit dem Be-

[3] *Voßkuhle*, Verfassungswandel (Fn. 2), S. 210.

[4] *Emilio Betti*, Die Hermeneutik als allgemeine Methodik der Geisteswissenschaften, 2. Aufl., Tübingen 1972, S. 29; dazu näher *Ralf Poscher*, Hermeneutics, Jurisprudence and Law, in: Jeff Malpas/Hans-Helmuth Gander (Hrsg.), The Routledge companion to hermeneutics, London u. a. 2015, S. 451.

griff des Verfassungswandels in Verbindung gebracht.[5] Indes geht es hier nicht um den Bedeutungswandel verfassungsrechtlicher Bestimmungen, sondern um eine Divergenz zwischen den ursprünglichen Vorstellungen zur politischen Bedeutsamkeit des Bundesrates und der späteren tatsächlichen Verfassungspraxis.

2. Änderung der Staatspraxis

Einen Bezug zur Bedeutung der Verfassung haben hingegen Fälle, in denen die Verfassungspraxis von der Bedeutung der Verfassung abweicht. Dabei kann es sich um Fälle des schlichten Verfassungsbruchs durch die Staatspraxis handeln. Hier erhebt die Staatspraxis nicht einmal ernsthaft den Anspruch, eine Interpretation der Verfassung zu sein: Entweder indem sie sich explizit gegen die Verfassung richtet, etwa weil die Verfassung als Oktroi empfunden wird, oder indem sie als Auslegung postuliert wird ohne sich ernsthaft um die methodischen Standards der Rechtskultur zu bemühen. Von manchen Japanern wird scheinbar der Kabinettsbeschluss zur regierungsamtlichen Auslegung des Art. 9 der Japanischen Verfassung in diesem Sinn verstanden.[6] Methodologisch kann dies bei sehr hartnäckigem Verfassungsbruch vielleicht einmal die Frage der Verfassungsänderung durch Verfassungsgewohnheitsrecht aufrufen; normativ könnte dies allenfalls bei praktisch nicht änderbaren Verfassungen die Frage nach einer Rechtfertigung durch eine Art von Verfassungsnotstand aufwerfen.

3. Verfassungswandel durch Rechtsfortbildung

Kein Verfassungswandel in dem hier interessierenden engeren Sinn ist auch die Bedeutungsergänzung der Verfassung durch Rechtsfortbildung. Zwar verändert sich hier die Bedeutung der Verfassung insoweit, als sie für Fälle, die bei der Ausarbeitung der Verfassung nicht bedacht wurden oder noch nicht absehbar waren, um Bedeutungsvarianten ergänzt wird; doch bleibt die ursprüngliche Bedeutung der Verfassung dabei unberührt – die Bedeutung der Verfassung wird eben nicht abgeändert, sondern lediglich ergänzt.

Im Hinblick auf die ursprüngliche Bedeutung der Verfassung gilt dasselbe auch für Fälle, in denen eine Rechtsfortbildung durch eine andere ersetzt wird, wie dies unter dem Grundgesetz etwa in den Rechtsprechungsänderungen zur Par-

[5] *Voßkuhle*, Verfassungswandel (Fn. 2), S. 203 f.

[6] Das Distriktgericht Sapporo hat in einem Urteil vom 7.9.1973 die „japanischen Selbstverteidigungskräfte“ für verfassungswidrig gehalten, vgl. auch *Toshihiro Yamauchi*, Constitutional Pacifism, in: Yoichi Higuchi (Hrsg.), Five Decades of Constitutionalism in Japanese Society, Tokio 2001, 27/31 f.; *James E. Auer*, Article Nine of Japan's Constitution, in: Law & Contemporary Problems 53 (1990), S. 171 (181 ff.); *ders.*, Article Nine: Renunciation of War, in: Pery R. Luney/Kazuyuki Takahashi (Hrsg.), Japanese Constitutional Law, Tokio 1993, S. 69/74 ff.; *John M. Maki*, The Constitution of Japan: Pacifism, Popular Sovereignty, and Human Rights, in: Law & Contemporary Problems 53 (1990), 73–87 (S. 39/41 f.).

teienfinanzierung[7], zum „Halbteilungsgrundsatz“ im Steuerrecht[8] oder auch zur Neuausrichtung der Eigentumsdogmatik in der Nassauskiesungs-Entscheidung[9] beobachtet werden konnte.

Ein Wandel der ursprünglichen Bedeutung der Verfassung durch Rechtsfortbildung[10] liegt demgegenüber nur dann vor, wenn von den ursprünglichen Regelungsintentionen des Verfassungsgebers abgewichen wird. Auch eine solche Deutung des Umgangs mit Art. 9 der Japanischen Verfassung liegt nicht fern, wenn er etwa nunmehr ausschließlich auf einen Angriffskrieg bezogen würde. Legitimatorisch ist auch diese Form des Verfassungswandels eher suspekt. Allenfalls könnten ähnliche Überlegungen wie die bereits zur Staatspraxis angestellten herangezogen werden. Aber auch diese Fälle der Bedeutungsänderung sind nicht die theoretisch interessanten, da sie durch schlichte Bedeutungsersetzung leicht zu erklären, wenn auch schwer zu legitimieren sind. Interessieren sollen hier vielmehr diejenigen Fälle, in denen sich die ursprüngliche Bedeutung der Verfassung selbst als dynamisch erweist.

4. Die Dynamik der ursprünglichen Regelungsintentionen

Eine erste Dynamik, die sich allein aus der ursprünglichen Bedeutung der Verfassung speist, ergibt sich aus der Anwendung generischer Regeln auf spezifische Fälle. In der philosophischen Literatur wird dieses Phänomen ausführlich unter dem Topos des Regelfolgens diskutiert.[11] *Wittgenstein* hat auf das Problem mit basalen mathematischen Beispielen wie der Regel „addiere zwei“ hingewiesen.[12] Wie genau erklären wir, dass wir wissen was wir tun sollen, wenn wir die Regel „addiere zwei“ verstanden haben, wenn wir sie auf Zahlen anwenden, die wir uns zuvor noch nicht einmal vorgestellt haben?

Am erfolgversprechendsten scheinen Erklärungen, die *Wittgenstein* darin folgen, dass es sich bei dem Regelfolgen um eine Art Fähigkeit handelt, die intrinsisch mit unserer Regelfolgenpraxis verbunden ist.[13] Wir verstehen die Bedeutung eines Be-

---

[7] BVerfGE 85, 264 (LS 2).

[8] BVerfGE 115, 97 (114 ff.) verwarf diese von BVerfGE 93, 121 (138) aus Art. 14 GG abgeleitete Grenze der Besteuerung.

[9] BVerfGE 58, 300.

[10] Methodologisch stellt sich dabei die Frage nach dem hermeneutischen Charakter der Rechtsfortbildung, dazu *Ralf Poscher*, Rechtsdogmatik als hermeneutische Disziplin, in: Jakob Nolte/Ralf Poscher/Henner Wolter (Hrsg.), Die Verfassung als Aufgabe von Wissenschaft, Praxis und Öffentlichkeit, Heidelberg, München, Landsberg u. a. 2014, S. 203.

[11] Vgl. dazu die Beiträge in *Alexander Miller/Crispin Wright* (Hrsg.), Rule-Following and Meaning, Chesham 2002.

[12] *Ludwig Wittgenstein*, Philosophische Untersuchungen, Oxford 1967, §§ 185, 201.

[13] *Gordon P. Baker/Peter M. S. Hacker*, An Analytical Commentary on the Philosophical Investigations, Volume 2 – Wittgenstein: Rules, Grammar and Necessity, 2. Aufl., Oxford u. a. 2009. Zum Zusammenhang zwischen Regelfolgen und Interpretation *Ralf Poscher*, Interpretation and Rule Following in Law, in: Michał Araszkiewicz/Paweł Banaś/Tomasz Gizbert-Studnicki/Krysztof Pleska (Hrsg.), Problems of Normativity, Rules and Rule-Following, Cham 2015, S. 281.

griffs nur insoweit, als wir u. a. in der Lage sind ihn auf Standardfälle anzuwenden. So ist es Teil des Verstehens der konventionellen Bedeutung eines Ausdrucks, dass wir in der Lage sind, ihn auf neue Fälle anzuwenden, obwohl wir sie uns vorher nicht einmal vorgestellt haben. So wenden wir die Meinungsfreiheit selbstverständlich auf konkrete Reden an, die die Väter und Mütter des Grundgesetzes weder vor Augen hatten noch vor Augen haben konnten, als sie Art. 5 Abs. 1 GG ausarbeiteten.

Bereits mit diesem ganz basalen Regelfolgenaspekt verbindet sich eine Dynamik der ursprünglichen Bedeutung. Sie wird deutlicher, wenn wir die verfassungsrechtlichen Regeln auf Fälle beziehen, die die Mütter und Väter des Grundgesetzes sich nicht einmal haben vorstellen können. Auch wenn sich die Mütter und Väter des Grundgesetzes und ihre Zeitgenossen Internetforen nicht einmal vorstellen konnten, sind wir sicher, die Meinungsfreiheit auch auf entsprechende Forumsbeiträge anwenden zu können, weil wir sicher sind, dass die Regelfolgenfähigkeit der Mütter und Väter des Grundgesetzes und ihrer Zeitgenossen sie die Meinungsfreiheit auf Internetforen ebenso Anwendung finden lassen würde, wie es uns aufgrund derselben Fähigkeit heute ebenfalls selbstverständlich erscheint. Selbst in der Wolle gefärbte Originalisten würden diese Art der Dynamik der ursprünglichen Bedeutung der Verfassung nicht infrage stellen.

Dies gilt jedenfalls grundsätzlich. Denn in der bunten Vielfalt der Rechtswelt gibt es fast immer eine Ausnahme oder ein Randphänomen, das allerdings nützlich sein kann, um den systematischen Punkt zu unterstreichen. Nach der Versteinerungstheorie des österreichischen Verfassungsrechts[14] erstrecken sich die Gesetzgebungskompetenzen nur auf Phänomene, die bereits am 1. Oktober 1925, dem Tag als die Gesetzgebungskompetenzen in Kraft traten, durch Gesetze geregelt waren. Danach würde unter der Versteinerungstheorie die Gesetzgebungskompetenz zur Regulierung des Rundfunks nicht auf das Fernsehen Anwendung finden, wenn 1925 das einfache Recht nur das Radio geregelt hatte, auch wenn unsere Fähigkeit des Regelfolgens die Anwendung des Rundfunkbegriffs auf das Fernsehen selbstverständlich erscheinen lässt. Die Versteinerungstheorie beschränkt die Anwendung der Regeln des Verfassungsrechts auf die Phänomene, die von unserer Regelfolgenpraxis in Bezug auf das einfache Recht zum Stichtag des 1. Oktober 1925 erfasst werden. Sie schließt damit die Anwendung des Verfassungsrechts auf andere Fälle aus, obwohl diese noch der Regelfolgenpraxis in Bezug auf die verfassungsrechtlichen Begriffe entspräche.[15] Es mag vernünftige Gründe in der Verfassungsgeschichte Österreichs für die Versteinerungstheorie geben, aber sie erscheint uns auch deshalb als ein

[14] Dazu *Ewald Wiederin*, Anmerkungen zur Versteinerungstheorie, in: Herbert Haller/Christian Kopetzki/Richard Novak/Stanley L. Paulson/Bernhard Raschauer/Georg Ress/Ewald Wiederin (Hrsg.), Staat und Recht: Festschrift für Günther Winkler, Wien und New York 1997, S. 1231.

[15] Der österreichische VfGH hat die Versteinerungstheorie später um das Prinzip der intrasystematischen Fortentwicklung ergänzt, vgl. *Christoph Grabenwarter/Michael Holoubek*, Verfassungsrecht. Allgemeines Verwaltungsrecht, 2. Aufl., Wien 2014, S. 91, so zu Rundfunk als „Telegraphie" VfSlg 2721/1954, zu Diskotheken als „Gewerbe" VfSlg 12996/1992.

Sonderfall, der der sonst als selbstverständlich akzeptierten Dynamik des Regelfolgens widerspricht, die intrinsisch mit unserem Verstehen von Regeln verbunden ist.

Abgesehen von der Versteinerungstheorie wird die Dynamik des Regelfolgens nicht als problematisch erachtet. Fälle des bloßen Regelfolgens werden auch nicht mit dem Phänomen des Verfassungswandels in Verbindung gebracht. Fälle des Verfassungswandels sind nicht dadurch gekennzeichnet, dass die Mütter und Väter der Verfassung sie nicht vorhergesehen haben, sondern dass es sich umgekehrt gerade um Fälle handelt, die sie vor Augen hatten, die aber heute anders entschieden werden. Ist es möglich, dass sich die ursprüngliche Bedeutung einer Verfassung in der Weise wandelt, dass sie heute von den Intentionen der Verfassungsgeber abweicht? Ist es etwa möglich, dass eine Verfassung ohne eine Änderung des Wortlauts oder eine Rechtsfortbildung die Todesstrafe ursprünglich zulässt und dann zu einem späteren Zeitpunkt verbietet, nur weil sich die gesellschaftlichen Verhältnisse geändert haben? Kann die Diskriminierung von Homosexuellen gegen den allgemeinen Gleichheitssatz verstoßen, wenn doch die Mütter und Väter des Grundgesetzes sie für mit ihm vereinbar erachtet haben, ohne dass wir die Bedeutungszuschreibung an den Text von Art. 3 GG ändern? Die folgenden sprachtheoretischen Erklärungen wollen zeigen, dass ein solcher Verfassungswandel prinzipiell möglich ist. Sie wollen zeigen, dass es einen Bedeutungswandel allein aufgrund der Veränderung des historischen Kontextes geben kann, ohne dass von den ursprünglichen Regelungsintentionen des Textes abgewichen wird. Es ist diese Art des Verfassungswandels, die mit linguistischer Berechtigung von sich behaupten kann, dass sie einerseits der ursprünglichen Bedeutung einer Verfassungsbestimmung treu bleibt, obwohl sie andererseits von den Vorstellungen ihrer Mütter und Väter abweicht.

II. Eine sprachtheoretische Erläuterung des Verfassungswandels

Es gibt jedenfalls zwei sprachtheoretische Phänomene, die die Diskrepanz zwischen den ursprünglichen Intentionen des Verfassungsgebers und einer zutreffenden aktualen Anwendung seiner Regelungsintention erklären können.

1. Die Semantik indexikalischer Ausdrücke

Das erste Phänomen hängt mit der besonderen Semantik indexikalischer Ausdrücke zusammen, deren Besonderheit allerdings erst vor dem Hintergrund des Standardmodells deutlich wird.

a) *Frege* über Sinn und Bedeutung

Freges Beitrag „Über Sinn und Bedeutung" haben wir die Erkenntnis zu verdanken, dass die Semantik von Ausdrücken zwei Aspekte aufweist, die *Frege* Sinn und Bedeutung genannt hat.[16] In der Semantik möglicher Welten werden beide heute unter den Begriffen Intension und Extension oder Referenz eines Ausdrucks diskutiert.[17] Im Folgenden soll „Bedeutung" den Oberbegriff für beide semantischen Aspekte bilden, die dann als „Sinn" und „Referenz" adressiert werden. *Freges* berühmtes Bespiel, anhand dessen sich der Unterschied der beiden Bedeutungsdimensionen immer noch gut verdeutlichen lässt, ist das von Abendstern und Morgenstern.[18] Obwohl beide Begriffe denselben Himmelskörper – nämlich Venus – als außersprachliche Referenz haben, haben sie einen anderen *Fregeschen* Sinn. Die Differenzierung der beiden Bedeutungsaspekte erlaubte es *Frege*, das Problem zu lösen, warum Aussagen wie „Abendstern und Morgenstern sind identisch.", oder mathematische Aussagen wie „4 + 4 = 8" nicht analytisch, sondern synthetisch, d.h. informativer Natur, sind, anders als „Abendstern und Abendstern sind identisch", oder „4 = 4".[19] *Frege* hat dabei den Sinn als die Art des Gegebenseins eines Gegenstands umschrieben. Gemeint ist die Repräsentation eines Aspekts des Gegenstands, der zu seiner Identifikation herangezogen wird.[20] Namen wie „Morgenstern" oder „Abendstern" waren für *Frege* lediglich verkürzte Ausdrücke entsprechender Aspektbeschreibungen. Der Begriff Morgenstern war für *Frege* die zu einem Namen verkürzte Beschreibung „hellster Stern am Morgenhimmel". Dabei ging *Frege* davon aus, dass der Sinn eines Ausdrucks seine Referenz bestimmt. Über die sprachliche Beschreibung „hellster Stern am Morgenhimmel" können wir das sprachexterne Objekt[21] ausfindig machen, auf das die Beschreibung referiert, d.h. Venus. Wir können die Referenz allein aufgrund des Sinns des Ausdrucks ermitteln.

b) *Kaplans* zweidimensionale Semantik

David Kaplan, ein Schüler *Carnaps*, hat dann Ende der 70er Jahre darauf aufmerksam gemacht, dass die von *Frege* entwickelte Semantik auf eine bestimmte Klasse

[16] *Friedrich Ludwig Gottlob Frege*, Über Sinn und Bedeutung, in: Zeitschrift für Philosophie und philosophische Kritik, NF 100 (1892), S. 25.

[17] Die Intension lässt sich dabei als Funktion verstehen, die die Extension oder Referenz eines Ausdrucks in einer möglichen Welt festlegt, *Rudolf Carnap*, Meaning and necessity, 2. Aufl., Chicago u.a. 1988, § 23; *Laura Schroeter*, Eintrag „Two-Dimensional Semantics", in: Stanford Encyclopedia of Philosophy, unter 1.1.1 <http://plato.stanford.edu/entries/indexicals/> (29.09.2016). In der aktualen Welt des Jahres 2015 hat der Begriff „Kanzlerin der Bundesrepublik Deutschland" die Extension Angela Merkel. In einer möglichen Welt, in der Ursula von der Leyen die Nachfolge von Frau Merkel bereits im Jahr 2014 angetreten hätte, wäre die Extension Frau von der Leyen.

[18] *Frege*, Sinn und Bedeutung (Fn. 16), S. 27.

[19] *Colin McGinn*, Philosophy of language, Cambridge (Mass.) 2015, S. 4.

[20] Ebd., S. 15.

[21] Dieses Objekt kann für *Frege* auch abstrakter Art sein, bei mathematischen Sätzen etwa deren Wahrheitswert, s. *Frege*, Sinn und Bedeutung (Fn. 16), S. 34. Plausibler ist es hingegen, eine bestimmte Sachlage als Referenz zu betrachten, s. *McGinn*, Philosophy of language (Fn. 19), S. 30.

von Ausdrücken nicht zutrifft.[22] Indexikalische Ausdrücke wie „ich“, „heute“ oder „hier“ verfügen über keinen Sinn, mit dem sich ihre Referenz oder der propositionale Gehalt, der mit ihrer Hilfe gemachten Aussagen, ermitteln lässt. Das, was bei ihnen dem *Fregeschen* Sinn entspricht, nennt *Kaplan* Gehalt. Der Gehalt ergibt sich aus dem sog. Charakter des Ausdrucks und dem Kontext seiner Verwendung.[23] Erst Charakter und Verwendungskontext legen den Gehalt eines Ausdrucks fest, und erst über den Gehalt ergibt sich die außersprachliche Referenz.

Das Personalpronomen „ich“ bezeichnet etwa immer den jeweiligen Sprecher. Das ist sein Charakter. Sein Gehalt wird aber erst durch den Verwendungskontext, d.h. den Sprecher, der den Ausdruck gerade benutzt, festgelegt. Spricht *Angela Merkel* von „ich“, so ist der Gehalt von „ich“ die außersprachliche Referenz, d.h. die Person *Angela Merkel*.[24] „Ich“ im Munde des einen Sprechers hat einen anderen Gehalt und eine andere Referenz als „ich“ im Munde eines anderen. Indexikalische Ausdrücke haben daher eine zweidimensionale Semantik, bei der das Bedeutungselement, das *Kaplan* Charakter genannt hat, und ein Kontextelement zusammenkommen müssen, um Gehalt und Referenz eines Ausdrucks zu bestimmen.[25]

c) Verfassungswandel bei indexikalischen Rechtsbegriffen

Was die Analyse *Kaplans* für die Figur des Verfassungswandels interessant macht, ist der Umstand, dass sich bei Ausdrücken mit einem indexikalischen Element die Bedeutung allein durch einen Wechsel des Anwendungskontextes ändern kann. Sowohl der propositionale Gehalt als auch die Referenz der mit ihnen getroffenen Aussagen ändert sich allein durch den Kontext. Allein durch Zeitablauf wird der Ausdruck „heute“ in wenigen Stunden nicht mehr auf Dienstag, sondern Mittwoch referieren. Allein durch Zeitablauf wird die Aussage „Heute haben wir den 15. September.“ falsch werden.

Die Änderung des Anwendungskontextes führt zu einer Änderung der Referenz und damit zu einer veritablen Bedeutungsänderung des Ausdrucks. Indexikalische Ausdrücke weisen damit genau die Struktur auf, die wir in jedenfalls manchen

---

[22] *David Kaplan*, On the Logic of Demonstratives, in: Journal of Philosophical Logic 8 (1979), S. 81; *ders.*, Demonstratives, in: Joseph Almog/John Perry/Howard K. Wettstein (Hrsg.), Themes from Kaplan, New York u.a. 1989, S. 481.

[23] *Kaplan*, On the Logic of Demonstratives (Fn. 22), S. 83.

[24] *Ders.*, Demonstratives (Fn. 22) erachtete indexikalische Ausdrücke als direkt-referenziell, d.h. ihr Gehalt ist ihre Referenz. Zu der kontroversen Diskussion dieses Aspekts am Beispiel des „messy shoppers“ *David Braun*, Eintrag „Indexicals“, in: Stanford Encyclopedia of Philosophy, unter 4.1 <http://plato.stanford.edu/entries/indexicals/> (29.09.2016).

[25] *McGinn*, Philosophy of language (Fn. 19), S. 107; in der Semantik möglicher Welten entspricht der Zweidimensionalität, dass anders als bei nicht-indexikalischen Ausdrücken die Extension nicht einfach eine Funktion der Intension in einer möglichen Welt ist, sondern dass der „content“ eine Funktion des „characters“ für einen möglichen Kontext und die Extension eine Funktion des „content“ für eine mögliche Welt ist, s. *Schroeter*, Two-Dimensional Semantics (Fn. 17), ebd.

Fällen des Verfassungswandels beobachten: eine Bedeutungsänderung allein durch Kontextänderung.[26]

Im Einzelnen wird unterschiedlich beurteilt, welche Ausdrücke indexikalischer Natur sind.[27] Weitgehende Einigkeit besteht aber darin, dass neben den „reinen" indexikalischen Begriffen, wie etwa „Ich", „heute", „hier", weitere Ausdrücke indexikalische Elemente enthalten können. Ob ein Ausdruck ein indexikalisches Element enthält, ist letztlich eine Frage der Analyse, die nur im konkreten Fall entschieden werden kann. Dies gilt auch für das Recht. Es ist für die jeweilige Vorschrift zu klären, ob sie ein indexikalisches Element enthält, das dazu führt, dass sich ihre Bedeutung mit dem Kontext ändern kann.[28] Ein Verfassungswandel, der auf einer entsprechenden Indexikalität verfassungsrechtlicher Regelungen beruht, lässt sich etwa anhand der Regelungen der Todesstrafe in unseren beiden Verfassungen, der japanischen und der deutschen, verdeutlichen.

Während Art. 104 GG die Todesstrafe explizit durch eine nichtindexikalische Regelung verbietet, enthält Art. 38 der Japanischen Verfassung eine an das 8. Amendment der US-Verfassung angelehnte Regelung. Das 8. Amendment der US-Verfassung verbietet keine bestimmte Strafart explizit, sondern „grausame und ungewöhnliche" Strafen. „Ungewöhnlich" ist ein Ausdruck mit einem offensichtlich indexikalischen Element. Wie immer der Charakter von „ungewöhnlich" gefasst wird, wird er in irgendeiner Form auch auf den Verbreitungsgrad – hier einer bestimmten Strafe – abstellen müssen. Dieser kann sich aber in der Zeit ändern, wodurch sich abhängig vom Anwendungskontext seine Referenz ändern kann. Würde die Todesstrafe durch ihre allmähliche Abschaffung in den einzelnen Staaten „ungewöhnlich" werden, könnte sie – allein durch die Veränderung des gesellschaftlichen Kontextes – verfassungswidrig werden, obwohl sie ursprünglich verfassungsmäßig war.[29] Der Wandel von der Verfassungsmäßigkeit der Todesstrafe zu ihrer Verfassungswidrigkeit wäre der indexikalischen Struktur des Merkmals geschuldet,

---

[26] *Ernst-Wolfgang Böckenförde*, Staat, Nation, Europa, 2. Aufl., Frankfurt am Main 2000, S. 149 f. erfasst diese Konstellation bereits, indem er auf „Schleusenbegriffe" hinweist, die auf außerrechtliche Gegebenheiten und Maßstäbe verweisen. Er will bei ihnen jedoch keinen Verfassungswandel erblicken. Dies dürfte jedoch in erster Linie seiner Absicht geschuldet sein, den Verfassungswandel auf die oben genannten legitimatorisch problematischen Formen zu beschränken und damit als methodisches und dogmatisches Phänomen zu delegitimieren, so bereits *Voßkuhle*, Verfassungswandel (Fn. 2), S. 206. Das ist begriffsstrategisch verständlich, aber ändert nichts daran, dass in diesen Fällen eine Änderung der Bedeutung der Verfassung allein durch Kontextänderung erfolgt und dies sich auch sprachtheoretisch als besonderes Bedeutungsphänomen beschreiben lässt.

[27] *Braun*, Indexicals (Fn. 24), unter 2.

[28] Vgl. ebd. zur Indexikalität von grammatischen Zeiten und zu versteckten indexikalischen Begriffen.

[29] Nach der Rechtsprechung des Supreme Court sind bei der Interpretation des 8. Amendments „evolving standards of decency" zugrunde zu legen, erstmals Trop v. Dulles, 356 U.S. 86 zum Entzug der Staatsbürgerschaft, vgl. zur Todesstrafe das Votum von *William J. Brennan* und *Thurgood Marshall* in Furman v. Georgia, 408 U.S. 238 sowie die Mehrheitsvoten in Thompson v. Georgia, 487 U.S. 815, Atkins v. Virginia, 536 U.S. 304 und Roper v. Simmons, 543 U.S. 551.

dessen Gehalt und Referenz sich immer erst unter Einbeziehung des Anwendungskontextes ermitteln lässt. Durch die Veränderung des Anwendungskontextes hätte die Verfassungsbestimmung eine veritable Bedeutungsänderung erfahren.

Es ist letztlich eine Frage der Verfassungsinterpretation, welche ihrer Ausdrücke ein solches indexikalisches Element enthalten. Aber auch das Merkmal der Grausamkeit, auf das Art. 38 der Japanischen Verfassung alleine abstellt, ließe sich im Hinblick auf einen Index, der sich auf die entsprechende Sensibilität der Gesellschaft bezieht, interpretieren, so dass das, was in den USA Ende des 18. Jahrhunderts oder in Japan nach 1945 nicht als grausam galt, heute als grausam gelten könnte. Eine Regelung des deutschen Verfassungsrechts, die ein offensichtlich indexikalisches Element enthält, ist Art. 2 Abs. 1 GG mit dem Verweis auf das Sittengesetz als außerrechtlichen Maßstab, der sich mit der Zeit verändern kann.[30]

Die zweidimensionale Semantik kann die Ambivalenz entsprechender Bedeutungsverschiebungen erklären. Auf der einen Seite bleibt die ursprüngliche Bedeutung der Klausel unberührt – „ungewöhnlich" oder „grausam" bedeutet auf der einen Seite immer noch das, was es immer schon bedeutet hat; auf der anderen Seite kann es einen Bedeutungswandel geben, weil die Todesstrafe, die durch die Klausel früher nicht ausgeschlossen war, nun ausgeschlossen ist. Bereits die Unterscheidung zwischen Sinn und Referenz hat deutlich gemacht, dass Bedeutung ein komplexes Phänomen mit jedenfalls zwei Aspekten ist. Diese zwei Aspekte der Bedeutung schaffen Raum für die scheinbar widersprüchliche Erfahrung, dass die Bedeutung einer Klausel einerseits stabil sein kann und sich andererseits in der Zeit ändert: Stabilität und Wandel beziehen sich auf unterschiedliche Aspekte der Bedeutung. Die zweidimensionale Semantik *Kaplans* kann dann erklären, wie es möglich ist, dass sich die beiden Bedeutungsaspekte verschieden entwickeln, indem sie die Kontextsensitivität bestimmter Ausdrücke theoretisch einfängt. Während der Charakter eines Ausdrucks stabil bleibt, wird die Dynamik der Bedeutung durch einen Wandel des Kontextes ausgelöst, der wiederum zu einem Wandel des Gehalts und der Referenz führt. Wenn wir daher vom Wandel der ursprünglichen Bedeutung einer Verfassung sprechen, ist der Charakter eines kontextsensitiven Ausdrucks das, was stabil bleibt, während der Wandel sich auf den Gehalt und die Referenz beziehen. So kann es bei indexikalischen Ausdrücken beides geben, Stabilität ursprünglicher Bedeutung und deren Wandel.

Diese Art des Bedeutungswandels unterscheidet sich maßgeblich von der Bedeutungsergänzung, die sich mit Rechtsfortbildung verbindet. Auch in Fällen kontextsensitiver Ausdrücke kann sich Rechtsfortbildung als notwendig erweisen. Die Rechtsfortbildung würde allerdings auch den Charakter und nicht nur den Gehalt und die Referenz des kontextsensitiven Ausdrucks betreffen. Im Fall der „ungewöhnlichen Strafe" könnte es etwa sein, dass die ursprüngliche Bedeutung insoweit unbestimmt ist, als unklar bleibt, ob sich die Ungewöhnlichkeit auf die

---

[30] *Böckenförde*, Staat, Nation, Europa (Fn. 26), S. 149.

rechtliche Zulässigkeit oder die staatliche Praxis im Hinblick auf Verurteilungen oder Vollstreckung bezieht. Diese Unbestimmtheit würde sich auf den Charakter von „unusual punishment“ beziehen. Sie würde sich auch durch eine Kontextverschiebung nicht ausräumen lassen, sondern nur durch eine Rechtsfortbildung, die den insoweit unbestimmten Charakter der Bestimmung durch eine Präzisierung ergänzt, die entweder die eine oder die andere Option privilegiert oder einen Standard entwickelt, der beide Aspekte berücksichtigt. Die Rechtsfortbildung betrifft alle Dimensionen der Bedeutung eines indexikalischen Ausdrucks: Charakter, Gehalt und Referenz; die mit der Kontextveränderung verbundene Dynamik hingegen nur Gehalt und Referenz.

d) Versteinerung verfassungsrechtlicher Indizes

Eine Frage der Interpretation ist es, ob der Index durch den Verfassungsgeber auf einen bestimmten Kontext wie den der Verfassunggebung fixiert ist. Falls die Bestimmungen der österreichischen Verfassung, die der Versteinerungstheorie unterfallen, indexikalische Ausdrücke aufwiesen, würde etwa für sie der Index auf den für die Versteinerungstheorie relevanten Stichtag fixiert sein. Für das US-amerikanische Verfassungsrecht vertreten verschiedene Spielarten des sog. Originalismus eine Festschreibung auf den historischen Kontext der Verfasssunggebung. „Ungewöhnlich“ wäre dann immer auf die Verbreitung einer Strafart im Jahr 1787 bezogen.[31]

Grundsätzlich ist nicht ausgeschlossen, dass eine Interpretation des Willens des Verfassungsgebers eine entsprechende Festschreibung eines Index ergibt. Jedoch liegt eine solche Festschreibung bei Verfassungen nicht gerade nahe. Verfassungen sollen eine Grundordnung der Gesellschaft bilden, die über lange Perioden Geltung beansprucht. Vieles spricht prima facie dafür, dass der Gebrauch indexikalischer Ausdrücke den Verfassungen gerade erlauben soll, mit der Dynamik der Gesellschaften, denen sie dienen, mithalten zu können. Indexikalische Ausdrücke tragen dazu bei, dass Verfassungen zukunftstauglich bleiben und sich die Gesellschaften nicht von ihnen entfremden. Es bedürfte also schon starker Indizien, wenn man davon ausgehen wollte, dass der Verfassungsgeber sich zwar für einen indexikalischen Ausdruck entschieden hat, aber dennoch dessen Dynamik nicht nutzen wollte.

2. Referentielle und attributive Intentionen

Das zweite sprachliche Phänomen, das zu einer Diskrepanz zwischen den Vorstellungen des Verfassungsgebers und der aktualen Bedeutung führen kann, betrifft weniger die Semantik als die sprachtheoretische Pragmatik, d.h. die Verwendung sprachlicher Ausdrücke in konkreten Sprachhandlungen. *Keith Donnellan* hat Mitte

[31] So insbesondere *Antonin Scalia* in seinem Sondervotum zu Roper v. Simmons, 543 U.S. 551 (609, Fn. 1).

der 60er Jahre auf den Unterschied zwischen dem referenziellen und dem attributiven Gebrauch hingewiesen, den wir von sprachlichen Kennzeichnungen machen.[32] *Donnellans* berühmtes Beispiel handelt von einem Kommissar, der am Tatort die grausam zugerichtete Leiche von Herrn Schmidt vorfindet und feststellt: „Schmidts Mörder ist verrückt." Der Kommissar verwendet den Ausdruck „Schmidts Mörder" attributiv. Wer immer auch Schmidts Mörder ist, muss geisteskrank sein.[33] Als nun Herr Jones wegen des Mordes an Schmidt vor Gericht steht, bemerkt einer der Geschworenen, dass Jones sich immer wieder erratisch verhält. Der Geschworene will seine Kollegen darauf hinweisen und sagt ebenfalls: „Schmidts Mörder ist verrückt." Dass der Geschworene den Ausdruck „Schmidts Mörder" nicht attributiv, sondern referentiell benutzt, zeigt sich daran, dass er damit auch dann Jones bezeichnet, wenn sich herausstellte, dass Jones gar nicht der Mörder Schmidts ist.[34]

Ein anderes Beispiel für den referenziellen Gebrauch betrifft eine Szene während einer Stehparty, bei der ein Gast auf einen Mann mit einem Martiniglas mit der Bemerkung hinweist: „Der Mann, der den Martini trinkt, ist ein berühmter Philosoph."[35] Auch wenn der Mann mit dem Martiniglas lediglich Wasser trinkt – und ein anderer aus einem Wasserglas Martini – bezieht sich der Ausdruck „Der Mann, der den Martini trinkt" in der Bemerkung des Gastes auf den Mann mit dem Martiniglas. Bezugspunkt der Überlegungen *Donnellans* war die Diskussion um definite Beschreibungen. Seine Unterscheidung sollte zeigen, dass in der Diskussion um die diesbezüglichen Thesen von *Frege* und *Russell* die Komplexität ihres Einsatzes in unserer Sprachpraxis unterschätzt wird. Daher beziehen sich seine Beispiele nicht auf generische Ausdrücke, aber seine Unterscheidung kann ebenso auf generische Ausdrücke angewandt werden. So könnte der Partygast auch alle, „die einen Martini trinken", auffordern, mit ihm das Glas zu erheben und dabei den Ausdruck entweder attributiv oder referenziell benutzen – ganz wie im Falle eines einzelnen Gastes: Er könnte jeden gemeint haben, der tatsächlich einen Martini trinkt oder jeden, der ein Martiniglas in der Hand hält, unabhängig von seinem Inhalt.

Wie kann die Unterscheidung zwischen dem attributiven und referenziellen Gebrauch von Ausdrücken Fälle des Verfassungswandels erklären? Stellen wir uns vor, der Verfassungsgeber hatte bei der Verabschiedung des allgemeinen Gleichheitssatzes zwei Vorstellungen: Zum einen wollte er ein allgemeines Gleichbehandlungsgebot in Kraft setzen, das die Ungleichhandlung von wesentlich Gleichem ohne guten Grund verbietet, und zum anderen war für ihn klar, dass dieses Gebot die

---

[32] *Keith S. Donnellan*, Reference and Definite Descriptions, in: The Philosophical Review 75 (1966), S. 281; zu einer betont pragmatischen Rekonstruktion der Unterscheidung *Stephen Neale*, Descriptions, Cambridge (Mass.) u.a. 1990; s. auch *McGinn*, Philosophy of language (Fn. 19), S. 90–94. Aber auch *Donnellan* selbst bemerkte bereits ihren pragmatischen Charakter, hierzu ebd., S. 91f.

[33] *Donnellan*, Reference and Definite Descriptions (Fn. 32), S. 285, vgl. dazu auch *McGinn*, Philosophy of language (Fn. 19), S. 78–84.

[34] *Donnellan*, Reference and Definite Descriptions (Fn. 32), S. 286.

[35] Ebd., S. 287.

traditionelle – auch strafrechtliche – Sanktionierung Homosexueller nicht in Frage stellt. Verknüpfte er beide Vorstellungen referenziell mit der verfassungsrechtlichen Regelung des allgemeinen Gleichheitssatzes, käme es nicht darauf an, ob seine Vorstellung vom mangelnden diskriminierenden Charakter der Ungleichbehandlung Homosexueller zuträfe, so wie es beim referenziellen Gebrauch des Ausdrucks „Schmidts Mörder" durch den Geschworenen nicht darauf ankommt, ob Jones Schmidt tatsächlich ermordet hat. Beim referenziellen Gebrauch will der Sprecher und im Fall der Verfassung der Verfassungsgeber mit einem Ausdruck lediglich auf eine bestimmte Vorstellung, einen Gleichheitssatz der die Diskriminierung von Homosexuellen erlaubt, „referieren", unabhängig davon, wen oder was der Ausdruck tatsächlich denotiert.

Verwendet der Verfassungsgeber die Formulierung des allgemeinen Gleichheitssatzes aber nicht referenziell, sondern attributiv, so kommt es für ihre Bedeutung nicht darauf an, welche Vorstellung der Verfassungsgeber hinsichtlich des diskriminierenden Charakters der Ungleichbehandlung Homosexueller mit ihr verbindet. Vielmehr ist allein entscheidend, ob die Ungleichbehandlung Homosexueller tatsächlich diskriminierend ist. So wie sich der Ausdruck „Schmidts Mörder" beim attributiven Gebrauch durch den Kommissar am Tatort nur auf den tatsächlichen Mörder Schmidts bezieht, auch wenn der Kommissar bereits Jones fälschlicherweise in Verdacht hatte.[36] Vieles spricht nun dafür, dass der Verfassungsgeber die Formulierung des allgemeinen Gleichheitssatzes attributiv und nicht referenziell genutzt hat. Beim attributiven Gebrauch eines Ausdrucks ist es aber gerade nicht ausgeschlossen, dass der Verwender einer Fehlvorstellung hinsichtlich seiner Referenz, gleichsam einem Subsumtionsirrtum, unterliegt. Da gerade auch nach den Intentionen des attributiven Sprechers das tatsächliche Vorliegen der Merkmale entscheidend sein soll, kann es dann vorkommen, dass sich die eigenen referenziellen Vorstellungen als fehlerhaft erweisen. Wird dieser Fehler entdeckt, kann sich allein aus der Interpretation einer Verfassungsbestimmung die für den Verfassungswandel typische Diskrepanz zwischen der Vorstellung des Verfassungsgebers und der aktualen Anwendung der Verfassung ergeben, ohne dass die aktuale Interpretation mit den Regelungsintentionen des Verfassungsgebers in Konflikt gerät.

Der Unterschied zwischen beiden sprachtheoretischen Phänomenen wird deutlich, wenn der Gleichheitssatz indexikalisch interpretiert wird. Was als gleich und ungleich erachtet wird, verwiese dann auf grundlegende nicht nur moralische Dispositionen und Intuitionen in einer Gemeinschaft. Soweit diese sich im Laufe der Zeiten änderten, könnte der allgemeine Gleichheitssatz ein entsprechendes – ver-

---

[36] Im rechtlichen Zusammenhang hat sich *Ronald Dworkin*, Bürgerrechte ernstgenommen, Frankfurt am Main 1984, S. 225–231, mit dem Phänomen auseinander gesetzt, indem er zwischen Intentionen, die sich auf abstrakte Begriffe beziehen, und solchen, die sich auf konkretere Konzeptionen beziehen, unterschied. Der attributive Gebrauch korrespondiert mit dem abstrakten Begriff, der referentielle Gebrauch mit der konkreteren Konzeption. Dazu auch *Ronald Dworkin*, Law's Empire, London 1986, S. 329–333; *Nicos Stavropoulos*, Objectivity in law, Oxford 1996, S. 188–201.

decktes – indexikalisches Element enthalten. Sein Gehalt könnte sich dann mit dem Wandel der gesellschaftlich verbreiteten Dispositionen und Intuitionen ändern.

Fraglich ist allerdings, ob sich eine solche grundlegende Kontextsensitivität von oberflächlichen Vorurteilen, deren Bekämpfung der Gleichheitssatz gerade gilt, abgrenzen lässt. Je nach Interpretation – referenziell oder indexikalisch – ist dann die Diskriminierung von Homosexuellen entweder immer schon verfassungswidrig gewesen oder mit dem Wandel der gesellschaftlichen Verhältnisse verfassungswidrig geworden. Beides könnte aber das Ergebnis einer bloßen Rekonstruktion der ursprünglich mit der Verfassung verbundenen Regelungsintentionen sein.

Ob ein verfassungsrechtlicher Ausdruck attributiv oder referenziell gebraucht wurde oder ob er ein indexikalisches Element enthält, ist eine Frage der Interpretation der einzelnen Regelung. Hier ging es nur darum zu zeigen, dass sich jedenfalls zwei Fälle der Diskrepanz zwischen den Vorstellungen des Verfassungsgebers und einer aktualen Interpretation der Verfassung – jenseits der Rechtsfortbildung – sprachtheoretisch rekonstruieren lassen. Jedenfalls diese Formen des Verfassungswandels vollziehen sich allein im Rahmen der Verfassungsinterpretation.

III. Konsequenzen für die Verfassungsinterpretation

Die sprachtheoretischen Erläuterungen zeichnen ein komplexes Bild. Angesichts dieser Komplexität scheint es angemessen, noch einmal zusammenzufassen, was sich aus den sprachtheoretischen Rekonstruktionen des Verfassungswandels für die Interpretation verfassungsrechtlicher Bestimmungen ergibt:

1. Es gibt bereits eine Dynamik verfassungsrechtlicher Bedeutung dadurch, dass die Anwendung verfassungsrechtlicher Regelungen auf unsere Fähigkeit aufbaut, Regeln auf Sachverhalte anzuwenden, die zum Zeitpunkt des Erlasses der Regel noch nicht reflektiert wurden. Unsere Fähigkeit des Regelfolgens erlaubt uns, verfassungsrechtliche Bestimmungen auf Fälle anzuwenden, die sich die Mütter und Väter der Verfassung noch nicht vorgestellt hatten. Diese Art der Dynamik der Bedeutung verfassungsrechtlicher Bestimmungen ist indes so selbstverständlich, dass sie – abgesehen von der österreichischen Versteinerungstheorie – zu Recht kaum je infrage gestellt oder mit dem Begriff des Verfassungswandels in Verbindung gebracht wird.

2. Die Semantik indexikalischer Ausdrücke von *Kaplan* und *Donnellans* Unterscheidung zwischen attributivem und referentiellem Gebrauch zeigen, wie es möglich ist, dass die Anwendung einer verfassungsrechtlichen Bestimmung den Überzeugungen der Mütter und Väter der Verfassung zuwiderläuft, aber dennoch der ursprünglichen Bedeutung des Ausdrucks treu bleibt. Beide Ansätze können eine Dynamik der Verfassung erklären, ohne dass bereits Rechtsfortbildung im Spiel wäre.

3. Es wurde deutlich, dass auch der Verfassungswandel in diesem engen Sinn unterschiedliche Formen annehmen kann, je nachdem, welche semantischen oder pragmatischen Mechanismen mit einem verfassungsrechtlichen Ausdruck verbunden worden sind. Angesichts der Vielzahl der semantischen und pragmatischen Möglichkeiten, die von *Freges* eindimensionaler über *Kaplans* zweidimensionale Semantik bis zu *Donnellans* attributivem und referentiellem Gebrauch reichen, wird deutlich, dass es eine Herausforderung darstellen kann, mit einiger epistemischer Überzeugung eine bestimmte der möglichen Optionen dem Willen des Verfassungsgebers zuzuordnen.

4. Den sich aus den sprachtheoretischen Komplexitäten ergebenden Komplikationen kann jedoch nicht ausgewichen werden. Die Semantik und Pragmatik natürlicher Sprachen ist eben so komplex, wie sie ist. Daher gibt es keine Option, die allen verfassungsrechtlichen Klauseln einheitlich gerecht wird. Es ist gerade nicht so, dass die Semantik des Verfassungsrechts immer dem eindimensionalen Modell *Freges* folgt oder dass, wenn eine Bestimmung der Verfassung ein indexikalisches Element enthält, daraus geschlossen werden kann, dass dies auch für andere gilt. Die Semantik und Pragmatik unserer natürlichen Sprache ist komplex und nichts spricht dafür, dass die Mütter und Väter der Verfassung – oder allgemeiner der Gesetzgeber – sich diese Komplexität nicht gerade auch zu Nutze gemacht haben. Im Gegenteil, sehr oft wird um die exakte Formulierung eines Textes gerungen und dabei von allen semantischen und pragmatischen Ressourcen der natürlichen Sprache Gebrauch gemacht. Dies bedeutet, dass in jedem einzelnen Fall, für jede einzelne Bestimmung, für jeden einzelnen Term die Semantik und Pragmatik ermittelt und begründet werden muss. Dies ist teilweise leichter, wie etwa im deutschen Fall des expliziten Verbots der Todesstrafe, das einer *Fregeschen* Semantik entspricht, zum Teil kann es sehr viel schwieriger sein, wie im Fall des Verbots „ungewöhnlicher und grausamer" oder „grausamer" Strafen, bei dem es schwieriger ist zu bestimmen, ob es ein indexikalisches Element enthält. Aber keine der Optionen versteht sich von selbst.

5. Wenn so viele semantische und pragmatische Optionen im Spiel sind, wird es manchmal – und in den umstrittenen Fällen wohl auch häufig – so sein, dass es nicht möglich ist, mit hinreichender epistemischer Gewissheit zu ermitteln, welches Verständnis dem Willen des Verfassungsgebers zugrundelag. In diesen Fällen bleibt die Zuweisung eines bestimmten semantischen oder pragmatischen Gehalts eine der vielen Aufgaben der Rechtsfortbildung.[37]

---

[37] Zu den Unterschieden und Gemeinsamkeiten zwischen Interpretation und Rechtsfortbildung *Poscher*, Rechtsdogmatik als hermeneutische Disziplin (Fn. 10).

Teil VII

Lebenspartnerschaft: Schutz durch die Verfassung

Auf dem Weg zur gleichgeschlechtlichen Ehe

Zur Rolle von Bundesverfassungsgericht und Gesetzgeber

Martin Nettesheim

I. Stabilisierung und Sicherung der Ehe als zentrale Form des dauerhaften Zusammenlebens zweier Menschen

Wer die geschichtliche Entwicklung über längere Zeiträume überblickt, ist sich des Umstandes bewusst, dass sich die Formen menschlicher Gemeinschaftsbildung im Laufe der Zeit gewandelt haben. Ungeachtet aller Ausformungen und Veränderungen (erinnert sei an die Oikos-Institution im antiken Griechenland oder die Hofgemeinschaft in ländlichen Räumen in der frühen Neuzeit) fungiert die dauerhafte Gemeinschaft von Mann und Frau (Ehe) im jüdisch-christlichen Kulturkreis der westlichen Welt jedenfalls über mehr als zwei Jahrtausende als zentrale

Gemeinschaftsform.[1] Um sie herum bilden sich die verschiedenen Formen und Ausprägungen der Familie als Gemeinschaftsform von Eltern und Kindern heraus – sie sind in ihrer Struktur offener, wandlungsgeneigter und umfeldabhängiger. Die sich im 19. Jahrhundert leitbildartig herausschälende Kleinfamilie von Mann, Frau und ihren Kindern ist (auch) Ausdruck der Gegebenheiten, in denen unter den Bedingungen der modernen Industriegesellschaft, der räumlichen Trennung von Arbeit und Haus und der Auflösung von Großfamilien eine Sozialisation der Kinder erwartet werden kann.

Das Bemühen um die *Stabilisierung* der Ehe als zentrale und leitbildbegründende Form[2] rechtlicher Institutionalisierung einer dauerhaften Partnerschaft zwischen zwei erwachsenen Personen zieht sich durch die Geschichte westlicher Gesellschaftsbildung. Dabei spielten immer verschiedene Mechanismen zusammen. Sie reichen von der ideell-spirituellen Aufwertung der Ehe bis zur sozialen Ächtung abweichenden Verhaltens. Erwähnt seien etwa die Bezeichnung der Ehe als Sakrament und die ausführliche Ausgestaltung des ehelichen Zusammenlebens durch päpstliche Enzyklopädien in der römisch-katholischen Kirche,[3] die bis zur vollständigen Ausgrenzung gehende soziale Stigmatisierung des nichtehelichen Zusammenlebens oder die unterschiedlichen Formen sprachlicher Diskriminierung und gesellschaftlicher Benachteiligung von nichtehelich geborenen Kindern. Frauen wurden mit verschiedenen Mitteln zur Eingehung der Ehe angehalten. Auch das Recht sicherte die zentrale Stellung der Ehe als Nukleus der Gemeinschaftsbildung ab, etwa durch eine Regelung wie § 1589 BGB a.F., wonach ein nicht-eheliches Kind und sein Vater als nicht verwandt galten.

Die gesellschaftliche Sorge darum, in welcher Form zwei Menschen eine dauerhafte und auf solidarische Fürsorge angelegte Beziehung unterhalten, verwundert nicht. Die diesbezügliche Entscheidung hat eben nicht nur eine individuell-persönliche, sondern auch eine zutiefst staats- und gesellschaftspolitische Bedeutung. Es geht nicht nur um die Verwirklichung individueller Freiheit, in einer rechtlich stabilisierten dauerhaften Gemeinschaft zusammen zu leben, sondern auch um das gemeinsame Interesse an der Sicherung elementarer Sozialstrukturen, an deren Existenz sich fundamentale und für das gesellschaftliche Zusammenleben elementare Erwartungen (Regeneration, Sozialisation, Kultur) richten. Staat und Gesellschaft können sich gegenüber der Frage nicht gleichgültig zeigen, wie Be-

---

[1] Das konzeptionelle und funktionale Verständnis der Ehe hat sich im Laufe der Zeit wesentlich geändert. So trat etwa an die Stelle einer Konzeption, derzufolge die Ehe die Verbindung zweier Stämme war, die vom Vater der Braut mit dem künftigen Ehemann ausgehandelt wurde, die freiheitliche Verbindung zweier autonomer Menschen.

[2] Zur Idee des Leitbilds: *Michael Germann*, Dynamische Grundrechtsdogmatik von Ehe und Familie?, VVDStRL, Bd. 73 (2014), S. 257 (286); *Stephan Rixen*, Das Ende der Ehe?, JZ 68 (2013), 864 (873).

[3] Im Protestantismus findet sich schon früh eine deutlich zurückhaltendere, die individuelle Freiheit betonende Sichtweise (*Martin Luther*, Vom ehelichen Leben, 1522).

dingungen gesichert werden können, in denen die Reproduktionschancen einer Zweierbeziehung (wenn nicht optimiert, so doch jedenfalls) gesichert werden.

Im deutschen *Verfassungsrecht* findet das Bemühen um die Stabilisierung und die Sicherung der Ehe (und der aus ihr entspringenden Familie) erstmalig in der Weimarer Verfassung (1919) einen Niederschlag.[4] Die Verfasser des Grundgesetzes haben sich dieser Sichtweise angeschlossen und in Art. 6 GG den Gemeinschaftsformen „Ehe" und „Familie" eine einzigartige normative Sonderstellung zugewiesen. Keine andere Form des menschlichen Zusammenlebens wird in dieser Weise verfassungsrechtlich abgesichert. An keiner anderen Stelle im Grundrechtsteil des Grundgesetzes wird eine partikulare Form des guten Lebens in einer so prominenten Weise hervorgehoben und zum Gegenstand eines verfassungsrechtlichen Schutz- und Gewährleistungsauftrags gemacht wie in Art. 6 Abs. 1 GG. Die starke Normativität der Konzeption kam in den Beratungen des Parlamentarischen Rats vor allem in einem frühen Formulierungsvorschlag zum Ausdruck: „Die Ehe ist die *rechtmäßige* Form der Lebensgemeinschaft von Mann und Frau."[5] Auch wenn dieser Vorschlag nicht den Weg ins Grundgesetz fand,[6] prägte ein Denken über die Ehe, das von normativen Richtigkeitsvorstellungen geprägt war, über Jahrzehnte den öffentlichen Diskurs.[7] Es schlug sich auch in den Bestimmungen der Verfassungen der Länder nieder[8] und hinterließ deutliche Spuren in der Rechtsprechung des Bundesverfassungsgerichts. In dessen Rechtsprechung machte sich das Denken um die Einzigartigkeit und Zentralität der Ehe als Nukleus des Zusammenlebens

---

[4] Die Verfassung des Deutschen Reichs vom 28. März 1848 (Paulskirchenverfassung) beschränkte sich darauf, kirchliche und weltliche Ehe sowie Fragen der Religionsverschiedenheit der ehewilligen Partner zu regeln (§ 150).

[5] Deutscher Bundestag/Bundesarchiv (Hrsg.), Der Parlamentarische Rat, 1948–1949, Akten und Protokolle, Bd. 14/II, München 1993, S. 1339 (Hervorhebung nur hier). Im Parlamentarischen Rat wurde zwei Mal strittig abgestimmt. Zu den Einwänden gehörte die von „Definitionen" ausgehende Einengung künftiger Entwicklungsmöglichkeiten (*Carlo Schmid*, 21. Sitzung des Hauptausschusses vom 7. Dezember 1948, in: Der Parlamentarische Rat, a. a. O., Bd. 14/I, München 1993, S. 611) und der Hinweis auf möglicherweise abweichende Sichtweisen (*Otto Heinrich Greve*, 43. Sitzung des Hauptausschusses vom 18. Januar 1949, in: Der Parlamentarische Rat, a. a. O., Bd. 14/II, München 1993, S. 1345).

[6] Starke Betonung naturrechtlicher Vorstellungen bei *Adolf Süsterhenn*, in: Der Parlamentarische Rat (Fn. 5), Bd. 14/I, München 1993, S. 606 f.; die Positivität des Instituts wird von *Schmid* betont: *Schmid*, in: Der Parlamentarische Rat (Fn. 5), S. 604.

[7] Es mag richtig sein, dass die gleichgeschlechtliche Ehe außerhalb der Vorstellungswelt der Mütter und Väter des Grundgesetzes lag. Hieraus wird man aber nicht schließen können, dass deshalb die Frage der Geschlechtlichkeit der Partner nicht zum Thema von Art. 6 GG gemacht worden sei (vgl. hierzu *Claus Dieter Classen*, Dynamische Grundrechtsdogmatik von Ehe und Familie?, DVBl 2013, 1086 [1089]; *Anna Katharina Mangold*, Nicht nur „kompetente Eltern", Streit 2013, 107 [114]; *Susanne Berning*, Eingetragene Lebenspartnerschaft = Ehe?, in: Yvonne Becker/Friederike Lange [Hrsg.], Linien der Rechtsprechung des Bundesverfassungsgerichts, Bd. 3, Berlin u. a. 2014, S. 167 [196]).

[8] Art. 124 Abs. 1 der Verfassung des Freistaats Bayern: „Ehe und Familie sind die natürliche und sittliche Grundlage der menschlichen Gemeinschaft und stehen unter dem besonderen Schutz des Staates."

noch bis in die 1980er Jahre bemerkbar. So formuliert das Gericht im Jahr 1969, dass „nach den in Art. 6 Abs. 1 GG verfassungsrechtlich garantierten Wertvorstellungen die Ehe die einzige legitime Form umfassender Lebensgemeinschaft zwischen Mann und Frau ist und die gesunde körperliche Entwicklung des Kindes grundsätzlich das Geborgensein in der nur in der Ehe verwirklichten vollständigen Familiengemeinschaft mit Vater und Mutter voraussetzt."[9] Schwächer, aber immer noch eindeutig fällt eine Formulierung aus dem Jahre 1987 (und damit am Ende der „Bonner Republik" getroffen) aus: „Die Ehe [...] ist alleinige Grundlage einer vollständigen Familiengemeinschaft und als solche Voraussetzung für die bestmögliche körperliche, geistige und seelische Entwicklung von Kindern."[10]

II. Liberalisierende Umgestaltung des Instituts der Ehe

1. Gesellschaftspolitische Veränderungen

Zu diesem Zeitpunkt erschien die vorstehend wiedergegebene Feststellung allerdings schon als anachronistisch. Dies gilt sowohl gesellschaftspolitisch als auch verfassungstheoretisch. Schon in den 1970er Jahren begann ein Prozess, in dessen Verlauf die Vorstellung, wonach allein die Ehe die legitime Form des Zusammenlebens zweier erwachsener Menschen darstelle, an Rückhalt und gesellschaftlicher Verankerung verlor. Dabei handelte es sich um einen Prozess, in dem verschiedene Entwicklungsstränge zusammen kamen. Hierüber ist viel geschrieben worden. Tendenzen der Individualisierung und Pluralisierung spülten gesamtgesellschaftliche Bemühungen, eine bestimmte Gemeinschaftsform zur „einzig legitimen" und „vollständigen" Form des Zusammenlebens zu stilisieren, hinweg. Nicht zuletzt das Zusammenleben gleichgeschlechtlicher Partner verlor die soziale Stigmatisierung, und in einem längeren Prozess fiel die strafrechtliche Sanktionierung der männlichen Homosexualität. Das gesellschaftliche Interesse, beide Ehepartner in den Arbeitsmarkt zu integrieren, griff in die innere (Solidaritäts- und Verantwortungs-)Struktur der Ehe ein und führte zu einer Umwertung von deren Funktion und der je individuellen Stellung der beiden Partner. Das traf sich mit dem individuellen Freiheits- und Selbstbestimmungsinteresse der Frauen, die aus überkommenen Rollenverständnissen ausbrechen wollten. Die Bedeutung des Kinderwunsches im Prozess der Identitätsfindung junger Menschen änderte sich. Ein geänderter Blick auf das Wohl und die staatliche Garantie für das Gedeihen des Kindes, nicht zuletzt in der über Art. 6 Abs. 5 GG veranlassten Gleichstellung nichtehelicher Kinder zum Ausdruck gebracht, machte Versuche einer Stigmatisierung der Familienbildung außerhalb der Ehe zunehmend unmöglich. Der Gesetzgeber reagierte etwa mit der Umstellung des nachehelichen Unterhaltsrechts oder des Namensrechts.

[9] BVerfGE 25, 167 (196).
[10] BVerfGE 76, 1 (52).

2. Ehe als Ausdruck von selbstbestimmter Lebensführung in Gemeinschaftlichkeit

Zu dem Bedeutungswandel trug aber auch das Bundesverfassungsgericht selbst bei. Es wechselte den Verständnishintergrund, vor dem es Art. 6 Abs. 1 GG las, schrittweise aus. Noch in den 1950er Jahren orientierte sich das Gericht wesentlich am überkommenen, durch traditionale Vorstellungen geprägten Bild der Ehe – auch wenn die Entscheidungen selbst bereits auf ein Aufbrechen überkommener Rollenmuster in der Ehe abzielten.[11] In der Entscheidung zur *Ehelichen Gewalt* heißt es etwa, dass Ehe auch unter dem Grundgesetz die „Vereinigung eines Mannes und einer Frau zur grundsätzlich unauflöslichen Lebensgemeinschaft" sei. „Dieser Ordnungskern [sei] für das allgemeine Rechtsgefühl und Rechtsbewusstsein unantastbar."[12] In der Konsequenz unternimmt das Gericht den Versuch, die Strukturprinzipien der Ehe als Ausprägung einer „außerrechtlichen Lebensordnung" zu deuten, die von „Alters her überkommen und in ihrem Kern unverändert geblieben" sei.

Spätestens in den 1970er Jahren ändert sich der Blick des Gerichts auf die Institution der Ehe. Sie wandelt sich zu einer gemeinschaftlichen Verbindung, in der die jeweilige Stellung von zwei gleichberechtigten Partnern in gleicher Freiheit ausgehandelt werden muss. Überkommene Muster und Rollenerwartungen werden jetzt verworfen. In der Entscheidung zur Staatsangehörigkeit von Abkömmlingen[13] wendet es sich gegen die Vorstellung vom „Vater als Haupt oder Mittelpunkt der Familie". Regelungen des Staatsangehörigkeitsrechts, in denen die Vorstellung einer patriarchalischen Gesellschaftsordnung und der Stellung des Ehemannes als „pater familias" mitschwingen, seien verfassungswidrig. Das Gericht spricht von der in freier Selbstbestimmung begründeten „Partnerschaft zwischen Mann und Frau".[14] Überkommene Vorstellungen darüber, dass Männer und Frauen unterschiedlich seien, hätten danach keinen Bestand mehr, ebenso überkommene Vorstellungen von der innerehelichen Rollenverteilung.[15] An die Stelle einer substanzhaft durchdrungenen und traditionell konzipierten Vorstellung von der Ehe als Gemeinschaftsform mit vorgeprägter Funktions- und Rollenzuweisung tritt eine offene, auf das Selbstverständnis der Partner zurückverweisende Vorstellung.[16] Entsprechend erklärte das Gericht Eheverbote, die auf kirchlichen, naturrechtlichen oder „metaphysischen" Vorstellungen beruhen, für verfassungswidrig.[17] Die Ehe wird dadurch quasi von

---

[11] So etwa die Gleichstellung von Mann und Frau in BVerfGE 10, 59 [1959].

[12] BVerfGE 10, 59 (66).

[13] BVerfGE 37, 217.

[14] Zu dem Wandlungsprozess etwa *Monika Böhm*, Dynamische Grundrechtsdogmatik von Ehe und Familie, VVDStRL, Bd. 73 (2014), 211 (225 ff.).

[15] BVerfGE 37, 217 (251); anders noch BVerfGE 10, 59 (75).

[16] *Gerhard Robbers*, in: Hermann v. Mangoldt/Friedrich Klein/Christian Starck, Kommentar zum GG, 6. Aufl., München 2010, Art. 6 Abs. 1, Rn. 34; *Franz Klein*, Ehe und Familie im Steuerrecht als verfassungsrechtliches Problem, in: Festschrift für Wolfgang Zeidler, Bd. 1, Berlin und New York 1987, S. 773 (776).

[17] BVerfGE 36, 146 (163).

innen liberalisiert. Dass mit dieser Umstellung die in Art. 6 Abs. 1 GG enthaltene Privilegierung der Ehe als einer besonderen Lebensform legitimationstheoretisch in Rechtfertigungsnöte geraten könnte, wurde jedenfalls nicht explizit thematisiert.[18]

Schon früh war absehbar, dass die erodierende Kraft des individualistischen Freiheitsanspruchs auch die Regelungen darüber erfassen würde, wer wen heiraten kann. Jede Form einer *ethnischen Barriere* war vor dem Hintergrund des nationalsozialistischen Unrechts und der frühen Menschenrechtsentwicklung[19] auch unter dem Grundgesetz schlechterdings undenkbar.[20] Das Rechts- und Gesetzesverständnis, wonach nur *ein Mann und eine Frau* heiraten können, wurde demgegenüber als demokratisch abgesicherte Vorstellung vom guten Leben gesamtgesellschaftlich begriffen und ethisch akzeptiert. Es konnte allerdings nicht überraschen, dass die vom Bundesverfassungsgericht entwickelte entsubstanziierte Konzeption der Ehe als Verbindung freier und gleicher Partner bald auch gegen das Erfordernis der Verschiedengeschlechtlichkeit der Ehegatten gewandt wurde. Der Freiheitsanspruch drängte mit Vehemenz auf weitere Öffnung und Liberalisierung der Institution, vor allem, nachdem das Bekenntnis zur Homosexualität sein gesellschaftliches Stigma verloren hatte. Wer politisch klug argumentierte, beschäftigte sich dabei immer auch gleich mit dem „slippery slope"-Argument: Offenkundig birgt eine weitere Öffnung des Instituts der Ehe das Potential, Forderungen nach der Mehr-Ehe von drei oder mehr Partnern oder auch Forderungen nach der Verwandtenehe hervorzurufen. Man mag den Versuch unternehmen, hier Unterschiede herauszuarbeiten. Besonders wenig plausibel sind diese Versuche, wenn sie mit „gesellschaftlichen

[18] Das Rechtfertigungsproblem wird in dieser (repräsentativen) Zusammenfassung des gegenwärtigen Verständnisses deutlich (BVerfGE 105, 313 [350]): „Art. 6 Abs. 1 GG schützt die Ehe, wie sie vom Gesetzgeber unter Wahrung ihrer wesentlichen Grundprinzipien jeweils Gestalt erhalten hat. Als von Menschen gelebte Gemeinschaft ist sie Freiheitsraum und zugleich Teil der Gesellschaft, von deren Veränderungen sie nicht ausgeschlossen ist. Auf solche kann der Gesetzgeber reagieren und die Ausgestaltung der Ehe gewandelten Bedürfnissen anpassen. Damit ändert sich zugleich das Verhältnis der Ehe zu anderen Formen menschlichen Zusammenlebens. Das Gleiche gilt, wenn der Gesetzgeber nicht die Ehe gesetzlich neu gestaltet, sondern andere Lebensgemeinschaften regelt. Insofern stehen Lebensformen nicht in einem festen Abstand, sondern in relativer Beziehung zueinander. Zugleich können sie sich durch die jeweilige Ausgestaltung nicht nur in den ihnen zugewiesenen Rechten und Pflichten unterscheiden oder gleichen, sondern auch in ihrer Funktion und hinsichtlich des Kreises von Personen, die Zugang zu ihnen finden. So kann der Schutz, der der Ehe als Institut zukommt, nicht von den Normadressaten getrennt werden, für die die Ehe als geschützte Lebensform bereitzuhalten ist."

[19] Die Diskussionen über die Allgemeine Erklärung der Menschenrechte wirkte in die Beratungen des parlamentarischen Rats hinein (*Hermann v. Mangoldt*, 24. Sitzung des Ausschusses für Grundsatzfragen vom 23. November 1948, in: Deutscher Bundestag/Bundesarchiv [Hrsg.], Der Parlamentarische Rat, 1948–1949, Akten und Protokolle, Bd. 5/II, München 1993, S. 642; *Theodor Heuss*, 24. Sitzung des Ausschusses für Grundsatzfragen vom 23. November 1948, ebd., S. 645).

[20] Vgl. insbesondere Art. 16 Abs. 1 AEMR: „Heiratsfähige Männer und Frauen haben ohne jede Beschränkung auf Grund der Rasse, der Staatsangehörigkeit oder der Religion das Recht, zu heiraten und eine Familie zu gründen. Sie haben bei der Eheschließung, während der Ehe und bei deren Auflösung gleiche Rechte."

Anschauungen" und „Konventionen" argumentieren und sich damit auf genau jenen Argumenttyp stützen, der aus Art. 6 GG doch gerade herausgedrängt werden soll. Das nagende Potential eines auf Liberalisierung drängenden Selbstbestimmungsanspruchs lässt sich so nicht überdecken.

3. Das Bundesverfassungsgericht in einer Beobachterstellung

Diese – auch auf die eigene Rechtsprechung zurückzuführende – Aufwertung des gleichen Selbstbestimmungsanspruchs hat das Bundesverfassungsgericht in eine defensive Position der Sprachlosigkeit zurückgedrängt. Seit einigen Jahren wiederholt es zwar mit schöner Regelmäßigkeit die Definition, dass die Ehe die Vereinigung eines Mannes mit einer Frau zu einer auf Dauer angelegten Lebensgemeinschaft sei.[21] Einen Grund, der über das Argument der Tradition und über den Verweis auf die herkömmliche Sichtweise hinausgeht, benennt das Gericht aber schon seit längerem nicht mehr. Ich gehe davon aus, dass die Richterinnen und Richter selbst die Kohärenzprobleme erkennen, die durch die Umstellung des Verständnisses der Ehe unter Art. 6 GG entstanden sind.

Natürlich ist der liberale Selbstbestimmungsanspruch[22] kein Trumpf, mit dem man jederzeit die Umgestaltung sozial eingespielter und gesetzlich verankerter Institutionen verlangen kann. Auch die Interpretation einer Bestimmung wie Art. 6 GG, die bewusst auf gesellschaftlichen Vorstellungen von der besonderen Werthaltigkeit der dort bezeichneten Formen sozialer Gemeinschaftlichkeit aufsetzt, darf sich nicht allein nach dem je individuell vorgetragenen Freiheitsanspruch richten. Soziale Wandlungsprozesse können und dürfen nicht unvermittelt und ungefiltert in verfassungsrechtliche Normativität umschlagen. Die von Befürwortern der gleichgeschlechtlichen Ehe immer wieder betonte Anpassungsfähigkeit des Verfassungsrechts ist keine hinreichende Bedingung dafür, die Interpretation von Art. 6 GG umzustellen. Die Behauptung gar, dass die dynamische Aufnahme und Verarbeitung gesellschaftlicher Veränderungsprozesse notwendig sei, unterläuft jedenfalls in dieser Generalität den kontrafaktischen Anspruch des Verfassungsrechts. Nur ein mit den Lebensgesetzen des Verfassungsrechts unvertrauter Positivist wird allerdings postulieren können, dass fundamentale gesellschaftliche Entwicklungen das Verständnis und die Auslegung der (dem Buchstaben nach unveränderten) Verfassungsbestimmungen nicht beeinflussen.[23] Dies gilt insbesondere dann, wenn es um die Institutionenmerkmale geht, die im Wortlaut des Grundgesetzes nicht ausdrücklich definiert sind.[24] Das Bundesverfassungsgericht

---

[21] Z. B. BVerfGE 105, 313 (345) m. w. N. Zuletzt BVerfG, Beschl. v. 22.10.2014 – 2 BvR 661/12 –, juris, Rn. 178.

[22] Deutliche Betonung dieses Topos seit: BVerfGE 36, 146 (163).

[23] *Berning*, Eingetragene Lebenspartnerschaft (Fn. 7), S. 194.

[24] Zu den Standardargumenten gehört denn inzwischen auch, dass der Begriff der „Ehe" vom Wortlaut her offen sei und auch die gleichgeschlechtliche Ehe umfasse (*Elisa Freiberg*, Der Wortlaut

hat den geschilderten Wandlungsprozess – insbesondere mit Blick auf die Stärkung von Individualisierung und Pluralität – nicht nur gebilligt, sondern auch grundrechtlich wesentlich vorangetrieben. Es erscheint wenig realistisch, dem Gericht abzuverlangen, sich im Bereich von Art. 6 GG den Entwicklungen starr entgegen zu stemmen.[25]

Von wesentlicher Bedeutung erscheint in diesem Zusammenhang auch, dass sich schon seit längerer Zeit in der verfassungsgerichtlichen Rechtsprechung eine Umdeutung des Verhältnisses von Institutionen und grundrechtlicher Freiheit abzeichnet. Freiheit wird danach nicht mehr *innerhalb* der rechtlichen und gesellschaftlichen Institutionen realisiert. Vielmehr umfasst die von den Freiheitsrechten ermöglichte Identitätsbildung gegebenenfalls auch, eine Fortbildung und Anpassung von Rechtsinstitutionen verlangen zu können.[26] Nirgendwo macht sich das so bemerkbar wie in der Handhabung des Familienbegriffs, in dem sich das Bundesverfassungsgericht für die jeweiligen Lebensentwürfe von sozial verbundenen Personen erstaunlich offen zeigt: Vor dem Hintergrund pluraler Konzepte familiären Zusammenlebens von Erwachsenen und Kindern hat das Bundesverfassungsgericht das institutionelle Verständnis von Familie beständig fortgeschrieben.[27] Auch das Institut der Ehe ist – in einem Sonderfall – nicht mehr immun: Vor dem Hintergrund des Anspruchs, über das eigene Geschlecht verfügen und es gegebenenfalls ändern zu können, hat das Gericht den Ehebegriff im Fall der Geschlechtsumwandlung geöffnet und lässt die gleichgeschlechtliche Ehe zu.[28] Im

---

ist eindeutig, in: LTO Legal Tribune Online vom 25.7.2015). Der weiterhin fortbestehende, wenn auch wandelbare semantische Kontext wird damit beiseite geschoben. Dem Bundesverfassungsgericht wird suggeriert, dass die Argumentationslast für jede Verengung des Ehebegriffs bei den Anhängern des traditionellen Denkens liege.

[25] Andeutungen einer Wandlungsbereitschaft in: BVerfG (K), NJW 1993, 3058; BVerfGE 121, 175 (200f.: „Interesse" des Gesetzgebers); jüngst prognostisch: *Marco Buschmann*, Karlsruhe wird die Ehe öffnen, in: FAZ v. 11.06.2015 <http://www.faz.net/aktuell/politik/staat-und-recht/gastbeitrag-homoehe-karlsruhe-wird-die-ehe-oeffnen-13640275.html>.

[26] Angesprochen ist damit eine Umstellung verfassungsrechtlichen Rechtsdenkens vom Institutionenschutz auf ein Freiheitsdenken, das Institutionen im Zuge der Förderung der Identitätsbildung verfügbar werden lässt. Freiheit wird dann nicht mehr als Freiheit im Rahmen sozial vorgegebener Institutionen begriffen, sondern bedeutet, seine Identität unter Rückgriff auf die jeweils attraktiven Institutionen zu bilden. In der Folge entstehen „patchwork"-Lagen. Die neue Konzeption bedeutet Chance und Risiko zugleich: Wie viel Freiheit eröffnet das Versprechen, sich selbst seine Geschlechtsidentität, den institutionellen Rahmen seiner Kleingemeinschaft etc. zu definieren? Welche Lasten sind mit der Aufforderung verbunden, die sich aus biologischen Gegebenheiten und eingespielten Traditionen ergebenden Rollen abzuschütteln und zum Schmied des eigenen Glücks zu werden?

[27] BVerfG, Beschl. v. 24.6.2014 – 1 BvR 2926/13 –, juris; vgl. etwa *Gregor Kirchhof*, Der besondere Schutz der Familie in Art. 6 Abs. 1 des Grundgesetzes, AöR 129 (2004), 542 (554ff.); *Volker Epping*, Grundrechte, 6. Aufl., Heidelberg, Berlin u.a. 2015, Kap. 10, Rn. 506.

[28] Das Bundesverfassungsgericht ermöglicht die Eheschließung eines Transsexuellen mit einem Partner des jeweils anderen Geschlechts schon seit längerem (BVerfGE 49, 286), wenn aufgrund der Berichtigung des Geschlechtseintrags im Geburtenbuch Geschlechtsverschiedenheit zwischen den Partnern besteht. Seit BVerfGE 121, 175 (198f.) ist anerkannt, dass eine Ehe (als gleich-

Lichte dieser Entwicklungen[29] erscheint es mehr als fraglich, ob das Gericht im Falle eines Verfahrens mit grundsätzlicher Bedeutung an seiner Definition festhalten und sich der Forderung entgegen stellen würde, die Institution der Ehe dem in der individuellen Freiheit (gleichgeschlechtlicher Paare) angelegten Anspruch auf Zugang zu öffnen. Dies gilt umso mehr, als der Druck, der aus dem verfassungsrechtlichen Schrifttum zu verspüren ist, schon heute spürbar ist und in Zukunft sicherlich nicht geringer werden wird.[30]

4. Streitlinien im Schrifttum

Die Zahl der Verfassungsrechtswissenschaftlerinnen und -wissenschaftler, die die Auffassung vertreten, der Begriff der Ehe in Art. 6 Abs. 1 GG lasse sich für gleichgeschlechtliche Partnerschaften „öffnen", nimmt inzwischen zu,[31] und es sind keinesfalls nur marginale Stimmen, die diese Position vertreten.[32] Noch immer hat die Gegenposition wohl das größere Gewicht.[33]

Diese Vorstöße lassen erkennen, dass jedenfalls die in Art. 6 Abs. 1 GG verwandte Begrifflichkeit nicht die erhoffte feste und unveränderliche Barriere bilden

---

geschlechtliche Partnerschaft) fortgeführt werden kann, wenn nach einer Eheschließung eine operative Geschlechtsumwandlung erfolgt.

[29] Schon absehbar wird es auch zum Streit darüber kommen, wie weit der Selbstbestimmungsanspruch über die Zuordnung zu einem bestimmten Geschlecht reicht (*Judith Froese*, Männlich, weiblich oder „weder noch"? Zur Deutungshoheit über das Geschlecht, AöR 140 [2015], 598).

[30] Eindrucksvolle Ausformulierung des überkommenen Verständnisses von Ehe und Familie etwa bei *Kirchhof*, Schutz (Fn. 27), 542.

[31] Ohne Anspruch auf Vollständigkeit: *Lothar Michael*, Lebenspartnerschaften unter dem besonderen Schutze einer (über-)staatlichen Ordnung, NJW 2010, 3537 (3542); *Rixen*, Ende der Ehe (Fn. 2), 872; *Berning*, Eingetragene Lebenspartnerschaft (Fn. 7), 194 ff.; *Shu-Perng Hwang*, Besonderer Schutz der Ehe im Umbruch?, KritV 2014, 133 (146 f.); *Alexandra Maschwitz*, Die Form der Eheschließung, Göttingen 2014, S. 317; *Germann*, Dynamische Grundrechtsdogmatik (Fn. 2), S. 286; *Böhm*, Dynamische Grundrechtsdogmatik (Fn. 14), 226 f.; *Dagmar Richter*, Ehe und Partnerschaft im Recht der Europäischen Union, ZEuS 2014, 301 (329); *Thomas Adalbert Schmidt*, Von „Mangold" bis „Maruko": Die Judikatur des EuGH zur Gleichbehandlungsrahmenrichtlinie und ihr Einfluss auf die deutsche Rechtsordnung, Berlin 2014, S. 451 ff.; *Friederike Wapler*, Die Frage der Verfassungsmäßigkeit der Öffnung der Ehe für gleichgeschlechtliche Paare, Gutachten für die Friedrich-Ebert-Stiftung, Berlin 2015.

[32] Vgl. etwa *Frauke Brosius-Gersdorf*, in: Horst Dreier (Hrsg.), GG, 3. Aufl., Tübingen 2013, Art. 6 Rn. 43: Danach soll die Ehe ausschließlich die Beistands- und Verantwortungsgemeinschaft sein, während die Familie ausschließlich die Reproduktionsgemeinschaft ist. In der Konsequenz sollen eingetragene Lebenspartnerschaften dem Schutz des Art. 6 Abs. 1 GG unterfallen (Rn. 53, 83).

[33] Vgl. *Peter Badura*, in: Theodor Maunz/Günter Dürig (Hrsg.), Grundgesetz. Kommentar, 76. Lieferung München 2015, Art. 6 Rn. 55 ff. m.w.N.; *Klaus Ferdinand Gärditz*, Verfassungsgebot Gleichstellung?, in: Arnd Uhle (Hrsg.), Zur Disposition gestellt? Der besondere Schutz von Ehe und Familie zwischen Verfassungsanspruch und Verfassungswirklichkeit, Berlin 2014, 85 (100); *Arnd Uhle*, in: Volker Epping/Christian Hillgruber, Beckscher Online-Kommentar Grundgesetz, 28. Edition, München 1.9.2015, Art. 6 Rn. 6.

wird.[34] Die Bedeutung erscheint vielmehr in zunehmendem Maße fluide, und scheinbar festgeschriebene sprachliche Konventionen erscheinen vergänglich. Skepsis ist insbesondere angebracht, wenn man sich den freizügigen Umgang des Bundesverfassungsgerichts mit dem Text anderer Verfassungsbestimmungen des Grundgesetzes in Erinnerung ruft. Ich würde nicht darauf setzen, dass eine bloße Wortlautargumentation ausreichen wird, eine unter Art. 6 Abs. 1 GG erfolgende Öffnung der Ehe für gleichgeschlechtliche Paare zu verhindern.

Den Gefahren einer Aufweichung des Ehebegriffs mit Ausführungen zur Institutsgarantie der Ehe (und einem darin enthaltenen „Ordnungskern" der Getrenntgeschlechtlichkeit) zu begegnen,[35] mündet schnell in eine zirkuläre Gedankenführung: Zum Gegenstand der Institutsgarantie wird das gemacht, was je nach subjektivem Dafürhalten für besonders wichtig gehalten wird. In Zeiten eines zerbröselnden Konsenses wird dies nicht besonders weit tragen. Institutsgarantien sind immer nur dann wirklich stark, wenn sich eine Pluralisierung der verfassungspolitischen und -rechtlichen Einschätzungen noch nicht beobachten lässt. Zudem ist zu beobachten, dass sich in institutsgarantiebezogene Betrachtungen immer wieder traditionelle oder paternalistische Partnerschaftsverständnisse einmischen, die in anti-individualistischer Zielrichtung bestimmte Rollen- und Funktionserwartungen formulieren.

Die Dynamik der Entwicklung des normativen Verständnisses von Art. 6 GG steht damit außer Frage. Es hängt vom Blickwinkel des Betrachters ab, ob man darin eine Verfallsgeschichte verfassungsrechtlicher Errungenschaften und eine Aufgabe verfassungsrechtlicher Normativität oder eine die Aktualität der Verfassung gerade sichernde Fortschreibung verfassungsrechtlicher Vorgaben erblicken will. Auffällig ist jedenfalls, dass manche Autoren, die mit Blick auf Art. 6 GG der Verfallsthese anhängen, in anderen Bereichen das Bundesverfassungsgericht zu einer gestalterisch-aktivistischen Rechtsprechung aufrufen. So scheint der Streit um die verfassungsrechtliche Stellung von Lebensgemeinschaften unter der Oberfläche verfassungsrechtlicher Argumentation immer auch ein Element kulturkämpferischen Streits in sich zu tragen.

Dem gegenwärtigen Stil verfassungsrechtlicher Diskussion entsprechend wird dieser Streit im Ton verhalten und mit Mäßigung ausgetragen. Selbst Gegner der Entwicklung gestehen ein, dass ihr Widerspruch und ihre Einwände keine Änderung des eingeschlagenen „Entwicklungspfads" erwarten lassen. In erheblichem

---

[34] Deutlich allerdings noch BVerfGE 105, 313 (345): „Zum Gehalt der Ehe, wie er sich ungeachtet des gesellschaftlichen Wandels und der damit einhergehenden Änderungen ihrer rechtlichen Gestaltung bewahrt und durch das Grundgesetz seine Prägung bekommen hat, gehört, dass sie die Vereinigung eines Mannes mit einer Frau zu einer auf Dauer angelegten Lebensgemeinschaft ist […]."

[35] *Kay Windthorst*, in: Christoph Gröpl/Kay Windthorst/Christian von Coelln (Hrsg.), Grundgesetz. Studienkommentar, München 2013, Art. 6, Rn. 15 m. w. N.; grundlegend *Ute Mager*, Einrichtungsgarantien, Tübingen 2003.

Umfang geht es heute nicht mehr darum, ob die Öffnung der Ehe für gleichgeschlechtliche Partner erfolgen wird, sondern um die Frage, ob dies vom Bundesverfassungsgericht angeordnet werden kann oder eine Verfassungs-, jedenfalls aber eine Gesetzesänderung erfolgen muss, zudem, wie in diesem Fall das Verhältnis von Ehe und Lebenspartnerschaft neu ausgestaltet werden muss. Der Raum dafür, mit säkularen Weltbildern guten Lebens (in der Ehe oder anderswie) im öffentlichen Diskurs Gehör zu finden, ist inzwischen minimal. Für die Ästhetik der dahinter stehenden Kohärenz und dem damit verbundenen normativen Wahrheitsanspruch hat insbesondere eine sich in Abwägungsprozessen aufreibende Verfassungsgerichtsbarkeit keinen Sinn mehr.[36]

III. Die eingetragene Lebenspartnerschaft: Von der Entlastung zur Bedrohung des traditionellen Eheverständnisses

1. Die gesetzgeberische Grundentscheidung

Die rot-grüne Koalition entschloss sich gegen erheblichen Widerstand der damaligen Opposition im Jahr 2001, ein Gesetz zur Schaffung einer Eingetragenen Lebenspartnerschaft zu schaffen. Mit der gesetzlichen Institutionalisierung einer Gemeinschaftsform, die gleichgeschlechtlichen Paaren ein dauerhaftes Zusammenleben in einer rechtlich ausgekleideten Form ermöglicht, wurde ein politisches Angebot gemacht. Zugleich war jedenfalls zunächst eine Entlastung des Drucks auf das traditionelle Institut der Ehe zu beobachten. Zur Umschiffung etwaiger verfassungsrechtlicher Einwände und verfassungsgerichtlichen Widerstands entschloss man sich 2001 dazu, ein deutliches „aliud" zu schaffen. Nachdem das Bundesverfassungsgericht sich diesem Schritt nicht entgegengestellt hatte,[37] kam es dann 2004 zu einem Ausbau der geschaffenen Institution und zu einer deutlicheren Angleichung an das Rechtsinstitut der Ehe. Im Zuge einer Aufwertung und Annäherung der Lebenspartnerschaft an die Ehe ordnete der Gesetzgeber die Übernahme des ehelichen Güterrechts, die Angleichung der Aufhebungsbedingungen einer Lebenspartnerschaft an das Ehescheidungsrecht, die weitgehende Parallelisierung des Unterhaltsrechts, den Versorgungsausgleich, die Einbeziehung der Lebenspartner in die Hinterbliebenenversorgung der gesetzlichen Rentenversicherung und die sog. Stiefkindadoption an. Ebenfalls wurden Ehepartner und Lebenspartner im zivilen Erbrecht gleichgestellt. Zu einer Angleichung kam es ferner im bundesrechtlich geregelten Beamtenrecht, in dem Ehepartner und Lebenspartner mit Blick auf Leistungen wie Umzugskosten, Trennungsgeld, Sonderurlaub oder Reisekosten

---

[36] Zum Rollenwandel des BVerfG: *Martin Nettesheim*, Postpolitik aus Karlsruhe, Merkur 2014, Heft 6, 781.

[37] BVerfGE 105, 313.

gleichgestellt wurden. Lebenspartner können zudem seither einen Anspruch auf Familienzuschlag geltend machen. Im Jahre 2007 entschloss sich der Gesetzgeber dann, zwischen Partnern einer eingetragenen Lebenspartnerschaft und den Ehegatten unterhaltsrechtlich eine vollständige Gleichstellung herbeizuführen. Die Unterschiede, die zwischen der Ehe und der Eingetragenen Lebenspartnerschaft heute noch bestehen, sind so marginal, dass sie keine praktische Bedeutung mehr aufweisen.

Nicht zu Unrecht wird dem Gesetzgeber vorgehalten, taktisch vorgegangen zu sein.[38] Das Bundesverfassungsgericht konnte sich mit Blick auf das Gesetz von 2001 in der Tat auf die Position stellen, dass damals keine eheanaloge Gemeinschaftsform unter falscher Bezeichnung geschaffen wurde.[39] Die Änderungen des Jahres 2004 wurden dann nicht mehr im Organstreitverfahren angegriffen. Erkennbar stellte sich allerdings erst zu diesem Zeitpunkt mit aller Schärfe die Frage, inwieweit die Entwicklung zweier Gemeinschaftsformen mit Artikel 6 Abs. 1 GG vereinbar ist, die sich in den Zugangsvoraussetzungen durch Kriterien der Geschlechtszugehörigkeit unterscheiden, im Übrigen aber in der inhaltlichen Ausgestaltung weitestgehend parallel laufen. Man fragt sich rückblickend, ob die Organklage der Opposition gegen das Gesetz von 2001 nicht übereilt und vorschnell war. Aber hätte das Bundesverfassungsgericht eine schon mehrjährig existierende Gemeinschaftsform nach deren Aufwertung 2004 gekippt? Hieran bestehen dann doch Zweifel. Im Übrigen wurden die gesetzgeberisch-politischen Entwicklungen ja auch von der neuen und ab 2005 regierenden Koalition nicht rückgängig gemacht.

2. Gleichstellung von Ehe und Lebenspartnerschaft durch das BVerfG

Die Aufwertung der Lebenspartnerschaft und ihre Angleichung an die Gegebenheiten der Ehe wurden – hierauf ist bereits hingedeutet worden – nicht nur von der Politik betrieben. Ab 2009 wirkte das Bundesverfassungsgericht hieran aktiv mit. Während sich in der Kammerrechtsprechung des Zweiten Senats des Bundesverfassungsgerichts noch im Jahr 2008 die Auffassung niederschlug, dass Art. 6 Abs. 1 GG – als Spezialvorschrift zu Art. 3 Abs. 1 GG – einen Rechtfertigungsgrund für die Besserstellung der Ehe gegenüber der Lebenspartnerschaft darstelle,[40] verwarf der Erste Senat des Bundesverfassungsgerichts dieses Argument in einer Entscheidung

[38] *Christian Hillgruber* meint, den bundesverfassungsgerichtlichen Umgang mit der grundgesetzlichen Garantie des Art. 6 Abs. 1 GG als *„taktisch-wechselhaft und damit objektiv willkürlich"* deuten zu müssen (*Christian Hillgruber*, Anmerkung, JZ 65 [2010], 41 [42]).

[39] BVerfGE 105, 313.

[40] In der Kammerrechtsprechung des *Zweiten Senats* des *BVerfG* ist noch im Jahre 2008 festgestellt worden, dass die Versagung des Familienzuschlags (Verheiratetenzuschlag) für Beamte, die in einer Lebenspartnerschaft leben, keinen Verfassungsverstoß begründet und mit Art. 3 Abs. 3 GG und Art. 6 Abs. 1 GG vereinbar ist (Nichtannahmebeschlüsse vom 20.9.2007, vom 8.11.2007 und vom 6.5.2008). Die Kammern stützten sich auf die Annahme, Art. 6 Abs. 1 GG enthalte den sachlichen Differenzierungsgrund, der eine Ungleichbehandlung von verheirateten Beamten und

von 2009.[41] Danach begründet Art. 6 Abs. 1 GG nicht nur, wie bereits 2002 festgestellt worden war, kein Abstands*gebot* zwischen der Ehe und der Lebenspartnerschaft.[42] Der Bestimmung wurde auch die Eignung abgesprochen, eine Differenz zwischen der Ehe und Lebenspartnerschaft legitimieren zu können. Art. 6 Abs. 1 GG geht danach Art. 3 Abs. 1 GG nicht als Spezialvorschrift vor und begründet auch keinen verfassungsunmittelbaren Titel zur Legitimation von Ungleichbehandlungen. Die Bevorzugung der Ehe als Gemeinschaftsform gegenüber anderen rechtlich institutionalisierten Lebensformen soll vielmehr nur noch dann möglich sein, wenn sich ein hinreichend gewichtiger sachlicher Grund nachweisen lässt, der in den Besonderheiten der sozialen Verbindung der Ehepartner angelegt ist. In der Folge erklärten der Erste Senat des Bundesverfassungsgerichts und (ab 2012 dann auch) der Zweite Senat des Bundesverfassungsgerichts[43] in einer Kette von Entscheidungen verbleibende Unterschiede zwischen der Ehe und der Lebenspartnerschaft wegen Unvereinbarkeit mit Art. 3 GG für verfassungswidrig.[44] Die Entscheidungen betrafen die Hinterbliebenenversorgung durch die Versorgungsanstalt des Bundes und der Länder (VBL),[45] das Erbschaft- und Schenkungsteuergesetz,[46] den Familienzuschlag,[47] die Grunderwerbsteuer,[48] die sogenannte Sukzessivadoption[49] und das Ehegattensplitting.[50] Bestand haben Differenzen, wenn sie sich durch funktionale Gegebenheiten in der Ehe rechtfertigen lassen, die so in der Lebenspartnerschaft nicht bestehen (Reproduktionsmöglichkeit).

---

den Beamten, die eine eingetragene Lebenspartnerschaft geschlossen haben, nach Art. 3 Abs. 1 GG rechtfertige.

[41] Zur *Rechtsprechung* insbesondere BVerfGE 124, 199 (225 f.); BVerfGE 126, 400 (420); BVerfGE 131, 239 (259 ff.); BVerfGE 132, 179 (188 ff.); BVerfG, NJW 2013, 847 (854 f.).

[42] So etwa *Walter Pauly*, Sperrwirkungen des verfassungsrechtlichen Ehebegriffs, NJW 1997, 1955 (1956); *Detlef Merten*, Eheliche und nichteheliche Lebensgemeinschaften unter dem Grundgesetz, FS Walter Leisner, Berlin 1999, 615, 619; *Paul Kirchhof*, Ehe und Familie als Grundlage einer freiheitlichen Gesellschaft, in: Stimmen der Zeit 217 (1999), 507, 508; *Martin Burgi*, Schützt das Grundgesetz die Ehe vor der Konkurrenz anderer Lebensgemeinschaften?, Der Staat 39 (2000), 487, 492; *Peter Badura*, Ehe und Familie stehen unter dem besonderen Schutze der staatlichen Ordnung (Art. 6 Abs. 1 GG), in: Bitburger Gespräche 2001, 87 ff.; *Rupert Scholz/Arnd Uhle*, „Eingetragene Lebenspartnerschaft" und Grundgesetz, NJW 2001, 393 (397 f.); zuletzt *Gärditz*, Verfassungsgebot Gleichstellung? (Fn. 33), 103 f.

[43] In der Entscheidung vom 19.6.2012 hat der Zweite Senat des BVerfG dann § 40 Nr. 1 BBesG in der Fassung des Gesetzes zur Reform des öffentlichen Dienstrechts vom 24.2.1997 mit Art. 3 Abs. 1 GG für unvereinbar erklärt.

[44] Zur daraus folgenden Einebnung der Unterschiede zur Ehe: *Berning*, Eingetragene Lebenspartnerschaft (Fn. 7), S. 194 m. w. N.

[45] BVerfGE 124, 199.

[46] BVerfGE 126, 400.

[47] BVerfGE 131, 239.

[48] BVerfGE 132, 179.

[49] BVerfGE 133, 59.

[50] BVerfGE 133, 377.

3. Dogmatische Kritik

Diese Überspielung des Wortlauts von Art. 6 Abs. 1 GG ist vielfach auf scharfe Kritik gestoßen.[51] In der Tat stellt sich die Frage nach dem fortbestehenden Gehalt der Betonung einer „besonderen" Bedeutung der Ehe. Jedenfalls für das Verhältnis von Ehe und Lebenspartnerschaft kommt der Bestimmung nach der Sicht des Bundesverfassungsgerichts keine normative Bedeutung mehr zu, die sich nicht auch schon unter Art. 3 Abs. 1 GG entwickeln lässt.[52]

Verfassungsrechtsdogmatisch ist allerdings im Blick zu behalten, dass die Behauptung, Art. 6 Abs. 1 GG stelle (ohne weitere teleologisch-funktionale Erwägungen) eine Legitimation für alle Regelungen zur privilegierenden Ausgestaltung der Ehe dar, nie wirklich überzeugen konnte. Ein inneres Maß, wie weit die Begünstigung der Ehe gegenüber anderen vergleichbaren Gemeinschaftsformen gehen kann, hat bislang niemand unter Art. 6 Abs. 1 GG entwickeln können.[53] Dass dem Gesetzgeber ein unbegrenztes Recht zur Privilegierung der Ehe eingeräumt ist, wird denn auch nicht behauptet und wäre nicht überzeugend. Ebenso wenig vermag die Behauptung, die besondere Hervorhebung der Ehe in Art. 6 Abs. 1 GG verleihe ihr einen Status, der sie gegenüber anderen rechtlich verfassten Lebensformen als einzigartig, singulär und damit unvergleichbar erscheinen lässt, zu überzeugen. Ein Rückfall in derartige – wohl eher naturrechtlich und ontologisch geprägte – Singularitätsvorstellungen würde sich schwerlich in den Stand des gegenwärtigen Verfassungsdenkens einpassen. Ich will damit sagen: Kritik an der Entwicklung der

---

[51] So etwa *Arnd Uhle*, in: BeckOnline-Kommentar, Art. 6 Rn. 37: „Nicht zu Unrecht ist deshalb festgestellt worden, dass das Bundesverfassungsgericht mit seinen Entscheidungen einer *‚ungeschriebenen Änderung des Verfassungstextes'* das Wort geredet hat [...]. Angesichts dessen steht diese Judikatur in einem derart *evidenten Widerspruch zu Art. 6 Abs. 1 GG*, dass es ihr trotz zwischenzeitlicher Verfestigung an Überzeugungskraft und daraus resultierend an Anschlussfähigkeit fehlt. Dies gilt umso mehr, als die Rechtsprechung des Bundesverfassungsgerichts an inneren Brüchen und Widersprüchlichkeiten krankt".

[52] BVerfGE 133, 377 (411): „Geht die Privilegierung der Ehe mit einer Benachteiligung anderer, in vergleichbarer Weise rechtlich verbindlich verfasster Lebensformen einher, obgleich diese nach dem geregelten Lebenssachverhalt und den mit der Normierung verfolgten Zwecken vergleichbar sind, rechtfertigt der bloße Verweis auf das Schutzgebot der Ehe eine solche Differenzierung indes nicht. In solchen Fällen bedarf es jenseits der bloßen Berufung auf Art. 6 Abs. 1 GG eines hinreichend gewichtigen Sachgrundes, der gemessen am jeweiligen Regelungsgegenstand und -ziel die Benachteiligung dieser anderen Lebensformen rechtfertigt."

[53] Deutlich etwa bei *Arnd Uhle*, in: BeckOnline-Kommentar, Art. 6 Rn. 37: Es sei festzuhalten, dass „Art. 6 Abs. 1 GG ausweislich seiner Formulierung Regelungen verbietet, die den Abstand zwischen Ehe und Familie einerseits und sonstigen Formen menschlichen Zusammenlebens andererseits aufheben oder den ‚besonderen' Schutz der Ehe dadurch beeinträchtigen, dass die wesentlichen Rechtswirkungen der Ehe nichtehelichen Lebensgemeinschaften oder gleichgeschlechtlichen Beziehungen zuerkannt werden [...]. Der gebotene Abstand ist dahingehend zu konkretisieren, dass dem Gesetzgeber zwar nicht jegliche rechtliche Anerkennung nichtehelicher bzw. außerfamiliärer Lebensformen versagt ist [...], ihm jedoch bei der Regelung der jeweiligen Rechtsverhältnisse Grenzen gesetzt und *nur punktuelle Annäherungen* an die Ehe und Familie betreffende Rechtslage gestattet sind." Wie die Grenze hier abzumessen ist, bleibt unklar.

verfassungsgerichtlichen Rechtsprechung ist leicht möglich. Eine dogmatisch befriedigende und tragfähige andere Konzeption des Verhältnisses von Art. 6 Abs. 1 GG und Art. 3 GG ist aber bislang auch noch nicht entwickelt worden.

In den Entscheidungen des Bundesverfassungsgerichts macht sich eine Suchbewegung deutlich, die aufzeigt, wie unsicher und schwankend der verfassungsrechtliche Boden ist, auf dem sich das Gericht bei der Anpassung und Fortschreibung des verfassungsrechtlichen Rahmens bewegt. In der Begründungsstruktur auffällig ist insbesondere der Versuch des Ersten Senats, in der Entscheidung zur Hinterbliebenenversorgung 2009 die sexuelle Identität zu einem der Merkmale des Art. 3 Abs. 3 GG zu machen.[54] Hierfür bietet das Grundgesetz weder von der Textbasis noch nach Sinn und Zweck eine Grundlage; es ist auch nicht Aufgabe des Bundesverfassungsgerichts, den vom verfassungsändernden Gesetzgeber ohne weiteres fortschreibbaren Kanon richterrechtlich zu ergänzen. Nicht weniger problematisch erscheint die Annahme, dass eine Zurücksetzung der Lebenspartnerschaft sich immer auch an der Grenze zu einer nach Art. 3 Abs. 3 GG unbedingt verbotenen Differenzbildung bewege, weil sie die sexuelle Orientierung berühre. Damit wird die Tragfähigkeit der Behauptung, die Zurücksetzung der Partner einer Lebenspartnerschaft sei als mittelbar-faktische Diskriminierung der sexuellen Identität anzusehen, deutlich überschätzt. Zu Recht hat das Gericht auf diesen Begründungsansatz in späteren Entscheidungen nicht mehr zurückgegriffen.[55]

4. *„Separate and equal": Instabilität der entstandenen Situation*

Der gewählte Weg einer schrittweisen Aufwertung und Angleichung der Eingetragenen Lebenspartnerschaft an die Verhältnisse der Ehe lässt sich – in Anlehnung an Begrifflichkeiten der U.S.-amerikanischen Politik – als zweistufiger Prozess beschreiben. In einem ersten Schritt führte der Gesetzgeber mit der Schaffung des Instituts der eingetragenen Lebenspartnerschaft eine Form institutionalisierter Gemeinschaftlichkeit für gleichgeschlechtliche Personen ein, die sich gegenüber der Ehe als „separate and different" darstellte. Im Zuge der ab 2004 zu beobachtenden gesetzlichen Aufwertung (und unter „Mithilfe" des Bundesverfassungsgerichts) entwickelte sich dann eine Situation, in der Ehegatten und Lebenspartner in je unterschiedlichen Gemeinschaftsformen „separate and equal" leben.[56]

---

[54] BVerfGE 124, 199 (221).

[55] Vgl. aber EGMR, Urt. v. 24.7.2003 – 40.016/98 – Karner/Österreich, ÖJZ 2004, 36 (38) m.w.N.

[56] Zum diskriminierenden Charakter derartiger Differenzbildung: Entscheidung des Mexikanischen Obersten Gerichtshofs (Suprema Corte de Justicia de la Nacion), Tesis jurisprudencial Nr. 46/2015 <www.scjn.gob.mx>; *Michael*, Lebenspartnerschaft (Fn. 31), 3542; *Anne Sanders*, Das Ehebild des Bundesverfassungsgerichts zwischen Gleichberechtigung, nichtehelicher Lebensgemeinschaft und Lebenspartnerschaft, in: Sigrid Emmenengger/Ariane Wiedmann (Hrsg.), Linien der Rechtsprechung des Bundesverfassungsgerichts, Bd. 2, Berlin 2011, S. 351 (365); *Brun-*

Von Gegnern der Entwicklung wird ebenso wie von Anhängern einer weitergehenden Gender-Politik konstatiert, dass sich auf diese Weise eine Dichotomie herausgebildet hat, die verfassungsrechtlich und verfassungspolitisch kaum dauerhaft Bestand haben wird. Die Parallelität zweier Institutionen, die sich allein durch die Differenz bzw. Gleichheit des Geschlechts der dauerhaft zusammenlebenden Personen unterscheiden („separate but equal"), wird – so die allgemeine Einschätzung – keine Zukunft haben. Dies belegen insbesondere auch die Entwicklungen in anderen Rechtsordnungen. Auf diesem Hintergrund wird denn auch teilweise lakonisch-resigniert, teils auch feurig und aktiv nach Perspektiven gesucht, wie sich die in der gegenwärtigen Situation angelegte Spannungslage auflösen lässt.

IV. Der Weg in die gleichgeschlechtliche Ehe

1. Die schwierige Suche nach funktionaler Rechtfertigung der bestehenden Konzeption

Im Streit über den weiteren Weg verfließen Politik und Staatsrecht. Die Erinnerung daran, dass das traditionelle Verständnis des Ehebegriffs einen rechtskulturellen Wert aufweist, der auch gegenüber dem Selbstbestimmungsanspruch einzelner hohes Gewicht hat, spielt im politischen Streit weiterhin eine wichtige Rolle.[57] Wie weit dieses Argument verfassungsrechtlich trägt, ist nicht ganz klar; man wird Anlass zur Skepsis haben. Diese Verteidigungslinien erscheinen nicht zuletzt im Lichte der Entwicklungen in vielen Staaten der Welt als brüchig.[58] In der gegenwärtigen verfassungspolitischen Diskussion haben Argumente zur Rechtsentwicklung in anderen Staaten ein Gewicht wie nie zuvor.[59] Wer hierauf mit dem simplen Einwand reagiert, dies habe für die verfassungspolitische Entwicklung oder die Verfassungsinterpretation in Deutschland keine Bedeutung, verkennt die bohrende Kraft von rechtsvergleichenden Betrachtungen, die sich aus einer perspektivischen Rundschau zu den Verhältnissen in sozialökonomisch vergleichbaren Staaten gewinnen lassen.

Otto Bryde, Sexuelle Identität, Gleichheitssatz und Diskriminierungsverbot, in: Festschrift für Manfred Bruns, Berlin 2012, S. 14 (18).

[57] Z. B. *Volker Kauder*, Ehe ist die Verbindung von Mann und Frau, FAZ vom 27.5.2015.

[58] Dies gilt nicht nur für das Traditionsargument („Ehe" war schon seit jeher eine Verbindung von Mann und Frau), sondern auch für das verfassungsgenetische Argument (die Anschauungen der Mitglieder der verfassungsgebenden Organe werden vom Bundesverfassungsgericht nur dort herangezogen, wo es gerade passt).

[59] Vgl. etwa: Tribunal Constitucional, Urt. v. 6.11.2012 – STC 198/2012 –, FJ 11 <www.tribunalconstitucional.es> (Spanien; hierzu *Rixen*, Ende der Ehe? [Fn. 2], 867); Supreme Court, Urt. v. 26.7.2015 – 14-556 – Obergefell/Hodges <www.supremecourt.gov> (hierzu *Andreas Kulick*, Der Kristallisationspunkt moderner Verfassungstheorie: Werte, Verfassungsinterpretation und Gewaltenteilung in Obergefell v. Hogdes, in: JZ 71 [2016], 67; *Christian Hillgruber*, Wird das BVerfG dem Supreme Court folgen?, in: LTO vom 18.7.2015).

Es kann vor diesem Hintergrund nicht verwundern, dass funktional-teleologische Argumente heute im Vordergrund der Rechtfertigung der überkommenen Konzeption der Ehe stehen. Von Bedeutung ist zunächst das Reproduktionsargument: Die Ehe sei der Ort, in dem Reproduktion stattfindet; sie auch Paaren zu öffnen, die hierzu schon grundsätzlich (und nicht lediglich aufgrund der spezifischen Besonderheiten ihrer speziellen Lage) nicht fähig sind, unterlaufe diesen Zweck. Wer dieses Argument verwendet, sieht sich allerdings einerseits dem Einwand ausgesetzt, die Ehe zu funktionalisieren und so die eigenen Anliegen zu unterlaufen. Die verfassungspolitische Bedeutung des Hinweises auf die Besonderheiten, die die Ehe in reproduktionsfunktionaler Hinsicht aufweist, wird andererseits dadurch geschwächt, dass sich gesellschaftlich und verfassungsrechtlich der Konnex zwischen Ehe und Reproduktion lockert. Das Bundesverfassungsgericht selbst differenziert inzwischen zwischen der Idee der Förderung des Nachwuchses und der Annahme, dass der Ort der Reproduktion die Ehe sei.[60] Auch wenn sich weiterhin Stimmen bemerkbar machen, die eine Öffnung der sozialen Institutionenwelt als Verfallserscheinung und als Gefahr für die gesellschaftliche und familiäre Stabilität deuten: Einen empirischen Beleg hierfür gibt es nicht. Insofern dürfte es der verschiedentlich[61] ins Spiel gebrachte Versuch schwer haben, wonach die institutionelle Seite von Art. 6 Abs. 1 GG weiterhin hochzuhalten ist und auf diesem Weg der Begriff der Ehe jenen Verbindungen vorbehalten bleiben soll, in denen die Chance der Reproduktion besteht.

Man kann den Anhängern dieser Sichtweise nicht vorwerfen, damit den Schutz der Ehe darauf zu reduzieren, einer Familienplanung und -realisierung die Grundlage zu geben. Dem steht schon Art. 6 Abs. 5 GG entgegen. In der Tat wäre es möglich, auf diese Weise die funktionalen Differenzen zwischen der Ehe und anderen Gemeinschaftsformen begrifflich abzubilden. Wenn man aber berücksichtigt, dass zwischen den verschiedenen Gemeinschaftsformen jedenfalls mit Blick auf die Erlangung der rechtlichen Elternstellung zunehmend weniger Differenzen bestehen und in der Einschätzung der Erziehungsfähigkeit kein Unterschied mehr gemacht wird, erkennt man die Schwierigkeit der Vermittlung des Ansatzes. Auch von gerichtlicher Seite wird inzwischen festgestellt, dass die Verhältnisse einer eingetragenen Lebenspartnerschaft das Aufwachsen von Kindern ebenso fördern können wie eine Ehe. Insbesondere ist kein Grund für negative Aussagen über die Erziehungsfähigkeit gleichgeschlechtlich orientierter Personen ersichtlich.[62]

[60] BVerfGE 124, 199 (230 f.): „Die Privilegierung der Ehe in der Hinterbliebenenrente wegen vermuteter Rücksicht auf einen typischerweise hier in besonderem Maße aus Gründen der Kindererziehung auftretenden Versorgungsbedarf ist auch deshalb nicht gerechtfertigt, weil etwaige Kindererziehungszeiten oder ein sonstiger individueller Versorgungsbedarf unabhängig vom Familienstand konkreter berücksichtigt werden können, wie es sowohl im Recht der gesetzlichen Rentenversicherung als auch in der Satzung der VBL bereits erfolgt ist."

[61] Prominent *Rolf Gröschner*, in: Horst Dreier (Hrsg.), Grundgesetz. Kommentar, Tübingen 1996, Art. 6 Rn. 30 ff.

[62] BVerfGE 133, 59 (89).

Das Bundesverfassungsgericht hat schon 2009 festgestellt, dass sich eine generelle Differenz zwischen der Ehe und einer eingetragenen Lebenspartnerschaft nicht mit Ausführungen zum Wohl des Kindes rechtfertigen lässt.[63] In der Folge ist es zu einer Entkopplung des Eheschutzes vom Familienschutz gekommen.[64]

Das oben erwähnte gemeinsame Interesse an der Sicherung elementarer Sozialstrukturen kommt damit natürlich nicht zum Erliegen. Sozio-ökonomische Studien belegen, dass sich die Ehe von Mann und Frau, die sich gemeinsam der Kindererziehung widmen, in ökonomischer Hinsicht (Armutsrisiko) und entwicklungsperspektivischer Hinsicht (Entwicklungsperspektiven und Aufstiegserwartungen eines Kindes) als manifest vorteilhafter erweist als andere Formen. Die Sorge um die Förderung dieser Anliegen muss wichtiges politisches Anliegen bleiben. Das Beharren darauf, die Ehe ausschließlich als Verbindung von Mann und Frau zu begreifen, vermag diese Anliegen (Regeneration, Sozialisation, Kultur) aber nicht wirklich zu fördern.

2. Staatsbejahung durch Annahme rechtlicher Gemeinschaftsformen

Die Suche nach der Rechtfertigung einer funktionalen Differenz der beiden Rechtsinstitute erweist sich insofern als schwierig. Einen anderen Ansatz wählt, wer in der Öffnung der Ehe für gleichgeschlechtliche Paare eine Gefahr für den gesellschaftlichen Wert und die individuelle Identität derer sieht, die sich als gemischtgeschlechtliche Paare des Instituts bedienen. Empirisch ist hier vieles unklar. Man sollte sich jedenfalls nicht einfach in Behauptungen ergehen. Aus staatstheoretischer Sicht ist es jedenfalls zu begrüßen, wenn sich Personen, die in einer gleichgeschlechtlichen Gemeinschaft zusammen leben, einer rechtlich verfassten Form bedienen (wollen). Darin liegt immer auch ein Akt der Staatsbejahung und der Integration in die staatliche Rechtsordnung, die bei anderen Formen des „wilden" Zusammenlebens nicht existiert. Für den gesellschaftlichen Zusammenhalt und für den auf der Gesellschaft beruhenden Staat stellt sich eine fluide Beliebigkeit, in der nach staatlicher Legitimation und rechtlicher Absicherung des Zusammenlebens gar nicht mehr gesucht wird, als viel prekärer dar als eine Anpassung des Ehebegriffs. Die Erfahrungen, die seit der Schaffung der Gemeinschaftsform der Eingetragenen Lebenspartnerschaft gemacht wurden, lassen gerade keine zersetzenden, die staatliche Gemeinschaft unterwandernden oder das Institut der Ehe gefährdenden Tendenzen erkennen. Die Möglichkeit der Bürger, durch einen öffentlichen Akt vor dem Standesbeamten der staatlichen Rechtsordnung gegenüber die

[63] Vgl. *Philipp Reimer/Matthias Jestaedt*, Anmerkung, JZ 68 (2013), 472, zur Entscheidung des BVerfG zum Sukzessivadoptionsrecht: „Und mit der Feststellung, dass Eltern im Sinne von Art. 6 Abs. 2 Satz 1 GG auch Personen gleichen Geschlechts sein können, beseitigt der Senat den letzten verfassungsrechtlichen Grund, verschieden- und gleichgeschlechtlichen Paarbeziehungen im Verhältnis zu deren Kindern eine unterschiedliche rechtliche Regelung angedeihen zu lassen."

[64] Dazu *Germann*, Dynamische Grundrechtsdogmatik (Fn. 2), 275.

Referenz zu erweisen, darf für die Integration nicht unterschätzt werden. Einige der evangelischen Landeskirchen haben sich dieser Erkenntnis inzwischen geöffnet. Im Interesse an einer Aneignung einer staatlicherseits zur Verfügung gestellten Institution liegt eben immer auch ein Identifikationsakt. Sollte der Staat hierauf verzichten?

3. Die Grenzziehung zwischen Ehe und Lebenspartnerschaft: Von der Geschlechterdifferenz zur Differenz der Verantwortungsstruktur

Die Entstehung einer Situation, in der zwei Gemeinschaftsformen unterschiedlicher Bezeichnung mit im Wesentlichen gleichem Inhalt nebeneinander bestehen, erweist sich als nicht dauerhaft hinnehmbar. Die Differenzierungslinie – Verschiedengeschlechtlichkeit bzw. Gleichgeschlechtlichkeit der Partner – stützt sich auf Prämissen, die sich auf dem Hintergrund von Art. 3 GG zunehmend kritischen Fragen ausgesetzt sehen. Insofern steht heute die Frage auf der Tagesordnung, wie lange sich das Nebeneinander zweier Institutionen, deren Differenz in der Geschlechtlichkeit der Partner liegt, halten lassen wird. Im Lichte eines sich ändernden internationalen Umfelds wird sich der verfassungspolitische und -wissenschaftliche Druck verstärken, die Ehe (als das ideell „vollwertige" Institut) allen Personen zu öffnen.

Letztlich zukunftsfähig sind damit wohl nur Ansätze, die den besonderen Schutz des Grundgesetzes der dauerhaften, vertieften und auf einer Verantwortungsgemeinschaft beruhenden Gemeinschaftsform – gleich welchen Geschlechts – vorbehalten, während andere Lebensformen lediglich über eine Schutzgarantie verminderter Tragweite (Art. 2 GG) geschützt werden. Die Differenz zwischen der Ehe und sonstigen Partnerschaften läge dann nicht mehr in der Geschlechtlichkeit, sondern in der Struktur der Verantwortungsbeziehung. Dem Gesetzgeber wäre rechtspolitisch abzuverlangen, die Partnerschaft umzugestalten und eine rechtliche Form begrenzter Dauer und verminderter gegenseitiger Einstandspflicht einzuführen. Das französische Institut des „Pacte civile de solidarité" könnte hier als Vorbild dienen.

V. BVerfG und Unvereinbarkeitserklärung

Diesen Umbau der einfachgesetzlichen Institute und ihre Abstimmung zu einem neuen Sinnganzen kann nicht das Bundesverfassungsgericht vornehmen.[65] Es würde in gesetzgeberische Prärogativen eingreifen, wenn es das Institut der Ehe

---

[65] Das Gericht spricht nicht mehr davon, dass die wesentlichen Strukturprinzipien der Ehe nur durch den verfassungsändernden Gesetzgeber geändert werden könnten (so noch BVerfGE 105, 313 [348]).

öffnete, ohne sich zu fragen, was dies für die Eingetragene Lebenspartnerschaft bedeutet. Die Ausgestaltung zweier unterschiedlicher Institute mit unterschiedlicher Dauerhaftigkeit und unterschiedlicher Rechte- und Pflichtenstellung muss dem Gesetzgeber überantwortet werden. Insofern kann das Bundesverfassungsgericht allenfalls feststellen, dass die gegenwärtige Praxis keinen verfassungsrechtlichen Bestand haben kann („Unvereinbarkeitserklärung"). Die sich dadurch ergebenden Schlussfolgerungen muss der Gesetzgeber ziehen.[66] Die Aufgabe und Befugnis des Bundesverfassungsgerichts kann es nur sein, zum geeigneten Zeitpunkt auf die Verfassungswidrigkeit der gegenwärtigen Handhabung des Eherechts hinzuweisen. Es erweist damit dem demokratischen Gesetzgeber seinen Respekt.

[66] Das Bundesverfassungsgericht geht bislang nur vom Anspruch jedes Menschen darauf aus, mit einem Partner seiner Wahl eine Partnerschaft einzugehen und diese im Rahmen der vom Gesetzgeber zur Verfügung gestellten Institute zu leben (BVerfGE 115, 1 [24 f.]; ähnlich BVerfG NJW 2011, 909 [910]). In der Entscheidung vom 19. Februar 2013 machen sich Bemühungen bemerkbar, die rechtliche Ausgestaltung der Lebensform der Familie durch den Gesetzgeber verfassungsrechtlich einzufangen: „Trotz starker tatsächlicher Vorprägung bedarf der Lebensbereich Familie einer rechtlichen Struktur, innerhalb derer sich Familienbeziehungen entfalten können; dies gilt insbesondere für wechselseitige Verpflichtungen und Befugnisse. Eine solche rechtliche Struktur bereitzustellen, ist der Gesetzgeber durch Art. 6 Abs. 1 GG verpflichtet [...]. Dafür kommt ihm ein Gestaltungsspielraum zu [...]. Zwar bleibt die Ausgestaltung grundrechtlich gebunden (vgl. BVerfGE 105, 313, 345 zur Ehe). Der Gesetzgeber ist durch Art. 6 Abs. 1 GG jedoch nicht ohne Weiteres verpflichtet, bei der Ausgestaltung der Familie im rechtlichen Sinne tatsächlich vorgefundene familiäre Gemeinschaften genau nachzuzeichnen." (BVerfGE 133, 59 Rn. 68).

Lebenspartnerschaft: Schutz durch die Verfassung

Kommentar

Mitsuhiro Matsubara

I. Einleitung

Neuere Entwicklungen der Ehe-Dogmatik in Deutschland können nur als dynamisch bezeichnet werden. Das Strukturmerkmal der Verschiedengeschlechtlichkeit ist durch die einfachgesetzliche Gleichstellung gleichgeschlechtlicher Verbindungen, also der „Lebenspartnerschaft" mit der Ehe, der vom Bundesverfassungsgericht seit dem Jahre 2002 Vorschub geleistet wurde[1], in Frage gestellt. Ehe und Lebenspartnerschaft sind nun zwei gleichgestaltete Institute geworden, die sich allein in ihrem Namen unterscheiden. Der Begriff „Ehe" als Verfassungswert[2] ist zwar die Projektionsfläche für die dynamischen Änderungen: Ob der Gesetzgeber die Ehe für verschieden- und gleichgeschlechtliche Paare öffne oder ob er die Ehe auf Verbindungen von Mann und Frau beschränke und gleichgeschlechtlichen Paaren ein anderes Rechtsinstitut zur Verfügung stelle, liege nach *Brosius-Gers-*

---

[1] BVerGE 105, 313 [Lebenspartnerschaftsgesetz]. Verstärkt ab 2009 wirkt das Bundesverfassungsgericht – der Erste Senat spielte dabei die Hauptrolle – sehr aktiv mit. Vgl. BVerfGE 124, 199 [Hinterbliebenenversorgung, Erster Senat]; 126, 400 [Erbschaftssteuer- und Schenkungssteuergesetz, Erster Senat]; 131, 239 [Familienzuschlag, Zweiter Senat]; 132, 179 [Grunderwerbsteuerrecht, Erster Senat]; 133, 59 [Sukzessivadoption, Erster Senat]; 133, 377 [Ehegattensplitting, Zweiter Senat].

[2] *Udo Steiner*, Schutz von Ehe und Familie, in: Detlef Merten/Hans J. Papier (Hrsg.), Handbuch der Grundrechte, Bd. IV, Heidelberg u. a. 2011, S. 1250.

dorf „innerhalb seiner Gestaltungsfreiheit“[3]. Dass die Ehe unter Mitwirkung des Staates geschlossen werde, dass sie als Einehe gestaltet sei, sei durch die Institutsgarantie nicht geboten[4]. In diesem Zusammenhang meldete sich auf der Staatsrechtslehrertagung in Greifswald 2013 auch *Steiger* zu Wort: Ob die Monogamie in Zukunft noch draußen bleibt? „Da bin ich sehr unsicher“[5]. Der Staat müsse sich aus dem öffentlichen Institut der obligatorischen Zivilehe zurückziehen[6]. Sowohl der Gesetzgeber als auch das Bundesverfassungsgericht haben die eingetragene Lebenspartnerschaft aber als „ein aliud“ zur Ehe konstituiert und „gerade damit die Vereinbarkeit mit Art. 6 Abs. 1 GG begründet“[7]. So gilt der verfassungsrechtliche Begriff der Ehe als unverändert auf die Verbindung einer Frau mit einem Mann beschränkt[8]. Bei dieser – vielleicht strategisch klingenden – Dynamik handelt es sich um ein höchst schwieriges Problem, das nicht nur wissenschaftlich, sondern auch gesellschaftspolitisch kontrovers diskutiert wird. Zwei knappe Bemerkungen seien gestattet, um auf aus deutsch-japanischer Sicht wichtige Perspektiven hinzuweisen, die zunächst das Bild, dann das Verständnis für das Hauptthema – Verfassungsentwicklung: Auslegung, Wandlung und Änderung der Verfassung – erschließen helfen könnten.

---

[3] *Frauke Brosius-Gersdorf*, in: Horst Dreier (Hrsg.), GG-Kommentar, 3. Aufl., Tübingen 2013, Bd. I, Art. 6. Rn. 81.

[4] *Brosius-Gersdorf* (Fn. 3), Rn. 50.

[5] Aussprache und Schlussworte: *Heinhard Steiger*, in: VVDStRL 73 (2014), S. 297. Hierzu vgl. *ders.*, Verfassungsgarantie und sozialer Wandel – Das Beispiel von Ehe und Familie, in: VVDStRL 45 (1987), S. 55 ff.

[6] *Michael Germann*, Dynamische Grundrechtsdogmatik von Ehe und Familie? in: VVDStRL 73 (2014), S. 288.

[7] BVerfGE, 105, 313 (349): „Die Förderpflicht des Staates hat sich am Schutzzweck des Art. 6 Abs. 1 GG auszurichten. Trüge der Gesetzgeber selbst durch Normsetzung dazu bei, dass die Ehe ihre Funktion einbüßte, würde er das Fördergebot aus Art. 6 Abs. 1 GG verletzen. Eine solche Gefahr könnte bestehen, wenn der Gesetzgeber in Konkurrenz zur Ehe ein anderes Institut mit derselben Funktion schüfe und es etwa mit gleichen Rechten und geringeren Pflichten versähe, so dass beide Institute austauschbar wären. Eine derartige Austauschbarkeit ist mit der Schaffung der eingetragenen Lebenspartnerschaft jedoch nicht verbunden. Sie kann mit der Ehe schon deshalb nicht in Konkurrenz treten, weil der Adressatenkreis, an den sich das Institut richtet, nicht den der Ehe berührt. Die eingetragene Lebenspartnerschaft ist wegen dieses Unterschieds auch keine Ehe mit falschem Etikett, wie dies in beiden Minderheitenvoten angenommen wird, sondern ein aliud zur Ehe.“; *Germann*, Dynamische Grundrechtsdogmatik (Fn. 6), S. 284. In diesem Zusammenhang stellt *Martin Nettesheim* rückblickend die Frage, ob die Organklage der Opposition gegen das Gesetz von 2001 nicht übereilt und vorschnell gewesen sei, vgl. *Martin Nettesheim*, Auf dem Weg zur gleichgeschlechtlichen Ehe: Zur Rolle von Bundesverfassungsgericht und Gesetzgeber, in diesem Band, S. 219–238 (230).

[8] Statt vieler BVerfGE 133, 377 [Ehegattensplitting], Rn. 81: „Die Ehe als allein der Verbindung zwischen Mann und Frau vorbehaltenes Institut erfährt durch Art. 6 Abs. 1 GG einen eigenständigen verfassungsrechtlichen Schutz.“

II. Bestandsaufnahme

1. Deutschland

Die Bestandsaufnahme ergibt, dass die Dynamik im Begriff der Ehe einerseits von (noch vorsichtiger) Sympathie für die Entwicklung, andererseits aber auch grundrechtsdogmatischem Zweifel daran geprägt ist. Außer *Brosius-Gersdorf*, der zufolge nur die Strukturmerkmale der Ehe als verfassungsfest von der *Institutsgarantie* geschützt werden[9], finden wir bei *Classen* die zustimmende Bewertung, dass eine einfachgesetzliche Öffnung der Ehe für gleichgeschlechtliche Beziehungen verfassungsmäßig und dass im Vergleich zur Entwicklung bei anderen Grundrechten hier „keine besondere Dynamik zu verzeichnen" sei[10]. Abgesehen etwa von *Michael*, der den Verfassungswandel durch das Verfassungsgericht als Verfassungsänderungsrecht neben Art. 79. Abs. 2 GG positiv annimmt[11], ist jedoch die in einem gesteigerten Sinne dynamische Grundrechtsdogmatik des Bundesverfassungsgerichts von der Literatur kritisch unter die Lupe genommen worden. Bei genauerem Hinsehen wird man in diesem Befund vielfältige Nuancen ausmachen: *Hillgruber* stellt die Frage: „Wozu führt denn nun ein vom Verfassungsgericht dekretierter Verfassungswandel?" Ist dies „eine ‚kalte' Verfassungsänderung"[12]? Nach *Grimm* kommt sozialer Wandel in zwei Grundformen vor: Umständewandel und Wertewandel. Bei der Ehe gehe es um den Wertewandel, der darin bestehe, dass der Wandel das Ziel oder das Leitbild oder die Funktion selber betreffe. Er wirft die Frage auf nach der

---

[9] Aussprache und Schlussworte: *Frauke Brosius-Gersdorf*, in: VVDStRL 73 (2014), S. 305. Es gehe um die Strukturmerkmale als verfassungsfesten Kern, die für die Verwirklichung der Funktion der Ehe als partnerschaftliche Beistands- und Verantwortungsgemeinschaft notwendig seien. *Martin Nettesheim* hat auch vertreten, dass der besondere Schutz des Grundgesetzes der dauerhaften, vertieften und auf einer Verantwortungsgemeinschaft beruhende Gemeinschaftsform – gleich welchen Geschlechts – vorbehalten ist. Vgl. *Nettesheim* (Fn. 7), S. 237.

[10] *Claus Dieter Classen*, Dynamische Grundrechtsdogmatik von Ehe und Familie?, in: DVBl 2013, S. 1090, 1093.

[11] Aussprache und Schlussworte: *Lothar Michael*, in: VVDStRL 73 (2014), S. 299f. *Michael* betont einerseits: „Den Gesetzgeber an Zweidrittelmehrheiten zu binden, wenn er schon die Verfassung soll ändern können, ist plausibel. Aber wir müssen diese Norm, damit sie nicht zu einer Herrschaft der Toten über die Lebenden führt, relativieren. Und zwar nicht nur durch Art. 146 GG [...], sondern auch durch das viel näherliegende und bei uns sehr verbreitete Instrument des Verfassungswandels durch das Bundesverfassungsgericht." Zur Kritik daran wegen der verfassungsrechtlichen Bindung an das Verfassungsgericht, vgl. Aussprache und Schlussworte: *Germann*, Dynamische Grundrechtsdogmatik (Fn. 6), S. 316. *Michael* versucht aber andererseits, aus einer unionsrechtsfreundlichen Position heraus Grenzen des Verfassungswandels aufzuzeigen. Vgl. *Lothar Michael*, Lebenspartnerschaften unter dem besonderen Schutz einer (über-)staatlichen Ordnung, in: NJW 2010, S. 3539ff.

[12] Aussprache und Schlussworte: *Christian Hillgruber*, in: VVDStRL 73 (2014), S. 297f. Zum Ehegattensplitting merkt *Hillgruber* beispielsweise mit Skepsis an, die verfassungsrechtliche Frage beziehe sich auf die Leistungsdimension der Grundrechte und gehe dahin, ob eingetragene Lebenspartnerschaften verfassungsrechtlich den gleichen Anspruch auf den Ehepartnern gewährte staatliche Begünstigungen erheben könnten, vgl. *Christian Hillgruber*, Anmerkung, in: JZ 2013, S. 843ff.

Grenze zwischen Verfassungsinterpretation und Verfassungsänderung[13]. *Germann*, der sich für die grundrechtsdogmatische *antidynamische* Dimension gegenüber der Dynamik politischer Ansprüche interessiert, versucht in Greifswald, eine Leitbildgarantie neu zu entwickeln[14]. Das Leitbild als ein Modell, das der verfassungsrechtlichen Wertentscheidung aus Art. 6 Abs. 1 GG zu entnehmen sei, sei zur Sicherung des öffentlichen Interesses an den gesellschaftlichen Wirkungen der Ehe[15] für geeignet zu halten. Staat und Gesellschaft seien für ihr physisches Fortbestehen, ihre ethische Substanz und ihre volkswirtschaftliche Wohlfahrt auf Leistungen der Ehe und Familie angewiesen. Alle Bemühungen, die den besonderen Schutz von Ehe und Familie als verfassungsunmittelbaren Differenzierungsgrund zum Einsatz zu bringen versuchten, setzten sich nach *Germann* zwar vergeblich fort, da er in Art. 6 Abs. 1 GG Ehe und Familie nicht ihrer *Form*, sondern nur ihren *Funktionen* nach geschützt sieht[16], so dass die Gleichheitsprüfung Durchgriff hinter die Form auf die einzelnen Funktionen von Ehe und Familie nimmt[17]. Das gewährleistete Leitbild werde das Merkmal der Verschiedengeschlechtlichkeit nicht mehr umfassen können. Dieser Vorgang sei als Verfassungswandel zu notieren, der durch die Gesetzgebung und Verfassungsrechtsprechung bewirkt worden sei. Andere Merkmale eines Leitbilds seien aber in der Rechtsprechung des Bundesverfassungsgerichts „noch angelegt", z. B. das Inzestverbot oder die Beschränkung auf eine Verbindung von zwei Menschen. Im Anschluß an *Germanns* Wortmeldung äußerte sich *Steiger* dagegen sehr skeptisch: „Was ist eigentlich mit einer Familie, wenn die Erziehung

[13] Aussprache und Schlussworte: *Dieter Grimm*, in: VVDStRL 73 (2014), S. 301. Beim Umständewandel werde dagegen gefragt, ob sich dieser Wandel nachteilig auf das Ziel, das als eine Konstante vorhanden sei, auswirke und also eine neue Interpretation notwendig sei.

[14] *Germann*, Dynamische Grundrechtsdogmatik (Fn. 6), S. 262, 264 f., 268, 270 ff., 289. *Uwe Volkmann* wendet dagegen ein, der Sinn der beiden Figuren Wertentscheidung und Leitbild sei grundlegend verkannt. „Es geht ganz im Gegenteil bei diesen Figuren wesentlich darum, die Verfassung für gesellschaftliche Dynamik zu öffnen sowie zur Verarbeitung dieser Dynamik zu befähigen", vgl. Aussprache und Schlussworte: *Uwe Volkmann*, in: VVDStRL 73 (2014), S. 298 f. Zur Beantwortung durch *Germann*, ders., a. a. O., S. 316: Als Verweis auf die Dynamik des sozialen Wandels bekomme die wertentscheidende Grundsatznorm einen ganz anderen Charakter als den, den sie in der Bundesverfassungsgerichtsrechtsprechung bisher gehabt habe. Sie bekomme dann den „Charakter eines Passepartout", was mit dem Vorrang der Verfassung nicht gut vereinbar wäre.

[15] „Öffentliches Interesse" jenseits der Anerkennung des privaten Freiheitsinteresses bei *Germann* dürfte dem „gemeinsame[n] Interesse an der Sicherung elementarer Sozialstrukturen" bei *Nettesheim* entsprechen, vgl. *Nettesheim* (Fn. 7), S. 220.

[16] Statt vieler BVerfGE 133, 377 [Ehegattensplitting], Rn. 84: „Geht die Privilegierung der Ehe mit einer Benachteiligung anderer, in vergleichbarer Weise rechtlich verbindlich verfasster Lebensformen einher, obgleich diese nach dem geregelten Lebenssachverhalt und den mit der Normierung verfolgten Zwecken vergleichbar sind, rechtfertigt der bloße Verweis auf das Schutzgebot der Ehe eine solche Differenzierung indes nicht." Es bedürfe jenseits der Berufung auf Art. 6 Abs. 1 GG eines hinreichend gewichtigen Grundes; die Berufung auf die „Gemeinschaft des Erwerbs und Verbrauchs" sowie „familienpolitische Intention[en]" ließ das Bundesverfassungsgericht indessen nicht ausreichen.

[17] *Germann*, Dynamische Grundrechtsdogmatik (Fn. 6), S. 281: „In diesem Durchgriff sind Ehe und Familie von funktionalen Äquivalenten nicht unterscheidbar."

weitestgehend ausgelagert wird? [...] Da frage ich mich doch sehr, ob diese beiden Pfeiler, Institutsgarantie und Wertordnung, noch wirklich stabil sind, oder ob sie sich nicht fundamental geändert haben. Das gilt dann aber auch [...] für das Leitbild. Infolgedessen weiß ich nicht, ob Ihre Hoffnung, [...] dass die Verfassungswissenschaftler noch eine gewisse Bremse sein können, [...] berechtigt ist. Nein, ich glaube, das kann nur kommen durch einen erneuten sozialen Wandel, [...] ich glaube, die eigentlichen Entwicklungen liegen im sozialen Bereich"[18].

2. *Japan*

Art. 24 Abs. 1 der japanischen Verfassung lautet: „Marriage shall be based only on the mutual consent of both sexes and it shall be maintained through mutual cooperation with the equal rights of husband and wife as a basis"[19]. Ministerpräsident *Shinzo Abe* antwortete dieses Jahr auf eine Anfrage im Parlament, die Homo-Ehe sei unter der geltenden Verfassung nicht vorausgesetzt und eine Verfassungsänderung bedürfe sehr vorsichtiger Erwägung, da sie sich auf die Grundstruktur der Familie beziehe[20]. Es wurde zwar im März 2015 eine nicht geschäftsordnungsmäßige Parlamentsgruppe zum Schutz sexueller Minderheiten gegründet[21], diese ist aber in der Gesellschaft kaum auf Resonanz gestoßen, was die Dringlichkeit des Schutzes von sexuellen Minderheiten als Regierungsaufgabe erneut herausstellt. Auf der kommunalen Ebene – eine Bemühung des Stadtbezirks Shibuya in Tokyo mag repräsentativ dafür sein – gab es immerhin insofern eine positive Entwicklung, als eine kommunale Regelung (regulation) zur Respektierung einer vielfältigen Gesellschaft verabschiedet wurde[22], damit homosexuelle Paare, die vom Bezirksbürgermeister als mit der Ehe materiell vergleichbare Gemeinschaft („partnership") anerkannt sind, ein Mindestmaß an Schutz gegen gesellschaftliche Benachteiligungen (z.B. beim Mietvertrag, im Arbeitsleben ...) genießen können. Die offizielle Erklärung als homosexuelle Partnerschaft („partnership") unterscheidet sich natürlich von der Ehe, die vom BGB ausgestaltet und verfassungsrechtlich gesichert wird[23]. Ohne

---

[18] Aussprache und Schlussworte: *Heinhard Steiger*, in: VVDStRL 73 (2014), S. 297.

[19] Constitution of Japan: <http://japan.kantei.go.jp/constitution_and_government/frame_01.html>. Angesichts der feudalistischen Familienstruktur der alten japanischen Verfassung („Constitution of the Empire of Japan") versucht die Vorschrift des Art. 24 Abs. 1 der geltenden Verfassung, die Gleichheit von Männern und Frauen im Familienleben zu gewährleisten.

[20] Vgl. <http://www.sangiin.go.jp/japanese/joho1/kousei/syuisyo/189/toup/t189109.pdf>.

[21] „LGBT ni kansuru kadai wo kangaeru giinrenmei".

[22] Kommunale Regelung des Stadtbezirks Shibuya zur gesellschaftlichen Respektierung der Gleichheit von Männern und Frauen und der Vielfältigkeit, vgl. <https://www.city.shibuya.tokyo.jp/kusei/jorei/jorei/pdf/danjo_tayosei.pdf>.

[23] Art. 24 Abs. 2 der japanischen Verfassung lautet: „[w]ith regard to choice of spouse, property rights, inheritance, choice of domicile, divorce and other matters pertaining to marriage and the family, laws shall be enacted from the standpoint of individual dignity and the essential equality of the sexes", vgl. Constitution of Japan: <http://japan.kantei.go.jp/constitution_and_government/frame_01.html>.

weitergehende konkrete Maßnahmen außer der Namensveröffentlichung[24] dürfte die Reichweite des kommunalen Schutzes jedoch sehr begrenzt sein. Ein Paradebeispiel für eine Dynamik, die die verfassungsrechtliche Dogmatik wie in Deutschland unter Spannung versetzt, ist (jedenfalls bis jetzt) in Japan weder politisch noch justiziell auszumachen[25].

III. Problematik

Hier stellt sich die Frage: Was hat bei der Verfassungsentwicklung die Oberhand, ein normativer Anspruch oder die soziale Wirklichkeit? „Zukunftsgestaltung durch Öffentliches Recht", das war das Zentralthema der Staatsrechtslehrertagung in Greifswald 2013 und das mag vielleicht so klingen, als ob die künftige Entwicklung einer Gesellschaft immer normativ durch die Verfassung geprägt sei und die im gesteigerten Sinne dynamische Verfassungsauslegung als Umgehung der Verfassungsänderung grundsätzlich vom Verfassungsgericht ausgeschlossen würde. „Der Mythos"[26] der Verfassung, der darin besteht, dass die Verfassung ihre idealen Gehalte der Wirklichkeit aufzwingt, entspricht aber nicht unbedingt der Verfassungsrealität. Der normative Anspruch einer Verfassung ist nichts, was aus dem Wesen der Verfassung einwandfrei zu deduzieren ist. „Er ist vielmehr wesentlich ein Konstrukt, das Resultat einer Zuschreibung, und jede Zeit, jede politische Ordnung, auch jede Wissenschaft formt ihn nach ihren Vorstellungen und Bedürfnissen aus"[27].

Seit dem epochemachenden Lüth-Urteil aus dem Jahre 1958[28], nach dem das Grundgesetz in seinem Grundrechtsabschnitt eine objektive Wertordnung enthält und hier die Wertbegründung des Rechts wahrgenommen werde[29], sind die Weichen für die grundrechtsdogmatische Dynamik in Deutschland gestellt worden: Werte, Abwägung, Allgegenwart oder Ubiquität der Verfassung, Omnipotenz des Verfassungsgerichts[30]. Vor 25 Jahren ist durch *Böckenförde* vor der Gefahr gewarnt

---

[24] Art. 15 Abs. 4 kommunale Regelung des Stadtbezirks Shibuya ermächtigt den Bezirksbürgermeister, Namen oder sonstige Dinge an die Öffentlichkeit zu bringen, wenn Betroffene nicht der Mahnung des Bezirksbürgermeisters folgen.

[25] Es könnte sein, dass „partnership" zum japanischen Pendant der sogenannten „Hamburger Ehe", d. h. zur eingetragenen Partnerschaft nach dem Hamburger Gesetz wird.

[26] *Uwe Volkmann*, Verfassungsrecht zwischen normativem Anspruch und politischer Wirklichkeit, in: VVDStRL 67 (2008), S. 58 f.: „Vom Mythos der Verfassung als einer wie in Stein gemeißelten, unverfügbaren Ordnung bleibt aber […] nur noch die relative Festigkeit zurück."

[27] *Volkmann*, Verfassungsrecht (Fn. 26), S. 62. Bei *Volkmann* geht es um die Differenz zwischen den Normtexten und den hinter ihnen stehenden Sinngehalten wie Leitbildern, Werten, Maßstäben, vgl. *ders.*, Grundzüge einer Verfassungslehre der Bundesrepublik Deutschland, Tübingen 2013, S. 85 ff., 93 ff., 106 ff.

[28] BVerfGE 7, 198 (201) [Lüth].

[29] *Ernst-Wolfgang Böckenförde*, Zur Kritik der Wertbegründung des Rechts (1988), in: *ders.*, Recht, Staat, Freiheit, Frankfurt am Main 1991, S. 87 ff.

[30] *Robert Alexy*, Rechtssystem und praktische Vernunft (1987), in: *ders.*, Recht, Vernunft, Diskurs, Frankfurt am Main 1995, S. 214.

worden, im Prinzipiencharakter[31] der Grundrechte verbänden sich Unbestimmtheit, Beweglichkeit und Dynamik[32]. Neuerdings wird eher von „Leitbildern" – anstatt von „Werten", „Prinzipien" und „Grundsätzen" – gesprochen, um das Herrschaftsverhältnis zwischen Norm und Wirklichkeit grundrechtsdogmatisch zu fassen[33], an der Problematik ändert sich aber nichts Wesentliches[34]. Die für eine Verfassungsänderung zu schwache Dynamik der politischen Ansprüche versucht oft, sich als Verfassungsauslegung durchzusetzen. Wenn eine überdimensionale Dynamik sich beim Verfassungsgericht als rational erweisen sollte, kann sie – abgesehen von der Qualifikation als eigenständige Figur oder Interpretation[35] – als Verfassungswandel[36] gelten. Wenn nicht, wird sie zusammen mit der Verfassungswidrigkeitserklärung oder -mäßigkeitserklärung (etwa bei der Benachteiligung der Lebenspartnerschaft gegenüber der Ehe) zurückgewiesen. Die Verfassung als lebendige Verfassung[37] ist „das Resultat von Kommunikation über Verfassung"[38].

---

[31] *Alexy* versucht, die Rationalität der Abwägung, die aus dem Prinzipien- oder Wertcharakter abzuleiten sei, mit Hilfe einer „Gewichtsformel" zu begründen, vgl. statt vieler *Robert Alexy*, The Construction of Constitutional Rights, Law & Ethics of Human Rights, Oxford 2010, S. 28 ff.

[32] *Ernst-Wolfgang Böckenförde*, Grundrechte als Grundsatznormen (1990), in: *ders.*, Staat, Verfassung, Demokratie, 2. Aufl., Frankfurt am Main 1992, S. 185.

[33] *Volkmann*, Verfassungsrecht (Fn. 26), S. 63 ff., S. 68; *ders.*, Grundzüge (Fn. 27), S. 85 ff. *Volkmann* versucht, die Anwendung der Verfassung wesentlich als leitbildorientiert zu beschreiben, vgl. *ders.*, Grundzüge (Fn. 27), S. 155. Die Festigkeit der einzelnen Leitbilder sei nur relativ. „[I]hren Halt und eigentlichen Geltungsgrund finden sie im Konsens der Bürger, in einer bei allen Unterschieden der individuellen Interessen und Überzeugungen gemeinsamen Vorstellung, wie das Gemeinwesen, in dem man lebt, idealer- oder vernünftigerweise beschaffen sein soll." Vgl. *ders.*, Verfassungsrecht (Fn. 26), S. 84.

[34] *Nettesheim* zufolge gestehen selbst Gegner der Entwicklung ein, dass ihr Widerspruch keine Änderung des eingeschlagenen Entwicklungspfads erwarten lasse, vgl. *Nettesheim* (Fn. 7), S. 228.

[35] *Volkmann*, Verfassungsrecht (Fn. 26), S. 64.

[36] *Germann*, Dynamische Grundrechtsdogmatik (Fn. 6), S. 260. Stellvertretend zum Verfassungswandel *Andreas Voßkuhle*, Gibt es und wozu nutzt eine Lehre vom Vefassungswandel?, in: Der Staat 43 (2004), S. 450 ff. Der Begriff des Verfassungswandels, der als Änderung des ursprünglichen Sinns einer Verfassungsnorm ohne Änderung des Verfassungstextes zu verstehen sei, „sollte sparsam verwendet werden" (S. 459). Ein sehr berühmter Satz von *Konrad Hesse* lautet: die Problematik der Verfassungsänderungen beginnt dort, wo die Möglichkeiten eines Verfassungswandels enden, vgl. *Konrad Hesse*, Grundzüge des Vefassungsrechts der Bundesrepublik Deutschland, 20. Aufl., Heidelberg 1995, Rn. 39. Zur Kritik *Voßkuhles* daran vgl. *Voßkuhle*, a. a. O., S. 456.

[37] Im Rahmen des Gesprächskreises „Grundlagen des Öffentlichen Rechts" in Greifswald 2013 hat *Wolfgang Hoffmann-Riem* sogar betont: „Wer [...] Verfassungsrecht als Auftrag versteht, Antworten auf die Gegenwart und Zukunft zu geben, muss die gegenwärtig gelebte Verfassung immer wieder darauf befragen, ob sie angesichts veränderter gesellschaftlicher Verhältnisse noch leistungsfähig ist." Er zitiert hierzu die ebenso wie bei der Gleichstellung der Lebenspartnerschaft dynamische Entwicklung des Computer-Grundrechts beim Bundesverfassungsgericht, vgl. *Wolfgang Hoffmann-Riem*, Eine Untersuchung am Beispiel des Wandels der globalen Kommunikationsordnung, in: *Martin Morlok*, Soziologie der Verfassung, Tübingen 2014, S. 142; BVerfGE, 120, 274.

[38] *Uwe Volkmann*, Der Aufstieg der Verfassung, in: Thomas Vesting/Stefan Korioth (Hrsg.), Der Eigenwert des Verfassungsrechts, Tübingen 2011, S. 37. *Volkmann* vertritt, ein Zurück in den Zustand einer verlorenen Reinheit erscheine unrealistisch und als Alternative nicht einmal sonderlich attraktiv, vgl. *ders.*, a. a. O., S. 39. Zum Wesen der Verfassung als ein Zusammenhang

Ein ganz anderes Bild ergibt sich dagegen, wenn man die Verfassung aus einer normativen Dimension der Auslegung betrachtet. Hier ist die Frage konstitutiv, was unter dem geltenden Recht die richtige Entscheidung in einem konkreten Fall ist[39]. Der Vorrang der Auslegung der Verfassungsgerichtsbarkeit vor der des Parlaments kann dann gerechtfertigt werden, wenn die verfassungsgerichtliche Argumentation diskursiven Idealen näher ist als die jeweilige politische Entscheidung des Parlaments[40]. Rationalität und normative Akzeptanz durch den Bürger sind die Voraussetzungen der demokratischen Legitimität der Verfassungsgerichtsbarkeit[41].

IV. Fazit

Im Zusammenhang mit dem Schutz sexueller Minderheiten in Deutschland spricht manches dafür, dass sich die Normativität der Verfassung in ständiger Kommunikation mit der Wirklichkeit vollzieht. Ein ganz erheblicher Bedeutungswandel der Verfassung kann ohne Textänderungen, bei unveränderten Verfassungstexten eintreten[42]. Als aktuelles und hochumstrittenes Beispiel dafür wäre in Japan jedoch nicht Art. 24. Abs. 1 in Betracht zu ziehen, sondern vielmehr Art. 9. Abs. 2 der

---

aufeinander verweisender Kommunikationen, die nur in dem vorhanden ist, was in Bezug auf sie getan, gedacht und in Worte gefasst ist, vgl. *ders.*, Grundzüge (Fn. 27), S. 131 ff., 164. Kritische Bemerkungen hierzu in der Besprechung von *Oliver Lepsius*, in: JZ 69 (2014), S. 192 f. Mit der Bedeutung der Leitbilder sind die noch zu erläuternden Fragen: (1) Ihre Eigenschaft, Reichweite und rechtsmethodologische Position, (2) Zuordnung von Stabilität und Wandelbarkeit, (3) Legitimität der Begründung, (4) Klarheit ihrer Herkunft und Gewinnung verbunden.

[39] *Robert Alexy*, Theorie der Grundrechte, Baden-Baden 1985, S. 25.

[40] In diesem Sinne hat *Nettesheim* auf den Rationalitätsverlust in der Entscheidung zur Hinterbliebenenversorgung hingewiesen, vgl. *Nettesheim* (Fn. 7), S. 233.

[41] *Robert Alexy*, Grundrechte und Demokratie in Jürgen Habermas' prozeduralem Rechtsparadigma, in: Okko Behrends/Ralf Dreier (Hrsg.), FS M. Dießelhorst, Göttingen 1996, S. 85; *ders.*, Basic Rights and Democracy in Jürgen Habermas' Procedural Paradigm of Law, in: Ratio Juris 7, 1994, S. 234; *ders.*, Grund- und Menschenrechte, in: Jan-Reinard Sieckmann (Hrsg.), Verfassung und Argumentation, Baden-Baden 2005, S. 71 f.; *ders.*, Balancing, constitutional review, and representation, in: I.CON (2005), S. 579 ff.; *ders.*, Abwägung, Verfassungsgerichtsbarkeit und Repräsentation, in: Politik und Recht, 2006, S. 257 f.; *ders.*, Grundrechte, Demokratie und Repräsentation, in: Der Staat 54 (2015), S. 209 ff.

[42] *Jestaedt* vertritt dagegen: „Auslegungs-Selbstand meint […] die Kongruenz von Urhebungs- und Auslegungsregime im Prozeß der Rechtskonkretisierung und -individualisierung," damit der Änderungs-Selbstand dadurch abgesichert werde, dass nicht durch Rechtserkenntnis konterkariert werde, was durch Rechtserzeugung geschaffen worden sei, vgl. *Matthias Jestaedt*, Selbstand und Offenheit der Verfassung gegenüber nationalem, supranationalem und internationalem Recht, in: Josef Isensee/Paul Kirchhof (Hrsg.), Handbuch des Staatsrechts Bundesrepublik Deutschland, 3. Aufl., Bd. XII, Heidelberg 2014, Rn. 43. Die Statthaftigkeit des „Verfassungswandels" lasse sich im grundgesetzlichen Rahmen schlichtweg nicht nachweisen. Vgl. *Jestaedt*, a. a. O., Rn. 70. Grundlegend zu seiner Rechtsgewinnungstheorie *Matthias Jestaedt*, Grundrechtsentfaltung im Gesetz, Tübingen 1999, S. 269 ff., 287 ff.

japanischen Verfassung, d. h. die sogenannte pazifistische Klausel[43]. Eine lebhafte Debatte um den Zusammenhang dieses normativen Anspruchs mit der Verfassungsrealität, die über die Aufgabe dieses Referats weit hinausgeht, ist nicht nur gesellschaftspolitisch, sondern auch wissenschaftlich voll im Gange. Herzlichen Dank für Ihre Aufmerksamkeit!

---

[43] Constitution of Japan <http://japan.kantei.go.jp/constitution_and_government/frame_01.html>: „Article 9. Aspiring sincerely to an international peace based on justice and order, the Japanese people forever renounce war as a sovereign right of the nation and the threat or use of force as means of settling international disputes. In order to accomplish the aim of the preceding paragraph, land, sea, and air forces, as well as other war potential, will never be maintained. The right of belligerency of the state will not be recognized."

Verzeichnis der Teilnehmerinnen und Teilnehmer

Gabriele Britz, geb. 1968, seit 2001 Professorin an der Justus-Liebig-Universität Gießen, seit 2011 Richterin des Bundesverfassungsgerichts (Erster Senat).

Christian Bumke, geb. 1963, seit 2005 Professor an der Bucerius Law School, Hamburg.

Matthias Cornils, geb. 1965, seit 2008 Professor an der Johannes Gutenberg-Universität Mainz.

Tsuyoshi Hatajiri, geb.1950, 1984–2004 Professor an der Josai-Universität, Saitama, seit 2004 Professor an der Chuo-Universität, Tokio.

Tomonobu Hayashi, geb. 1974, 2000–2003 Professor an der Universität Hokkaido, seit 2003 Professor an der Universität Tokio.

Christian Hillgruber, geb. 1963, 1998 Professor an der Ruprecht-Karls-Universität Heidelberg, 1998–2002 Professor an der Friedrich-Alexander-Universität Erlangen-Nürnberg, seit 2002 Professor an der Rheinischen Friedrich-Wilhelms-Universität Bonn.

Osamu Ishimura, geb. 1946, seit 1978 Professor an der Senshu-Universität, Tokio.

Matthias Jestaedt, geb. 1961, 2002–2011 Professor an der Friedrich-Alexander-Universität Erlangen-Nürnberg, seit 2011 Professor an der Albert-Ludwigs-Universität Freiburg i. Br.

Anna-Bettina Kaiser, geb. 1976, 2010–2014 Juniorprofessorin an der Humboldt-Universität zu Berlin, seit 2014 Professorin ebendort.

Nobuhiko Kawamata, geb. 1959, 1994–1999 Professor an der Joshibi-Universität, Kanagawa, 1999–2004 Professor an der Sieboldt-Universität, Nagasaki, 2004–2008 Professor an der Nihon-Universität, Tokio, seit 2008 Professor an der Universität Saitama.

Go Koyama, geb. 1960, 1990–1993 Professor an der präfekturellen Frauenkurzhochschule Aichi, 1993–2002 Professor an der Meijo-Universität, Nagoya, seit 2002 Professor an der Keio-Universität, Tokio.

Oliver Lepsius, geb. 1964, 2001–2002 Professor an der Ruprecht-Karls-Universität Heidelberg, seit 2002 Professor an der Universität Bayreuth.

Mitsuhiro Matsubara, geb. 1964, seit 1997 Professor an der Chuo-Universität, Tokio.

Kazuhiko Matsumoto, geb. 1964, 1996–1998 Professor an der Osaka Gakuin-Universität, seit 1998 Professor an der Universität Osaka.

Motoi Miyaji, geb. 1960, 1990–1993 Professor an der Universität Kobe, seit 1993 Professor an der Meiji Gakuin-Universität, Tokio.

Yuhiko Miyake, geb. 1969, seit 2002 Professor an der Universität Saitama.

Toru Mori, geb. 1967, seit 2001 Professor an der Universität Kyoto.

Martin Nettesheim, geb. 1964, seit 2000 Professor an der Eberhard Karls Universität Tübingen.

Yumiko Nakanishi, geb. 1969, 2000–2012 Professorin an der Senshu-Universität, Tokio, seit 2012 Professorin an der Hitotsubashi-Universität, Tokio.

Hiroshi Nishihara, geb. 1958, seit 1992 Professor an der Waseda-Universität, Tokio.

Ralf Poscher, geb. 1962, 2003–2009 Professor an der Ruhr-Universität Bochum, seit 2009 Professor an der Albert-Ludwigs-Universität Freiburg i. Br.

Matthias Ruffert, geb. 1966, 2002–2016 Professor an der Friedrich-Schiller-Universität Jena, seit 2016 Professor an der Humboldt-Universität zu Berlin.

Christoph Schönberger, geb. 1966, seit 2006 Professor an der Universität Konstanz.

Hidemi Suzuki, geb. 1959, 1992–1998 Professorin an der Hokuriku-Universität, Kanazawa, 1998–2002 Professorin an der Universität Hiroshima, 2002–2004 Professorin an der Nihon-Universität, Tokio, 2004–2015 Professorin an der Universität Osaka, seit 2015 Professorin an der Keio-Universität, Tokio.

Atsushi Takada, geb. 1960, 1992–1998 Professor an der Universität Hiroshima, 1998–2004 Professor an der Universität Kyoto, seit 2004 Professor an der Universität Osaka.

Yuki Tamamushi, geb. 1970, 1999–2005 Professor an der Sendai Shirayuri-Frauenhochschule, Miyagi, 2005–2015 Professor an der Universität Fukuoka, seit 2015 Professor an der Nihon-Universität, Tokio.

Koji Tonami, geb. 1947, 1978–1982 Professor an der Nihon-Universität, Tokio, 1982–1996 Professor an der Universität Tsukuba, seit 1996 Professor an der Waseda-Universität, Tokio.

Uwe Volkmann, geb. 1960, 1999–2015 Professor an der Johannes Gutenberg-Universität Mainz, seit 2015 Professor an der Johann Wolfgang Goethe-Universität Frankfurt a. M.

Christian Waldhoff, geb. 1965, 2003–2012 Professor an der Rheinischen Friedrich-Wilhelms-Universität Bonn, seit 2012 Professor an der Humboldt-Universität zu Berlin.